Building Economy & Management

建筑经济与管理

朱 益 主编

中国石油大学出版社

图书在版编目(CIP)数据

建筑经济与管理/朱益主编. —东营:中国石油
大学出版社,2012.12
　　ISBN 978-7-5636-3797-3

　　Ⅰ. ①建… 　Ⅱ. ①朱… 　Ⅲ. ①建筑经济②建筑工程—
工程管理 　Ⅳ. ①F407.9 ②TU

中国版本图书馆 CIP 数据核字(2012)第 309504 号

书　　　名:建筑经济与管理
作　　　者:朱　益

责任编辑:隋　芳(电话 0532—86981531)
封面设计:青岛友一广告传媒有限公司

出 版 者:中国石油大学出版社(山东 东营　邮编 257061)
网　　　址:http://www.uppbook.com.cn
电子信箱:shiyoujiaoyu@126.com
印 刷 者:青岛双星华信印刷有限公司
发 行 者:中国石油大学出版社(电话 0532—86981532,86983437)
开　　　本:180 mm×235 mm　印张:23.25　字数:481 千字
版　　　次:2013 年 3 月第 1 版第 1 次印刷
定　　　价:46.00 元

中国石油大学（北京）现代远程教育系列教材

编审委员会

出版说明

当代，以国际互联网普及应用为标志的信息化浪潮席卷全球，技术革命正越来越深刻地改变着人类的生产、生活和思维方式。尤其从 20 世纪下半叶起，以多媒体、计算机和互联网为主要标志的电子信息通讯技术引发了一场教育和学习方式的深刻变革。

现代远程教育就是利用计算机、计算机网络和多媒体等现代信息技术传授和学习知识的一种全新教育模式。自 1999 年始，我国现代远程高等教育遵循以成人从业人员为主要教育对象，以应用型、复合型人才为主要培养目标，在促进教育信息化、大众化，以及构建终身教育体系等方面积累了丰富的经验，取得了可喜的成效。目前，现代远程高等教育已经成为我国高等教育体系的重要组成部分，成为非传统高等教育的主力和骨干。在这种全新的教育教学模式下，教师通过以网络为主的沟通途径（渠道）实施导学、助学、促学和评价，而学生通过线上、线下的自主学习和协作学习，不断提高自身的知识和能力水平。

为使现代远程教育更好地适应成人学习的特点和需求，中国石油大学（北京）远程教育学院组织出版了这套《中国石油大学（北京）现代远程教育系列教材》。这些纸质教材既是网络课程的一个重要组成部分，与网络课程相辅相成，又可作为成人学习的主要读物独立使用。

这套教材的主编，多是本学科领域的学术带头人和教学名师，且具有丰富的远程教育经验。在编写过程中，编者们力求做到知识结构严谨、层次清晰、重点突出、难点分散、文字通俗、分量适中，以体现教材的指导和辅导作用，引导学生在学习的过程中做到学、思、习、行统一，充分发挥教材的置疑、解惑和激励功能。在大家的共同努力下，这套系列教材较好地体现了我们的初衷：一是教育理念的先进性，遵循现代教育理念，使其符合学习规律和教改精神,体现以人为本、以学为本;二是内容的先进性,体现在科学性与教学性结合,理论性与实践性结合,前沿性与实用性结合,创新性与继承性结合;三是形式的先进性,体现在版式和结构的设计新颖、活泼。

我们期待着本丛书能够得到同行专家及使用者的批评和帮助。

编审委员会
2009 年 5 月

Preface 前 言

　　根据土木工程专业的业务培养目标,该专业本科毕业生要成为能在房屋建筑、地下建筑、隧道、道路、桥梁、矿井、石油平台等的设计、研究、施工、教育、管理、投资、开发部门从事技术或管理工作的高级工程技术人才。因此,作为土木工程专业的本科毕业生,除了要精通工程技术外,还必须懂得一定的工程经济学知识与企业管理知识;建立必要的经济意识,掌握经济分析和经济决策的方法和技能,具有解决实际工程经济问题的能力;深入了解现代企业管理的理论和方法,适应我国建筑企业转换经营机制的要求,满足新形式对建筑企业管理人才的要求。

　　"建筑工程经济与企业管理"是土木工程专业开设的一门必修课,主要讲述的内容为建筑业的基本经济规律、建筑经济的评价原理与方法、建筑企业管理的基本理论与管理方法及房地产经济的基本原理等。建筑工程经济与企业管理是技术科学、经济科学与管理科学等相互融合渗透而形成的一门综合性科学,具有理论面宽、实践性强、政策要求高等特点。因此学习本课程应具有初步的建筑专业知识,应学习过数理统计、概率论等基础课程。与本课程相关的其他课程有建筑经济学、建筑施工组织学、建筑概预算等。本课程的后续课程有建筑法规等。

　　本课程的主要内容包括:建筑业在国民经济中的地位与作用,基本建设程序,资金的时间价值,建设项目可行性研究,建设项目技术经济分析方法,预测与决策技术,建筑设计方案的技术经济评价,价值工程,建筑工程概预算的编制,建筑企业的经营与管理,建设项目监理,城市房地产经济等。学完本课程学生应了解和掌握一定的建筑经济与管理知识,了解建筑业政策与法规,掌握必要的技术经济分析方法,学会工程管理的基本原理和方法,对建筑企业工程项目具有初步的科学管理能力,适应建筑设计、施工和管理相互融合的需要,以适应建筑业改革开放和建筑业现代化的需要。

　　本书是中国石油大学(北京)远程教育学院组织编写的土木工程类系列教材之一,是根据国家教育部关于土木工程类专业本科生培养目标和土木工程专业指导委员会制定的课程教学大纲的要求编写的。本书理论体系较为完整,除了对建筑工程经济与企业管理的基本原理和方法进行了较为系统的阐述外,还增添了一些较新的内容,如城市房地产经济等方面的知识,内容更加充实。同时,十分注意理论联系实际,强调实用性,结合例题进行讲解,有利于读者的学习和理解。根据本课程学时较少、涉及面较宽以及内容较多等特点,编者在编写中力求抓住重点,简明扼要,通俗易懂。

本书主要为远程教育使用,也可以作为高等专科工民建专业的教材或教学参考书。

本书在编写过程中参考了许多专家的相关著作、兄弟院校的教材以及相关文献资料,其中主要资料已列入本书的参考文献,在此谨向各位作者表示衷心的感谢!

由于编者水平有限,书中难免存有错误和不足之处,敬请读者提出宝贵意见,以便不断完善。

编 者

2012 年 4 月

Contents 目 录

第一章 建筑业在国民经济中的地位与作用 …………………………… 1

第一节 国民经济中的建筑业 ………………………………………… 1

第二节 建筑产品生产的技术经济特点 …………………………… 5

第三节 基本建设与建筑业 ………………………………………… 7

第二章 基本建设程序 ………………………………………………… 10

第三章 资金的时间价值 ……………………………………………… 16

第一节 资金时间价值的基本概念 ………………………………… 16

第二节 计算资金时间价值的普通复利公式 ……………………… 20

第三节 名义利率和实际利率 ……………………………………… 31

第四章 建设项目可行性研究 ………………………………………… 34

第一节 可行性研究的阶段划分 …………………………………… 34

第二节 可行性研究的内容和步骤 ………………………………… 37

第三节 编制报告的依据、作用和要求 …………………………… 40

第四节 建设项目投资估算 ………………………………………… 42

第五节 项目产品成本估算 ………………………………………… 47

第五章 建设项目技术经济分析方法 ………………………………… 51

第一节 投资偿还期和投资效果系数计算 ………………………… 52

第二节 现值分析法 ………………………………………………… 56

第三节 年现金流程分析法 ………………………………………… 61

第四节 其他分析法 ………………………………………………… 66

第五节 收益率分析法 ……………………………………………… 68

第六节 敏感性分析 ………………………………………………… 69

第七节 盈亏分析法 ………………………………………………… 71

第六章 预测与决策技术 ……………………………………………… 77

第一节 预测技术 …………………………………………………… 77

第二节　决策技术 ………………………………………………… 86

第七章　建筑设计方案的技术经济评价 ………………………… 92

　　第一节　民用建筑设计方案的技术经济评价 ………………… 92

　　第二节　小区规划设计方案的评价指标 ……………………… 97

　　第三节　工业建筑设计方案的技术经济评价 ………………… 98

第八章　价值工程 ………………………………………………… 105

　　第一节　价值工程概论 ………………………………………… 105

　　第二节　对工程进行功能分析 ………………………………… 111

　　第三节　制订改进方案 ………………………………………… 116

第九章　建筑工程概预算的编制 ………………………………… 121

　　第一节　建筑工程定额 ………………………………………… 121

　　第二节　建筑工程概预算文件及费用组成 …………………… 129

　　第三节　单位工程施工图预算编制 …………………………… 138

　　第四节　单位工程设计概算编制 ……………………………… 146

　　第五节　竣工决算 ……………………………………………… 148

第十章　建筑企业管理概论 ……………………………………… 151

　　第一节　建筑企业管理基本概念 ……………………………… 151

　　第二节　企业的责权利 ………………………………………… 156

　　第三节　企业的素质 …………………………………………… 160

　　第四节　建筑企业管理体制与组织 …………………………… 163

第十一章　建筑工程招标投标 …………………………………… 169

　　第一节　建筑工程招标投标的概念 …………………………… 169

　　第二节　建筑工程招标的程序 ………………………………… 172

　　第三节　建筑工程投标承包 …………………………………… 174

　　第四节　开标、评标、定标 …………………………………… 176

　　第五节　工程合同 ……………………………………………… 178

　　第六节　施工索赔 ……………………………………………… 180

第十二章　建筑企业的计划管理 ………………………………… 184

　　第一节　计划管理的必要性、任务和特点 …………………… 184

　　第二节　建筑企业生产经营计划体系 ………………………… 186

　　第三节　建筑企业计划指标体系 ……………………………… 190

　　第四节　计划的编制 …………………………………………… 192

　　第五节　计划的实施与控制 …………………………………… 195

第六节　建设工期的经济效益分析 …………………………………………… 197

第十三章　建筑企业的项目管理 …………………………………………… 200

第一节　项目管理概论 …………………………………………………………… 200

第二节　项目管理组织与项目经理 …………………………………………… 202

第三节　项目管理运行机制 …………………………………………………… 205

第四节　项目现场施工管理控制 ……………………………………………… 207

第十四章　建筑企业的技术管理 …………………………………………… 212

第一节　建筑企业技术管理的任务和内容 ………………………………… 212

第二节　技术管理组织体系和技术责任制 ………………………………… 213

第三节　技术标准、技术规程和技术管理制度 …………………………… 214

第四节　技术开发 ……………………………………………………………… 217

第五节　施工方案的技术经济评价 …………………………………………… 219

第十五章　建筑企业的资源管理 …………………………………………… 223

第一节　建筑企业劳动管理 …………………………………………………… 223

第二节　建筑企业材料管理 …………………………………………………… 227

第三节　建筑企业机械设备管理 ……………………………………………… 231

第十六章　建筑企业的质量管理 …………………………………………… 239

第一节　质量管理的基本概念 ………………………………………………… 239

第二节　全面质量管理保证体系 ……………………………………………… 242

第三节　建筑安装工程质量检验评定 ………………………………………… 250

第四节　全面质量管理中常用统计分析方法 ……………………………… 255

第十七章　建筑企业的成本管理及经济核算 …………………………… 265

第一节　建筑企业的资金管理 ………………………………………………… 265

第二节　建筑企业的成本管理 ………………………………………………… 272

第三节　建筑产品价格中的利润 ……………………………………………… 276

第四节　建筑企业的经济核算制 ……………………………………………… 278

第五节　建筑企业经济活动分析 ……………………………………………… 281

第十八章　建设项目监理 …………………………………………………… 285

第一节　建设项目监理的基本概念 …………………………………………… 285

第二节　建设项目监理的业务与规划 ………………………………………… 295

第三节　建设项目监理的方法 ………………………………………………… 297

第十九章　城市房地产经济 ………………………………………………… 303

第一节　城市房地产的基本概念 ……………………………………………… 303

第二节　城市土地使用权的出让、转让、出租与抵押……………………… 309

第三节　房地产估价…………………………………………………………… 313

第四节　城市住房改革………………………………………………………… 319

第五节　房地产综合开发程序………………………………………………… 321

第六节　房地产综合开发方法………………………………………………… 323

总复习题…………………………………………………………………………… 330

附　录……………………………………………………………………………… 336

参考文献…………………………………………………………………………… 357

第一章 建筑业在国民经济中的地位与作用

【预期目标】

通过本章学习,你可以获得以下知识和能力:

1. 了解建筑业、国民经济、国民收入、社会总产值、国民生产总值等概念的含义;

2. 理解经济效果的含义,并能简单应用;

3. 了解建筑业在国民经济中的地位和作用;

4. 了解建筑产品的特点;

5. 理解建筑生产的技术经济特点,并能应用;

6. 了解基本建设的含义和基本建设的作用。

【学习提示】

本章的重点知识有:

1. 建筑业、国民经济、国民收入、社会总产值、国民生产总值等概念的含义;

2. 建筑生产的技术经济特点。

学习本章的方法及注意事项:

1. 对于基本概念不要求记忆,因此没必要死记硬背,关键在于理解应用;

2. 本章内容虽然作为了解的较多,但却是建筑经济学的基础,最好能做到比较熟悉。

第一节 国民经济中的建筑业

一、基本概念

建筑业是一个独立的、重要的物质生产部门,是从事建筑工程勘察设计、施工安装和维修更新的物质生产部门。建筑业以建筑产品为生产对象,围绕建筑活动的全过程来开展自己的生产经营活动。建筑业的生产活动主要是从事建筑安装工程的施工,为物质生产领域各部门提供所需的建筑物、构筑物及各种设备的安装工作,为人民生活提供住宅和文化娱乐设施等。从我国基本建设投资构成来看,建筑安装工程费用约占 60%,设备购置费约占 30%,其他基本建设费用约占 10%。

国民经济是指一国或一个地区范围内的生产部门、流通部门和其他非生产部门的总和,包括工业、农业、建筑业、交通运输业、商业、对外贸易、信贷、科学技术、文化教育、卫生保健事业等。在一个国家或一个地区范围内,一切生产和非生产部门所组成的总体称为国民经济体系。在国民经济体系中,以物质生产部门为基础,它决定流通、分配和消费等部门,并构成一定的比例关系。

国民收入是物质生产部门劳动者在一定的时期内创造出来的全部产品或价值中,扣除已消耗掉的生产资料或其价值的剩余部分。国民收入的实物形式就是全部消费资料及用做扩大再生产和增加储备等的生产资料。因此,国民收入是衡量一个国家发展水平的重要指标,常以国民收入的多少作为区分发达国家和发展中国家的标志。

社会总产值也称社会总产品,是反映一个国家(或地区)在一定时期内物资生产总成果的重要指标。它是以货币表现的农业、工业、建筑业、运输业、商业(包括饮食业和物质供销业)五个物质生产部门的总产值之和。社会总产值在实物形态上可分为生产资料和消费资料两大部类;在价值形态上可分为生产过程中消耗掉的生产资料转移的价值和劳动者新创造的价值(包括相当于劳动报酬的那部分必要产品的价值和为社会创造的剩余产品的价值两部分)两类。

国民生产总值是一个国家(或地区)在一定时期内所生产的最终产品和提供的劳务总量的货币表现。从生产角度来说,它是国民经济各部门的增加值之和;从分配角度来说,它是这些部门的劳动者个人收入、税金、利润、利息和固定资产折旧等项目之和;从使用的角度来说,它是最终使用于消费、固定资产投资、增加库存及净出口的产品和劳务。

国民生产总值同社会总产值、国民收入的区别:从核算范围看,社会总产值和国民收入都是只计算物质生产部门的劳动成果;国民生产总值除计算五大物质生产部门的劳动成果之外,还计算各种服务业、公用事业、文化教育卫生、科学研究以及金融保险等非物质生产部门的劳动成果。从产值指标的价值构成来看,社会总产值计算社会产品的全部价值;国民生产总值只计算在生产产品和提供劳务过程中增加的价值即增加值,不计算消耗的原材料、燃料、动力等中间产品和支付其他部门的劳务费用等所谓中间投入的价值;国民收入除了不计算原材料、燃料、动力等中间产品之外,还要扣除固定资产折旧费,即只计算净产值。

当年价格指报告期的实际价格,如工厂的出厂价格、农产品的收购价格、商业的零售价格等。按当年价格计算是指一些以货币表现的物量指标,如社会总产值、工农业总产值、国民收入、国民生产总值等,按照当年的实际价格来计算总量。按当年价格计算的价值指标在不同年份之间进行对比时,因为包含有各年份间价格变动的因素,不能确切地反映实物量的增减变动。

可比价格指在进行不同时期的价值指标对比时扣除了价格变动的因素,以确切表示物量的变化。按可比价格计算有两种方法:一种是直接按产品产量乘其不变价格计算;一种是用物价指数换算。不变价格是用某一时期同类产品的平均价格作为固定价格来计算各个时期的产品价值。

经济效果是人们在社会实践活动中所得与所费的比较。人类的一切实践活动都要达到一定的目的,为取得有用成果就要耗费一定的劳动,取得有用成果与劳动消耗的比较就是经济效果。这种所得和所费之间的相互比较关系既包括两者"之比",也包括两者"之差",所以有下面两种最一般的表达形式。

当两者为不同度量时,经济效果可以表示为:

$$经济效果 = \frac{所得}{所费}$$

当两者为同度量时,经济效果可以表示为:

$$经济效果 = 所得 - 所费$$

根据社会主义的生产目的,用较少的劳动消耗达到社会需求同样程度的满足或者用同样多的劳动消耗取得社会需要最大程度的满足,经济效果就高;反之,就低。

当 X 与 L 为不同度量时,衡量标准用公式表示为:

$$E_{除} = \frac{X}{L} = \frac{满足社会需要的有用成果}{社会劳动消耗} = 最大$$

当 X 与 L 为同度量时,衡量标准用公式表示为:

$$E_{减} = X - L = 最大$$

好的经济效果和坏的经济效果可以统称为经济效果,但只有好的经济效果才能称做经济效益,坏的经济效果不产生经济效益,不能称做经济效益,所以要求企业提高经济效益的提法是科学的。

二、建筑业的地位和作用

1. 建筑业在国民收入中占有重要的地位,能为社会创造新价值、提供积累

一个国家的建筑业对国民经济的发展起着举足轻重的作用。新中国成立以来,我国建筑业在国民收入中占 3.11% ~ 6.84%。从国民收入构成比例看,以 1990 年为例,农业为 34.65%,工业为 45.8%,建筑业为 5.7%,运输业为 4.39%,商业为 8.95%。建筑业的国民收入比农业、工业、商业少,排在第四位,仅高于运输业。

有些国家建筑业占国民生产总值或国民收入的比例已超过农业、运输业等部门。如美国把建筑业作为国民经济三大支柱之一,建筑业产值(包括建筑业间接有关部门产值)占国民生产总值的比例约为 15%,日本为 7.8%。

2. 建筑业为社会和国民经济各部门提供生产用和生活用的固定资产

建筑业为社会和国民经济各部门提供建筑产品,满足生产的发展和人民物质文

化生活的需要,能扩大生产能力,发展新型工业,在促进生产提高的基础上逐步改善人民的物质文化生活。建筑业提供的非生产性的固定资产,如文化、教育、卫生、城市公用设施以及住宅,都是直接为满足人民的物质文化生活需要服务的。

3. 建筑业是重工业和其他行业的重要市场

建筑业一方面以自己的产品为社会和国民经济各部门服务,另一方面其发展要依赖工业提供机械设备和原料,在建筑生产过程中还要大量消耗其他国民经济部门的产品。建筑业的发展依赖于建材、冶金、化工、林业、仪表、机械制造和轻工业部门的发展,同时也刺激着这些部门的发展。所以,国民经济的兴衰和建筑业紧紧联系在一起。

建筑业还要占用大量运输工具,因此,建筑业的发展和交通运输业的发展也有着密切联系。每年城乡建房 10 亿 m² 以上,每平方米用材料按 1.5 t 计算,则全国每年用建筑材料 15 亿 t。这些材料都需要经过长途、短途、施工现场的运输,消耗运力和运输工具,约占社会运输总量的 8%。

4. 建筑业是社会劳动就业的重要部门

建筑业是劳动密集型产业,占有相当比例的劳动力。目前我国建筑业至少有 3 000 多万人的劳动大军,容纳了大量的就业人口,约占就业人口的 14%。从发达国家的现状来看,建筑业就业人员占全部就业人口的比例一般为 6%~8%,有的国家所占比例更高。

另外,和建筑业密切相关的建筑材料工业与建筑设备工业也会容纳相应的就业人员。据估计,美国每 10 个就业人员中,就有一个与建筑业有直接或间接的关系。因此,建筑业的发展为社会提供了广泛的就业机会。

5. 建筑业可以参加国际建筑市场的竞争,进行综合性的输出

当今世界是开放的世界,由于世界科技发展不平衡且经济交往不断增加,国际间建筑承包活动亦在迅速发展,许多国家都非常重视国际承包工程的市场竞争。因为这种承包活动不但可以推动建筑业的发展,而且可带动资本、技术、劳务、设备和商品的输出,扩大政治、经济影响,并可赚取一定数量的外汇。

我国从 1979 年下半年开始有组织、有计划地开展国际劳务合作,包括公路、铁路、房屋建筑、水利水电建设等工程项目的勘测、设计、施工以及设备安装和生产运行。

实践证明,开展海外承包和劳务合作是扩大对外经济交往的有效方式,对国内经济的发展有重要作用。概括来说,它的作用表现在以下几个方面:

(1) 开展海外承包和劳务合作成本低,见效快。

(2) 广泛深入接触国外先进的科学技术,促进自身的迅速成长。

(3) 承包成套工程,促进国内其他行业产品及制造业的发展。

目前,我国海外承包工程经营业务面虽不大,但已经取得了显著成绩。如果扩大

业务,积极发展,改善经营管理,进一步提高队伍素质,严格履行合同,开展多种经营,经济效益必将更加显著。

印度在海外承包方面主要采取"交钥匙"方式,从技术咨询到设计方案、从设备供应到建筑工程、从投资到经营管理一包到底,不但用承包工作形式出口劳务,而且带动资本、货物出口。据印度官方统计,1980—1981年通过"交钥匙"工程所带动的资本货物出口额占当年机械产品出口总额的40%。由此可以清楚地看到,发展海外承包和劳务合作对国内经济有很大的影响,劳务出口仅是初级方式,如果能从一般承包工作发展到综合开发或"交钥匙"方式,则经济效益将随之提高。

今后,我国必须以更加勇敢的姿态进入世界经济舞台。

6. 建筑业是先导行业,对国民经济的发展能起到一定的调节作用

建筑业为国民经济各部门生产建筑产品,构成生产的基础,所以建筑业在商品生产和商品市场上的地位都很敏感。特别是在资本主义社会,每当经济危机到来时,工厂开工不足,固定资产大量闲置,社会对建筑产品的需求减少,建筑市场先显萎缩;而在经济开始复苏时,资本又首先投向建筑市场。由于建筑消费量大,涉及的部门众多,建筑业可向相关产业部门订购大量材料、制品和设备,容纳大量就业人员,从而刺激国民经济各部门的发展;又由于建筑工期一般较长,需求弹性较大,所以资本主义国家常以建筑任务的增减作为干预国民经济的手段。

第二节　建筑产品生产的技术经济特点

建筑业是以最终产品为生产对象,从事建筑产品的生产。建筑产品的生产同一般工业生产一样,是把资源投入产品的生产过程,其生产上的阶段性和连续性,组织上的专业化、协作和联合化,同工业产品的生产一致。但是,建筑产品的生产同一般工业生产相比又具有一系列独特的技术经济特点,下面将对这些特点进行介绍。

一、建筑产品的特点

1. 空间上的固定性

建筑产品——各种建筑物和构筑物——在一个地方建造后不能移动,只能在建造的地方供长期使用。它直接与作为基础的土地连接起来,在许多情况下,这些产品本身甚至就是土地不可分割的一部分,如油气田、地下铁道和水库等。

2. 多样性

建筑业根据不同的用途和不同的地区,建造多种多样的建筑物和构筑物,这就表现出建筑产品的多样性。建筑业的每一个建筑产品都需要一套单独的设计图纸,建造时需要根据各地区的施工条件,采用不同的施工方法和施工组织。就是采用同一

种设计图纸的建筑产品,由于地形、地质、水文、气候等自然条件的影响以及交通、材料资源等社会条件的不同,施工方法和施工组织等也不一样。

3．体积庞大

建筑产品的体积庞大,在建造过程中要消耗大量的人力、物力和财力,所需建筑材料数量巨大、品种复杂、规格繁多。由于建筑产品体积庞大,因此占用空间也多。

二、建筑生产的技术经济特点

1．建筑生产的单件性

每件建筑产品都有专门的用途,都需采用不同的造型、不同的结构、不同的施工方法,使用不同的材料、设备和建筑艺术形式。根据使用性质、耐用年限和抗震要求,采用不同的耐用等级、耐火等级和抗震等级。

随着建筑科学技术、新的建筑材料、新的建筑结构不断涌现,建筑艺术形式经常推陈出新,即使用途相同的建筑产品,因为在不同时期兴建,采用的材料、结构和艺术形式也会不同。

2．建筑生产的流动性

建筑产品的固定性和严格的施工顺序带来了建筑产品生产的流动性,使生产者和生产工具经常流动转移,要从一个施工段转到另一个施工段,从房屋这个部位转到那个部位,工程完工后还要从一个工地转移到另一个工地。生产设备和材料、附属生产加工企业以及生产和生活设施经常迁移,导致费用增加,施工地点在边远地区的,还要计算远程工程费。

3．建筑生产的综合性

建筑产品的生产首先由勘察单位进行勘测,然后经过设计单位设计、建设单位施工准备、建筑安装单位施工,最后竣工验收交付使用。由于过程复杂,所以建安单位在生产过程中要和共建单位、建设银行、设计单位、材料供应部门、分包单位等配合协作。生产过程复杂和协作单位多也决定了建筑产品的单价构成不一。

4．建筑生产受气候条件影响很大

影响建筑产品生产的因素很多,如设计的变更、情况的变化、资金和物资的供应条件、专业化协作状况、城市交通和环境等,这些因素对工程进度、工程质量、建筑成本等都有很大影响。由于建筑产品的固定性,只能在露天进行操作,因而受气候条件影响很大。

5．建筑生产的不可间断性

一个建筑产品的生产全过程为确定项目、选择地点、勘察设计、征地拆迁、购置设备和材料、建筑施工和安装、试车(或试水、试电)验收、竣工投产(或使用),这是一个不可间断的、完整的、周期性的生产过程。

建筑产品是一个长期持续不断的劳动过程的成果,这种产品只有到生产过程终了才能完成,才能发挥作用。当然,在这一过程中也可以生产出一些中间产品或局部产品。它要求产品在生产过程中各阶段、各环节的各项工作有条不紊地组织起来,在时间上不间断、空间上不脱节,要求生产过程的各项工作必须合理组织、统筹安排,按照合理的施工程序科学地组织施工。

6. 建筑生产的周期长

建筑产品的生产周期是指建设项目或单位工程建设过程所耗用的时间,即从开始施工起到全部建成投产或交付使用、发挥效益时止所经历的时间。

建筑产品生产周期长,少则 1～2 年,多则 5～6 年,甚至 10 多年。因此,应科学地组织建筑生产,不断缩短生产周期,尽快取得投资效果。

第三节　基本建设与建筑业

一、基本建设的含义

1952 年我国政务院规定,凡固定资产扩大再生产的新建、改建、扩建、恢复工程及与之连带的工作为基本建设。

基本建设是扩大再生产以提高人民物质、文化生活水平和加强国防实力的重要手段,具体作用是:为国民经济各部门提供生产能力;影响和改变各产业部门内部之间、各部分之间的构成和比例关系;使全国生产力的配置更趋合理;用先进的技术改造国民经济;为社会提供住宅、文化设施、市政设施,为解决社会重大问题提供物质基础。

应当指出的是,进行基本建设是为了扩大再生产,但它绝不是扩大再生产的唯一源泉。扩大再生产分为外延与内涵两方面,如果再生产场所方面扩大了,就是在外延上扩大了;如果再生产效率方面提高了,就是在内涵上扩大了。所以,提高企业的经济效益与总的收益必须不断努力提高固定资产的生产效率,而不应当单纯追求基本建设投资的增加。

二、基本建设的作用

1. 提供生产能力和效益

我国经济建设的发展必须要有相应的生产能力和效益。例如,要不断地有新的矿井投入生产,一方面弥补原有矿井的生产能力的递减和一些矿井的报废,以维持简单再生产;另一方面增加新的生产能力和效益,扩大生产规模。这些生产能力和效益相当大的部分是由基本建设提供的,或者采取建设新企业的办法,或者采取对原有企业进行改建、扩建的办法。

我国要实现现代化,必须大力增加农业和工业的生产能力。基本建设将从两方面扩大其生产能力和效益:一方面建成一批新建项目,特别是能源工业、交通运输业、原材料工业将增加一批新企业、新干线;另一方面用新技术扩建现有企业,对现有企业进行整体性技术改造(改建)。

2. 调整产业结构

一个国家国民经济的构成以及它们之间的比例关系需要通过基本建设来进行调整。旧中国的工业十分落后,主要是轻工业和修理工业。新中国建立后,经过大规模的基本建设,不但增加了许多新的部门,如矿山设备、冶金设备、拖拉机、汽车、飞机、远航轮船等的制造工业,而且有了石油化工、电子等新兴工业,形成了门类比较齐全的独立的国民经济体系。但是,由于长期以来片面实行优先发展重工业的方针,"以钢为纲",结果导致比例失调,使得我国的产业结构不合理。改革开放就是要调整全国范围内的产业结构,关键就是要改变投资比例。

3. 合理配置生产力

过去我国生产力的布局不太合理,工业主要集中在沿海的一些大城市,大约占70%,只有30%在内地。为了平衡工业发展的布局,必须大力发展内地工业,这就需要适当地增加内地投资,开发资源,建设工厂。几十年来,我们是朝着这个方向努力的,使布局不合理的状况有了一定程度的改善。

在实现现代化的进程中,各个地区都要发挥优势,扬长避短,充分利用当地的资源和技术经济特点发展经济。同时,又要在全国统一规划下,做到合理配置生产力。这是基本建设的一项重要任务。

4. 用先进技术改造国民经济

我们要实现现代化,就是要用现代科学技术武装国民经济的各个部门,用先进技术改造现有工业,实质上也就是我国工业不断提高技术水平,向现代化过渡的问题。这个问题在任何时候都存在,而且对我们来说将会愈来愈重要,应该成为基本建设投资的重点。

5. 直接为人民生活服务

社会主义生产的目的是满足人民群众日益增长的物质和文化需要。基本建设就是为社会提供住宅、文化设施、市政设施等,直接为人民生活服务。当前,我国城市住宅状况十分紧张,必须增加住宅建设,加快住宅建设投资,努力解决住宅问题。

【要点回顾】

1. 建筑业是一个独立的、重要的物质生产部门,是从事建筑工程勘察设计、施工安装和维修更新的物质生产部门。

2. 建筑业是我国国民经济的支柱产业。

3. 建筑产品的生产同一般工业生产相比,具有一系列独特的技术经济特点。

4. 凡固定资产扩大再生产的新建、改建、扩建、恢复工程及与之连带的工作为基本建设。

【练习题】

一、单选题

1. 从我国基本建设投资构成来看,建筑安装工程费用约占(　　)。

A. 10%　　　　　　B. 30%　　　　　　C. 60%　　　　　　D. 40%

2. (　　)年我国政务院规定,凡固定资产扩大再生产的新建、改建、扩建、恢复工程及与之连带的工作为基本建设。

A. 1952　　　　　　B. 1962　　　　　　C. 1964　　　　　　D. 1970

3. 建筑生产受气候条件的影响(　　)。

A. 很大　　　　　　B. 很小　　　　　　C. 基本没有　　　　D. 一般

二、多选题

1. 建筑产品的特点是(　　)。

A. 空间上的固定性　　　　　　　　B. 多样性

C. 一次性　　　　　　　　　　　　D. 体积庞大

E. 独特性

2. 建筑生产的技术经济特点包括(　　)。

A. 单件性和流动性　　　　　　　　B. 综合性

C. 气候影响很大　　　　　　　　　D. 不可间断性

E. 生产周期长

3. 基本建设的作用是(　　)。

A. 提供生产能力和效益　　　　　　B. 调整产业结构

C. 合理配置生产力　　　　　　　　D. 改造国民经济

E. 为人民生活服务

三、判断题

1. 建筑业是一门独立的、重要的物质生产部门。

2. 建筑业在国民经济中占有的地位不高。

四、简答题

1. 建筑业在国民经济中的地位和作用是什么?

2. 建筑产品的特点是什么?

3. 建筑生产的技术经济特点是什么?

4. 基本建设的作用是什么?

第二章 基本建设程序

【预期目标】

通过本章学习,你可以获得以下知识和能力:

1. 了解基本建设程序的含义;

2. 明确基本建设程序的内容;

3. 理解基本建设程序是建设过程客观规律性的反映;

4. 认识到违反基本建设程序将造成巨大损失。

【学习提示】

本章的重点知识有:

1. 基本建设程序的内容;

2. 基本建设程序是建设过程客观规律性的反映。

学习本章的方法及注意事项:

1. 学会有条理地理解一些内容较多的概念;

2. 对于一些损失的情况要学会寻找案例,具体问题具体分析。

一、什么是基本建设程序

基本建设程序,也就是现行基本建设工作程序,是指基本建设从决策、设计、施工到竣工验收整个工作过程中的各个阶段及其先后次序。基本建设涉及面广,内外协作配合的环节多,完成一项建设工程需要进行多方面的工作,其中有些是前后衔接的,有些是左右配合的,有些是互相交叉的,这些工作必须按照一定的程序依次进行才能达到预期效果。科学的基本建设程序客观地总结了基本建设的实践经验,正确地反映了基本建设全过程所固有的先后顺序的客观规律性。对生产性基本建设而言,基本建设程序是形成综合性生产能力过程的规律的反映;对非生产性基本建设而言,基本建设程序是顺利地完成基本建设全过程,满足人民物质生活和文化生活的需要,获得最大的社会经济效益的工程建设的科学方法。

二、基本建设程序的内容

一个建设项目,从计划建设到建成投产阶段,其具体工作内容包括以下几项:

1. 提交项目建议书

项目投资者根据国民经济的发展、工农业生产或人民生活的需要,拟投资兴建某工程项目、开发某产品,并论证兴建本项目的必要性、可行性以及兴建的目的、要求、计划等内容,写成报告,建议有关上级批准同意兴建。

2. 进行可行性研究

根据上级批准的项目建议书,对建设项目进行可行性研究,减少项目决策的盲目性,使建设项目的确定具有切实的科学性。这就需要进行确切的资源勘探,工程地质、水文地质勘察,地形测量,科学研究,工程工艺技术试验,地震、气象、环境保护资料收集。在此基础上,论证建设项目在技术、经济和生产力布局上的可行性,并做多方案的比较,推荐最佳方案作为设计任务的依据。

3. 编制设计任务书

设计任务书是确定基本建设项目、编制设计文件的主要依据。它在基本建设程序中起主导作用,一方面把国民经济计划落实到建设项目上,另一方面使项目建设及建成投产后所需的人、财、物有可靠保证。一切新建、扩建、改造项目都要根据国家发展国民经济的计划和要求,按照项目的隶属关系,由主管部门组织、计划、设计等单位编制设计任务书。

4. 选择建设地点

建设地点的选择主要解决三个问题:一是工程地质、水文地质等自然条件是否可靠;二是建设所需的水、电、运输条件是否落实;三是项目建设投产后的原材料、燃料等是否具备。当然,对于生产人员的生活条件、生产环境亦需全面考虑。

建设地点的选择要求在综合研究和进行多方案比较的基础上提出选点报告。

5. 编制设计文件

建设项目的设计任务书和选点报告经批准后,主管部门应指定或委托设计单位按设计任务书的要求编制设计文件。设计文件是安排建设项目和组织工程施工的主要依据。20世纪50年代的设计工作分为三个阶段,即初步设计、技术设计和施工图设计,在施工图设计时还要编制设计概算和施工图预算。1958年以后,三阶段设计改为两阶段设计,后来设计概算没有约束性了,施工图预算也改由施工单位来编。现在,大中型建设项目一般采用两阶段设计,即初步设计和施工图设计;对于技术上复杂而又缺乏设计经验的项目,经主管部门指定,增加技术设计阶段。

初步设计是确定建设项目在确定地点和规定期限内进行建设的可能性和合理性,从技术上和经济上对建设项目通盘规划和合理安排,作出基本技术决定和确定总的建设费用,以便取得最好的经济效果。

技术设计是研究和决定初步设计所采用的工艺过程、建筑和结构形式等方面的主要技术问题,补充和纠正初步设计,与此同时编制修正总概算。

施工图设计是在批准的初步设计基础上制定的,比初步设计更具体、精确,是进行建筑安装、管道铺设、非标准设备制造、钢筋混凝土和金属结构设计、房屋建筑和构筑物建造等所用的图纸,是现场施工的依据。在施工图设计中,还应编制施工图预算。

6. 做好建设准备

要保证施工的顺利进行,就必须做好各项建设准备工作。大中型建设项目设计任务批准之后,主管部门可根据计划要求的建设进度和工作的实际情况,采取招投标方式指定一个企业或建设单位,组成精干熟练的班子,负责建设准备工作。

7. 列入年度计划

根据批准的总概算和建设工期,合理安排建设项目的分年度实施计划。年度计划安排的建设内容要和能取得的投资、材料、设备、劳动力相适应。配套项目要同时安排,相互衔接。

8. 组织施工

所有建设项目都必须在列入国家年度计划、做好建设准备、签订经济承包合同、具备开工条件并经领导机关或委托综合性的咨询机构精确审核、批准后,才能开工。

由于基本建设所需物资是逐月、逐日生产出来的,施工力量需要不断调配,基本建设主管部门要根据年度计划对建设项目进行施工安排,确定哪些项目先开工,哪些项目后开工,做到计划、设计、施工三个环节互相衔接,投资、工程图纸、施工图纸、设备材料、施工力量五个方面落实,保证全面完成计划。

9. 做好生产准备

基本建设的最终目的就是要形成新的生产能力。为了保证项目建成后能及时投产,建设单位要根据建设项目的生产技术特点,组织专门的生产班子,尽可能建制成套,抓好生产准备工作。

10. 竣工验收、交付生产

竣工验收的作用在于:① 在投产前解决一些影响正常生产的问题;② 参加建设的各单位分别进行总结,给予必要的奖惩;③ 移交固定资产,交付生产和使用。

所有的建设项目按批准的设计文件规定的内容建完,工业项目经负荷试运转和试生产考核能够生产出合格产品、符合计划要求与市场需要,非工业项目能够正常使用,都要及时组织验收,有效交付使用。大型联合企业分期分批组织验收,凡是符合验收条件的工程,不及时办理验收手续的,其一切费用由建设银行监督,不准从基本建设投资中支付。

三、基本建设程序是建设过程客观规律性的反映

我国的基本建设程序不是人们主观臆想出来的,而是基本建设过程及其规律性的反映。

1. 基本建设程序是由建筑生产的技术经济特点决定的

就生产性基本建设而论,由于它是一个长期消费人力、物力、财力的过程,而这个过程中又不提供任何产品,因此必须进行周密、详细、深入、全面的调查研究,弄清楚建设的必要性、可能性和建设条件是否具备,以及竣工投产后正常的生产条件是否具备,技术上是否可靠,经济上有利还是无利。还要从微观和宏观上通盘考虑,统筹兼顾,对该项目内外、上下、前后、左右各方面进行综合平衡。

基本建设全过程虽然因工程类型不同而有所不同,但各种工程必经的一般历程基本上还是相同的。不论什么样的生产性建设项目,一般都要先经过先进性、可行性研究而后确定项目、确定投资,先勘察、选址而后设计,先设计而后施工,先安装试车而后竣工,先竣工验收而后交付使用。

2. 基本建设工程具有固定性

基本建设工程的固定性要求及早选定建设地点,必须把当地的自然、社会、经济诸条件搞清楚,提出几个选址方案进行比较选择。

3. 基本建设工程具有特殊性

基本建设工程的特殊性要求每项工程都按照用户的特定用途和目的进行专门的设计,而设计又以勘察为前提。建设项目、地点、设计确定后,就必须根据具体情况,采用适合的施工方法和施工组织。

4. 基本建设工程具有连续性和不可间断性

基本建设工程的连续性和不可间断性要求整个基本建设过程各阶段、各步骤、各环节一环扣一环,循序渐进。

在基本建设过程中,前一段工作是后一段工作的依据、基础或先决条件,没有完成前一段工作,后一段工作就无法进行;后一段工作则是前一段工作的必要继续和完成,不进行后一段工作,则前一段工作就会劳而无功、失去意义。例如,事先未查清矿藏资源、可采储量和矿物品位高低就兴建矿山,结果不是储量不足,就是品位过低,或者出现其他问题;事先未查清工程地质和水文地质情况就建设水电站或工厂,结果不是厂址下面出现滑坡断层,就是水源不足、水质不行等。

5. 在基本建设领域中经济规律时刻都在发挥作用

国民经济有计划按比例发展的客观规律要求每个项目、每个部门、每个地区都保持适当的比例关系,要求在整个国民经济保持综合平衡的范围内实现全部基本建设的综合平衡。没有平衡,基本建设程序就会失去客观基础和主要根据,就建立不起来。

总之,基本建设过程固有的先后顺序是一个客观规律,人们可以认识和利用这一客观规律来为社会主义建设服务,但是不能随心所欲地改变它、废除它、违抗它,否则就会蒙受经济上的损失。

四、违反基本建设程序将造成巨大损失

1. 拖长基本建设工期

由于急于开工,削弱项目决策和设计工作,造成盲目上马,开工后又不得不补做事先应该做好的工作。这就常常使得建设方针举棋不定,建设方案一变再变,施工部署一改再改,建设工期一拖再拖,事倍而功半。

2. 前期工作未做好,会使工程无法完成

施工现场条件不具备、生产的资源不落实、资金无保证等,致使即使开工了工程也无法完成。

3. 降低工程质量,增加事故发生的可能性

有的项目地质情况没摸清就盲目设计,厂房建成后不得不返修加固;有的项目边建、边拆、边补;有的项目倒程序施工,房子盖好了再挖沟、凿洞、安管子;有的项目设备安装了却不能联动开车,形不成生产线,等等。

4. 加大工程造价

由于工期长、质量差,工程造价显著提高。据测算,全国在建项目建设工期拖长一年,仅施工人员工资一项就要多支出几十亿元。

5. 工程不能投产或经济上不合理,长期亏损

有些项目开工前对产品销路,原材料、燃料、动力的来源,资源储备,水文和工程地质等不进行认真调查研究,开工甚至竣工后才发现种种问题,造成无可挽回的损失。

【要点回顾】

1. 基本建设程序是指基本建设从决策、设计、施工到竣工验收整个工作过程中的各个阶段及其先后次序。

2. 我国的基本建设程序不是人们主观臆想出来的,而是基本建设过程及其规律性的反映。

3. 违反基本建设程序将造成巨大损失。

【练习题】

一、单选题

1. 对( )基本建设而言,基本建设程序也就是形成综合性生产能力过程的规律的反映。

A. 生产性　　　B. 非生产性　　　C. 建设性　　　D. 非建设性

二、多选题

1. 以下选项属于基本建设程序内容的有( )。

A. 提交项目建议书　　　　　　B. 进行可行性研究

C. 选择建设地点　　　　　　　D. 编制设计任务书

E. 编制设计文件

2. 基本建设程序是指基本建设项目整个工作过程中的( )阶段。

A. 决策　　　　　　　　　　　B. 设计

C. 施工　　　　　　　　　　　D. 竣工验收

E. 维修

三、判断题

1. 对非生产性基本建设而言,基本建设程序就是形成综合性生产力过程的规律的反映。

2. 基本建设程序是由建筑生产的技术经济特点决定的。

3. 违反建设程序不会造成巨大损失。

四、简答题

1. 什么是建设程序?

2. 为什么要按建设程序办事?

第三章 资金的时间价值

【预期目标】

通过本章学习,你可以获得以下知识和能力:

1. 了解资金具有时间价值的含义及其意义;

2. 理解利息、盈利或净收益和利率、盈利率或收益率的含义;

3. 理解现金流量的含义并能明确现金流量图的各项指标;

4. 明确累计现金流量曲线图的意义;

5. 掌握计算资金时间因素的两种方法——单利和复利;

6. 理解计算资金时间价值的普通复利的五种公式,掌握一种并能简单应用;

7. 理解名义利率和实际利率,并能换算。

【学习提示】

本章的重点知识有:

1. 现金流量图和累计现金流量曲线图;

2. 计算资金时间因素的两种方法;

3. 计算资金时间价值的普通复利的五种公式。

学习本章的方法及注意事项:

1. 要学会识图,通过图表可以指出关键点含义和意义;

2. 对于公式的理解要到位,并通过更多的练习加以掌握。

第一节　资金时间价值的基本概念

一、资金时间价值的意义

货币如果作为贮藏手段保存起来,不论经过多长时间,仍为同数量货币,金额不变;如果作为社会生产资金(或资本)参与再生产过程,就会带来利润,即得到增值。货币的这种增值现象一般称为货币的时间价值或资金的时间价值。

资金具有时间价值并不意味着资金本身能够增值,而是因为资金代表着一定量的物化劳动,并在生产和流通领域中与劳动力相结合,从而产生增值。

重视资金的时间价值可以促使建设资金的合理利用,使有限的资金发挥更大的作用。

在执行对外开放政策的过程中,我们进行技术引进和利用外资,要与国外资本家打交道。由于国外资本家在贸易和投资中已附加了极其苛刻的资金时间价值,我们必须具有资金时间价值的观念才不至于吃亏。

实践告诉我们在进行基本建设或技术改造时必须认真考虑资金的时间价值,千方百计地缩短建设周期,加速资金周转,节省资金占用的数量和时间,提高资金使用的经济效益。

二、衡量资金时间价值的尺度

1. 利息、盈利或净收益

利息、盈利或净收益都可视为使用资金的报酬,指投入资金在一定时间内产生的增值。一般把银行存款获得的资金增值叫利息,把资金投入生产建设产生的资金增值称为盈利或净收益。可见,利息、盈利或净收益都是资金时间价值的体现,是衡量资金时间价值的绝对尺度。

2. 利率、盈利率或收益率

利率、盈利率或收益率是一定时间(通常为年)的利息或收益占原投入资金的比率,也称使用资金的报酬率。它反映了资金随时间变化的增值率,因此是衡量资金时间价值的相对尺度。例如,6%的应付利率即0.06的年利率,相当于0.015的应付季利率或0.005的应付月利率。

在技术经济分析中,利息与盈利或净收益、利率与盈利率或收益率是不同的概念。一般在研究某项投资的经济效果时经常使用净收益(或盈利)和收益率(或盈利率)的概念,在计算分析资金信贷时则使用利息和利率的概念。

三、现金流量与等值的概念

现金流量是企业在研究周期内实际支出(流出)的资金和收入(流入)的资金的代数和。因此,现金流量有正有负,正现金流量表示在一定研究周期内的净收入,负现金流量表示在一定研究周期内的净支出。

现金流量图如图3-1所示。一个建设项目或一个企业的资金有收(流入为正)有支(流出为负)。若资金为正值,就在现金流量时间标尺上方画上向上的箭头;若资金为负值,就在标尺下方画上向下的箭头。箭头要画在每个计息周期的开始,也就是上一个计息周期的终点。

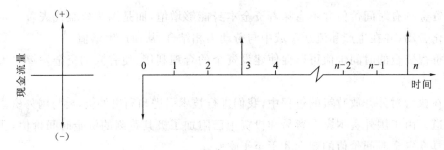

图 3-1　现金流量时间标尺

现金流量的计算公式为：

$$净销售金额-生产费用=毛利$$

$$毛利-折旧费-所得税=净收入$$

净收入-流动资金(当年收入的)-基建投资费用(当年发生的)=净现金流量

或

净现金流量=(1-税率)(收入-生产费-折旧费)+折旧-基建支出+固定资产残值

当分析某一具体工程项目的现金流量时，还需要绘制该工程项目从开始建设至寿命终结的累计现金流量曲线图，即要对项目研究周期内将发生的现金流量做出预计与测算(包括建设期各年发生的投资和投产后历年的销售收入和费用支出，以及经济寿命终结的残值)。然后，把所有测算好的现金收支的结果绘制在实践坐标图上，使分析计算者对项目在整个研究周期中的现金收支一目了然，便于校核，避免差错(图 3-2)。

现值(P)：发生在(或折算为)某一特定时间序列起点的效益或费用称为现值。图 3-1 中，各计息期终点的费用或效益都按某一既定的折现率折算到 0 点年末的效益或费用称为现值。

终值(或将来值、未来值)(S)：发生在(或折算为)某一特定时间序列终点的效益或费用称为终值(或将来值、未来值)。图 3-1 中各计息期终点的费用或效益都按某一既定的利率计算为 n 年末费用或效益的复利称为终值(或将来值、未来值)。

等额年金(R)：发生在(或折算为)某一特定时间序列各计息期末(不包括零期)的等额序列称为等额年金。图 3-1 中除 0 点外，从 1 至 n 期末的效益额都相等时，称为等额年金。

时值：资金的数值由于计算利息而随着时间增值，在每个计息周期末的数值是不等的，在时点的资金称为时值。

时点：计算资金时值的那个时间点即称为时点。

贴现和贴现率：把将来的现金流量折算(或折现)为现在的时值叫做贴现。贴现时间所用的利率称为贴现率。贴现是复利计算的倒数。

等值即不同时间、不同金额可以具有相等的经济价值。利率或收益率一经确定，

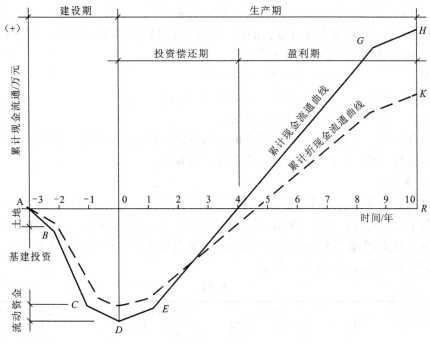

图 3-2　投资项目累计现金流量图

可对资金的时间因素作定量的计算。例如,利率为 8%,现在的 1 000 元 1 年以后增加 80 元,本利和将增加到 1 080 元。根据资金时间价值的观点,我们就不能认为 1 年后的 1 080 元比现年的 1 000 元多,而应视为是彼此相当的。也就是说,是互相等值的。因此,不同时间的两笔资金或一系列资金,可按某一利率换算至某一相同的时点使之彼此"相等",这就是等值的概念。等值的概念是技术经济分析、比较、评价不同时期资金使用效果的重要依据。

四、计算资金时间因素的方法

利息和利率或净收益和收益率是衡量资金时间因素的尺度,故计算资金时间因素的方法就是计算利息的方法。利息有单利和复利两种,计算资金的时间因素就有单利法和复利法两类方法。分析如下:

1. 单利法

单利法是以本金为基数计算资金价值(即利息)的方法,不将利息计入本金之内,也不生息。

设 i 为利率,通常以百分率表示,即在 1 年内投资所得之利益与原来投资额之比;n 为利息周期数(通常为年);P 为本金,表示一笔可供投资之现款;S 为本利和,即按利率 i,本金 P 经过 n 次计算利息后,本金与全部利息之总和。则单利计算式为:

$$S = P(1+ni)$$

【例 3-1】 某项基本建设投资由建设银行贷款 14 亿元,年利息 8%,10 年后一次结清。以单利结算应还本利和为多少?

解:
$$S = P(1+ni)$$
$$= 14 \times (1+10 \times 0.08)$$
$$= 25.2(亿元)$$

单利法在一定程度上考虑了资金的时间价值,但不彻底,因为以前已经产生的利息没有累计计息。所以单利法是个不够完善的方法。

2. 复利法

复利法是以本金和累计利息之和为基数计算资金时间价值(即利息)的方法,也就是利上加利的计算方法。例如,某项投资 1 000 元,每年利率为 7%,如利息不取出而是继续投资,那么盈利额将会逐年增加,这种重复计算盈利的方法即复利计算法。这项投资的增加过程如表 3-1 所示。

表 3-1

年份 n/年	年初本金 P/元	当年利息 P_i/元	年末本利和$(P+P_i)$/元
1	1 000	$1\,000 \times 7\% = 70$	1 070.00
2	1 070	$1\,070 \times 7\% = 74.9$	1 144.90
3	1 144.9	$1\,144.9 \times 7\% = 80.14$	1 225.04
4	1 225.04	$1\,225.04 \times 7\% = 85.75$	1 310.79
...	...	...	...

由表 3-1 的计算过程和结果可以看出,复利法不仅本金逐期计息,而且以前累计的利息亦逐期加利,即利上加利。因此,复利法能够较充分地反映资金的时间价值,也更符合客观实际。这是国外普遍采用的方法,也是国内现行信贷制度正在推行的方法。

第二节　计算资金时间价值的普通复利公式

普通复利公式是指以年复利计息,按年进行支付的复利计算公式。根据支付方式和等值换算时点的不同可分为若干类,现分述如下:

一、一次支付复利公式

1. 一次支付未来值公式

若现在投资 P 元,利率(收益率)为 i,到 n 年末累计本利和将为多少?

假定将货币现值 P 投资 1 年,利率 i。年末应当收回初期投资 P 值,连同利息

iP，即 $P+iP$ 的总额见图 3-3，把 P 提出来，年末总额为 $P(1+i)$。假定第一年末不抽回投资，同意延展 1 年，那么第二年末投资值变成多少了呢？

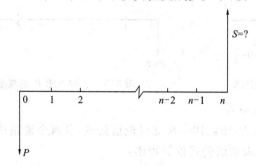

图 3-3　一次支付未来值现金流量图

整个流程如下：

	息期开始的金额	+	期内获息	=	期末本利和
第一年	P	+	iP	=	$P(1+i)$
第二年	$P(1+i)$	+	$iP(1+i)$	=	$P(1+i)^2$
第三年	$P(1+i)^2$	+	$iP(1+i)^2$	=	$P(1+i)^3$
...					
第 n 年	$P(1+i)^{n-1}$	+	$iP(1+i)^{n-1}$	=	$P(1+i)^n$

换言之，n 期内现值 P 增加到 $P(1+i)^n$。因此，现值 P 和它将来的等值 S 之间的关系式为：

$$S = P(1+i)^n \tag{3-1}$$

式中，$(1+i)^n$ 为一次支付未来值系数，其含义是 1 元资金在 n 年后的本利和，可用特定符号 $(S/P,i,n)$ 表示，故式（3-1）可简化为：

$$S = P(S/P,i,n) \tag{3-2}$$

式中，系数 $(S/P,i,n)$ 可理解为已知 P,i,n，求 S 之意。

【例 3-2】　假使现在把 500 元存入银行，银行支付的年复利 4%，3 年后账上存款额有多少？

解：现金流量如图 3-4 所示，由题目可知 $P=500,i=0.04,n=3$，求 S。

$$\begin{aligned}
S &= P(1+i)^n \\
&= 500 \times (1+0.04)^3 \\
&= 562.5（元）
\end{aligned}$$

或

$$\begin{aligned}
S &= P(S/P,4\%,3) \\
&= 500 \times 1.125 \\
&= 562.5（元）
\end{aligned}$$

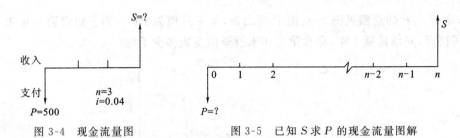

图 3-4　现金流量图　　　　　图 3-5　已知 S 求 P 的现金流量图解

2. 一次支付现值公式

若已知 S,i,n，求 P，则需用一次支付现值公式，其现金流量图解如图 3-5 所示。现值函数式可由未来值公式推导得出：

$$P = S\left[\frac{1}{(1+i)^n}\right] = S(1+i)^{-n} \tag{3-3}$$

式中，$\dfrac{1}{(1+i)^n}$ 为一次支付现值系数，也可以用 $(P/S,i,n)$ 表示，可在普通复利表中查得它的数值。故公式可简化为：

$$P = S(P/S,i,n) \tag{3-4}$$

【例 3-3】　假使你希望第四年末得到 800 元存款本息，银行支付的年复利为 5%，现在存入多少本金？

解：由题目可知 $S=800,i=0.05,n=4$，求 P。

$$
\begin{aligned}
P &= S(1+i)^{-n}\\
&= 800 \times (1+0.05)^{-4}\\
&= 658.16（元）
\end{aligned}
$$

第四年末要想得到 800 元的储金，现在必须存入 658.16 元。

另一种解法：

$$
\begin{aligned}
P &= S(P/S,i,n)\\
&= 800 \times (P/S,5\%,4)
\end{aligned}
$$

从复利表查得 $(P/S,5\%,4)=0.822\ 7$，得：

$$
\begin{aligned}
P &= 800 \times 0.822\ 7\\
&= 658.16（元）
\end{aligned}
$$

二、等额支付序列复利公式

根据等值换算时间的不同，等额支付序列复利公式分为等额支付序列未来值公式、等额支付序列偿债基金公式、等额支付序列资金回收公式、等额支付序列现值公式等，分述如下：

1. 等额支付序列未来值公式

当一连串的期末等额支付值为 R 时，n 年末包括利息在内的累积值 S 的计算公式就叫等额支付序列未来值公式。

若在 n 年内每年末投资 R 元(图 3-6),则在第 n 年末累积起来的总数 S 显然等于各次投资之未来值总和。第一年末的投资 R 可得 $n-1$ 年的利息,因此其本利和应为 $R(1+i)^{n-1}$;第二年的投资在剩下的 $n-2$ 年末的本利和应为 $R(1+i)^{n-2}$;如此直至第 n 年末投资不得利息,本利和仍为 R。于是总数 S 为:

$$S = R(1+i)^{n-1} + R(1+i)^{n-2} + R(1+i)^{n-3} + \cdots + R(1+i)^2 + R(1+i) + R \quad (3\text{-}5)$$

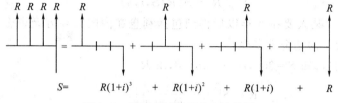

图 3-6　等额支付序列现金流量图

式(3-5)两端同乘 $(1+i)$,得:

$$S(1+i) = R(1+i)^n + R(1+i)^{n-1} + R(1+i)^{n-2} + \cdots + R(1+i)^2 + R(1+i) \quad (3\text{-}6)$$

式(3-6)减式(3-5)得:

$$S(1+i) - S = R(1+i)^n - R$$
$$Si = R[(1+i)^n - 1]$$
$$S = R\left[\frac{(1+i)^n - 1}{i}\right] \quad (3\text{-}7)$$

式中,$\dfrac{(1+i)^n - 1}{i}$ 为等额支付序列未来值系数或等额支付未来值因子,可以用 $(S/R, i, n)$ 表示,其数值可从复利表中查得。故又可表示为:

$$S = R(S/R, i, n) \quad (3\text{-}8)$$

【例 3-4】　某人每到年末在某信用社储蓄 500 元,连续 5 年。信用社年复利率为 5%。在第 5 年末他存入第 5 次存款时账上共有多少钱?

解:5 次存储的图示和将来值 S 的理想换算与等额系列复利公式的情况完全相同,已知 $R=500$,$i=5\%$,$n=5$,求 S。

$$S = R(S/R, 5\%, 5)$$
$$= 500 \times 5.526$$
$$= 2\,763(元)$$

2. 等额支付序列偿债基金公式

当 n 期末要获得的未来值 S 为已知时,以复利计算,每年应投入基金(或存储基金)多少?用投入基金(或存储基金)公式进行计算(图 3-7)。

等额支付序列偿债基金公式可直接由式(3-7)

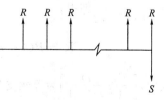

图 3-7　已知 S 求 R 的现金流量图

求解 R，导出如下：

$$R = S\left[\frac{i}{(1+i)^n - 1}\right] \tag{3-9}$$

式中，$\frac{i}{(1+i)^n - 1}$ 为等额支付序列偿债基金系数，可以用 $(R/S, i, n)$ 表示，其数值可查相应的复利表获得。公式又可表示为：

$$R = S(R/S, i, n) \tag{3-10}$$

【例 3-5】 某人要在 8 年以后得到包括利息在内的 300 万元资金，年复利率为 8%，每年应投入的基金为多少？

解：由题目可知 $S = 300, i = 8\%, n = 8$，求 R。

$$R = S\left[\frac{i}{(1+i)^n - 1}\right]$$
$$= 300 \times \left[\frac{0.08}{(1+0.08)^8 - 1}\right]$$
$$= 28.2 (万元)$$

3. 等额支付序列资金回收公式

若以年利率 i 投资 P 元，则在 n 年内的每年末提取多少元 (R) 可在第 n 年末将投资全部提完？此时的现金流量如图 3-8 所示。

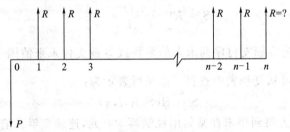

图 3-8 已知 P 求 R 的现金流量图

注意资金回收涉及在 n 年内全部回收初投资 P，须在 n 年之每年末等量地提取 R。其函数关系推导过程如下：

将复本利和公式 $S = P(1+i)^n$ 代入等额支付序列偿还基金公式 $R = S\left[\frac{i}{(1+i)^n - 1}\right]$ 即得：

$$R = P(1+i)^n\left[\frac{i}{(1+i)^n - 1}\right] = P\left[\frac{i(1+i)^n}{(1+i)^n - 1}\right] \tag{3-11}$$

式中，$\left[\frac{i(1+i)^n}{(1+i)^n - 1}\right]$ 为等额支付序列资金回收系数，也可用 $(R/P, i, n)$ 表示，其数值可由相应的复利表查得。公式又可表示为：

$$R = P(R/P, i, n) \tag{3-12}$$

【例 3-6】 某年元旦某人将 5 000 元存入银行,年复利率为 6%。他想从第一年的 12 月 31 日起,分 5 年年末等额取回。问每年可取回多少钱?

解:由题目可知 $P=500, i=6\%, n=5$,求 R。

$$R=P\left[\frac{i(1+i)^n}{(1+i)^n-1}\right]$$
$$=5\,000\times\left[\frac{0.06(1+0.06)^5}{(1+0.06)^5-1}\right]$$
$$=5\,000\times0.237\,4$$
$$=1\,187(元)$$

或

$$R=P(R/P,i,n)$$
$$=5\,000\times0.237\,4$$
$$=1\,187(元)$$

例中,按 6% 的利率 5 000 元现值与 5 个等额的期末取回额 1 187 元等值。

4. 等额支付序列现值公式

在收益率为 i 的情况下,希望在今后几年内每年末能取得等额的存款或收益 R,现在必须投入多少资金?

现值因子是资金回收因子的倒数,故其代数式可直接由 $R=P\left[\frac{i(1+i)^n}{(1+i)^n-1}\right]$ 求解而得:

$$P=R\left[\frac{(1+i)^n-1}{i(1+i)^n}\right] \tag{3-13}$$

式中,$\left[\frac{(1+i)^n-1}{i(1+i)^n}\right]$ 为等额支付序列现值系数,也可以用 $(P/R,i,n)$ 表示,其值可查表求得。公式又可表示为:

$$P=R(P/R,i,n) \tag{3-14}$$

【例 3-7】 为在未来 15 年中每年末取回 8 万元,现应以年复利率为 8% 存入现金多少呢?

解:由题目可知 $R=8, i=8\%, n=15$,求 P。

$$P=R\left[\frac{(1+i)^n-1}{i(1+i)^n}\right]$$
$$=8\times\left[\frac{(1+0.08)^{15}-1}{0.08(1+0.08)^{15}}\right]$$
$$=68.48(万元)$$

或

$$P=R(P/R,i,n)$$
$$=8\times8.599$$

$$=68.48(万元)$$

三、普通复利公式及其应用小结(表3-2)

表3-2

普通复利		已知	求	公 式	举 例	解 答
一次支付	未来值	P	S	$S=P(1+i)^n$ $S=P(S/P,i,n)$		$S=P(S/P,i,n)$ $=5\,000\times(S/P,4.8\%,10)$ $=5\,000\times1.598$ $=7\,990$
	现值	S	P	$P=S\left[\dfrac{1}{(1+i)^n}\right]$ $P=S(P/S,i,n)$		$P=S(P/S,i,n)$ $=2\times(P/S,10\%,5)$ $=2\times0.620\,9$ $=1.241\,8$
等额支付序列	未来值	R	S	$S=R\left[\dfrac{(1+i)^n-1}{i}\right]$ $S=R(S/R,i,n)$		$S=R(S/R,i,n)$ $=2\times(S/R,7\%,5)$ $=2\times5.751$ $=11.502$
	偿债基金	S	R	$R=S\left[\dfrac{i}{(1+i)^n-1}\right]$ $R=S(R/S,i,n)$		$R=S(R/S,i,n)$ $=20\times(R/S,6\%,6)$ $=20\times0.143\,36$ $=2.867\,2$
	资金回收	P	R	$R=P\left[\dfrac{i(1+i)^n}{(1+i)^n-1}\right]$ $R=P(R/P,i,n)$		$R=P(R/P,i,n)$ $=300\times(R/P,4.8\%,15)$ $=300\times0.095\,04$ $=28.512$
	现值	R	P	$P=R\left[\dfrac{(1+i)^n-1}{i(1+i)^n}\right]$ $P=R(P/R,i,n)$		$P=R(P/R,i,n)$ $=1\times(P/R,6\%,12)$ $=1\times8.384$ $=8.384$

四、不等额序列的现值和终值

1. 不等额序列的终值

若每期末(从1至n期末)的净现金流量不相等,分别为$K_1,K_2,\cdots,K_n$,到n期末的终值可按下式计算,其现金流量图如图3-9所示。

$$K_{pr}=K_1(1+i)^{n-1}+K_2(1+i)^{n-2}+\cdots+K_n$$

$$=\sum_{t=1}^{n}K_t(1+i)^{n-t} \tag{3-15}$$

式中,K_{pr}为工程建成投产前的实际投资总额;K_t为工程开始至建成时计划投资总额

（即投资额）；$K_1, K_2, \cdots, K_n$ 为工程建设期内各年分别使用的计划资金数额。

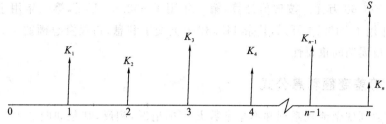

图 3-9　不等额序列的终值现金流量图

【例 3-8】　某工程计划总投资额为 3 000 万元，3 年建成，第一年投资 1 200 万元，第二年投资 1 000 万元，第三年投资 80 万元，年利息为 8%，则在第三年完时实际投资总额为多少？

解：$K_{pr} = 1\,200 \times (1+0.08)^3 + 1\,000 \times (1+0.08)^2 + 800 \times (1+0.08)$

$\qquad = 1\,511.65 + 1\,166.4 + 864$

$\qquad = 3\,542.05$（万元）

从计算结果可知，计划投资 3 000 万元，到工程建成时实际的投资为 3 542.05 万元。

2. 不等额序列的现值

若每期末（从 1 至 n 期末）的净现金流量分别为 $K_1, K_2, \cdots, K_n$，折算到零年末的现值按下式计算，其现金流量图如图 3-10 所示。

$$K_{pr} = \sum_{t=1}^{n} \frac{K_t}{(1+i)^t} \qquad (3\text{-}16)$$

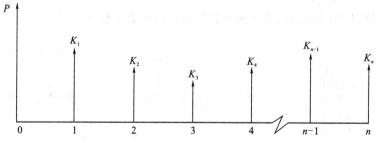

图 3-10　不等额序列的现值现金流量图

【例 3-9】　国家要求某工程建成投产前的投资总额不能超出 3 000 万元，3 年建成。按计划，第一年投资 1 200 万元，第二年投资 1 000 万元，第三年投资 800 万元，建设银行贷款年利息为 8%。问每年实际可用于建设工程的投资现值额及实际用于建设的投资现值总额为多少？

解：
$$K_{pr} = \frac{1\,200}{(1+0.08)^3} + \frac{1\,000}{(1+0.08)^2} + \frac{800}{(1+0.08)}$$

$$= 952.60 + 857.34 + 740.74 = 2\,550.68（万元）$$

由此可知,工程建成时所花的基本建设投资为 3 000 万元,实际用在工程建设上的只有 2 550.68 万元。按现值计算,第一年用了 952.60 万元,第二年用了 857.34 元,第三年用了 740.74 万元,其余 449.32 万元交了利息,占投资总额的 14.98%,可见缩短建设周期的重要性。

五、等差变额利息公式

经常遇到现金流程系列并不是常数 R 值的情况,相反,却是如图 3-11 所示的一个增量系列。这种形式的现金流程可以分解为如图 3-12 所示的两个组成部分。

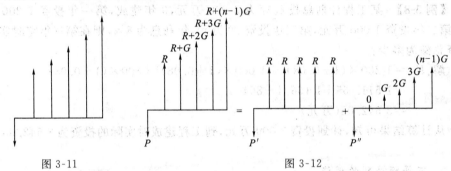

图 3-11　　　　　　　　　　　　图 3-12

注意用这种方式分解问题应使变额系列的第一部分现金流程等于 0。我们已有求 P′ 的方程式,只需要列出求 P″ 的方程式。这样就能得出:

$$P = P' + P'' = R(P/R, i, n) + G(P/G, i, n) \tag{3-17}$$

1. 等差变额未来值公式

可以把图 3-13 所示的变额系列想象为一系列的单独现金流程(图 3-14)。

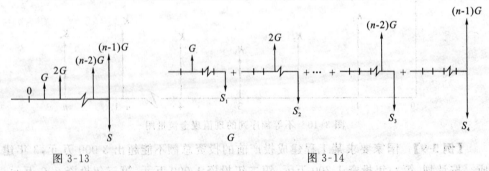

图 3-13　　　　　　　　　　　　图 3-14

这些现金流程的总和 S 值为:

$$S = S_1 + S_2 + \cdots + S_3 + S_4$$

$$S = G(1+i)^{n-2} + 2G(1+i)^{n-3} + \cdots + (n-2)G(1+i) + (n-1)G \tag{3-18}$$

乘以 $(1+i)$ 并提出 G:

$$(1+i)S = G[(1+i)^{n-1} + 2(1+i)^{n-2} + \cdots + (n-2)(1+i)^2 + (n-1)(1+i)] \tag{3-19}$$

重写式(3-18)以表示系列中的其他项：

$$S = G[(1+i)^{n-2} + 2(1+i)^{n-3} + \cdots + (n-2)(1+i) + (n-1)] \quad (3\text{-}20)$$

从式(3-19)中减去式(3-20)，得：

$$S + iS - S = G[(1+i)^{n-1} + (1+i)^{n-2} + \cdots + (1+i)^2 + (1+i) + 1] - nG \quad (3\text{-}21)$$

在推导式(3-7)的过程中，看出式(3-21)括号内的各项等于该系列的复利因子：

$$[(1+i)^{n-1} + (1+i)^{n-2} + \cdots + (1+i)^2 + (1+i) + 1] = \frac{(1+i)^n - 1}{i}$$

这样，式(3-21)可写为：

$$iS = G\left[\frac{(1+i)^n - 1}{i}\right] - nG$$

归项并解出 S：

$$S = \frac{G}{i}\left[\frac{(1+i)^n - 1}{i} - n\right] \quad (3\text{-}22)$$

2. 等差变额现值公式

等差变额现值公式可由等差变额未来值公式乘上现值因子得出：

$$
\begin{aligned}
P &= \frac{G}{i}\left[\frac{(1+i)^n - 1}{i} - n\right]\left[\frac{1}{(1+i)^n}\right] \\
&= G\frac{1}{i}\left[\frac{(1+i)^n - 1}{i(1+i)^n} - \frac{n}{(1+i)^n}\right] \\
&= G\left[\frac{(P/R, i, n) - n(P/S, i, n)}{i}\right] \quad (3\text{-}23)
\end{aligned}
$$

这就是变额现值因子 $(P/G, i, n)$ 的方程式。

【例 3-10】　某汽车的维修费估算如表 3-3 和图 3-15 所示。某人购买了一辆新汽车，他希望在银行账户上存储足够的钱，以支付第一个 5 年期间的汽车维修费。假设维修费在每年年末支付，银行利息为 5％，他现在应该存储多少钱？

表 3-3

年	维修费/元
1	120
2	150
3	180
4	210
5	240

解：这一现金流程可以分解为如图 3-16 所示的两个组成部分。这两个组成部分均代表上面已经推导出来复利因子的现金流程，第一部分是等额系列的现值，第二部分是等差变额系列的现值。

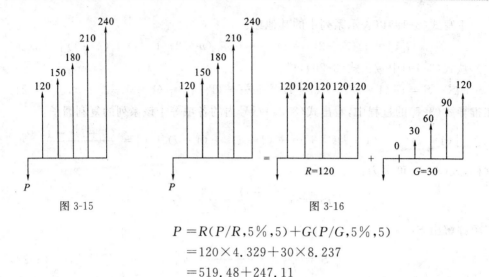

图 3-15　　　　　　　　　　　　　　图 3-16

$$P = R(P/R, 5\%, 5) + G(P/G, 5\%, 5)$$
$$= 120 \times 4.329 + 30 \times 8.237$$
$$= 519.48 + 247.11$$
$$= 766.59(元)$$

3. 等差变额年值公式

等差变额年值公式可由等差变额未来值公式乘偿债基金公式得出：

$$R = \frac{G}{i}\left[\frac{(1+i)^n - 1}{i} - n\right]\left[\frac{i}{(1+i)^n - 1}\right]$$
$$= G\left[\frac{1}{i} - \frac{n}{(1+i)^n - 1}\right] \tag{3-24}$$

这就是等差变额系列因子 $(R/G, i, n)$ 的转化方法。

【例 3-11】　估计某台机器的维修费用如表 3-4 和图 3-17 所示。如果利率为 6%，机器的等额年维修费的等值是多少？

表 3-4

年	维修费/元
1	100
2	200
3	300
4	400

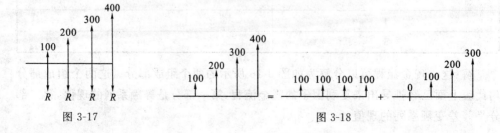

图 3-17　　　　　　　　　　　　　　图 3-18

解:将现金流程分解为如图 3-18 所示的两个组成部分。

$$R = 100 + 100 \times (R/G, 6\%, 4)$$
$$= 100 + 100 \times 1.427$$
$$= 242.7(元)$$

等额年维修费的等值是 242.7 元。

第三节 名义利率和实际利率

在实际应用中,计息周期并不一定以一年为一周期,可以半年一次、每季一次、每月一次或以日计息。同样的年利率,由于计息期数不同,其利息也不同,因而产生名义利率和实际利率两种。所谓名义利率,或称虚利率,就是非实效的利率,而实际利率则是有效的利率。

例如,某项目向银行贷款,年利率 10%,计息周期为年。这时的实际利率就是名义利率,为 10%。如果每个周期的利率为 5%,计息周期为半年,则名义利率为 5% × 2 = 10%,这时的实际利率为 $(1 + 5\%) \times (1 + 5\%) - 1 = 10.25\%$。

以名义利率计算实际利率的公式为:

$$i = \left(1 + \frac{r}{n}\right)^n - 1 \tag{3-25}$$

式中,i 为实际利率;n 为每年计息次数;r 为年名义复利率,%。

设每年计算利息的名义利率为 r,但于一年中计算利息 n 次,则每期的利率为 $\frac{r}{n}$,代入下式得 n 次计息之终值:

$$S = P(1 + i)^n = P\left(1 + \frac{r}{n}\right)^n \tag{3-26}$$

其中,利息部分为 $P\left(1 + \frac{r}{n}\right)^n - P$。因利率是利息与本金之比,故实际利率为:

$$i = \frac{P\left(1 + \frac{r}{n}\right)^n - P}{P} = \left(1 + \frac{r}{n}\right)^n - 1 \tag{3-27}$$

将上式移项,开 n 次方后整理得名义利率为:

$$r = n[(1 + i)^{\frac{1}{n}} - 1] \tag{3-28}$$

如果 $n = 1$,即一年中仅计息一次,则 $i = r$;如果 $n > 1$,即一年中计息多次,则 $i = \left(1 + \frac{r}{n}\right)^n - 1$。此式说明每单位(元)的实际利率等于每年结算 n 次后的复本利和减去一个单位(元)的初投资。

由于计息的周期长短不同,同一笔资金在占用的总时间相等的情况下,所付的利息会有明显的差别。结算次数越多,给定利率所产生的利息就越高。

在进行工程方案的经济比较时,若按复利计息,而各方案在一年中计息的次数不同,则难以比较各方案的经济效益的优劣,这就需要将各方案计息的名义利率全部换算成实际利率,然后进行比较。

【例 3-12】 某厂向外商订购设备,有两个银行可提供贷款。甲行利率 17%,计息周期为年;乙行利率 16%,按月复利计息。试比较向哪家银行贷款较优?

解:甲行的实际利率就是名义利率,为 17%;乙行的名义利率为 16%,需求出实际利率。已知 $n=12$,得:

$$i = \left(1 + \frac{0.16}{12}\right)^{12} - 1$$
$$= 17.227\%$$

乙行的实际利率略高于甲行的实际利率,故应向甲行贷款为宜。

【要点回顾】

1. 资金具有时间价值并不意味着资金本身能够增值,而是因为资金代表着一定量的物化劳动,并在生产和流通领域中与劳动力相结合,从而产生增值。

2. 现金流量是企业在研究周期内实际支出(流出)的资金和收入(流入)的资金的代数和。

3. 计算资金的时间因素有单利法和复利法两类方法。

4. 根据支付方式和等值换算时点的不同,普通复利公式可分为一次支付复利公式、等额支付序列复利公式等。

5. 同样的年利率,由于计息期数不同,其利息也不同,因而产生名义利率和实际利率两种。

【练习题】

一、单选题

1. 假设现在把 500 元存入银行,银行支付年复利 4%,3 年以后账上存款额有（　　）元。

　　A. 562.5　　　B. 563.5　　　C. 555.2　　　D. 574.3　　　E. 506

2. 如果希望第四年末得到 800 元的存款本息,银行每年按 5% 利率付息,现在应当存入（　　）元本金。

　　A. 658.16　　　B. 658　　　C. 632.21　　　D. 650　　　E. 666.20

3. 为在未来的 15 年中的每年末取回 8 万元,现需以 8% 的利率先存入银行（　　）万元现金。

　　A. 66.59　　　B. 67.48　　　C. 68.40　　　D. 68.48　　　E. 65

4. 每个计息周期的利率为 4%,计息周期为半年,这种情况下年名义利率为

（   ）。

A. 4%   B. 8%   C. 12%   D. 16%   E. 24%

二、多选题

1. 现金流量是企业在研究周期内实际（   ）和（   ）的代数和。

A. 支出的资金   B. 结余的资金

C. 收入的资金   D. 存储的资金

2. 计算资金时间因素的方法有（   ）。

A. 累加法   B. 单利法   C. 复利法   D. 加权平均法

三、判断题

1. 在技术经济分析中，利息与盈利或净收益、利率与盈利率或收益率是不同的概念。

2. 现金流量只有正值，没有负值。

3. 复利法是以本金为基数计算资金价值的方法。

四、简答题

1. 为什么要研究资金的时间价值？

2. 名义利率与实际利率的区别是什么？

3. 请简单论述并图示投资项目累计现金流量图。

4. 若已知 $P=10\ 000$ 元，$i=6\%$，4 年后 10 000 元的未来值 S 为多少？用单利法和复利法分别计算。

5. 如每年年终储蓄 100 元，年利率 6%，连续存 5 年后的未来值为多少？

6. 若现在投资 100 元，预计利率 6%，分 8 年等额回收，每年可回收资金多少？

7. 当年利率为 5% 时，希望今后 8 年内每年年末收入现金 154.7 元，现在应投资多少？

第四章 建设项目可行性研究

【预期目标】

通过本章学习,你可以获得以下知识和能力:

1. 了解可行性研究的含义及目的;

2. 明确可行性研究的内容和步骤;

3. 明确编制报告的依据、作用和要求;

4. 学会对建设项目投资进行估算;

5. 学会对建设项目产品成本进行估算。

【学习提示】

本章的重点知识有:

1. 可行性研究的内容和步骤;

2. 对建设项目投资进行估算的方法。

学习本章的方法及注意事项:

1. 针对一个具体的工程项目做一次可行性研究并写出报告;

2. 对于一些具体要求做到熟悉即可,现场可查资料。

第一节　可行性研究的阶段划分

一、可行性研究的含义及目的

可行性研究是运用多种科学研究成果,对建设项目投资决策进行技术经济论证的一门综合性学科。可行性研究的主要任务是研究兴建、改建或扩建某个建设项目在技术上是否先进、适用、安全,在经济上是否合理,在财务上是否盈利。由于建设工程日趋现代化,工程技术日益复杂,涉及面广,建设周期长,人力、财力、物力消耗很大,要想有效地使用建设投资,取得最好的经济效果,建设之前必须对拟建项目进行可行性研究。

项目的可行性研究是指对某工程项目在作出是否投资的决策之前,先对与该项目相关的技术、经济、社会、环境等所有方面进行调查研究,对项目各种可能的拟建方案认真进行技术经济分析论证,研究项目在技术上的先进适用性、在经济上的合理有利性和建设上的可能性,对项目建成后的经济效益、社会效益、环境效益等进行科学的预测和评价。

可行性研究的目的一般要求回答五个方面的问题,即生产什么、用什么生产、在什么地方生产、要什么条件生产、用什么方式生产,如图 4-1 所示。

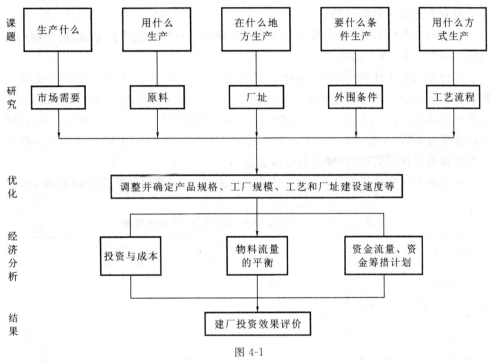

图 4-1

经过研究,一般要考虑本项目在技术上是否可行,经济效益是否显著,财务上是否盈利,需要多少人力、物力和资源,需要多长时间建设,需要多少投资,能否筹集到资金等。

可行性研究是在第二次世界大战前后发展起来的。早在 20 世纪 30 年代,美国为开发田纳西河流域开始采用这种方法,把可行性研究列入流域开发程序,作为规划的重要阶段,使得建设工程能够稳步发展并取得明显的经济效益。以后又经过几十年的发展,可行性研究不断充实和完善,扩大到很多领域,范围十分广泛,不仅用来研究工程建设问题,还用来研究工业、农业生产管理的改造等。可行性研究所应用的技术理论知识也是很广泛的,涉及生产技术科学、经济科学和企业管理科学等,现在已经形成一整套系统科学的研究方法。虽然世界各国对可行性研究的内容、作用和阶段划分不尽相同,但其作为一门科学已被各国所共认,在国际上应用广泛。

二、可行性研究的时间和费用

一个工程项目的可行性研究需要几个月到一两年的时间才能完成。小型项目3~5个月,中型项目半年到1年,大型项目1~2年。例如,瑞士哈耶克咨询工程公司提供一个相当规模钢铁厂的可行性研究报告要30个人工作8~10个月。一个大型钢铁厂的研究工作大约需5~6年的时间,与施工安装时间大体相等。有的工程项目准备时间是建设时间的2倍。

投资者深知"时间就是金钱",但对于建设前的可行性研究工作来说,最强调的是研究报告的质量,而不是时间。

可行性研究工作的费用在不同的阶段规定不同的收费比率,并根据任务的繁简程度和投资总额的多寡决定收取费用的高低。一般研究费用占总投资额的比重,在机会研究阶段约占0.2%~1.0%;初步可行性研究阶段约占0.25%~1.25%;详细可行性研究阶段,小型项目约占1.0%~3.0%,大型项目约占0.8%~1.0%。投资者为取得可行性研究报告,要花费总投资额的3%~5%。

上述各个研究阶段的任务、投资估算的精确度、研究费用和所需时间如表4-1所示。

表 4-1 各研究阶段的任务、研究费用、研究时间表

研究阶段	任 务	投资估算的精确度/%	研究费用占总投资的比例/%	研究所需时间
机会研究	寻求投资机会,选择项目	±30	0.2~1.0	1~3个月
初步可行性研究	筛选项目方案,初步估算	±20	0.25~1.25	3~5个月
详细可行性研究	技术与经济的深入研究,计算总投资	±10	大项目0.8~1.0 小项目1.0~3.0	1~2年 0.5~1年

三、可行性研究的阶段划分和功能

1. 机会研究阶段

机会研究的任务主要是为建设项目投资提出建议。在一个确定的地区或部门内,以自然资源和市场预测为基础,选择建设项目,寻找最有效的投资机会。

机会研究的深度比较粗略,主要依靠笼统的估计,其投资额一般根据相类似的工程估算。机会研究的功能是提供一个可能进行建设的投资项目,要求时间短、花钱少,一旦证明投资建议是可行的,就继续进入初步可行性研究阶段。

2. 初步可行性研究阶段

有许多工程项目投资在进行机会研究之后,还不能决定取舍,需要进行初步可行性研究,其主要目的是:① 分析机会研究的结论;② 确定是否应进行下一步详细的可行性研究;③ 确定有哪些关键问题需要进行辅助性专题研究;④ 判明这个建设项目设想是否有生命力。

初步可行性研究是机会研究和详细可行性研究之间的一个阶段,它们的区别主要在于所获资料的细节不同。如果项目机会研究有足够的数据,也可以越过初步可行性研究直接进入详细可行性研究;如果项目的经济效果不明显,就需要进行初步可行性研究判断是否可行。

3. 详细可行性研究阶段

详细可行性研究是建设项目投资决策的基础,这是一个进行深入技术、经济论证的阶段,必须深入研究有关市场、产品纲领、厂址、工艺技术、设备选型、土木工程以及管理机构等各种可能的选择方案,以便使投资费用和生产成本降到最低限度,取得显著的经济效益。

关于详细可行性研究的主要内容,可以概括为以下几个方面:① 建设项目背景和历史;② 资源原料及主要协作条件;③ 设计方案;④ 生产组织和劳动定员;⑤ 财务和经济评价;⑥ 市场情况和建设规模;⑦ 建厂条件和厂址方案;⑧ 环境保护;⑨ 项目实施计划;⑩ 结论。

第二节　可行性研究的内容和步骤

一、编制的内容

一般来说,一个工业建设项目的可行性研究应包括以下几个方面:

1. 总论

(1)项目概况。项目名称,主办单位,承担可行性研究的单位;项目提出的背景,投资的必要性和经济意义,支持该项目的经济和工业政策;调查研究的主要依据,工作范围,主要过程。

(2)研究结果概要。

(3)存在的问题和建议。

2. 市场需求情况和拟建规模

(1)国内外市场近期需要情况,要列举数据。

(2)国内现有工厂生产力的估计。

(3)销售预测,价格分析,产品竞争能力分析,进入国际市场的前景。

(4)拟建项目的规模,选择产品方案论述以及发展方向技术经济比较和分析。

3. 资源原料及主要协作条件

(1)资源的储量、品位、成分、勘察精度和资源审批情况,资源开采条件的评述。

(2)原料、辅助材料、燃料的种类、来源、供应地点、条件、数量以及签订合同的情况。

（3）所需动力等公用设施的外部协作条件，包括供应方式、供应数量和供应条件，签订协议、合同的情况。

4. 建厂条件和厂址方案

（1）建厂地区的地理位置，与原料产地、市场的距离，地区环境情况，选择理由。

（2）厂址的位置、气象、水文、地形、地质等条件，交通运输及水、电、气等供应规划，与现有企业的关系，居住条件。

（3）厂址面积、占地范围，厂区布置方案，建设条件，厂区内地上、地下现有设施的情况，搬迁情况，安置规划，选择方案的论述。

（4）地价、拆迁及其他工程费用情况。

5. 项目设计方案

（1）项目的构成和范围，包括车间组成、厂内外主体工程和各项公用辅助工程等，各种方案的比较和论证。

（2）技术与设备，即所采用的技术和工艺方案比较和论述，技术的来源，生产车间的组织、工艺路线和生产方法；设备选型方案的论述，主要设备的型号、规格、数量、来源。

（3）公用辅助设施方案的选择。

（4）土建工程布置方案的选择，包括场地整理和开拓，主要建筑物、构筑物的安排，厂外工程。

（5）总图和运输，包括全厂总图布置方案比较和选择，厂内外运输方式的比较和选择，生产过程中的道路通行费用。

（6）设计方案要用文字和各种功能图、平面布置图等表示。

6. 环境保护

（1）拟建项目的三废种类、成分和数量，对环境影响的范围和程度。

（2）治理方案的选择和回收利用情况。

（3）对环境影响的预评价。

7. 生产组织、劳动定员和人员培训

（1）全厂生产管理体制，机构的设置，对选择方案的论证。

（2）劳动定员的配备方案。

（3）人员培训规划和费用的估算。

8. 项目实施计划和进度要求

（1）勘察设计的周期和进度要求。

（2）设备制造所需时间。

（3）工程施工所需时间。

（4）试生产所需时间。

（5）整个工程项目的实施计划和进度的选择方案。

9．财务和国民经济评价

（1）总投资费用。包括各项基本建设费用、流动资金估算。

（2）资金来源、筹措方式。包括各种资金所占比例、资金数量和利率。

（3）生产成本计算。包括总生产成本、单位生产成本。

（4）财务评价。可利用简单收益率、投资回收期、净现值、内部收益率分析、敏感性分析等方法进行评价。

（5）国民经济评价。

10．评价结论

（1）运用各项数据从技术、财务、经济方面论述建设项目的可行性。

（2）存在的问题。

（3）建议。

以上 10 项内容是对新建项目而言的，改建、扩建项目的可行性研究首先要将现状情况调查清楚，其内容结构与可行性研究的内容结构是相同的，以便最后将现状材料与可行性研究结合起来。

二、编制的步骤

可行性研究的内容涉及面很广，编制任务很重，既有工程技术问题，又有经济财务问题。可行性研究的编制最好能够选择那些技术力量强、实践经验丰富的工程咨询公司和设计院承担。参加编制的专业一般应包括工业经济、市场分析、工业管理、财会、工艺、机械、土建等。此外，还可根据需要请其他专业人员短期协助工作，如地质、土壤、实验室等。编制一个典型的可行性研究可以分为以下六个步骤进行：

1．开始筹划

这个时期要与主管部门讨论研究建设项目的范围、界限，摸清主管部门的目标和意见。

2．调查研究

包括产品需求量、价格、竞争能力、原材料、能源、工艺要求、运输条件、劳动力、外围工程、环境保护等各种技术经济的调查研究。每项调查研究都要分别作出评价。

3．优化和选择方案

将项目各个不同方面进行组合，设计出各种可供选择的方案，并经过多种方案的比较推荐出最佳方案。选择方案时涉及的重大原则问题都要与主管部门进行讨论。

4．详细研究

在本阶段内要对选出的最佳方案进行更详细的分析研究工作，明确建设项目的范围、投资及运营费、收入估算，对建设项目的经济和财务情况作出评价。经过分析研究应表明所选方案在设计与施工方面是可以顺利实现的，在经济、财务上是值得投资建设的。为了检验项目的效果,还要进行敏感性分析,表明成本、价格、销售量等不确定因素变化时对企业收益率所产生的影响。

5. 编制报告书

本阶段要提出可行性研究报告书,它的形式、结构和内容除按通常做法外,对一些特殊要求,如国际贷款机构的要求,要单独说明。

6. 资金筹措

对建设项目资金来源的不同方案进行分析比较。在本阶段末,对建设项目的实施计划作出最后决定。

第三节　编制报告的依据、作用和要求

一、编制可行性报告的依据

1. 国家经济建设的方针、政策和长远规划

一个建设项目的可行性研究必须根据国家的经济建设方针、政策和长远规划对投资的设想来考虑,所以对产品的要求、协作配套、综合平衡等问题都需要按长远规划的设想来安排。

2. 项目建议书和委托单位的设想说明

项目建议书是进行各项准备工作的依据,经批准后就可以开展可行性研究工作。有关部门在委托进行可行性研究任务时,还要对建设项目提出文字的设想说明(包括目标、要求、原料、资金来源等),交给承担可行性研究的单位。

3. 经国家正式批准的资源文件报告

包括经国家正式批准的资源报告、国土开发整治规划、河流流域规划、路网规划、工业规划等。不同项目各有侧重,如采矿项目对资源报告要求很严格,必须是经国家批准的正式水利、水电工程,必须具有河流流域规划等。

4. 可靠的地理、地质、经济、社会等基础资料

这些资料是可行性研究进行厂址选择、项目设计和技术经济评价必不可少的。

5. 有关的工程技术方面的指标、规范、标准等

这些工程技术的标准、规范、指标等都是项目设计的基本根据,承担可行性研究的单位应具备这些资料。

6. 国家公布的用于项目评价的有关参数、指标等

可行性研究在进行评价时需要有一套参数、数据和指标,如基准收益率、折旧率、折现率、社会折现率、调整外汇率等。这些参数一般都是由国家公布实行的。

二、编制可行性报告的目的和作用

1. 确定工程建设的依据

投资者在决定是否应该兴办某个建设项目时,主要的依据就是这个项目的可行性研究报告。我国规定:"凡是没有经过可行性研究的建设项目,不能批准设计任务书,不能进行设计,不能列入计划。"通过可行性研究,预见到产品具有竞争能力,是国民经济发展的需要,可获得较大利润,这个项目就确定了,可进行下段工作;如果这个项目不可行,其他工作就无须进行。所以,可行性研究是决定投资项目命运的阶段。

2. 申请银行贷款的依据

银行明确规定,根据企业提出的可行性研究报告,对贷款项目进行全面、细致的分析评价后才能确定能否给予贷款。只有对可行性研究报告进行审查后,认为这个建设项目经济效益好,具有偿还能力,不会担很大风险时,才会同意贷款。

盲目上马经济效益差的建设项目,不但会耗费宝贵的建设资金,建成后更是后患无穷。

3. 建设项目开展设计的依据

在可行性研究中,对产品方案、建设规模、厂址、工艺流程、主要设备造型、总图布置等都进行了方案比较及论证,确定了原则,推荐了建议方案。可行性研究经过批准,设计任务书正式下达后,设计工作必须依此进行。

4. 建设项目主管部门与各有关部门商谈合同、协议的依据

一个建设项目的原料、辅助材料、协作件、燃料以及供电、供水、运输、通信等很多方面需要由有关部门供应、协作,这些供应的协议、合同都需要根据可行性研究签订。有关技术引进和设备进口项目,国家规定项目可行性研究报告经过审查批准后,才能据此同外国厂商正式签约。

5. 拟采用新技术、新设备研制计划的依据

建设项目采用新技术、新设备必须慎重,经过可行性研究后,证明这些新技术、新设备是可行的,方能拟订研制计划,进行研制。

6. 建设项目补充地形、地质工作和工业性试验的依据

进行可行性研究需要大量基础资料,有时这些资料不完整或深度不够,不能满足下一阶段工作的需要,要根据可行性研究提出的要求进行地形、地质、工业性试验等补充工作。

7. 安排计划、开展各项建设前期工作的参考

8. 向当地政府和环保部门申请建设执照的依据

可行性研究报告经审查,如果认为有些方面不符合市政当局的规定或经济立法,对污染环境处理不当,则不发给营业执照。可行性研究报告还作为当地居民对工程建设进行监督检查和提意见的依据。

三、编制可行性报告的要求

1. 实事求是,保证可行性研究的科学性

编制报告时应调查研究、实事求是,强调独立和公正的原则,不受行政干预。可行就是可行,不行就是不行,不能把不行变为可行,必须按科学规律、经济规律办事。

2. 内容、深度要达到标准

内容和深度在不同行业,视不同项目应有所侧重,但基本内容要完整,文件要齐全,应能满足项目投资决策的要求和作为编制设计任务书的依据。

3. 编制单位要具备一定条件

为了保证报告的质量,承担编制的单位要具备技术力量强,国内外成功和失败的资料丰富,情报、信息、实践经验丰富,有一定装备,有技术手段等条件,也要有必要的工作周期。委托单位与承担单位之间采取合同制。

第四节 建设项目投资估算

经济评价是可行性研究的核心,而投资估算是经济评价工作的基础。投资估算的正确与否直接影响可行性研究经济计算的结果与评价,直接影响可行性研究工作的质量。

建设项目的总投资是建设项目技术经济方案和技术经济效益的综合反映,不同的技术方案反应不同的投资,投资的多少影响项目生产成本,当然也会影响利润和收益。

一、投资估算的原则和依据

1. 投资估算的原则

(1) 资源最优配置和效益达到最高的经济运作机制。

(2) 深入开展研究,掌握第一手资料。

(3) 实事求是地反映投资情况,不弄虚作假。

(4) 充分利用原有的建筑物和物资,尽量节约投资。

(5) 选择最优化的投资方案。

2. 投资估算的依据

(1) 项目建议书。

(2) 建设规模、产品方案。

(3) 工程项目一览表。

(4) 设计方案、图纸及主要设备材料表。

（5）国家设备价格运行费率、当地材料预算价格。

（6）同类型建设项目投资资料。

（7）有关规定，如资金来源等。

二、投资估算的方法

1. 生产能力指数估算法

根据实际统计资料，生产能力不同的两个同类企业的投资与生产能力之比的指数幂成正比。其表达式为：

$$I_2 = I_1 \left(\frac{X_2}{X_1} \right)^n$$

式中，X_1 为类似企业的生产能力；X_2 为拟建项目的生产能力；I_1 为类似企业的固定资产投资额；I_2 为拟建项目的固定资产投资额；n 为生产能力指数，其数值根据不同类型企业的统计资料确定。

由于这个方法不是按简单的线性关系，而是根据实际资料求得的指数关系来估算投资，所以比单位投资估算法要精确。根据国外某些化工项目的统计资料，n 的平均值在 0.6 左右，因此又称为"0.6 指数法"。例如，生产能力指数取值 0.6 时，产量如果增加 1 倍，则固定资产投资额仅增加到 1.5 倍（$2^{0.6}$）。使用此法时，拟建项目规模的增加幅度不宜超过 50 倍。以增加相同设备（装置）容量扩大生产规模时，n 值取 0.6～0.7；以增加相同设备（装置）数量扩大生产规模时，n 值取 0.8～1.0；高温高压的工业生产项目，n 取值 0.3～0.5。

【例 4-1】 已建成的某项目年生产能力为 20 万 t，固定资产投资为 1 亿元。如果建设一个年产 30 万 t 的同类项目，试估算固定资产投资为多少？

解： 拟建项目的固定资产投资＝（1÷20）×30＝1.5（亿元）

2. 比例估算法

根据统计资料，先求出已有同类企业主要设备投资占全厂固定资产投资的比例，然后再估算出拟建项目的主要设备投资，即可按比例求出拟建项目的固定资产投资。其表达式为：

$$I = \frac{1}{K} / \sum_{i=1}^{n} Q_i P_i$$

式中，I 为拟建项目的固定资产投资；K 为主要设备投资占拟建项目固定资产投资的比例，%；n 为设备种类数；Q_i 为第 i 种设备的数量；P_i 为第 i 种设备的单价。

3. 分工程项目按比例估算法

这种方法先查出按现行的设备交货的价格，乘以 1.43，即得出设备的购置安装价值，然后把建厂的各项费用根据不同类型的企业，按它们占设备购置和安装费的比重计算出基建投资。如建筑物和发展用地的投资，露天型企业的投资为设备购置和

安装费用的 $10\%\sim30\%$，露天-室内型为 $20\%\sim60\%$，室内型为 $60\%\sim100\%$；仪表投资为设备购置和安装投资的 $3\%\sim5\%$（没有自动控制的企业），$5\%\sim12\%$（部分自动控制的企业），$12\%\sim20\%$（广泛自动控制的企业）。

4. 单系数法

基建投资＝系数×根据通常的经验估算的设备总价值

这个系数如表 4-2 所示。

表 4-2

工厂类型	按设备交货价值的系数	按安装设备价值的系数
固体处理过程的企业	3.10	2.16
固体-流体处理过程的企业	3.63	2.56
流体处理过程的企业	4.74	3.30

5. 多系数法

它是以设计方案确定的设备投资为基础，对相应的建筑费、安装费及主要材料费、其他费用等采用多系数进行计算，公式如下：

$$K_{pr} = A_0(1 + K_1 + K_2 + K_3) \times 1.15$$

式中，K_{pr} 为总投资额；A_0 为设备费用总值；K_1 为建筑费系数；K_2 为安装费及主要材料费系数；K_3 为其他费用系数；1.15 为综合系数。

设备总值计算是根据各专业的统计方案提出的主要设备乘上现行设备出厂价格，再乘以 1.2 的次要设备和备品备件以及运输系数求解的，见例 4-2。

【例 4-2】 某建设项目专业设计方案提出的主要设备按现行出厂价格计算的设备费是 470 万元，根据同类型项目施工预算分析后取定的建筑费系数为 0.7，安装及主要材料系数为 0.45，其他费用系数为 0.4，请按上述条件进行投资估算。

解： 设备总投资＝470×1.2＝564（万元）

建设总投资＝564×(1＋0.7＋0.45＋0.4)×1.15＝1 654（万元）

上面讲的是基建投资的估算，在国外总投资包括基建费用和流动资金两部分，有时还要包括资本化利息和一些其他费用。

三、投资总额的构成

1. 工程费

(1) 主要生产项目：根据建设项目性质和设计要求来确定，如水泥厂的主要生产项目是矿山开采、破碎、筛选、球磨、窑炉、传送等。

(2) 辅助生产项目：为了维持正常生产新建的辅助生产项目，如机修车间、电修车间、木工车间、中央实验室、原材料库、成品库等。

（3）公用工程项目：① 给排水工程，属于整个建设项目的给排水系统，如全厂泵房、冷却塔、水池及室外管道等；② 供电及电讯工程，属于整个建设项目的供电及电讯系统，如全厂变电所、开关站、电话室、广播站及输电通信线路等；③ 供气工程，属于整个建设项目的供气系统，如全厂锅炉房、供热站及室外供热管道等；④ 运输工程，如全厂码头、围墙、大门、公路、铁路、道路及运输车辆等；⑤ 服务性工程，包括厂部办公室、消防车库、汽车库等；⑥ 生活福利设施工程，包括宿舍、住宅、食堂、幼儿园、学校等；⑦ "三废"治理工程，包括消音、除尘、污水处理、绿化环境等；⑧ 厂外工程，包括厂外铁路专用线、供电线路、供水和排水管道等。

2. 其他费用

（1）管理费（筹建单位及施工单位管理费）。

（2）科研、勘察设计费。

（3）外事费（有引进项目时）。

（4）其他独立费。

3. 不可预见费

不可预见费包括不构成固定资产的费用，如生产职工培训费、施工机械转移费、劳保支出、报废工程、损失和技术装备费等。

工程项目投资构成如图 4-2 所示。

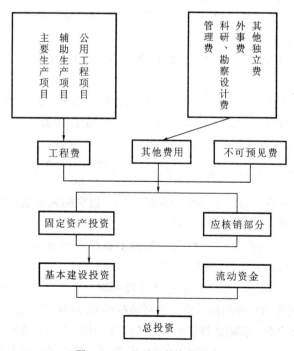

图 4-2　工程项目投资构成图

四、流动资金的估算方法

一个企业要维持正常生产和经营,不仅要有固定资产,而且要有流动资金。因为在再生产过程中总有一部分流动资金被长期占用,而随着生产的发展这部分资金还会逐年增多,企业必须具备一定数量的可以自由支配的流动资金。

1. 扩大指标估算法

(1) 按产值(或销售收入)资金率估算。

【例 4-3】 已知某项目的年产值为 5 000 万元,其类似企业百元产值的流动资金占用额为 20 元,则该项目的流动资金应为多少?

解: 该项目的流动资金＝5 000×20％＝1 000(万元)

(2) 按经营成本(或总成本)资金率估算。

【例 4-4】 某铁矿年经营成本为 8 000 万元,经营成本资金率取 35％,则该矿山的流动资金为多少?

解: 该矿山的流动资金＝8 000×35％＝2 800(万元)

(3) 按固定资产价值资金率估算。

$$流动资金额＝固定资产价值总额×固定资产价值资金率$$

(4) 按单位产量资金率估算。

$$流动资金额＝年生产能力×单位产量资金率$$

2. 分项详细估算法

按项目占用的储备资金、生产资金、成本资金、货币资金与结算资金分别进行估算,加总后即为项目的流动资金。

(1) 储备资金的估算。储备资金是指从用货币资金购入原材料、燃料、备品备件等各项投入物开始,到这些投入物投入生产使用为止占用流动资金的最低需要量。占用资金较多的主要投入物需按品种类别逐项分别计算,计算公式为:

$$某种主要投入物的流动资金定额＝\frac{该投入物价格×年耗量}{360}×储存天数$$

$$储存天数＝在途天数＋平均供应间隔天数×供应间隔系数＋验收天数＋$$
$$整理准备天数＋保险天数$$

供应间隔系数一般取 50％～60％。各种主要投入物流动资金之和除以其所占储备资金的百分比,即为项目的储备资金。

(2) 生产资金的估算。生产资金是指从投入物生产使用开始,到产品入库为止的整个生产过程占用流动资金的最低额。在制品按种类分别计算后汇总,计算公式为:

$$在制品流动资金定额＝在制品每日平均生产费用×生产周期天数×在制品成本系数$$

$$在制品成本系数＝\frac{单位产品成本中的原材料费用＋单位产品成本中其他费用÷2}{单位产品成本}$$

（3）成品资金的估算。成品资金是指从产品入库开始,到发出商品收回货币为止占用的流动资金的最低额。产品应按品种类别计算后汇总,计算公式为:

成品资金定额＝产品平均日销售量×工厂单位产品经营成本×定额天数

（4）其他流动资金的估算。按类似企业平均占用天数估算。

五、我国建设资金的来源

1. 财政拨款

财政拨款是由国家和地方政府运用行政手段所施行的投资。从1985年起凡是由国家预算安排的基建资金已全部由财政拨款改为银行贷款,但有些非营利项目及公共工程仍然采用财政拨款。

2. 银行贷款

银行信贷是以银行为主体,根据信贷自愿的原则,依据经济合同所施行的有偿有息投资。

建设贷款是由国家从预算中提供贷款资金,交由银行按照信贷方式进行分配和管理,包括建设期和还款期,一般不超过15年。

目前企业流动资金全部由贷款解决,有借有还,贷款利息作为费用列入产品。

3. 自筹资金

在国家预算安排之外,国家允许企业单位用自筹资金进行建设。国家规定,自筹资金的建设项目同样应纳入国家的各级建设计划之内,所有用于建设的自筹资金均须专户存入建设银行,先存后用,由建行实行财务监督。

4. 国外资金

目前我国可利用的外资来源大致可归纳为国际金融机构贷款、出口信贷、合资经营和补偿贸易、租赁贷款以及发行债券等几种形式。此外还有在西方资本市场上发行中、长期债券,以此筹集建设资金等。

第五节　项目产品成本估算

一、成本在可行性研究中的作用

作为投资决策部门,不可能对设计方案中每一个技术问题的先进性都作出判断,而用生产成本这个综合经济指标便可比较清楚地分析项目的经济效果,得出经济评价结论,提供投资决策依据。成本与设计内容有着密切的联系,设计的工艺是否先进,设备选型是否合理,各项技术经济指标是否经济,公用设施和辅助生产部门的配置是否恰当,劳动定员和机构配置是否合理等都集中反映在生产成本这个指标中。

同时这个指标又影响经济评价及其他指标,如企业利润和国民收入、投资利润率和投资回收期、净现值和内部收益率等。如果生产成本指标计算不正确,就要影响可行性研究质量,得出错误的结论。

二、成本的有机构成

成本项目基本上可分为材料、人工、费用三大类,具体可分为:

(1)原材料,指构成产品主体的主要材料。

(2)辅助材料,指不构成产品主体,但有助于产品形成的材料。

(3)燃料及动力,指直接用于产品的燃料和动力,如用于产品生产的煤、燃油、水、电、气、压缩空气等。

(4)生产工人工资及工资附加费,指直接生产工人的工资及按规定计入工资的附加费。

(5)车间经费,指生产车间为组织和管理生产所发生的各项费用,包括车间折旧、维修和管理费。

(6)企业管理费,指为组织和管理全厂所发生的各项费用,包括工厂折旧、维修和管理费。

成本项目一般是按上述分类设置的,具体应用时可根据企业产品的不同情况增设部分项目,如外购件、包装材料等项目。

国内可行性研究常用的产品成本组成内容如图 4-3 所示。

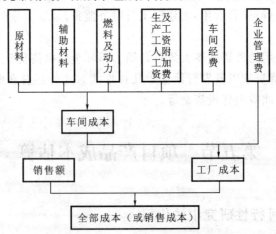

图 4-3 产品成本项目构成图

三、成本的估算方法

1. 按生产费用计算

以年为计算单位,计算出一年的生产费用是多少。用这种方法计算成本可以简化计算工作量。生产费用项目的内容如下：

（1）原材料，指构成产品主体的主要材料，等于年消耗量乘以原材料价格。

（2）辅助材料，指加工过程所用的材料。

（3）工艺过程用燃料，如煤、燃油等。

（4）工艺过程用动力，如蒸汽、煤气等。

（5）工资，按全部人数和国家工资标准计算。

（6）附加工资，按国家规定的工资总数的百分比计算。

（7）折旧，按国家规定的折旧率计算。

2. 按成本项目计算（表 4-3）

表 4-3

序号	项　目	计算方法	备　注
1	原　料	单位产品消耗量×单价	可变成本
2	辅助材料	单位产品消耗量×单价或原材料费×（8%～12%）	可变成本
3	燃料及动力	单位产品消耗量×单价	固定成本
4	工资及工资附加费： ① 直接生产工人工资 ② 工资附加费	① 平均月工资×直接生产工人数×12÷年产量 ② 直接生产工人工资×11%	固定成本
5	车间经费： ① 车间折旧 ② 大修及经常维修费 ③ 车间管理费	①（主要生产项目投资＋辅助生产项目投资＋公用工程投资）×基本折旧费 ②（主要生产项目投资＋辅助生产项目投资＋公用工程投资）×（3%～6%） ③（原料＋辅助材料＋燃料及动力＋工资及工资附加费＋车间折旧＋大修及经常维修费）×5%	固定成本
6	车间成本	原料＋辅助材料＋燃料及动力＋工资及工资附加费＋车间经费	
7	企业管理费： ① 工厂折旧 ② 大修及经常维修费 ③ 厂部管理费	①（固定资产投资－主要生产投资－辅助生产投资－公用工程投资）×基本折旧率 ②（固定资产投资－主要生产投资－辅助生产投资－公用工程投资）×（3%～6%） ③ 车间成本×3%	固定成本
8	工厂成本	车间成本＋企业管理费	
9	销售成本	工厂成本＋销售费	销售费按销售收入的1%～3%计算

【要点回顾】

1. 可行性研究是运用多种科学研究成果，对建设项目投资决策进行技术经济论证的一门综合性学科。

2. 可行性研究的内容和步骤。

3. 编制可行性报告的依据、作用和要求。

4. 经济评价是可行性研究的核心,而投资估算是经济评价工作的基础。投资估算的正确与否直接影响可行性研究经济计算的结果与评价,直接影响可行性研究工作的质量。

5. 建设项目产品成本估算的方法。

【练习题】

一、单选题

1. 一个工程项目的可行性研究需要几个月到(　　)年的时间才能完成。

A. 1～2　　　　B. 2～3　　　　C. 3～4　　　　D. 4～5　　　　E. 5～6

二、多选题

1. 可行性研究的目的一般要求回答哪几方面的问题?(　　)

A. 生产什么　　　　　　　　　B. 用什么生产

C. 在什么地方生产　　　　　　D. 要什么条件生产

E. 用什么方法生产

2. 我国建设资金的来源有(　　)。

A. 财政拨款　　B. 银行贷款　　C. 自筹资金　　D. 国外资金

三、判断题

1. 可行性研究是对建设项目投资决策进行技术经济论证的一门综合性学科。

2. 可行性研究的内容随行业不同有所差别,但基本内容是相同的。

四、简答题

1. 什么是项目的可行性研究?可行性研究的目的是什么?

2. 建设项目投资如何进行估算?

3. 建设项目产品成本如何估算?

第五章 建设项目技术经济分析方法

【预期目标】

通过本章学习,你可以获得以下知识和能力:

1. 了解建设项目技术经济分析的重要性;

2. 了解投资偿还期和投资效果系数的概念并能简单计算;

3. 理解现值分析法的原理及特例年现金流程分析法;

4. 区别理解几种分析法,如终值分析法、收益率分析法、敏感性分析法和盈亏分析法等。

【学习提示】

本章的重点知识有:

1. 投资偿还期和投资效果系数的概念并能简单计算;

2. 现值分析法的原理及特例年现金流程分析法。

学习本章的方法及注意事项:

1. 建设项目技术经济分析的方法重在理解应用;

2. 对于几种分析法要求简单看图说话。

在可行性研究中,财务评价和国民经济评价是十分重要的,其主要目的是确定一个建设项目是否可以接受,是不是最好的选择方案。

项目评价主要从两个方面进行:一是项目本身可盈利的分析,即在微观方面从企业能否盈利的角度分析投资的经济效益,叫做财务评价;二是国家可盈利的分析,即在宏观方面从国家角度分析投资的经济效益和社会效益,叫做国民经济评价。

财务评价和国民经济评价的方法和目的不同,但又密切相关,财务评价是国民经济评价的基础。

研究个别建设项目投资的经济效果是研究部门和整个国民经济投资经济效果的基础。投资建设必须在讲求各部门和全社会投资经济效果的前提下提高个别建设项目投资的经济效果。

第一节　投资偿还期和投资效果系数计算

一、静态投资偿还期和投资效果系数

静态分析方法简单易行、节省时间，能够较快地得出评价结论。由于它未考虑时间因素带来的误差，不能反映项目寿命期间的全面情况，所以只在制定规划的阶段，要求精确度不高时采用。

1. 单位生产能力投资

以每增加单位生产能力的平均投资额计，其计算公式为：

$$\varphi = \frac{K_{pr}}{S} \tag{5-1}$$

式中，φ 为单位生产能力投资；K_{pr} 为投资总额；S 为生产能力。

【例 5-1】　某钢铁厂投资总额为 250 亿元，形成生产能力 600 万 t，求单位生产能力投资额为多少？

解：

$$\varphi = \frac{250 \times 10^4}{600} = 4\ 166.7(\text{元}/\text{t})$$

2. 投资偿还期法

固定资产投资偿还期是指该项目所得的收益达到回收其总投资所需要的时间，也就是建设项目从正式投入资金之日起到累计提供的积累总额（包括利润、税金和折旧）达到投资总额之日止所经历的时间。

投资偿还期是以年净收益回收全部投资所需的时间。按年盈利偿还投资计算，公式为：

$$T_Q = \frac{K_{pr}}{P_r} \tag{5-2}$$

式中，T_Q 为投资偿还期；P_r 为年利润、税金和折旧费。

【例 5-2】　某企业投资 1 000 万，投产后每年可获得利税额 200 万，求投资偿还期是多长时间？

解：

$$T_Q = \frac{1\ 000}{200} = 5(\text{年})$$

3. 追加投资偿还期法

追加投资指的是不同的建设方案所需投资之间的差额。追加投资偿还期是指一个建设方案用其成本的节约额来回收追加投资的期限。计算公式为：

$$T = \frac{K_1 - K_2}{C_2 - C_1} = \frac{\Delta K}{\Delta C} \tag{5-3}$$

式中，K_1，K_2 为不同方案的投资额，$K_1 > K_2$；C_1，C_2 为不同方案的年生产成本，$C_2 > C_1$；T 为追加投资偿还期；ΔK 为追加的投资额；ΔC 为节约的年生产成本额。

【例 5-3】 假设投资方案 1 投资 5 000 万元，年成本 1 200 万元；投资方案 2 投资 3 500 万元，年成本 1 500 万元，则追加投资偿还期为多长时间？

解：
$$T = \frac{5\,000 - 3\,500}{1\,500 - 1\,200} = \frac{1\,500}{300} = 5(年)$$

4. 投资效果系数法

(1) 固定资产投资效果系数法。固定资产投资效果是指固定资产投资活动所取得的有效成果与进行固定资产投资活动所消耗或所占用的劳动量（人力、物力、财力）之间的对比关系，即固定资产投资的"所得"与"所费"之间的对比关系。"所得"不仅表现在建设过程中，也反映在建成投产以后的生产过程中。因此，分析和考核投资经济效果时，有些指标也要考虑到建成投产后生产过程中所取得的有效成果。

固定资产投资效果系数是投资偿还期的倒数，其表达式为：
$$E = \frac{P_r}{K_{pr}} \tag{5-4}$$
式中，E 为投资效果系数。

【例 5-4】 某企业投资 1 000 万，投产后每年可获得利税额 200 万，求投资效果系数是多少？

解：
$$E = \frac{200}{1\,000} = 0.2$$

投资效果系数表示了所得收益和投资支出的关系，系数越大，经济效益越高。在国外如 E 大于金融市场所通行的利率，则认为这个项目是可行的。这个方法的最大优点就是计算简便。其缺点是：① 这是一种求得近似判别标准的方法，因为它仅仅根据一年的数据而未考虑该项目寿命期内的其他年度；② 在一个项目的整个寿命期内，选择有代表性的正常年份是比较困难的；③ 这种方法没有考虑项目寿命期间现金流量的时间因素。

(2) 追加投资效果系数法。主要用于两个方案的对比分析，常用于比较新旧两个方案的经济效益。如果两方案，一个方案投资高、成本低，另一方案投资低、成本高，但两者产量相等，则追加投资效果系数的计算公式是追加投资偿还期的倒数：
$$\Delta E = \frac{C_2 - C_1}{K_1 - K_2} = \frac{\Delta C}{\Delta K} = \frac{1}{T} \tag{5-5}$$
式中，ΔE 为追加投资效果系数。

【例 5-5】 城市某项目有新建与改建两个方案。新建方案 1 总投资额为 4 500 万元，年利润 700 万元；改建方案 2 总投资额为 3 500 万元，年利润 450 万元。试用追加投资效果系数法进行方案比较。

解：
$$\Delta E = \frac{700-450}{4\ 500-3\ 500} = 0.25$$

以上计算说明，新建方案1比改建方案2多了1 000万元的额外投资，由于方案先进，能取得较高的追加利润。

当两个对比方案的产量不同时，可用单位投资和单位成本进行计算，其追加投资效果系数的计算公式为：

$$\Delta E = \frac{\dfrac{C_1}{Q_1} - \dfrac{C_2}{Q_2}}{\dfrac{K_2}{Q_2} - \dfrac{K_1}{Q_1}} \qquad (5\text{-}6)$$

式中，Q_1，Q_2为不同方案的产量。

假设以E_t表示标准投资效果系数。若$\Delta E > E_t$，则证明方案2的追加投资是合理的；反之，则投资高的方案不可取。

二、动态投资偿还期和投资效果系数

动态评价方法考虑了资金的时间因素，能够比较确切地反映客观经济发展变化的状况，在国外得到了广泛的应用。我国规定，在可行性研究中对建设项目的经济效益要进行静态和动态分析。

动态评价方法的优点是考虑了技术方案在其经济寿命期限内的投资，追加投资或更新也考虑了经济寿命期限内的全部收益，能够实现企业内部的评价，也可与其他投资方案进行比较。

1. 动态投资偿还期法

现考虑时间因素的影响，将各年的利润额换算为相同的数值，与同一时间的投资额进行对比。一次投资后每年以等额利润回收公式导出，公式为：

$$K_{pr} = \frac{P_r\left[(1+i)^{T_r} - 1\right]}{i(1+i)^{T_r}}$$

两边取对数并整理得：

$$T_r = \frac{\lg P_r - \lg(P_r - K_{pr}i)}{\lg(1+i)} \qquad (5\text{-}7)$$

$$E = \frac{1}{T_r} = \frac{\lg(1+i)}{\lg P_r - \lg(P_r - K_{pr}i)} \qquad (5\text{-}8)$$

式中，T_r为动态投资偿还期。

【例5-6】 某企业投产时投资总额为1 000万元，投产后每年可获得收益额为200万元，如贷款年利率为8%，求该企业的投资偿还期。

解：$T_r = \dfrac{\lg 200 - \lg(200 - 1\ 000 \times 0.08)}{\lg(1+0.08)} = \dfrac{2.301 - 2.079\ 2}{0.003\ 342} = 6.64$（年）

2. 动态追加投资偿还期法

当考虑时间因素时,用年经营费节约来补偿追加投资所需要的时间。其计算公式是:

$$\Delta K(1+i)^{\Delta T_r} = \Delta C(1+i)^{\Delta T_r-1} + \Delta C(1+i)^{\Delta T_r-2} + \cdots + \Delta C(1+i) + \Delta C$$

$$\Delta K(1+i)^{\Delta T_r} = \Delta C\left[\frac{(1+i)^{\Delta T_r}-1}{i}\right]$$

$$\Delta K = \Delta C\left[\frac{(1+i)^{\Delta T_r}-1}{i(1+i)^{\Delta T_r}}\right]$$

两边取对数并整理得:

$$\Delta T_r = \frac{\lg \Delta C - \lg(\Delta C - \Delta Ki)}{\lg(1+i)}$$

或

$$\Delta T_r = \frac{-\lg\left(1-\frac{\Delta Ki}{\Delta C}\right)}{\lg(1+i)} \tag{5-9}$$

【例 5-7】 沿用例 5-3 的数据按动态追加投资偿还期法进行计算,然后和按静态追加投资偿还期法计算的数据进行比较。利率按 10% 计算。

解:已知 $\Delta K = 1\,500$,$\Delta C = 300$,$i = 10\%$,求 ΔT_r。

$$\Delta T_r = \frac{\lg 300 - \lg(300 - 1\,500 \times 0.10)}{\lg(1+0.10)}$$

$$= \frac{2.447 - 2.176}{0.041\,39}$$

$$= 7.272(年)$$

按静态计算追加投资偿还期为 5 年,按动态计算则为 7.272 年,即由于计息增加 2.272 年。

三、基准收益率和标准投资偿还期

基准收益率也称标准投资效果系数,是指工程项目可行性研究中按动态计算所应达到的收益率标准,即最低要求的投资收益率。基准收益率越高,要求获得的年净利润就越多,效益越好。

确定各部门基准收益率要根据国家的需要、技术水平、资金和劳动力状况等因素来综合考虑,一般应遵循以下原则:

(1)必须大于该部门历年的实际收益率。

(2)如果投资全部为贷款,则基准收益率必须大于贷款的年利率,它们之间的差额即为该项目渴望得到的利益。

(3)如果投资的一部分为国外贷款、一部分为国内资金,则基准收益率应按资金比例加权平均计算。

我国尚未确定各产业部门法定的统一基准收益率,但有实际积累的平均数。机械制造行业的回收期，一般电气设备为 4 年，汽车、拖拉机约 5 年，仪表约 3 年，机床、工具约 4～7 年，重工业和造船业约 7 年。国外的投资回收期一般比我国短，基准收益率有人建议暂定为 0.10～0.15，急需加以制定。

前苏联曾根据不同部门的特点，作出如表 5-1 所示规定。

表 5-1　前苏联的部门统一基准收益率

	燃料动力	冶　金	煤　炭	化　学	机　械	轻　工	其　他
E_t	0.1～0.14	0.14	0.2	0.2～0.3	0.2～0.33	0.2～0.35	<0.1
T_r	7～10	7	5	3～5	3～5	3～5	<7

第二节　现值分析法

现值分析法可把一个比较方案换算成一个等值的现金总和，它可能是一个等值于费用的现值或等值于收益的现值，或是一个等值的净现值。

评价要求列出可行性替代方案的结果，以便根据准则对它们作出结论。根据不同的情况，经济准则分列如表 5-2 所示。

表 5-2

情　况	判断准则
相等投入	产出最大
相等产出	投入最小
不等投入和产出	（产出－投入）最大

现值分析法最经常地用来确定将来收入或支出的现值。通常完成一项工程任务总会有一个相对的时间周期。在现值分析过程中必须慎重考虑周期。

经济分析中常会遇到三种不同的分析周期：

（1）各方案的使用期等于分析期。

（2）各方案的使用期不等于分析期。

（3）分析期无限延长（$n=\infty$）。

比较两个方案，选中收益现值减费用现值之差最大的方案，这个准则叫做"净现值"准则，简写为 NPW。

$$净现值＝收益现值－费用现值$$

净现值法的基本思想是根据企业追求的投资效果选定折现率，而任何一项现金流量的净现值总是随着所选用的折现率的大小而变化。

一、用于单独方案的评价

用折现法将本方案每年的开支（资金流出量）和每年的收益（资金流入量）折算成

现值,求累计收益折现值总和与累计开支折现值总和的比值。其计算公式为:
$$PW(i) = -P_j \pm R(P/R, i, n) \pm S(P/S, i, n) \qquad (5\text{-}10)$$
式中,$PW(i)$ 是净现值;P_j 为已经产生的费用。

【例 5-8】 某项工程总投资为 5 000 万元,投产后每年生产还另支出 600 万元,每年的收益额为 1 400 万元,如图 5-1 所示。产品经济寿命期为 10 年,在 10 年末还能回收资金 200 万元,年收益率为 12%。请用净现值法分析投资方案是否可取。

解:
$$\begin{aligned} PW(i) &= -P_j \pm R(P/R, i, n) \pm S(P/S, i, n) \\ &= -5\,000 + (1\,400 - 600) \times (P/R, 12\%, 10) + 200 \times (P/S, 12\%, 10) \\ &= -5\,000 + 800 \times 5.65 + 200 \times 0.322 \\ &= -415.6 (万元) \end{aligned}$$

净现值小于 0,说明这个方案不赚钱,因而不可取。

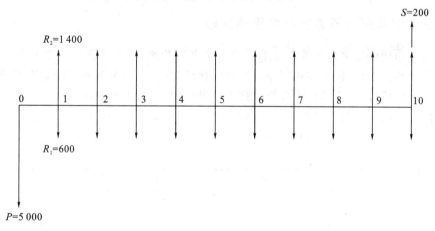

图 5-1

二、服务寿命相同方案的现值比较

【例 5-9】 某企业打算购入一台设备,有两种设备备选,其费用均为 1 000 万元,使用期各为 5 年。如图 5-2 所示,设备 A 预期每年可以节约 300 万元,设备 B 第一年节约 400 万元,但以后逐年递减 50 万元,以此类推。若利率为 7%,问该企业应选用哪种设备为好?

解: 合适的决策准则是选择收益现值最大的方案。
$$PW(i)_A = 300 \times (P/R, 7\%, 5) = 300 \times 4.100 = 1\,230(万元)$$
$$\begin{aligned} PW(i)_B &= 400 \times (P/R, 7\%, 5) - 50 \times (P/G, 7\%, 5) \\ &= 400 \times 4.100 - 50 \times 7.674 = 1\,257.65(万元) \end{aligned}$$

设备 B 的收益现值较大,因此 B 是优先方案。值得注意的是,如果忽略货币的时间价值,则两个方案 5 年中都有 1 500 万元的收益现值。设备 B 在头两年中提供

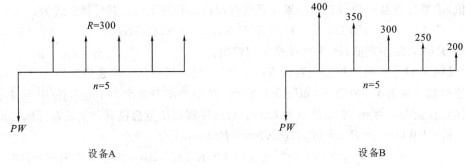

图 5-2

的收益较设备 A 大些,后两年中的收益较设备 A 小些。虽然设备 B 的总收益等于设备 A,但设备 B 的收益流程较为快速,使其收益现值较大。

三、服务寿命不等方案的现值比较

采用净现值法进行服务寿命不同的方案之间的比较时,计算期应取各方案服务寿命的最小公倍数,以便在相同年限内进行比较,并假定每个服务寿命期终了仍以同样方案继续投资,如有残值也应绘入现金流量图中,视为再投资的投入。

【例 5-10】 某公司欲购买施工机械,有两种方案可供选择,资金利率 10%。设备方案的数据如表 5-3 所示,现金流量如图 5-3 所示。

表 5-3

	单 位	方案 A	方案 B
投 资	元	10 000	15 000
年收入	元	6 000	6 000
年度经营费	元	3 000	2 500
残 值	元	100	1 500
服务寿命期	年	6	9

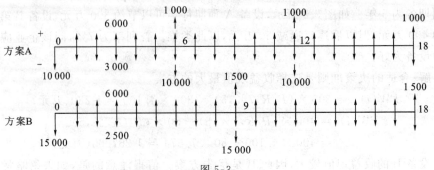

图 5-3

解：$PW(i)_A = -10\ 000 - (10\ 000 - 1\ 000) \times (P/S, 10\%, 6) -$

$\qquad (10\ 000 - 1\ 000) \times (P/S, 10\%, 12) + 1\ 000 \times (P/S, 10\%, 18) +$

$\qquad (6\ 000 - 3\ 000) \times (P/R, 10\%, 18)$

$\qquad = 10\ 448.9(元)$

$PW(i)_B = -15\ 000 - (15\ 000 - 1\ 500) \times (P/S, 10\%, 9) +$

$\qquad 1\ 500 \times (P/S, 10\%, 18) + (6\ 000 - 2\ 500) \times (P/R, 10\%, 18)$

$\qquad = 6\ 997.7(元)$

$\qquad PW(i)_A - PW(i)_B = 10\ 448.9 - 6\ 997.7 = 3\ 451.2(元)$

计算结果表明，选择方案 A 可以多获 3 451.2 元。应当指出，此法由于延长了时间，实际上是夸大了两方案的差别。

四、无限服务寿命方案的现值比较

有些工程使用寿命期很长，或称为无限服务寿命。永久性工程的服务寿命在分析时常视为无限服务寿命，如水坝、运河、桥梁、隧道等。

一般情况下，经济分析对遥远未来的现金流量是不敏感的，例如，当利率为 5% 时，60 年后的 1 元，现值仅为 5 分 3 厘 5；而利率为 10% 时，现值仅为 3 厘 3。如此计算出来的现值，称为资金成本。例如，在利率为 10% 时，年收入恒为 500 元的现值（资金成本）是多少？也就是说，在不动用本金的情况下，年收入永远为 500 元时投资现值应为多少？这个问题相当于单利 10%，其计算如下：

$$PW \times 10\% = 500$$

$$PW = \frac{500}{0.10} = 5\ 000(元)$$

这就是说，如果现在向银行存入 5 000 元，年利率为 10%，今后可以无限期地每年得到 500 元的收益，而不动用本金。

依理即可推出资金成本的公式。当 $n = \infty$ 时，$R = iP$，由此得：

$$P = R/i \qquad\qquad\qquad (5\text{-}11)$$

【例 5-11】 某城市修建跨某河的大桥，有南北两处可以选择桥址。南桥方案是通过河面最宽的地方，桥头连接两座小山，且须跨越铁道和公路，所以要建吊桥。其投资为 2 500 元，建桥购地 120 万元，年维护费 2 万元，水泥桥面每 10 年翻修一次需 4 万元。北桥方案跨度较小，建桁架桥即可，但需补修附近道路，预计共需投资 1 500 万元，年维护费 1 万元，每 3 年粉刷一次需 1.5 万元，每 10 年喷砂整修一次需 5 万元，购地用款 1 000 万元。若利率为 8%，试比较两方案哪个更优越？

解：绘出现金流量图，如图 5-4 所示。

$$PW(i)_{吊桥} = 2\ 500 + 120 + \frac{2 + 4 \times (R/S, 8\%, 10)}{8\%}$$

$$= 2\,620 + \frac{2+4\times 0.069\,03}{0.08}$$

$$= 2\,648.45(万元)$$

$$PW(i)_{吊桥} = 1\,500 + 1\,000 + \frac{1+1.5\times(R/S,8\%,3)+5\times(R/S,8\%,10)}{8\%}$$

$$= 2\,500 + \frac{1+1.5\times 0.308\,03+5\times 0.069\,03}{0.08}$$

$$= 2\,522.59(万元)$$

$$PW(i)_{吊桥} - PW(i)_{桁桥} = 2\,648.45 - 2\,522.59 = 125.86(万元)$$

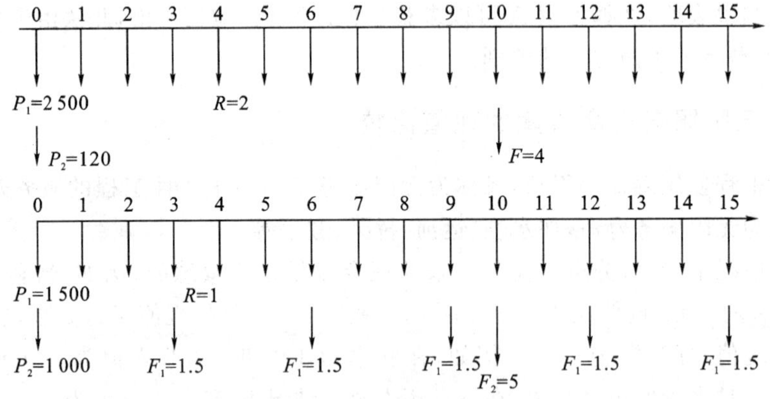

图 5-4

【例 5-12】 两种施工设备方案分析如表 5-4 所示。利率为 8%,请问选用哪个方案?

表 5-4

单位:元

年	方案 A	方案 B
0	−2 000	−1 500
1	+1 000	+700
2	+850	+300
3	+700	+300
4	+550	+300
5	+400	+300
6	+400	+400
7	+400	+500
8	+400	+600

解:方案 A(图 5-5):

收益现值 $= 400\times(P/R,8\%,8) + 600\times(P/R,8\%,4) - 150\times(P/G,8\%,4)$

$$=400\times5.747+600\times3.312-150\times4.650=3\,588.50(元)$$

费用现值＝2 000(元)

净现值＝3 588.50－2 000＝1 588.50(元)

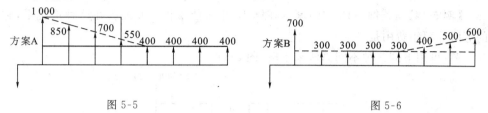

图 5-5　　　　　　　　　　　　　　图 5-6

方案 B(图 5-6)：

$$收益现值＝300\times(P/R,8\%,8)+(700-300)\times(P/S,8\%,1)+$$
$$150\times(P/G,8\%,4)(P/S,8\%,4)$$
$$＝300\times5.747+400\times0.925\,9+100\times4.650\times0.735$$
$$＝2\,436.24(元)$$

费用现值＝1 500(元)

净现值＝2 436.24－1 500＝936.24(元)

按最大净现值,应选方案 A。

第三节　年现金流程分析法

根据等值的年现金流程比较各种方案的优劣。根据具体情况,想计算的可能是等值等额年费用($EUAC$)、等值等额年收益($EUAB$)或者两者之差值($EUAB-EUAC$)。

一、年现金流程计算

1. 把现值费用换算成年费用

年现金流程分析的目的是把钱换算成等值的等额年费用或年收益,最简单的情况是把一个现值总和 P 换算成为等值等额期末现金流程系列。

【例 5-13】　某家购买了价值 1 000 元的家具,如果估计使用 10 年,在利率为 7％的情况下(图 5-7),其等值等额年费用是多少?

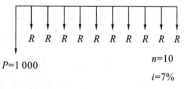

图 5-7

$$解:EUAC=P(R/P,i,n)$$
$$=1\,000\times(R/P,7\%,10)$$
$$=124.40(元)$$

2. 残值处理

遇到有残值或者某一资产在其寿命终期有终值的情况,其处理办法是在等值等额年费用中减去。

【例 5-14】 若例 5-13 中的家具在第 10 年末能卖得 200 元。在这种情况下,它的等值等额年费用是多少?

解:可用下列三种不同算法来求解(图 5-8)。

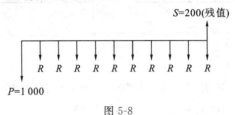

图 5-8

(1)第一种算法。
$$EUAC = P(R/P, i, n) - S(R/S, i, n) \tag{5-12}$$
$$EUAC = 1\,000 \times (R/P, 7\%, 10) - 200(R/S, 7\%, 10)$$
$$= 1\,000 \times 0.142\,4 - 200 \times 0.072\,4$$
$$= 142.40 - 14.48$$
$$= 127.92(元)$$

此法反映了年费用是现金支出减去今后残值 S 的年收益的差值。

(2)第二种算法。等额系列资金回收因子等于等额系列偿债基金因子加上 i 值,即:
$$(R/P, i, n) = (R/S, i, n) + i \tag{5-13}$$
把式(5-13)代入式(5-12)中,得出:
$$EUAC = P(R/S, i, n) + Pi - S(R/S, i, n) = (P-S)(R/S, i, n) + Pi \tag{5-14}$$
$$EUAC = (1\,000 - 200) \times (R/S, 7\%, 10) + 1\,000 \times 0.07$$
$$= 800 \times 0.072\,4 + 70$$
$$= 57.92 + 70$$
$$= 127.92(元)$$

(3)第三种算法。将式(5-13)中的 $(R/S, i, n)$ 值代入式(5-12),可得出:
$$EUAC = P(R/P, i, n) - S(R/P, i, n) + Si = (P-S)(R/P, i, n) + Si \tag{5-15}$$
$$EUAC = (1\,000 - 200) \times (R/P, 7\%, 10) + 200 \times 0.07$$
$$= 800 \times 0.142\,4 + 14$$
$$= 113.92 + 14$$
$$= 127.92(元)$$

第三种方法算出的是 10 年中家具价值减少 800 元的年费用,再加上家具残值 200 元的累积利息。

因而,有了初期支付额 P ,又有了残值 S ,年费用可用三种不同方法算出,即:

(1) $EUAC=P(R/P,i,n)-S(R/S,i,n)$;

(2) $EUAC=(P-S)(R/S,i,n)+Pi$;

(3) $EUAC=(P-S)(R/P,i,n)+Si$ 。

三种计算方法的结果相同,实践中第一和第三种算法使用得最普遍。

【**例 5-15**】 老张有一辆轿车已用了 5 年。有一天他想知道自己的年均维修费用是多少,他搜集了如表 5-5 所示的数据。假定年末支付利率为 7%,请算出等值等额年费用。

表 5-5

时间/年	年维修费用/元
1	45
2	90
3	180
4	135
5	225

解:这个不规则的支付系列的等值等额年费用要分两步算出:

(1) 用整付现值因子计算出 5 年的费用现值。

费用现值 $=45\times(R/S,7\%,1)+90\times(R/S,7\%,2)+180\times(R/S,7\%,3)+$

$\qquad 135\times(R/S,7\%,4)+225\times(R/S,7\%,5)$

$\qquad =45\times0.935+90\times0.872+180\times0.816+135\times0.763+225\times0.713$

$\qquad =531(元)$

(2) 根据已知的费用现值,用资金回收因子计算等值等额年费用。

$\qquad EUAC=531\times(R/P,7\%,5)=531\times0.244=130(元)$

【**例 5-16**】 沿用例 5-15 的事例,老张重新验算时发现他在表格中写颠倒了第三年和第四年的维修费,实际费用如表 5-6 所示。请重新计算等值等额年费用。

表 5-6

时间/年	年维修费用/元
1	45
2	90
3	135
4	180
5	225

解:这样支付额实际是一个等额递增系列加上等额年费用,如图 5-9 所示。

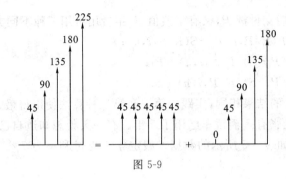

图 5-9

$$EUAC = 45 + 45 \times (R/G, 7\%, 5) = 45 + 45 \times 1.86 = 128.70(元)$$

由于例 5-15 和例 5-16 的支付时间不同,我们不能期望得到相同的等值等额年费用。

二、年现金流程分析

表 5-7 列出了各项经济效益准则。以"相等投入"一项为例,现值准则是"收益现值最大",而年费用准则项下注明"等值等额年收益最大"。显然,使收益现值最大,同时必须使等值等额年收益最大。

表 5-7 现金流程分析

	情　况	准　则
相等投入	钱款或其他投入资源的数量相等	使等值等额年收益($EUAB$)最大
相等产出	所要完成的任务、收益或其他输出相等	使等值等额年费用($EUAC$)最小
投入、产出都不等	钱款或其他投入、收益或其他产出均不相等	使($EUAB-EUAC$)最大

【例 5-17】 某公司为了降低特定情况下的费用,决定购入新设备。有两种设备备选,两者均耗资 1 000 元,使用寿命为 5 年,无残值。设备 A 每年能节约 300 元;设备 B 第一年能节约费用 400 元,以后逐年递减 50 元,即第二年节约 350 元,第三年节约 300 元,依此类推。假设利率为 7%,公司应当购入哪种设备?

解: $$EUAB_A = 300(元)$$
$$EUAB_B = 400 - 50 \times (R/G, 7\%, 5) = 400 - 50 \times 1.865 = 306.75(元)$$
$EUAB_B > EUAB_A$,应选用设备 B。

【例 5-18】 沿用例 5-9,采用年现金流程分析法进行分析。

解:收益现值乘以资金回收因子即可求得等值等额年收益:
$$EUAB_A = 1\ 230 \times (R/P, 7\%, 5) = 1\ 230 \times 0.243\ 9 = 300(元)$$
$$EUAB_B = 1\ 257.65 \times (R/P, 7\%, 5) = 1\ 257.65 \times 0.243\ 9 = 306.74(元)$$

三、分析期

在计算现值比较时,分析期是要重点考虑的,重要的是对于各方案采用同样的分析期。在比较年现金流程时,仍有分析期的问题。

【例 5-19】 水泵 A、B 的使用情况如表 5-8 所示,试计算选择哪个水泵更合理。

表 5-8

	水泵 A	水泵 B
初次费用/元	7 000	5 000
使用期末残值/元	1 500	1 000
使用期/年	12	6

解:用公式 5-15 计算水泵 A 12 年的年费用:

$$EUAC_A = (P-S)(R/P,i,n)+Si$$
$$= (7\ 000-1\ 500) \times (R/P,7\%,12)+1\ 500 \times 0.07$$
$$= 5\ 500 \times 0.125\ 9+105$$
$$= 797（元）$$

水泵 B 6 年的年费用:

$$EUAC_B = (P-S)(R/P,i,n)+Si$$
$$= (5\ 000-1\ 000) \times (R/P,7\%,6)+1\ 000 \times 0.07$$
$$= 4\ 000 \times 0.209\ 8+70$$
$$= 909（元）$$

对于 12 年这一共同分析期来说,水泵 B 要在其 6 年使用期末进行更换。假设换上另一台水泵 B′,其初期费用仍为 5 000 元,残值 1 000 元,寿命 6 年,则现金流程如图5-10所示。

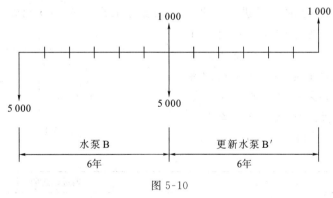

图 5-10

水泵 B 12 年的年费用为:

$$EUAC'_B = [5\ 000-1\ 000 \times (P/S,7\%,6)+5\ 000 \times (P/S,7\%,6)-$$
$$1\ 000 \times (P/S,7\%,12)] \times (R/P,7\%,12)$$
$$= [5\ 000-1\ 000 \times 0.666\ 3+5\ 000 \times 0.666\ 3-1\ 000 \times 0.444\ 0] \times 0.125\ 9$$

$$=[5\ 000-666+333\ 1-444]\times0.125\ 9$$
$$=7\ 221\times0.125\ 9$$
$$=909(元)$$

对水泵 B 来说,6 年分析期的年费用与 12 年分析期的年费用相同。只要认识到后 6 年期的年费用是前 6 年期年费用的重复,就不觉得这个结论奇怪了。通过设想较短寿命的设备由具有同等经济效果的设备更换了,从而避开了分析期问题。选择水泵 A。

第四节 其他分析法

一、终值分析法

假定技术方案 j 在未来 n 年期间发生的收入和支出都换算成未来值 $SW(i)_j$,其计算公式为:

$$SW(i)_j=\pm P_j(S/P,i,n)\pm R_j(S/R,i,n)\pm F_j \tag{5-16}$$

【例 5-20】 某人每周存款 5 元,按半年复利计息,利率为 6%。若他从 20 岁开始存款,则 60 岁时存款的终值为多少?

解: 每半年的存款 $=5\times26=130(元)$

$$SW=R(S/R,3\%,80)=130\times321.363=41\ 777(元)$$

【例 5-21】 一家企业决定再建一座工厂,有两个方案可以选择。方案之一是对一家售价 850 000 元的工厂进行扩建翻修;方案之二是花 85 000 元买一块空地建造新厂。这两种方案都要花三年时间才能使工厂投产。工厂各种设备所需时间和费用均列明在如表 5-9 所示的现金流程表中。如果利率是 8%,第三年末该企业开始投产时,哪一个方案等值费用较低?(图 5-11)

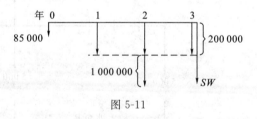

图 5-11

表 5-9

年	建造新厂	购进改建的工厂
0	土地购置费 85 000 元	旧厂购进费 850 000 元
1	设计和初期建造费 200 000 元	设计和改建费 250 000 元
2	建造费的余额 1 200 000 元	附加的更新费 250 000 元
3	生产设备安装费 200 000 元	生产设备安装费 250 000 元

解： $SW_{建造新厂} = 85\,000 \times (S/P, 8\%, 3) + 200\,000 \times (S/R, 8\%, 3) +$
$$1\,000\,000 \times (S/P, 8\%, 1)$$
$$= 1\,836\,000(元)$$

$SW_{购进改建的工厂} = 850\,000 \times (S/P, 8\%, 3) + 250\,000 \times (S/R, 8\%, 3) = 1\,882\,000(元)$

终值计算结果表明，新建设厂的费用比扩建的费用小，所以，用新建厂的方案比较合理。

表面上看，改建工厂的费用(1 600 000 元)小于新建厂的费用(1 685 000 元)，可是它的时间安排不如建造新厂有利。设计的新厂具有较小的费用终值 1 836 000，因而是可取的方案。

二、收益费用比分析法

按照已知的最低希望收益率(MARR)，考虑可取满足以下条件的方案：
$$收益现值 - 费用现值 \geq 0$$
即
$$EUAB - EUAC \geq 0$$
得出下列公式：
$$收益费用比(B/C) = 收益现值/费用现值 = EUAB/EUAC \geq 1 \qquad (5\text{-}17)$$
用收益费用比法作为计算的基础，其准则如表 5-10 所示。

表 5-10　收益费用比分析法的准则

	情　况	准　则
相等投入	钱款或其他资源投入数量相等	B/C 值最大
相等产出	任务、收益或其他产出数量相等	B/C 值最大
投入、产出均不相等	既不是相等的钱款或其他投入，又不是相等的收益或其他产出	根据两个方案间的差值，计算出增量收益费用比值($\Delta B/\Delta C$)。如果 $\Delta B/\Delta C \geq 1$，选择费用较高的方案，否则选择费用较低的方案；遇有三个或更多个方案的情况，用增量收益费用比分析法求解

下面用其他经济分析方法求解同一个实例来说明 B/C 法。

【例 5-22】 沿用例 5-17，用其他经济分析法分析公司应当购入哪种设备。

解：(1) 设备 A。
$$费用现值 = 1\,000(元)$$
$$收益现值 = 300 \times (P/R, 7\%, 5) = 300 \times 4.10 = 1\,230(元)$$
$$B/C = 收益现值/费用现值 = 1\,230/1\,000 = 1.23$$

(2) 设备 B。
$$费用现值 = 1\,000(元)$$
$$收益现值 = 400 \times (P/R, 7\%, 5) - 50(P/G, 7\%, 5)$$
$$= 400 \times 4.10 - 50 \times 7.65$$
$$= 1\,640 - 382 = 1\,258(元)$$

$$B/C=收益现值/费用现值=1\,258/1\,000=1.26$$

选用收益费用比最大的方案,即设备 B。

第五节　收益率分析法

收益率有以下两种定义:其一,收益率是为未付贷款所付的利率,即按此利率在偿还最后一次付款额时,使未付贷款额成为零;其二,收益率是尚未回收的投资所赚得的利率,致使按偿付计划在投资期末时,使投资的未付部分等于零。虽然收益率两种定义说法不同,一个讲的是贷款,一个讲的是投资,但是描述的却是同一个基本概念,即收益率就是总收益等值于总费用时的利率。

为了计算一笔投资的收益率,必须将各种投资效果换算为现金流程,然后从现金流程中求得未知值 i。这个 i 值就是收益率。现金流程方程式有五种形式:

$$收益现值-费用现值=0$$
$$收益现值/费用现值=1$$
$$净现值(NPW)=0$$
$$EUAB-EUAC=0$$
$$费用现值=收益现值$$

【例 5-23】　8 200 元的投资在 5 年的使用期中每年收益 2 000 元,这笔投资的收益率是多少?

解:由公式"收益现值/费用现值=1",得:

$$2\,000(P/R,i,5)/8\,200=1$$
$$(P/R,i,5)=4.1$$

然后查利率表,找出 $(P/R,i,5)=4.1$ 时的 i 值。如果查不到,可查 4.1 的左右近似的两个值,再用内插法算出 i。

从年利率表中查出 $i=7\%$ 时,$(P/R,i,5)=4.1$,所以这笔投资的收益率是 7%。

【例 5-24】　某笔投资的现金流程如表 5-11 所示,求收益率。

表 5-11

时间/年	现金流程/元
0	-700
1	$+100$
2	$+175$
3	$+250$
4	$+325$

解：由公式"$EUAB-EUAC=0$"，得：

$$100+75\times(R/G,i,4)-700\times(R/P,i,4)=0$$

在此例中，方程中有两个不同的利率因数，不能用例 5-23 那种简单方法求解。因为没有方便的直接求解法，将用试算法求解。

先试 $i=5\%$。当 $i=5\%$，$EUAB-EUAC=100+75\times1.439-700\times0.282=208-197=11$。$EUAC$ 过低，如增大利率，$EUAC$ 会增大。

再试 $i=8\%$。当 $i=8\%$，$EUAB-EUAC=100+75\times1.404-700\times0.302=205-211=-6$。这次 $EUAC$ 又偏大，可见正确的收益率介于 5% 和 8% 之间。

试 $i=7\%$。当 $i=7\%$，$EUAB-EUAC=100+75\times1.416-700\times0.295=206-206=0$。正好，所以收益率是 7%。

第六节 敏感性分析

由于经济评价所采用的数据许多来自预测和估计，因此其结果不可避免地存在不确定性和风险。为了使评价结果更好地为决策服务，需要进一步进行敏感性分析。

所谓敏感，是指由于某种因素的作用，给项目经济效果指标带来牵一发而动全身的变化。所谓敏感性分析，就是验证影响现金流通的诸因素（如投资、成本、售价等）发生变化时，对工程项目获利性随之发生变化的分析，一般以百分比表示。它的任务是测定各主要因素中单因素的变化值对经济效益指标的影响程度，并找出最关键的因素，以便提出改进措施或者改变方案。

敏感性分析应侧重于分析主要因素，特别是不利因素的不利变化。当主要因素的变化对项目的经济效益指标影响不大时，可认为该项目对不确定因素的变化不敏感。只有当主要因素变化极小，而对经济效益指标影响却很大时，才可认为项目对不确定性因素的变化是敏感的。这里所说的主要因素一般指投资、产量（销售量）、售价、成本、建设周期、达到设计生产能力年限等，主要经济效益指标指的是投资回收期、投资利润率、内部收益率和净现值等。

进行敏感性分析时，可根据项目的具体情况选择数个最能反映而且影响经济效益指标的因素进行分析，必要时可选择分析两个或者多个不确定因素同时发生变化时对项目经济效益指标的影响，以便分析、判断、验证项目的经济可行性。

常用敏感性分析的方法有因素逐项替换法、最顺利-最不顺利法、图解法等。

【例 5-25】 某工厂产品的年产量为 5 万 t，销售收入为 2 712.5 万元，总成本 2 133.7万元，扣税后利润为 520.9 万元，投资为 3 288 万元。在上述条件下，资金利润率为 14.28%，由于不确定性的影响，销售收入、生产成本、生产能力利用程度、基建投资等的增减变化引起资金利润率的变化。其计算结果归纳于表 5-12 中,同时计算结果可用图 5-12 表示。

表 5-12 敏感性分析计算表

		生产能力/万 t	销售能力/万元	生产成本/万元	盈利①/万元	税金/万元	利润②/万元	投资/万元	流动资金/万元	资金利润率③/%
基本方案		5	2 712.5	2 133.7	578.8	57.9	520.9	3 288	360	14.28
销售收入	+10%	5	2 983.8	2 133.7	850.1	65.0	765.1	3 288	360	20.97
	−10%	5	2 441.3	2 133.7	307.6	30.8	276.8	3 288	360	7.59
生产能力利用程度	+20%	6	3 255	2 446.6	808.4	80.8	727.6	3 288	432	19.56
	−20%	4	2 170	1 820.8	349.2	34.9	314.3	3 288	288	8.79
基本建设	+20%	5	2 712.5	2 177.8	534.7	53.5	481.2	3 646	360	11.18
	+10%	5	2 712.5	2 155.7	556.8	55.7	501.1	3 616	360	12.60
生产成本	+10%	5	2 712.5	2 347.1	365.4	36.54	328.9	3 288	390	9.02
	−10%	5	2 712.5	1 920.3	792.2	79.2	713.0	3 288	324	19.74
投资	−10%	5	2 712.5	2 111.7	600.8	60.1	540.7	2 960	360	16.29
	−20%	5	2 712.5	2 089.6	622.9	62.3	560.6	2 630	360	18.75

注:① 盈利=销售能力−生产成本;② 利润=盈利−税金;③ 资金利润率=利润/(投资+流动资金)。

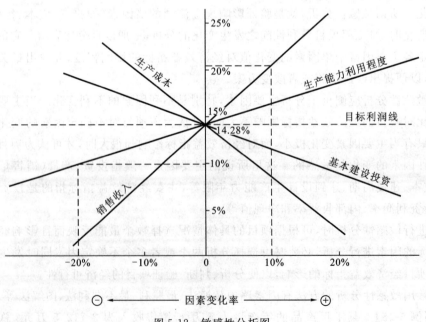

图 5-12 敏感性分析图

第七节 盈亏分析法

盈亏分析法有直线盈亏平衡分析和非直线盈亏平衡分析两种。本节主要讲直线盈亏平衡分析。

产品成本按其与产量的关系分为可变成本、固定成本和半可变(半固定)成本。在产品总成本中,有一部分费用随产量的增减而增减,称为可变成本(如图 5-13 中 A 线所示),生产用的原料和材料费用一般都属于可变成本;另一部分费用与产量的多少无关,称为固定成本(如图 5-13 中 B 线所示),如固定资产折旧费、行政管理费等;还有一些费用,虽然也随着产量增减而变化,但非成比例地变化,称为半可变(半固定)成本,如维护费、不能熄火的工业炉的燃料费用不论是否生产均需支付,但当产量增加时这些费用亦将随之增加。财务分析中,通常将半可变成本进一步分解为可变成本与固定成本,因此产品总成本最终要划分为可变成本和固定成本。

总成本用 y 表示,则:

$$Y = y' + y'' \tag{5-18}$$

式中,y' 为固定成本;y'' 为可变成本。

生产 Q_x 个单位产品的总成本为:

$$C(x) = y' + y''Q_x \tag{5-19}$$

这是一个线性成本函数,如图 5-13 所示。

生产的产品若以成本 P 出售,x 个产品的总收入函数呈线性,如图 5-14 所示。

$$F(x) = PQ_x \tag{5-20}$$

式中,$F(x)$ 为总收入。

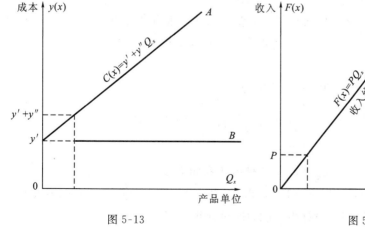

图 5-13

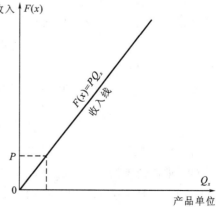

图 5-14

观察这一经济活动的盈亏,就要引入利润:

$$E(x) = F(x) - C(x) \quad\quad\quad (5\text{-}21)$$

式中,$E(x)$ 为利润。

将式(5-19)和(5-20)代入式(5-21)可得:

$$E(x) = PQ_x - y' - y''Q_x = (P - y'')Q_x - y' \quad\quad\quad (5\text{-}22)$$

对上式分析可看出:

若 $P = y''$,一般要亏损,净亏的是固定成本。

若 $P < y''$,则除亏固定成本外,可变成本也要亏一部分,即每生产一单位产品还要亏 $P - y''$,产量越大亏损越大。

若 $P > y''$,则 $(P - y'')Q_x > y'$ 时盈利;$(P - y'')Q_x = y'$ 时不亏不盈;$(P - y'')Q_x < y'$ 时亏损。

故称扭亏转盈的产量 Q_{x0} 为盈亏转折量,如图 5-15 所示。当 $E(x) = 0$ 时,也就是说利润为零时,产量应为:

$$Q_{x0} = \frac{y'}{P - y''} \quad\quad\quad (5\text{-}23)$$

式中,Q_{x0} 为平衡点产量,它是成本线、收入线两直线交点的横坐标,为盈亏平衡时的产量。

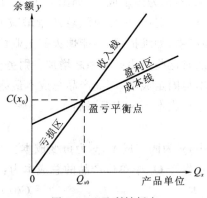

图 5-15 盈利转折点

一、单个方案时的盈亏平衡分析

【例 5-26】 某工厂建设方案实现以后,生产一种产品,单位产品的可变成本 60 元,售价 150 元,年固定成本 120 万元。问该工厂最低年产量应是多少? 如果产品产量达到设计能力 30 000 件,那么每年获利又是多少? 假如再扩建一条生产线,每年增加固定成本 40 万元,但可降低单位可变成本 30 元,市场产品售价下降 10%,问此扩建方案是否可行?

解:(1)求盈亏平衡点的临界产销量 Q_{x0}。

$$Q_{x0} = \frac{y'}{P - y''} = \frac{1\ 200\ 000}{150 - 60} = 13\ 333(件)$$

即工厂最低年产量应为 13 333 件。

(2)求达到年设计生产能力 30 000 件时年利润 $E(x)$。

$$E(x) = (P - y'')Q_x - y' = (150 - 60) \times 30\ 000 - 1\ 200\ 000 = 150(万元)$$

即工厂产品产量达到年设计生产能力时可获年利润 150 万元。

(3)求扩建一条生产线后的年利润 $E(x)$。

$$E(x) = [(150 - 150 \times 10\%) - (60 - 30)] \times 30\,000 - (1\,200\,000 + 400\,000)$$
$$= 155(万元)$$

即扩建后比扩建前每年增加利润 5 万元，故扩建方案是可行的。

二、两个方案时的盈亏平衡分析

有两个可以相互替代的方案，它们的成本函数取决于一个共同的变量。

方案 1 的成本：

$$C(x_1) = f_1(Q)$$

方案 2 的成本：

$$C(x_2) = f_2(Q)$$

式中，Q 为两个方案的成本函数的共同变量。据盈亏平衡点原理：

$$C(x_1) = C(x_2)$$

即

$$f_1(Q) = f_2(Q)$$

由此可以求得 Q 值，即为两个方案平衡处的变量值。

【例 5-27】 一个挖土工程有两个施工方案：一个是人工挖土，单价为 5 元/m³；另一个是机械挖土，单价为 4 元/m³，但需机械的购置费 15 000 元。问这两个施工方案适用情况如何？

解：设挖土工程量为 Q，则人工挖土成本 $C(x_1) = 5Q$，机械挖土成本 $C(x_2) = 4Q + 15\,000$。

令 $C(x_1) = C(x_2)$，则：

$$5Q = 4Q + 15\,000$$

求得 Q 为 15 000 m³。

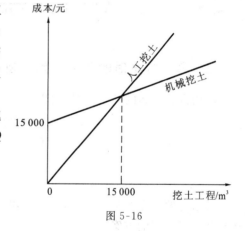

图 5-16

用图 5-16 表示，可见当挖土工程量大于 15 000 m³ 时用机械挖土较为合理；当小于 15 000 m³ 时用人工挖土较为经济。

【例 5-28】 某公司有两种机械采用方案，它们的成本如表 5-13 所示。求两方案的交点及在交点时的成本。

表 5-13

	机械甲	机械乙
固定成本/元	1 000	3 000
每件变动成本/元	2.00	1.00

解：

$$x = \frac{3\,000 - 1\,000}{2 - 1} = 2\,000(件)$$

如图 5-17 所示，当订货量小于 2 000 件时，使用机器甲；当订货量大于 2 000 件时，使用机器乙。将机器甲或乙的数据代入式中，求得 2 000 件在交点时总成本 $C(x)$。

$$C(x)=1\ 000+2\times2\ 000=5\ 000(元)$$
$$C(x)=3\ 000+1\times2\ 000=5\ 000(元)$$

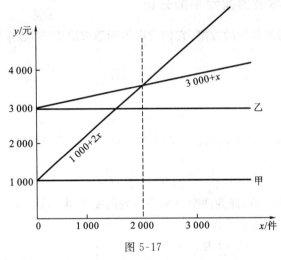

图 5-17

三、多个方案时的盈亏平衡分析

仍用设备方案的共同变量，再以共同变量建立每个方案的成本函数方程。如：

$$C(x_1)=f_1(Q)$$
$$C(x_2)=f_2(Q)$$
$$C(x_3)=f_3(Q)$$
$$\cdots$$

要求每两个方案进行求解，分别求出两个方案的平衡点数量，然后再进行比较，选择其中最经济的方案。

多方案线性盈亏平衡分析用图解法较为方便，可以定出各方案适宜的范围。

【例 5-29】 拟兴建某项目，机械化程度高时投资大，固定成本高，可变成本低。现有三种方案可供选择，参数如表 5-14 所示。试比较这三种方案如何选用。

表 5-14

	A	B	C
每件产品可变成本/元	100	60	40
产品固定成本/元	1 000	2 000	3 000

解：根据已知条件，各方案的产量与成本关系的方程式为：

方案 A $\qquad\qquad y_A=1\ 000+100x$

方案 B　　　　　　　　　　　　　$y_B = 2\,000 + 60x$

方案 C　　　　　　　　　　　　　$y_C = 3\,000 + 40x$

由 $y_A - y_B = 0$，得 $1\,000 + 100x = 2\,000 + 60x$，求得 $x = 25$。

由 $y_B - y_C = 0$，得 $2\,000 + 60x = 3\,000 + 40x$，求得 $x = 50$。

由 $y_A - y_C = 0$，得 $1\,000 + 100x = 3\,000 + 40x$，求得 $x = 33.3$。

从图 5-18 可以看出，每种生产方式在不同的产量范围内有不同的效果：

（1）当产量小于 25 件时，A 方案成本最低；

（2）当产量为 25～50 件时，B 方案成本最低；

（3）当产量大于 50 件时，C 方案成本最低。

最后应结合投资和其他条件综合考虑选择可行方案。

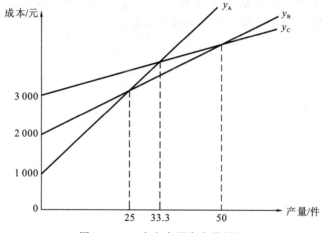

图 5-18　三个方案平衡点分析图

【要点回顾】

1. 现值分析法可把一个比较方案换算成一个等值的现金总和，它可能是一个等值于费用的现值或等值于收益的现值，或是一个等值的净现值。

2. 几种分析法包括年现金流程分析法、终值分析法、收益率分析法、敏感性分析法和盈亏分析法等。

【练习题】

一、单选题

1. 在（　　）方面，从国家角度分析投资的经济效益和社会效益，叫做国民经济评价。

A. 主观　　　　　B. 客观　　　　　C. 宏观　　　　　D. 微观

2. 某钢铁厂投资总额为 250 亿元，形成生产能力 600 万 t，该单位生产能力投资额为（　　）元/t。

A. 4 000   B. 4 166.7   C. 4 266.7   D. 4 253.1   E. 4 653.2

3. 某企业投资 1 000 万元,投产后每年可获得利税额为 200 万元,投资回收期为（　　　）年。

A. 1   B. 2   C. 3   D. 4   E. 5

二、多选题

1. 项目评价主要从哪两个方面进行？（　　　）

A. 项目本身可盈利的分析   B. 国家可盈利的分析

C. 单位可盈利的分析   D. 社会可盈利的分析

三、判断题

1. 静态分析方法简洁易行、节省时间,能够较快得出评价结论。

2. 年现金流程分析法最经常用来确定将来收入或支出的现值。

第六章 预测与决策技术

【预期目标】

通过本章学习,你可以获得以下知识和能力:

1. 了解预测技术的概念和几种预测方法的应用;

2. 了解决策的内容;

3. 理解几种决策方法:定型化决策方法、风险型决策方法、决策树方法。

【学习提示】

本章的重点知识有:

1. 预测技术的方法;

2. 决策方法:定型化决策方法、风险型决策方法、决策树方法。

学习本章的方法及注意事项:

1. 理解预测的数学模型,因为是几种决策方法的基础;

2. 每一种决策方法重在应用。

第一节　预测技术

一、预测技术概述

1. 预测的基本概念

预测就是对事物的未来进行科学的预测,探索事物未来的发展趋势,使人们产生有目的的行为。

预测提供的信息不可能完全准确,必然带有一定的近似性,但它可使事物发展的不确定性趋于最小。预测是把过去和将来视为一个整体,通过对过去资料的科学分析,找出事物的内部规律,从而推测出事物的未来发展。

2. 预测程序

(1)确定目标。

（2）收集和分析历史数据。

（3）选择预测方法。

（4）进行预测计算。

（5）分析修正预测值。

（6）写出预测报告。

3. 数学模型种类

（1）时间关系模型，即预测对象与演变过程之间的时间关系数学模型。表达式为 $y=f(t)$，简称为 $y \leftarrow t$ 型。时间关系模型是定时预测技术，用于研究预测对象的发展过程及其趋势。该模型用于研究内因，或者说是一种笼统的轨迹研究，以平滑预测为代表。

（2）因果关系模型，即预测对象与影响因素之间的因果关系数学模型。表达式为 $y=f(x)$，简称 $y \leftarrow x$ 型。因果关系模型分析的是影响因素对预测对象的因果演变过程，用于研究外因，或者说是一种分解的因素研究，以回归预测模型为代表。

（3）结构关系模型，即预测对象与预测对象之间的比例关系数学模型。预测对象 y 之间互为函数，简称 $y \rightleftarrows y$ 型，如投入产出模型。回归分析也可用做结构关系模型，是一种结构分析，从整体上来研究合理的布局。结构关系也是一种因果关系，当结构关系与时间因素相结合时，将构成动态结构关系模型。

二、简单平均法

1. 算术平均法

算术平均法简单易行，如预测对象变化不大且无明显的上升或下降趋势时，应用较为合理。它只能用于近期预测。

【例 6-1】 某企业 1 至 6 月份的销售资料如表 6-1 所示，试预测 7 月份的销售额。

表 6-1

月　份	1	2	3	4	5	6
销售额/万元	31	29	30	33	34	29

解：该企业 1 至 6 月份的销售额变化不大，最高额 34 万元，最低额 29 万元，且无明显上升或下降趋势，可认为属于随机变动。因此，可用 6 个月的算术平均数作为第 7 月份的预测值。

$$x_i = \frac{\sum x}{T} = \frac{31+29+30+33+34+29}{6} = 31（万元）$$

2. 加权平均法

当一组统计资料每一数据的重要性不完全相同时，求平均数的最理想办法是将每个数的重要性用一个称为权数的数值来代表,计算平均数时,把这些给定的权数同时计入,这种方法称为加权平均法。其计算公式为:

$$y = \frac{\sum\limits_{i=1}^{n} x_i W_i}{\sum\limits_{i=1}^{n} W_i}$$

简记为:

$$y = \frac{\sum xW}{\sum W} \tag{6-1}$$

计算加权平均数的公式与用分组资料计算算术平均数的公式在形式上是一样的,其差别是前者的公式中引入的是频数 f_i,而后者引入的是权数 W_i。

【例 6-2】 某建材商店过去 6 个月的水泥销售量依次为 65 t,68 t,70 t,75 t,85 t,90 t。如果取 0.01,0.04,0.08,0.12,0.25,0.5 依次为此等销售量之权数,试求此 6 个月销售量之加权平均数,并讨论以此加权平均数作为第 7 个月销售量之预测值是否恰当。

解: $y = \dfrac{\sum xW}{\sum W}$

$$= \frac{65 \times 0.01 + 68 \times 0.04 + 70 \times 0.08 + 75 \times 0.12 + 85 \times 0.25 + 90 \times 0.5}{0.01 + 0.04 + 0.08 + 0.12 + 0.25 + 0.5}$$

$$= 84.2(吨)$$

纵观原给的 6 个月销售量之资料,具有明显上升趋势,估计第 7 个月销售量可能接近 100 t。因此,求得的加权平均数 84.2 不宜作为第 7 个月的预测值,如果改为更合理的权数以取代题中所给者,则可能符合实际情况。

加权平均法的关键是合理地确定权数。

3. 几何平均法

一组观测值 $x_1, x_2, \cdots, x_n$,如把它们相乘再开 n 次方,所得 n 次方根称为几何平均数 G。公式如下:

$$G = \sqrt[n]{x_1 x_2 x_3 \cdots x_n} \tag{6-2}$$

在 n 个数据中只要有一个为零,则其几何平均数即为零;若 n 个数据中有一个或几个为负值,则其几何平均数不是不能计算(算得之数值为虚数),便是算得之数值无意义。例如,$\sqrt{2 \times -2} = \sqrt{-4} = 2i$ 视为不能计算,$\sqrt[3]{3 \times 1 \times -9} = \sqrt[3]{-27} = -3$ 视为无意义。几何平均数一般小于算术平均数,而且数据越分散几何平均数越小。

三、移动平均法

移动平均法是在算术平均法的基础上发展起来的。它是以近期资料为依据,并考虑事物发展趋势的一种预测方法。

分段平均移动是按数据点的顺序逐点推移。例如,第一段是 $1,2,3,4$ 数据点,第二段是 $2,3,4,5$ 数据点,如此等等。这种方法称为移动平均法,其计算公式为:

$$W_t^{(1)} = \frac{x_t + x_{t-1} + x_{t-2} + \cdots + x_{t-n+1}}{n} \tag{6-3}$$

式中,$W_t^{(1)}$ 为第 t 周期的一次移动平均数;t 为周期数;x_t 为第 t 周期的数据;n 为分段数据点数。

当 $n=1$ 时,$W_t^{(1)} = x_t$;当 n 为所有数据点的个数,即 $n=t$ 时,$W_t^{(1)} = \dfrac{\sum x_t}{n} = \bar{x}$。

我们用 $n=4$ 来计算一次移动平均数:

$$W_4^{(1)} = \frac{x_4 + x_{4-1} + x_{4-2} + \cdots + x_{4-4+1}}{4} = \frac{x_4 + x_3 + x_2 + x_1}{4}$$

$$W_5^{(1)} = \frac{x_5 + x_4 + x_3 + x_2}{4}$$

$$W_6^{(1)} = \frac{x_6 + x_5 + x_4 + x_3}{4}$$

从计算中我们发现,$W_4^{(1)}$ 与 $W_5^{(1)}$ 进行比较,$W_5^{(1)}$ 比 $W_4^{(1)}$ 仅新增添 x_5 和去掉 x_1,亦即仅仅首尾两数有变化,中间随之推移,如:

$$W_5^{(1)} = W_4^{(1)} + \frac{x_5 - x_1}{4}$$

$$W_6^{(1)} = W_5^{(1)} + \frac{x_6 - x_2}{4}$$

更一般的有:

$$\begin{aligned} W_t^{(1)} &= \frac{x_t + x_{t-1} + x_{t-2} + \cdots + x_{t-n+1}}{n} \\ &= \frac{x_t + x_{t-1} + \cdots + x_{t-n+1} + x_{t-n} - x_{t-n}}{n} \\ &= \frac{x_{t-1} + x_{t-2} + \cdots + x_{t-n+1} + x_{t-n} + x_t - x_{t-n}}{n} \\ &= W_{t-1}^{(1)} + \frac{x_t - x_{t-n}}{n} \end{aligned}$$

此即改进型公式。

从公式的推导中可以看到,若已知 $W_t^{(1)}$,只需计算 $\dfrac{x_{t+1} - x_{t-n+1}}{n}$ 就可以求得

$W_{t+1}^{(1)}$。可见公式为迭代公式,其计算过程为迭代过程,使计算量大为减少。当 n 较大时效果更为显著,同时,也便于利用计算机编制程序。从公式中还可以看到,当获得新的数据点时易于求出新的移动平均数。

四、回归预测技术

回归法包括一元线性、多元线性与非线性回归法,回归预测技术在经济管理中的用法有时间序列分析和因果关系分析两种。

预测人员必须判断其预测变量中有无确实的因果关系,必须掌握住预测对象与影响因素之间的因果关系,因为影响因素的增加或减少会伴随着响应曲线的按比例变化。而且,这种关系只能在因果关系继续起作用的时期内有效。

采用回归法的规定之一,就是数据点的多少决定着预测的可靠程度,而所需的数据点的实际数量又取决于数据的性质以及当时的经济情况。一般说来,历史数据观察点至少要在 20 个以上为好。

一元线性回归法是处理 x 和 y 两个变量之间线性关系的一种用途很广的方法。一元是指一个自变量 x 对因变量 y 的影响。用这种方法可以处理科学技术方面的实践数据,也可以处理经济管理方面的统计数据。该方法简单、实用,可用手工计算,也可以用计算机运算。

一元线性回归近似解的基本公式是:

$$y = a + bx \tag{6-4}$$

式中,x 为自变量;y 为随 x 的变化而变化的变量;a 和 b 为回归系数。

在图 6-1 中,当 $x=0$ 时,$y=a$,a 是直线在 y 轴上的截距。y 是由 a 点起,随着 x 的变化开始演变的。a 是利用统计数据计算来的经验常数,b 是用来表现自变量 x 与因变量 y 的比例关系的。y 按照 b 这个比值,随着 x 等比变化。x 和 y 这两个变量之间的关系将在 a 和 b 这两个回归系数的范围内进行有规律的演变。

因此,根据 x 和 y 等现有的实验数据或统计数据,把 x 和 y 作为已知数,寻求合理的 a 和 b 等回归系数,根据 a 和 b 等回归系数确定回归方程,是运用回归技术的关键;利用已求出的回归方程中 a 和 b 等回归系数的经验值,把 a 和 b 作为已知数,再去确定 x 和 y 等值的未来演变,并与具体条件相结合,是运用回归技术的目的。这两大步骤,就构成了回归技术及其应用的简单过程。

1. 公式来源

设 $y_i(y_1, y_2, y_3, \cdots, y_n)$ 为估算值(回归方程的计算值),其公式为:

$$y_i = a + bx_i$$

设 $y_{ai}(y_{a1}, y_{a2}, y_{a3}, \cdots, y_{an})$ 为实测值(实验数据或统计数据),其公式为:

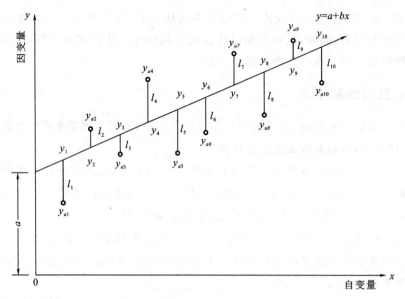

图 6-1 回归关系

$$y_{ai} = a + bx_i + e_i$$

估算值 y_i 与实测值 y_{ai} 的离差为 $e_i(e_1, e_2, \cdots, e_n)$，其公式为：

$$e_i = y_{ai} - y_i = y_{ai} - a - bx_i$$

用最小二乘法求 a 和 b 等回归系数，使总方差 $\sum e_i^2$ 为最小，可使回归方程 $y=a +bx$ 与实际测试数据 y_{ai} 线性拟合为最佳。总方差公式为：

$$Q = \sum e_i^2 = \sum (y_{ai} - y_i)^2 = \sum (y_{ai} - a - bx_i)^2$$

根据求极值原理，Q 对 a 和 b 分别求偏导数并令其等于零，得到方程组，从而解得 a 和 b 的值能使 Q 达到最小值。

$$\frac{\partial Q}{\partial a} = -\sum (y_{ai} - a - bx_i) = 0$$

$$\frac{\partial Q}{\partial b} = -2\sum (y_{ai} - a - bx_i) = 0$$

化简得：

$$\sum y_{ai} - na - b\sum x_i = 0 \tag{6-5}$$

$$\sum x_i y_{ai} - a\sum x_i - b\sum x_i^2 = 0 \tag{6-6}$$

解式(6-5)和式(6-6)的联立方程式得：

$$a = \overline{y_a} - b\overline{x} \tag{6-7}$$

$$b = \frac{\sum x_i y_{ai} - \overline{x}\sum y_{ai}}{\sum x_i^2 - \overline{x}\sum x_i} \tag{6-8}$$

2. 系数求法

(1) 求 a 和 b 值的第一种方法。根据式(6-5)和式(6-6)进行计算。

【例 6-3】 数据如表 6-2 和图 6-2 所示,试计算 a 和 b。

表 6-2

n	y_{ai}	x_i	$x_i y_{ai}$	x_i^2
1	3	0	0	0
2	2	1	2	1
3	4	2	8	4
4	3	3	9	9
5	5	4	20	16
6	4	5	20	25
7	6	6	36	36
合 计	27	21	95	91

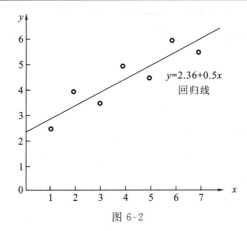

图 6-2

解:将题中所述数据代入公式 $\sum y_{ai} = na + b\sum x_i$ 中得:

$$27 = 7a + 21b \qquad ①$$

代入公式 $\sum x_i y_{ai} = a\sum x_i + b\sum x_i^2$ 中得:

$$95 = 21a + 91b \qquad ②$$

②$-$①$\times 3$,得 $b=0.5$,代入①,得 $a=2.36$,代入基本公式 $y=a+bx$ 得所需要的回归方程:

$$y = 2.36 + 0.5x$$

(2) 求 a 和 b 值的第二种方法。根据式(6-7)和式(6-8)计算。

【例 6-4】 沿用例 6-3 的数据。

解:按表6-2的数据计算得:

$$\bar{x} = \frac{1}{n} \sum x_i = \frac{1}{7} \times 21 = 3$$

$$\overline{y_a} = \frac{1}{n} \sum y_{ai} = \frac{1}{7} \times 27 = 3.86$$

$$b = \frac{\sum x_i y_{ai} - \bar{x} \sum y_{ai}}{\sum x_i^2 - \bar{x} \sum x_i} = \frac{95 - 3 \times 27}{91 - 3 \times 21} = \frac{14}{28} = 0.5$$

$$a = \overline{y_a} - b\bar{x} = 3.86 - 0.5 \times 3 = 2.36$$

将a和b的值代入基本公式得所需要的回归方程:

$$y = 2.36 + 0.5x$$

【例6-5】 砖生产的历史数据如表6-3所示,请对砖今后的产量进行预测。

表6-3

年 份	周 期	砖的产量 y_{ai}/亿块	x_i	$x_i y_{ai}$	x_i^2
1969	1	95.04	0	0	0
1970	2	168	1	168	1
1971	3	217	2	434	4
1972	4	265	3	795	9
1973	5	285	4	1 140	16
1974	6	294	5	1 470	25
1975	7	296	6	1 776	36
1976	8	316	7	2 212	49
1977	9	356	8	2 848	64
1978	10	406	9	3 654	81
1979	11	421	10	4 210	100
合 计		3 119.04	55	18 707	385

解:经计算为:

$$\bar{x} = \frac{55}{11} = 5$$

$$\overline{y_a} = \frac{3\ 119.04}{11} = 283.55$$

$$b = \frac{18\ 707 - 5 \times 3\ 119.04}{385 - 5 \times 55} = \frac{18\ 707 - 15\ 595.2}{385 - 275} = \frac{3\ 111.8}{110} = 28.3$$

$$a = \overline{y_a} - b\bar{x} = 283.55 - 28.289 \times 5 = 283.55 - 141.45 = 142.1$$

故 $y = 142.1 + 28.3x$。现用此公式对砖今后产量进行预测,其结果如表 6-4 所示。

表 6-4

年　份	周　期	x_i	预测值 y_i/亿块
1980	12	11	453.4
1981	13	12	481.7
1982	14	13	510
1983	15	14	538.3
1984	16	15	566.6
1985	17	16	594.9
1986	18	17	623.2
1987	19	18	651.5
1988	20	19	679.8
1989	21	20	708.1
1990	22	21	736.4

五、时间序列法

为了计算方便,将时间序列的数目(即历史资料的年数或月数)取奇数,中间的数定为 0,0 以前的为负,0 以后的为正,这样,便使 $\sum x = 0$。

譬如,选取 9 个时间序列数($n=9$,奇数),用标尺表示如图 6-3 所示。

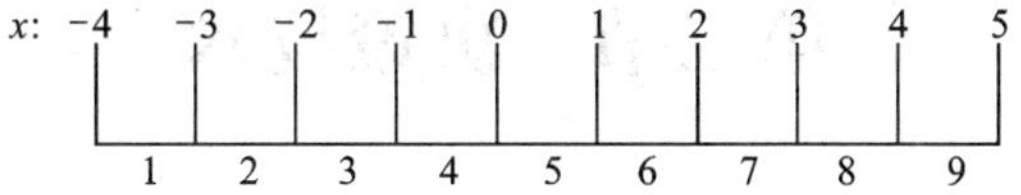

图 6-3

将 $\sum x = 0$ 代入回归分析方程式 $a = \overline{y_a} - b\overline{x}$ 和 $b = \dfrac{\sum x_i y_{ai} - \overline{x} \sum y_{ai}}{\sum x_i^2 - \overline{x} \sum x_i}$ 中,得:

$$a = \overline{y_a} \tag{6-9}$$

$$b = \frac{\sum x_i y_{ai}}{\sum x_i^2} \tag{6-10}$$

【例 6-6】 将上例用时间序列法预测 1983 年的产品生产能力(生产量)。其时间序列数如表 6-5 所示。

表 6-5

年　份	生产量 y_{ai}/亿块	x_i	$x_i y_{ai}$	x_i^2
1975	3 500	−3	−10 500	9
1976	4 000	−2	−8 000	4
1977	2 500	−1	−2 500	1
1978	5 000	0	0	0
1979	4 500	1	4 500	1
1980	5 500	2	11 000	4
1981	6 500	3	19 500	9
合　计	31 500	0	14 000	28

解：
$$\overline{x}=0$$
$$\overline{y_a} = \frac{1}{n}\sum y_{ai} = \frac{31\ 500}{7} = 4\ 500$$
$$a = \overline{y_a} = 4\ 500$$
$$b = \frac{\sum x_i y_{ai}}{\sum x_i^2} = \frac{14\ 000}{28} = 500$$

1983 年时，$x=5$，将 x,a,b 的值代入回归分析方程式得：
$$y = a + bx = 4\ 500 + 500 \times 5 = 7\ 000（亿块）$$
故预测 1983 年的产品生产量为 7 000 亿块。

第二节　决策技术

一、决策的内容

决策是对未来的行为确定目标，并从两个以上的行动方案中选择一个合理方案的分析判断过程。决策是管理过程的核心，是执行各种管理职能的基础。曾获得1978 年诺贝尔经济学奖金的西蒙教授认为"管理就是决策"，管理的关键在于决策。

合理的决策是一个包含许多基本要素的复杂过程，一般归纳为以下八大要素：

（1）认识问题。

（2）明确目标。

（3）收集有关数据。

（4）确认可行的替代方案。

（5）选择判断最佳方案的标准。

（6）建立目标、方案、数据和成果之间的相互关系。

（7）预测每一种方案的结果。

（8）选择达到目标的最佳方案。

二、定型化决策方法

定型化决策是在事物的客观自然状态完全肯定状况下所作出的决策，具有一定的规律性，方法比较简单，也称单纯择优法。

单纯择优法即直接择优决策方法，是从所有方案中直接选择最优方案的决策方法。

【例 6-7】　某企业运输原材料有三条路线可供选择，构成三个方案，如表 6-6 所示。

表 6-6

第一方案	第二方案	第三方案
运距 30 km	运距 40 km	运距 25 km

如果其他条件基本相同，显然是第三方案为最优方案。

定型化决策看起来似乎很简单，有时也并不尽然，因为决策人所面临的可供选择方案的数量可能很大，从中选择出最优方案往往很不容易。例如，一辆邮车从一个城市到另外 10 个城市巡回一趟，其路线就有 $10 \times 9 \times 8 \times \cdots \times 3 \times 2 \times 1 = 3\ 628\ 800$ 条。从中找出最短路线的问题，必须运用线性规划的数学方法才能解决。

三、风险型决策方法

1. 决策中的概率

客观概率是指有历史先例和经验的事件发生的概率，是对大量随机事件进行统计分析得到的。

主观概率是当某事件的发生概率缺乏历史统计资料时，由决策人自己或借助于咨询机构凭经验进行估计得出的。实际上，主观概率也是人们在长期实践基础上得出的，并非纯主观的随意猜想。

2. 决策准则

对于风险型决策问题，决策人有两种基本决策准则：一是最大可能准则；二是期望值准则。

（1）最大可能准则。一个事件，其概率越大，发生的可能性就越大，故可以从各个状态中选择一个概率最大的状态，据此进行决策，称为最大可能准则。这实质上是将风险型决策问题当作确定性决策问题来考虑。

【例 6-8】 为了生产某种新产品有两个方案,一个是建设一个规模大的车间,另一个是建设一个小车间,使用期都是 10 年。大车间的投资为 300 万元,小车间的投资为 120 万元,两个方案的每年损益及自然状态的概率如表 6-7 所示。

表 6-7

自然状态	概 率	大车间每年损益/万元	小车间每年损益/万元
销路好	0.7	100	30
销路差	0.3	—20	20

自然状态销路好出现的概率最大,故按这种状态决策,最优策略应取具有最大损益值的策略,即建设大车间。

在一组状态中,当某一状态出现概率比其他状态出现的概率大得多,而相应的损益值都相差不大时,宜采用最大可能准则进行决策。但在一组状态中,若各种状态出现的概率比较接近,而相应的损益值相差较大,则采用这种决策准则效果不佳,有时会出现严重失误。

(2) 期望值准则。将每个策略视作离散随机变量,求出其数学期望值,以此作为比较择优的主要依据,称为期望值准则。决策人对未来事件的自然状态可能出现的情况不能肯定,但知道自然状态可能发生的概率情况。

求每个策略的数学期望值的公式是:

$$\dot{V} = \sum_{i=1}^{n} y_i \rho_i \qquad (6\text{-}11)$$

式中,V 为期望值;y_i 为第 i 种情况下的损益数值;ρ_i 为第 i 种事件发生的概率,$0 \leqslant \rho_i \leqslant 1$。

在例 6-8 中,各个策略的期望值计算如下:

$$V_1 = 0.7 \times 100 \times 10 + 0.3 \times (-20) \times 10 - 300 = 340 (万元)$$
$$V_2 = 0.7 \times 30 \times 10 + 0.3 \times 20 \times 10 - 120 = 150 (万元)$$

显然,建设大车间比较合适。

四、决策树方法

决策树是模拟树木生长过程,从出发点开始不断分枝来表示所分析问题的各种发展可能性,并以各分枝的期望值中的最大者作为选择的依据。决策树的画法用图 6-4 说明如下:

(1) 先画一个方框作为出发点,又称决策节点。

(2) 从决策节点向右引出若干条直(折)线,每条线代表一个方案,叫方案枝。

(3) 每个方案枝末端画一个圆圈,称概率分叉点,又称自然状态点。

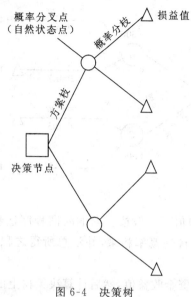

图 6-4　决策树

（4）从自然状态点引出代表各自然状态的分枝,称概率分枝,括弧中注明各自然状态发生的概率。

（5）如果问题只需要一级决策,则概率分枝末端画一个三角,表示终点,终点右侧写上该自然状态的损益值。如果还需要做第二阶段决策,则用决策节点方框代替终点三角,再重复上述步骤画出决策树。

决策树的寻优过程是比较各自然状态点的损益期望值。

【例 6-9】　假设有一项工程,施工管理人员需要决定下月是否开工。如果开工后天气好,则可获利 4 万元;若开工后天气坏,将损失 1 万元;不开工则损失 1 000元。根据过去的统计资料,下月天气好的概率是 0.3,天气坏的概率是 0.7。请采用决策树方法作出决策。

解:（1）第一步:将题意表格化。为了抓准要点,便于进行分析,将自然状态、概率和行动方案列成明细表,如表 6-8 所示。

表 6-8

自然状态	概　率	行动方案	
		开　工	不开工
天气好	0.3	+40 000	−1 000
天气坏	0.7	−10 000	−1 000

（2）第二步:画决策树图形。根据第一步所列的表格,绘制决策树,如图 6-5 所示。

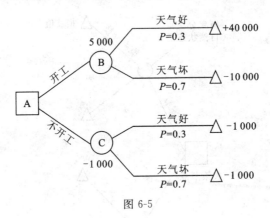

图 6-5

（3）第三步：计算期望值。一般按反向的时间程序逐步计算。将各方案的几种可能结果的数值和它们各自的概率相乘，并汇总所得之积，其和就是该方案的期望值。

首先计算第一末枝的资金收益值，然后计算决策树上的机会节点的预期数值，如机会节点 B 的期望值是 $0.3 \times 40\,000 - 0.7 \times 10\,000 = 5\,000$，节点 C 的期望值是 $-0.3 \times 1\,000 - 0.7 \times 1\,000 = -1\,000$。

（4）第四步：确定决策方案。在比较方案考虑的是收益时，取最大期望值；考虑的是损失时，取最小期望值。根据计算出的期望值和决策者的才智与经验来分析，作出最后的判断。本题采取开工方案较好。

五、情报与决策

在决策过程中，决策者获得的情报资料越多，对自然状态的概率的估计就越准确，作出的决策也就越合理。

假定有外表完全相同的两个盒子，甲盒内装白球和黑球各一个，乙盒内装黑球两个。如果从两盒中随便选出一盒，猜是甲盒或乙盒都一样，因为两者出现的概率都是0.5。但如果准许摸一个球出来看看，多获得一次情报，情况就不同了。如果摸出来的球是白球，则可完全肯定是甲盒，即甲盒出现的概率等于1.0；如果摸出来的球是黑球，则根据贝叶斯定理可以计算出，甲盒出现的概率是 $1/3$，乙盒出现的概率是 $2/3$。这说明情报越多，对概率的估计就越准确。

所以说，情报越多，准确性越大，作出的决策可靠性也就越大。但是为了获得可靠的情报，必须要有相当水平的人去开展工作，花一定的时间，付出一定的费用，掌握了准确的、有价值的情报就可以获得巨大的利润。

【要点回顾】

1. 预测方法：算术平均法、加权平均法、几何平均法、移动平均法、回归预测技术。

2. 决策方法:定型化决策方法、风险型决策方法、决策树方法。

【练习题】

一、单选题

1. 预测对象变化不大且无明显的上升或下降趋势时,应用( )较为合理。

A. 几何平均法　　　B. 加权平均法　　　C. 算术平均法

二、多选题

1. 数学模型的种类有( )。

A. 时间关系模型　　B. 因果关系模型　　C. 空间关系模型

D. 前后关系模型　　E. 结构关系模型

2. 简单平均法包括( )。

A. 移动平均法　　　B. 算术平均法　　　C. 加权平均法　　　D. 几何平均法

三、判断题

1. 算术平均法不仅能用于近期预测,还能用于长期预测。

2. 决策是管理过程的核心,是执行各种管理职能的基础。

四、简答题

1. 什么是预测?其数学模型有哪几类?

2. 什么是决策?

第七章 建筑设计方案的技术经济评价

【预期目标】

通过本章学习,你可以获得以下知识和能力:

1. 了解建筑设计方案的技术经济评价的基本原则和一般程序;

2. 理解影响住宅建筑设计的经济因素;

3. 了解小区规划设计方案的评价指标;

4. 了解工业建筑项目设计方案技术经济评价指标。

【学习提示】

本章的重点知识有:

1. 影响住宅建筑设计的经济因素;

2. 小区规划设计方案的评价指标;

3. 工业建筑项目设计方案技术经济评价指标。

学习本章的方法及注意事项:

1. 对于方案的技术经济评价指标应用要区分民用的和工业的;

2. 使用方案的技术经济评价指标时要根据具体情况而定。

建筑技术经济评价是对建筑业中所采用的各种技术方案、技术措施、技术路线的经济效果进行计算、比较、分析和评价,为选用最佳的方案提供科学的依据。

人们为了完成拟定的建设项目,可以采用不同的设计方案、施工方案,使用不同的机械设备和建筑材料。采用的技术方案不止一个,对于大型工程项目,有时甚至提出许多个。采用不同的方案会收到不同的经济效益,因此为了达到最优的目标,就有一个比较各方案的经济效益问题。建筑设计和施工方案的技术经济评价就是为了比较、分析和评价设计方案中的经济效益,从而选择最优的设计方案。

第一节 民用建筑设计方案的技术经济评价

民用建筑一般包括住宅、宿舍、旅馆等居住建筑和文化教育、科学技术、行政办公、医疗卫生、公用事业等公共建筑两大类。居住建筑是民用建筑中最大量和最主要的建筑,同时,居住问题是人民生活中的一个主要问题,因此解决居住问题在基本建设中占有重要的地位。

根据预测,我国城市住宅在今后一段时期内平均每年大约需建 1 亿～1.5 亿 m² 建筑面积,才能相适应城镇居民的居住需要。这样大量地兴建住宅,势必需要投入大量的资金、人力和资源,因此需要从设计、施工与使用等各个阶段开辟途径,进行技术经济的评价。住宅建筑技术经济的效果是以建筑功能效果与社会劳动消耗之比来衡量的,但应注意一次投资与全寿命费用的结合,实事求是地分析影响经济效果的各种因素。

一、可比条件的建立

1. 满足需要的可比性

对比标准和评价对象应基本满足相同的功能需要,如建筑面积标准、功能标准、建筑层数等。

2. 消耗费用的可比性

消耗费用包括建筑阶段和使用阶段两部分。

3. 价格的可比性

要采取统一的定额和价格水平进行计算,尽量消除人为的变动因素。

各住宅方案和住宅工程如不具备以上可比条件,应采取措施建立相应的可比条件,然后进行评价。

对层数不同的建筑设计方案,可增减层数,考虑相关影响(如层数不同对基础的影响),提高可比性;户室比不同的方案,可通过单元组合和户室比,使每户平均面积相近,并考虑相关影响;局部设计标准不同的方案,可替换为相同标准等以提高可比性。一般民用建筑主要技术经济指标如表 7-1 所示。

表 7-1 民用建筑主要技术经济指标和工程量表

序　号	名　称	单　位	数　量	备　注
1	用地面积	hm²		
2	建筑物占地面积	hm²		
3	构筑物占地面积	hm²		
4	露天专用堆场面积	hm²		如煤、灰堆场
5	体育用地面积	hm²		
6	道路、广场及停车场面积	hm²		
7	绿化面积	hm²		
8	总建筑面积	m²		

序 号	名 称		单 位	数 量	备 注
9	建筑系数		%		(2+3+4)/1
10	建筑容积率				8/1
11	绿化系数		%		7/1
12	单位综合指标				如医学 m²/床,学校 m²/生
工程量					
13	拆迁房屋		m²		
14	排水沟长度		m		
15	围墙长度		m		注明材料和高度
16	挡土墙长度		m		注明材料和平均高度
17	土方量	填 土	m³		
		挖 土	m³		

影响设计方案经济性的因素是多方面的,考虑有关因素的作用,相应地制定修正系数,用以修正方案评比指标值,使之可比。例如,四层住宅与六层住宅的比较,必须修正由于层数不同引起造价上升的差异。据分析,四层改为六层,单位造价约可降低3.4%。

二、影响住宅建筑设计的经济因素

1. 建筑造价构成比

建筑造价构成比反映不同工程部位的造价占总造价的比值,分析建筑造价的构成比可找出降低造价的主攻方向。

按形象部位分析的造价构成比如表 7-2 所示。

表 7-2 五层砖混住宅形象部位造价构成比

项目	基础	墙体	木门窗	层盖	楼盖	楼梯	地面	阳台	其他
造价构成比/%	10.0	40.9	10.5	6.0	14.1	5.0	1.6	4.2	7.7

按主体结构部位分析的造价构成比如表 7-3 所示。

表 7-3 五层砖混住宅主体结构部位造价构成比

项 目	土方	基础	砖石	混凝土及钢筋混凝土	构件运输安装	木结构	金属结构	屋楼结构	抹灰	油漆	脚手架
造价构成比/%	0.7	11.2	25.7	23.0	3.2	15.7	0.3	5.4	9.7	1.4	3.7

从上述两表中可看出,在砖墙承重的多层住宅造价中,墙体所占的比重最大,约占土建造价的 40%;其次是楼盖,约占 14%。据此应把墙体作为研究多层住宅经济

问题的重点,然后是楼盖,再及其他。

表7-4为按工、料、机械台班费分析的造价构成比。

表7-4　五层砖混住宅工、料、机械台班费造价构成比

项　目	人　工	材　料	机械台班费
造价构成比/%	10.2	84.1	5.7

从表7-4中可看出,材料费用占工程造价的极大比重,其中主要材料约占80%,可见材料节约和价格浮动对工程造价的影响很大。人工费用占造价的10.2%,这说明人工费节约对工程造价的影响较小,反映定价因素存在不合理,因而也是造成新的住宅建筑体系效果不好的原因之一。

2. 平面布置和空间组合的经济问题

造成多层住宅墙体比重大、造价高的原因是多方面的。就"住宅"又是"多层"这个特点来说,墙体面积系数(墙体面积/建筑面积)大是一个主要原因。因此,如何减少墙体面积系数是提高墙体部位经济效果的重要方面。减少墙体面积系数与开间、进深、层高、单元组合等有关,有时也与层数有关。

(1)进深的经济问题。合理加大建筑进深,减少外墙周长,是减少墙体面积系数、降低造价、提高经济效果的主要措施之一(表7-5至表7-11)。

表7-5　不同进深的住宅造价关系表

进深/mm	7 500	7 800	8 100	8 400	8 700	9 000	9 300	9 600	9 900
指　标	105.40	104.60	103.37	102.32	101.19	100	98.69	97.43	96.18

表7-6　住宅不同进深的外墙周长

进深/mm	7 500	7 800	8 100	8 400	8 700	9 000
外墙周长/m	43.90	43.44	43.06	42.74	42.48	42.28
指　标	103.83	102.74	101.84	101.09	100.47	100

表7-7　不同进深住宅的内外墙体面积系数表

进深/mm	7 500	7 800	8 100	8 400	8 700	9 000
外墙周长系数/$(m \cdot m^{-2})$	0.426	0.395	0.387	0.376	0.368	0.361
内墙长度系数/$(m \cdot m^{-2})$	0.468	0.460	0.451	0.453	0.445	0.438
合　计	0.894	0.855	0.838	0.829	0.813	0.799
指　标	111.89	107.01	104.88	103.75	101.75	100

表7-8　不同开间(每 m² 建筑面积)造价比较

开　间	3 000	3 300	3 600
指　标	103.89	100	96.97

表 7-9 3 300 与 6 600 开间(每 m² 建筑面积)造价比较表

项　目	3 300 开间/%	3 600 开间/%
基　础	100	77.7(78.7)
墙　体	100	63.8(50.1)
楼　盖	100	146.0
屋　面	100	130.7
合　计	100	97.3(97.3)

表 7-10 3 300 与 6 600 开间(每 m² 建筑面积)主要材料和用工比较表

项　目	3 300 开间/%	3 600 开间/%
钢　筋	100	162.5(168.5)
水　泥	100	118.7(122.7)
模　板	100	155.6
合　计	100	180.0(177.9)

表 7-11 住宅层数与造价关系表

层　数	一	二	三	四	五	六
指　标	122.85	109.13	104.57	102.27	100.86	100

从表 7-11 可以看出,一至六层的多层住宅,层数愈多,指标愈好,相邻层次间的指标差值也愈小。这就是说,当条件许可时,以多建五、六层住宅为宜。

多层住宅层数的经济问题还取决于基础的造价。上部结构重量的改变(这里主要指层数的增减)对于同一种土质就需考虑采用不同材质和不同结构形式的基础,所以联系基础造价来看,就不能说不论什么地质条件建造六层都是最经济的。

(2)住宅单元组合的经济问题。当住宅单元进行组合时,组合部位的山墙数减少,同时变组合外山墙为内山墙,并影响到基础、屋面、檐口、天棚、圈梁、门窗、护坡、脚手费用等项,从而产生价差。当超过五单元组合时,实际上已没有什么经济意义(表 7-12)。同时,由于建筑物长度超过 60 m 时需设置沉降缝,势必增加造价。因此,合理的单元组合应少于五单元,长度应少于 60 m,至少二单元组合,切忌一单元独建。

表 7-12 单元组合与造价关系比较表

单元数	一	二	三	四	五	六
指　标	108.96	103.62	101.59	100.70	100.15	100

第二节　小区规划设计方案的评价指标

我国城市居民点的总体规划一般分为居住区、小区和住宅组三级布置。

一、总用地面积的估算

一般按人口规模进行估算,公式为:

$$总用地面积 = 总人口 \times 平均每人用地 \tag{7-1}$$

平均每人用地可以根据每人平均居住建筑用地进行推算,即:

$$平均每人居住建筑用地 = 每人居住面积定额 \times 居住定额面积/总居住面积$$

$$平均每人居住建筑用地 = 每人居住面积定额/居住面积密度 \tag{7-2}$$

假定居住面积密度为 7 500 m²/hm²,每人居住面积定额为 6 m²,则:

$$平均每人居住建筑用地 = \frac{6 \ m^2}{7 \ 500 \ m^2/hm^2} = 8 \times 10^{-4} \ hm^2 = 8 \ m^2$$

二、居住小区主要技术经济指标(表 7-13)

表 7-13　居住小区(或工矿生活区)主要技术经济指标和工程量表

序　号	名　　称	单　位	数　量	备　　注
1	总用地面积	hm²		
	其中:居住建筑用地	hm²		
	公共建筑用地	hm²		
	道路、广场用地	hm²		
	集中绿化用地	hm²		
2	总建筑面积	m²		
	其中:居住建筑面积	m²		
	公共建筑面积	m²		
3	总建筑占地面积	m²		
4	总居住户数	户		
5	总居住人口	人		注明户均人口
6	住宅平均层数	层		
7	居住建筑面积毛密度	m²/hm²		居住建筑面积/总用地面积
8	居住建筑面积净密度	m²/hm²		居住建筑面积/居住建筑用地面积
9	建筑系数	%		居住建筑用地面积/总用地面积
10	人口毛密度	人/hm²		总居住人口/总用地面积

序 号	名 称	单 位	数 量	备 注
11	人口净密度	人/hm²		总居住人口/居住建筑用地面积
12	人均居住建筑用地	m²/人		
13	人均公共建筑用地	m²/人		
14	人均道路、广场用地	m²/人		
15	人均绿化用地	m²/人		
工程量				
16	拆迁房屋	m²		
17	排水沟长度	m		
18	围墙长度	m		注明材料和高度
19	挡土墙长度	m		注明材料和平均高度
20	土方量	填 土	m³	
		挖 土	m³	

第三节 工业建筑设计方案的技术经济评价

一个工业建筑项目设计方案的优劣常常不是一个或几个经济指标就可以评价得了的,有时不仅要有几个经济指标而且还要一些技术指标做参考。

对于一个工业建筑项目而言,评价用的主要经济效果指标有基建投资效果系数、单位生产能力、投资额、建设成本、建设工期、建设质量、劳动生产率、单位产品成本、生产年限、投资回收期等。

一、常用的评价指标

工业建筑设计方案在具体评价中常常用到如下的一些指标(表 7-14):

表 7-14 工厂厂区主要技术经济指标和工程量表

序 号	名 称	单 位	数 量	备 注
1	用地面积	hm²		
2	建筑物占地面积	hm²		
3	构筑物占地面积	hm²		
4	露天仓库及整天操作场面积	hm²		
5	堆场面积	hm²		
6	道路、广场及停车场面积	hm²		

续表 7-14

序　号	名　称		单　位	数　量	备　注
7	标准(窄)轨铁路占地面积		hm²		
8	绿化面积		hm²		指集中绿化面积
9	建筑系数		%		(2+3+4)/1
10	绿化系数		%		
工程量					
11	拆迁房屋		m²		
12	排水沟长度		m		
13	围墙长度		m		注明材料和高度
14	挡土墙长度		m		注明材料和平均高度
15	土方量	填　土	m³		
		挖　土	m³		

（1）总产值。总产值是以货币表现的工业企业生产的产品总量,它是各种产品的产量与价格乘积的总和。

（2）总产量。工业产品以实物单位表现的产品产量(实物量),即以适合产品的特征、性能并能体现其使用价值的计量单位所表示的产品产量。

（3）全员劳动生产率。全员劳动生产率是表示全厂生产产品的劳动效率的指标。以实物量指标表示,计算公式为:

$$全员劳动生产率=\frac{总产量}{全厂人数} \tag{7-3}$$

以价值指标表示,计算公式为:

$$全员劳动生产率=\frac{总产值}{全厂人数} \tag{7-4}$$

（4）生产工人劳动生产率。生产工人劳动生产率的计算公式为:

$$生产工人劳动生产率=\frac{年产值}{生产工人+辅助生产工人} \tag{7-5}$$

（5）全厂总投资。全厂总投资指全厂基本建设项目和费用的总概算。

（6）利润指标。

① 净利润。净利润是劳动者为社会创造的一部分剩余产品的价值表现形式。

② 产值利润率。

③ 成本利润率。

④ 资金利润率。

⑤ 实际投资利润率。计算公式为:

$$实际投资利润率=资金利润率=\frac{固定资金}{投资总额}×100\% \tag{7-6}$$

（7）单位产品成本。单位产品成本是为生产产品而支出的各种费用，是综合反映经济效果的一个重要指标，计算公式为：

$$单位产品成本 = \frac{产品总成本}{年产量} \qquad (7\text{-}7)$$

另外，还有主要原材料消耗，全厂用水、用电、用气量，全年货物运输量，全厂设备数量等。

评价建设方案的优劣时，应将建筑方面的适用性指标和经济指标结合起来考虑。适用性的指标如占地面积、建筑面积、使用面积、建筑体积、生产车间使用面积及其在总建筑面积中所占比重等。土建设计方案的经济指标参照居住建筑的经济指标确定。

二、专业工程设计方案的评价指标

工业建筑设计方案中的专业工程，如动力、运输、排水、供热等，其设计方案评价指标可参照前述指标。一般内容有：

（1）反映功能或适用条件的指标有方案的供水能力、排水能力、供热能力等。

（2）反映专业工程造价的指标可分别用总造价及单位产品的造价表示。

（3）主要材料或资源消耗量系指各专业工程所需要的主要材料或资源的消耗量。

（4）反映方案投产或使用后的经济指标方案实现后的经济性，可由年度经营费、年维修费、年耗主要资源及年耗能源等指标表示。

（5）其他指标如反映方案维修难易性、可靠性、安全性、公害防治等方面情况的指标。

三、影响工厂设计的经济因素

1. 建筑造价构成比

建筑造价构成比反映不同工程部位的造价占总价的比值，分析建筑造价的构成比可以找出降低造价、提高经济效果的主攻方向。表 7-15 为形象部位分析的造价构成比。

表 7-15　单层中小型厂房形象部位造价构成比

结　构	基　础	墙　体	梁　柱	门　窗	屋　盖	地　面	其　他
砖混/%	8～12	12～25	2～6	6～10	35～45	8～10	3～5
钢筋混凝土/%	5～10	10～18	10～20	5～11	30～50	4～7	3～5

2. 柱网的经济问题

柱网布置对工业厂房的造价和厂房面积的利用程度都有很大影响，因此合理选择柱距尺寸，对于降低厂房造价、减少设备布置面积具有积极意义。

不同跨度和柱距的厂房,当柱距不变时,跨度越大,单位建筑面积造价越低;当多跨厂房跨度不变时,中跨数量越多就越经济,如表 7-16 和表 7-17 所示。当柱距增大时,虽然每平方米建筑面积中柱子的造价相应减少,但是屋盖系统的费用却相对增加,如表 7-18 所示。由于屋盖费用在总造价中所占的比重较大(一般约占 30% ~ 50%),所以一般来说还是以 6 m 柱距较为经济。

表 7-16　单跨、边跨、中跨的造价比较表

类　　型	单　跨	多　跨	
		边　跨	中　跨
混合结构	100	83	69
钢筋混凝土结构	100	85	70

表 7-17　各种跨度多跨造价比较表

单层厂房建筑面积	跨　　度															
	15 m				18 m				24 m				30 m			
	单跨	双跨	三跨	四跨	单跨	双跨	三跨	四跨	单跨	双跨	三跨	四跨	单跨	双跨	三跨	四跨
2 000 m²	130	110	108		121	109	102	103	111	102			106	100		
5 000 m²	145	120	114	109	132	111	106	103	120	106	100	104	116	104	107	105
10 000 m²			113	110		114	106	105		106	101	100		105	103	104

表 7-18　不同柱距的造价比较表

柱距/m	6	9	12
指　标	100	105	115

在工艺线长度不变的情况下,柱距不变而跨度加大,或跨度不变而柱距加大,则生产设备占用车间面积将有所减少,如表 7-19 所示。这是因为柱距或跨度增大,扩大了车间范围内的面积,有利于灵活布置设备,同时减少了柱子所占的面积。

表 7-19　柱网布置对车间面积利用程度的影响

柱网尺寸/(m×m)	12×6	15×6	18×6	12×12	15×12	18×12
指　标	100	93.5	92.6	94.0	91.8	91.0

3. 分建车间与合并车间的经济问题

生产性质类似的车间和辅助车间在不妨碍工艺流程、不影响工作面积的有效利用和不恶化劳动条件的前提下,组合起来建造可节约用地、减少运输线路和管网长度、减少围护结构工程量,因而是实现降低建筑造价的重要措施之一(表 7-20)。

合并车间还有利于施工,因为建造单独车间时,建筑安装工程地点分散,机械有效利用程度受到影响,施工组织也较复杂。

表 7-20　分建车间与合并车间的部分工程量比较表

项　目	合　并		分　建	
	工程量	指　标	工程量	指　标
工程管道	1 920 m	100	3 420 m	180
道　路	1 920 m	100	5 400 m	280
围　墙	2 040 m	100	2 280 m	110
建筑墙体长度	1 800 m	100	7 200 m	400
用地面积	257 600 m²	100	322 400 m²	126

4. 正确选择厂房高度和层高

厂房的高度或层高增加,造价也随之增加,层高对单位面积造价的影响可参见图 7-1。

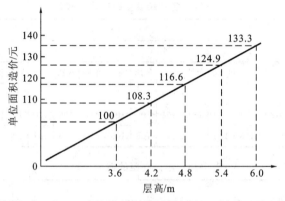

图 7-1　层高对单位面积造价的影响

决定厂房高度的因素是车间内的运输方式、设备高度及加工尺寸,这三者以运输方式选择的灵活性较大。因此为了降低厂房高度,常选用悬挂式吊车、架空运输、皮带运输、落地式龙门吊以及地上无轨运输工具等。

5. 正确决定厂房层数

多层厂房要比单层厂房经济,图 7-2 所示随着层数的增加不同平面的多层厂房的单位面积造价也在相应减少,但超过 4~5 层其造价反而略有上升的趋势。

【例 7-1】 假定修建某轻型车间面积为 400~1 200 m²,可以采用三种结构形式,其费用如下:

(1)钢筋混凝土结构。每平方米造价 120 元,每年维修费 5 600 元,每年空调费 2 400 元,使用年限 20 年。

(2)钢筋混凝土砖混结构。每平方米造价 146 元,每年维修费 5 000 元,每年空调费 1 500 元,使用年限 20 年,残值为造价的 3.2%。

(3)砖木结构。每平方米造价 175 元,每年维修费 3 000 元,每年空调费 1 250元,使用年限 20 年,残值为造价的 1%。

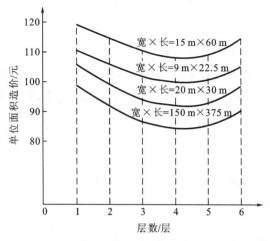

图 7-2　层数对造价的影响

在利率为 8％的条件下,试选择最经济的方案。

解:设车间建筑面积的共同变量为 x,各个方案的费用函数分别为:

$$TC_1 = 120x(R/P,8\%,20) + 5\,600 + 2\,400$$
$$= 120x \times 0.101\,85 + 8\,000$$
$$= 12.23x + 8\,000$$

$$TC_2 = 146x(1-残值)(R/P,8\%,20) + 146x \times 0.032 \times 0.08 + 5\,000 + 1\,500$$
$$= 146x \times 0.968 \times 0.101\,85 + 0.373\,76x + 6\,500$$
$$= 14.768x + 6\,500$$

$$TC_3 = 175x(1-残值)(R/P,8\%,20) + 175x \times 0.01 \times 0.08 + 3\,000 + 1\,250$$
$$= 175x \times 0.99 \times 0.101\,85 + 0.14x + 4\,250$$
$$= 17.79x + 4\,250$$

将上述三式每两两求解,即可得三个平衡点及相对应的建筑面积,如图 7-3 所示。

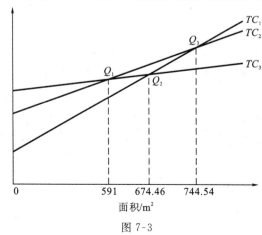

图 7-3

【要点回顾】

1. 影响住宅建筑设计的经济因素。

2. 小区规划设计方案的评价指标。

3. 对于一个工业建筑项目而言,评价用的主要经济效果指标有基建投资效果系数、单位生产能力、投资额、建设成本、建设工期、建设质量、劳动生产率、单位产品成本、生产年限、投资回收期等。

【练习题】

一、单选题

1. 假定居住面积密度为 7 500 m²／hm²,每人居住面积定额为 6 m²,则平均每人居住建筑用地为( )m²。

A. 5　　　　　B. 6　　　　　C. 7　　　　　D. 8　　　　　E. 9

2. ( )为生产产品而支出的各种费用,是综合反映经济效果的一个重要指标。

A. 总投资　　　B. 净利润　　　C. 产品成本　　　D. 总产值　　　E. 总价值

二、多选题

1. 建筑技术经济评价是对建筑业采用的( )的经济效果进行分析评价。

A. 技术方案　　　B. 技术路线　　　C. 技术措施　　　D. 技术价值

2. 平面布置和空间组合的经济问题包括( )。

A. 进深的经济问题　　　　　　B. 开间的经济问题

C. 层高的经济问题　　　　　　D. 层数的经济问题

E. 组合的经济问题

3. 影响工厂设计的经济因素有( )。

A. 建筑造价构成比　　　　　　　B. 柱网的经济问题

C. 分建车间与合并车间的经济问题　D. 正确选择厂房高度和层高

E. 正确决定厂房层数

三、判断题

1. 建筑技术经济评价的目的是为选用最佳方案提供科学依据。

2. 造成多层住宅墙体比重大、造价高的原因是多方面的。

四、简答题

1. 试述民用建筑设计中节约用地和降低工程造价的措施?

2. 试述工业建筑设计中节约用地和降低工程造价的措施?

第八章 价值工程

【预期目标】

通过本章学习,你可以获得以下知识和能力:

1. 了解价值分析的基本概念和价值分析对象的选择方法;

2. 明确价值分析活动程序和指导原则;

3. 学会对工程项目进行功能分析和功能评价;

4. 能对一个具体的工程项目提出改进优化方案。

【学习提示】

本章的重点知识有:

1. 价值分析对象的选择方法;

2. 对工程项目进行功能分析和功能评价。

学习本章的方法及注意事项:

1. 价值分析对象的选择要慎重;

2. 对工程项目进行功能分析要尽量考虑周到。

第一节　价值工程概论

一、价值分析的基本概念

在进行产品设计时要很好地了解用户需要,设法以最低的成本提供用户所需要的产品。评价一种产品,要看它的功能和成本之间的比值,这个比值称为价值或价值系数。功能指的是产品对用户的使用价值;成本是包括企业的制造成本和用户的使用成本在内的产品寿命周期成本;价值则是指产品给企业或用户带来的经济效益。产品价值是产品功能与成本的综合反映,一种产品只有在满足用户使用要求、产品寿命周期成本最低的情况下,才算价值最大,才能给用户和企业带来最大的经济效益。价值、功能、成本三者的关系是:

$$V = F/C \qquad\qquad (8\text{-}1)$$

式中，V 为价值（价值系数）；F 为功能（性能、效用）；C 为成本。

从式(8-1)可以看出，价值与功能成正比，即性能越好，成本越低，产品价值越大，收到的经济效益越高。

1. 提高产品价值的途径

要提高产品的价值，一般地说，有五个途径（图 8-1）：

(1) 功能不变，降低成本。

(2) 成本不变，提高功能。

(3) 功能提高，成本降低。

(4) 成本略有提高，带来功能的更大提高。

(5) 功能稍有降低，但带来成本的大幅度下降。

图 8-1　提高产品价值的途径

价值分析并不单纯追求降低成本，也不片面追求提高功能，而是要求提高它们之间的比值，研究产品功能和成本的最佳匹配。

图 8-2 中的曲线 1 为功能成本曲线，表明随着功能的提高成本的变化规律。在功能改进的初期成本增长不大，当功能提高到一定水平再继续提高时，成本急剧增加。曲线 2 为功能销售额曲线，随着产品功能的改善销售额是会增加的，但当达到一定水平后由于成本提高反而使销售额下降。曲线 1 和 2 相交于 M 点，说明这时的销售额和成本相等。曲线 3 是功能利润曲线，它表明功能和成本的匹配在 N 点左右是比较合理的。

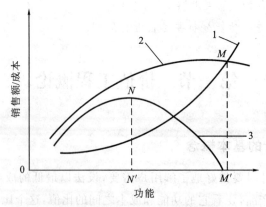

图 8-2　功能与成本最佳匹配图

2. 寿命周期成本

寿命周期是指一产品从构思、设计、制造、流通、使用到报废为止的整个时期。在寿命周期中的每个阶段都要耗费一定的费用，把这些费用加起来就是产品的寿命周期成本。这些成本可以大致分为生产成本和使用成本。生产成本包括设计、制造等在内,产品出厂以后的费用计入使用成本,如储存费、运转费、维修费以及产品报废后的处理费等,如图 8-3 和图 8-4 所示。图中,C 为总成本,C_1 为生产成本,C_2 为使用成本。

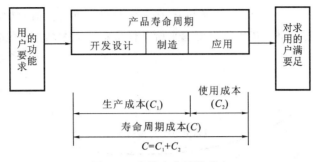

图 8-3　产品寿命周期成本

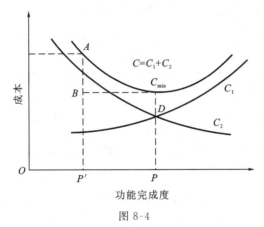

图 8-4

3. 产品成本潜力表现的方面

(1) 对于新产品的设计急于完成,急于早日投产,早日占领市场,容易忽视功能和成本的最佳匹配。

(2) 现代科学技术发展很快,新材料和新工艺层出不穷,不及时地反映到生产上就得不到充分利用。有的工程项目本来可以利用标准设计却另搞一套,使成本增加。

(3) 有些设计是分系统进行的,从某部分来看可能是经济的,但从另一部分来讲却是浪费的,全面考虑就不合算了。

(4) 某些设计未考虑产品的寿命周期成本。

(5) 设计人员虽有丰富的经验,但不可能精通所有的知识,老技工、有实践经验的人、采购人员等都蕴藏着某种特长,对某个方面往往能提出极好的设想,如果把这些知识、经验有意识地集中起来,就可以解决许多原来不能解决的问题。

4. 价值分析的应用范围

价值分析开始用于材料的采购和代用品研究,继而扩展到产品的研制和设计、零部件的生产、工具和装备的改进等方面,后来又发展到改进工作方法、作业程序、管理体系等领域。总之,凡是有功能要求和付出代价的地方都可以应用。

应用价值分析的重点是在开发和设计阶段。因为产品的性能和成本主要取决于生产前的各个环节。一旦设计固定下来,在生产阶段再推行价值分析,牵涉的因素就多了,如生产工艺、工具、装备等改变起来所花代价就要大大增加,经济效果必将受到影响,如图 8-5 所示。

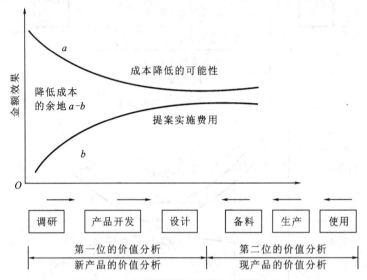

图 8-5 采取价值分析降低成本的余地

依靠改进加工工艺、提高劳动生产率的方法,产品生产成本降到一定程度(如趋近于材料费)时,如图 8-6 所示,就达到了极限。这时应从另一个方面,即改变产品结构、改进产品设计来进一步降低产品成本。只有技术取得某些突破、创造出新的产品,才能取得较大的经济效果。

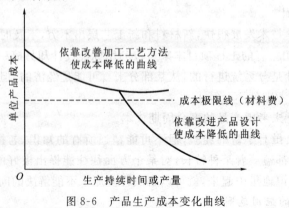

图 8-6 产品生产成本变化曲线

二、价值分析活动程序和指导原则(表 8-1)

表 8-1

构思的一般过程	价值分析活动程序		对应的问题
	基本步骤	详细步骤	
分　析	1. 功能定义	1. 确定对象 2. 收集情报 3. 功能定义 4. 功能整理	1. 这是什么? 2. 这是干什么用的?
	2. 功能价值	5. 功能评价 6. 确定对象范围 7. 创造	3. 它的成本是多少? 4. 它的价值是多少?
综合评价	3. 制订改进方案	8. 概论评价 9. 具体化、调查 10. 详细评价 11. 提案	5. 其他方法能实现这一功能吗? 6. 新方案的成本是多少? 7. 新方案能满足功能要求吗?

三、价值分析对象的选择

1. 选择分析对象

选择分析对象就是确定进行价值分析的产品或作业,目的是提高价值,故应选择价值低的产品或作业。应侧重于以下几个方面:

(1)选择量大面广的产品和构配件。

(2)选择成本高的产品和构配件。

(3)选择结构复杂的产品和构配件。

(4)选择体积与质量大的产品和构配件。

(5)选择关键构配件。

(6)选择维修费高、耗能大的产品和构配件。

(7)选择畅销产品。

2. 选择方法

(1) ABC 分析法。它起源于意大利经济学家帕莱脱研究资本主义社会财富分配,发现 80% 财富集中在 20% 的人手中,如图 8-7 所示。

(2)百分比法。百分比法是通过比较不同产品在各类经济指标中所占的百分数,找出问题(表 8-2)。

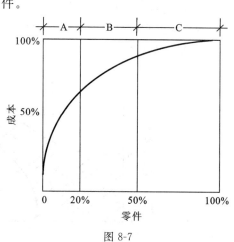

图 8-7

表 8-2

产品名称	A	B	C	D	合 计
成本/万元	50	30	20	10	110
成本所占比例/%	45.5	27.3	18.2	9.1	100
利润/万元	11.5	5.0	6.0	2.5	25
利润所占比例/%	46	20	24	10	100
成本利润率/%	23	16.7	30	25	

（3）用户评分法。通过用户对产品各项功能（性能指标）重要程度的评分，找出应当重点改进的功能，得出各功能重要性层序（表 8-3）。

表 8-3

产品名称 \ 用户	A	B	C	D	E	总 分
甲	15	25	30	10	20	100
乙	20	28	28	9	15	100
丙	16	24	32	10	18	100
平均得分	17	25.67	30	9.67	17.67	100
重要性次序	4	2	1	5	3	

（4）最合适区域法（田中法）。

① 要求消费者在征求意见上填写某种商品各功能之间的重要性比率。

② 根据成本算出提供各功能的零件、组件的成本比率。

③ 用坐标图把上述两种数据表示出来。

④ 在图上定出"最合适区域"。

⑤ 对"最合适区域"以外的点子所代表的零件组件进行分析研究，以便更好地改进。

最合适区域法如图 8-8 所示。

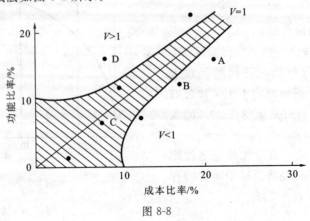

图 8-8

四、搜集资料

搜集的资料越有价值,搞出好的方案的可能性越大,搜集资料更有明确的目的和范围。搜集什么、去什么地方搜集、什么时候和通过什么方式搜集、分工如何等都要计划好。资料的内容包括使用、销售、技术、生产和费用几个方面。

搜集资料要强调准确和适时,不可靠的资料或错误的数据会给后来的工作增添麻烦,甚至使价值评价活动失败。资料一般为图纸、说明书、施工计划、物料供应成本、新工艺、新技术等。

第二节 对工程进行功能分析

功能分析是价值分析方法的核心。所谓功能分析,就是在深入分析产品或构件功能的基础上,寻找用最低成本实现该功能的途径,以便提出降低功能成本或提高功能的改进方案。功能分析的内容包括:

一、功能定义

功能定义即对产品的整体、部件、零件等下一个确切的表明功能的定义,说明产品及其零部件所起的作用和所担负的职能。

定义的方法通常是用一个动词和名词加以表示,如承受荷载、承重墙、非承重墙、中心受压柱、偏心受压柱。使用的词尽量使用可以测量的物理量,如内墙的隔声、外墙的保温和隔热等。

定义下得准确与否取决于对分析对象精通的程度。

定义的顺序一般是先对工程整体按目的给出定义,再划分为若干个细部,逐个定义。

二、功能分类

功能通常可分为基本功能和辅助功能两类。基本功能是产品的主要功能,是生产的依据和用户购买的主要目的。如住宅的基本功能是住人,给居民提供一个安静舒适的生活环境。辅助功能对实现基本功能起辅助作用,也叫二次功能,常表现为实现基本功能的某些手段。基本功能和辅助功能也是相对的。

按特点来分,功能还可分为使用功能和美学功能。使用功能是产品在使用时具备的功能,美学功能则是满足用户对美的欣赏的功能。有的产品如地下管道、矿产资源只有使用功能,另外一些产品如工艺美术品主要是美学功能,更多的产品则要求二者兼备。建筑物就是这样,当然同一类建筑物有时对功能的要求也不一样,这要根据时间和空间而定。

三、功能整理

一个产品或它的一个部件一般都有多个功能,按照有关功能方面的理论找出这些功能之间的相互关系,并用适当的方式表达出来,这就是功能整理。如:

承受楼面荷载→承重梁板→制造钢筋混凝土梁板→供应钢材水泥

　　目的(上)……手段(下)

　　　　目的(上)……手段(下)

　　　　　　目的(上)……手段(下)

功能系统图的一般形式如图 8-9 所示。以功能为中心的分析如图 8-10 所示。图中,降低成本的余地为不需要的功能和设计构思的功能,即多余的功能,如过时的式样、过大的安全系数、设计师的偏爱等。

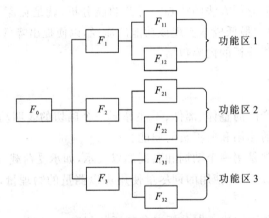

图 8-9　功能系统图一般形式

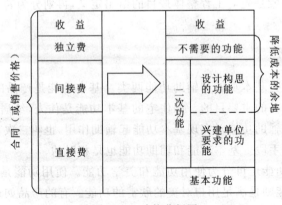

图 8-10　功能分析图

四、功能评价

目的是探讨功能的价值,找出低价值功能区域,明确需要改进的具体功能范围。方法是在已明确的功能系统图的基础上,测定出各个功能的价值系数。

1. 求功能目前成本

在估算功能成本时,须把零部件的成本转移到功能上去。对于老产品应首先查出各零部件的成本。之后,根据有关功能的具体情况按表 8-4 的形式进行分析。

表 8-4　功能成本分析表

零部件(或构成要素)			功能(或功能区)						
序　号	名　称	成　本	F_1	F_2	F_3	F_4	F_5	F_6	F_7
1		400	150		150			100	
2		700		100	200	250		150	
3		80				30	20	30	
...									
合　计			C_1	C_2	C_3	C_4	C_5	C_6	C_7

这实际上就是寻求功能的评价标准(功能评价值),调查是按各自满足功能要求的程度排出顺序,估算出各自的成本,在坐标纸上描出点,把图中最低点连成一线,即最低成本线。如图 8-11 所示,C 点代表实现原方案功能的目前成本,P 点代表原方案满足功能要求的程度,F 点代表满足同一功能水平的最低成本。

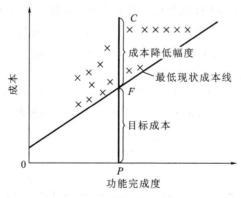

图 8-11　最低现状成本线图

2. 求功能价值系数

功能是用货币来表现的。如要评价某个功能的价值大小,就用实现这一功能的最低成本同实现同一功能的目前成本来进行比较,其比值就是该功能的价值系数。在比较了各个功能之后,价值系数较低的功能就是应当重点改进的部分。

图 8-12 中 C_0 为实现某一功能的目前成本;$A_1,A_2,\cdots$ 为改进设想方案;$C_1,C_2,$

…为相应预计成本；C_a 为最低成本，或称必需成本，又称功能评价值（评价标准）；V 为功能价值系数；C_a 为成本降低的幅度。

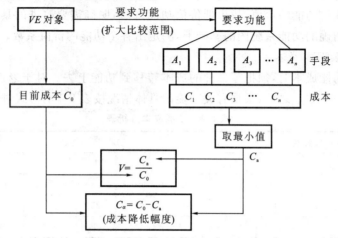

图 8-12　功能评价的概念

这种方法多用于按功能区域（分系统）进行评价。如在住宅建设中分承重结构系统、装修系统、防水系统、基础系统等进行评价，计算出价值系数。

【例 8-1】　设某产品有三个功能区域，分别以 F_1,F_2,F_3 代表，按上述方法求得各自的价值系数，如图 8-13 所示，则重点改进对象应该是 F_2 和 F_3。对此结果可能出现以下三种情况：

（1）价值系数＝1，说明功能与成本比较匹配，系目前最低成本。

（2）价值系数＜1，即功能评价系数＜成本系数，说明对于功能比较次要的产品分配了过多的实际成本，比值越小说明功能与成本的差距越大，改善期望值越大，更应作为开展价值分析活动的重点对象。

（3）价值系数＞1，即功能评价系数＞成本系数，这说明对于功能比较重要的产品分配的实际成本偏少，比值越大，说明功能与成本的差距越大。

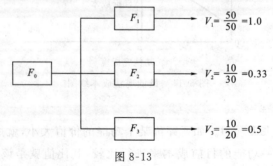

图 8-13

表 8-5 为某地外墙技术经济指标，列出的功能价值系数表明，后两种分配实际成

本比较恰当,而前两种降低成本的幅度较大。通过功能成本分析便可找出哪些零配件的成本该降,哪些成本应保持不变,哪些成本分配还不够,应该提高。

表 8-5　某地外墙技术经济指标表

每平方米墙面面积指标	葡萄园 6 号楼 22 cm 陶粒混凝土复合板(加气块填芯)	劲松 309 号楼 16 cm 陶粒混凝土复合板(沥青珍珠岩块填芯)	团结湖 13 号楼 20 cm 加气混凝土条板拼装大板	建材局试验楼 20 cm 加气混凝土条板拼装大板
造价/元	57.4	62.48	34.54	32.01
钢材耗用量/kg	2.99	4.72	4.19	3.44
水泥耗用量/kg	46.35	46.85	44.85	32.8
价值系数	0.558	0.512	0.927	1

3. 确定目标成本(F_i)

目标成本是经过分析所要达到的成本期望值。通常将功能评价值定为目标成本,方法为:一是按功能区(分系统)进行分析,求出每个功能区的评价值,再相加,多用于老产品的改进;二是在新产品设计中考虑各种条件,定出一个有竞争力的总目标成本,按比重分摊到各个功能区上去。

目标成本分配后,设计人员尽量不要超标,在实际工作中有时做某些调整或压缩。要求设计、制造、采购、财务都发挥创造力。

DARE 法(比率法)是利用一套由相互比较定出的系数进行功能区重要系数确定的方法。第一步把各功能区列成表 8-6 的形式,然后把上下相邻的功能区从上到下两两对比作出系数评定,称为相互比值,记入第二列。例如,F_{A1} 为 1.5 时,F_{A2} 为 2.0,F_{A3} 为 3.0……按此顺序比下去。第二步对相互比值加以修正。把最下面的 F_{A4} 定为 1.0,其上的 F_{A3} 为 F_{A4} 的 3.0 倍,故 F_{A3} 的修正比值为 $F_{A4} \times F_{A3} = 1.0 \times 3.0 = 3.0$,$F_{A2}$ 的修正比值为 $3.0 \times 2.0 = 6.0$,依此类推。将这些数值列入第三列,并把第三列的数值相加,取得总值(19.0)。第三步用总值去除各修正比值即得重要度系数并列入第四列。

表 8-6

功能区	功能重要程度评价(DARE 法)		
	相互比值	修正后比值	重要度系数
F_{A1}	1.5	9.0	0.47
F_{A2}	2.0	6.0	0.32
F_{A3}	3.0	3.0	0.16
F_{A4}		1.0	0.05
合　计		19.0	1.00

(1)新产品设计。新设计产品的目标成本可以按有关价格政策、市场销售情况、

企业盈利等因素加以确定,办法是已确定的目标成本按功能重要程度系数分摊到各个功能上去。如果产品的总目标成本定为 8 000 元,则分摊到各功能的目标成本如表 8-7 所示。

表 8-7

功能区	重要度系数	功能评价值 F
F_{A1}	0.47	3 760
F_{A2}	0.32	2 560
F_{A3}	0.16	1 280
F_{A4}	0.05	400
合　计	1.00	8 000

(2)老产品改进设计。如果是老产品,目前成本已知(假定为 300 元),将已确定的目标成本(240 元)分摊到各功能上去,再求价值系数及成本降低值,具体计算如表 8-8 所示。

表 8-8

功能区	重要度系数	目前成本 C	功能评价值 F	$V = F/C$	成本降低 $C-F$
F_{A1}	0.47	80	113	1.41	−33.0
F_{A2}	0.32	120	76.8	0.49	43.2
F_{A3}	0.16	65	38.4	0.59	26.6
F_{A4}	0.05	35	12	0.34	23.3
合　计	1.00	300	240*		

注:* 预估目标成本。

第三节　制订改进方案

改进是无止境的,现有的东西不一定是最完美无缺的,应善于利用各种情报资料,多提改进方案。制订改进方案应分三个步骤:

一、提出改进方案

1. BS 法(头脑风暴法)

BS(Brain Storm)法是通过会议形式,针对一个问题,自由奔放地提出解决的想法。此系 1941 年美国 BBDO 广告公司奥斯本(A. P. Osborn)为了在广告方面想出新的花样而最先采用的一种开会方法。

这种方法组织 8～9 人自由讨论,气氛轻松融洽,遵守四条规则:对别人的建议不评论好坏;欢迎自由发表个人意见;方案提得越多越好;欢迎在别人意见的基础上进行补充和完善。希望与会者彼此的想法互相影响,产生连锁反应,丰富方案。

2. 专家检查法

专家检查法是由主管设计的工程师作出设计方案,再交给各方面的专家传阅审查。其优点是初步方案由熟悉业务的工程技术人员提出,工作效率高,参加审查的专家又不是原设计者,不存在先入为主的问题,可不受约束地提出修改意见。缺点是传阅时间较长,缺乏集体讨论和思想交锋。

3. 哥德法

哥德法采取会上提方案的方法,会议开始时,只将要解决的问题抽象地向与会者介绍,并不把问题具体摊开,以免与会者思路受约束。待会议进行到一定阶段时把全部问题摊开,以作进一步研究。

二、方案的优化

1. 方案组合法

在方案具体化的基础上从不同角度抽出各方案中比较理想的部分进行重新组合,往往可以得到新的理想方案。例如,"最低成本组合"就是把各方案中实现某一功能的最低成本部分抽出来加以组合,可能更有希望实现降低成本的意图。

如表 8-9 所示,对实现功能 G_1 来说,成本最低为 B 方案;对实现功能 G_2 来说,成本最低者为 A 方案;对实现功能 G_3 来说,成本最低者为 C 方案;对实现功能 G_4 来说,成本最低者为 E 方案。这时,把方案 B 的 G_1 部分、方案 A 的 G_2 部分、方案 C 的 G_3 部分、方案 E 的 G_4 部分抽出来,重新加以组合,则可能形成一个降低成本的更好方案。

表 8-9

功能＼方案	A	B	C	D	E
G_1	2	①	3	5	4
G_2	①	2	5	4	3
G_3	4	3	①	2	5
G_4	5	4	3	2	①

2. 方案的评价与选择

从许多设想的方案中根据要求选出最优方案。评价步骤有二:一是概略评价;一是详细评价。

概略评价即对方案进行初步筛选,首先要考虑的是方案是否符合国家规定的各项政策、法令、标准等,不符合政策的方案当然不能入选。同时,方案实施会不会给环境带来污染、同社会上的其他事业有无矛盾、有无妥善解决的办法,这些均应作为评价的因素。其次从企业内部来看,主要考虑三个方面,即经济方面、技术方面和产品功能方面。经济方面如成本能否降低、降低程度如何、盈亏的产量界限、市场需求量大小等;技术方面如现有技术条件能否实现方案、有些技术难题能否解决、外协条件如何等;产品功能方面如方案能否充分实现各项功能、能否满足用户要求等。

3.常用的评价方法

(1)判定表法。这是一种简便易行的方法,分三步进行:

第一步,定出评价要素。即确定决定产品竞争能力的主要因素。例如,目前影响产品销路的主要因素是基本功能的可靠性差、制造成本高、外观也不大好,那么就可以把这三项定为评价要素。

第二步,定出评价要素的比重。即定出要素的主次、定出比重(权值)。例如,经过对市场和用户的调查,绝大多数人都提出了提高功能可靠性的要求,有不少人要求降低价格,也有些人提出了外观的要求。再根据竞争的需要定出比重如下:可靠性占60%,成本占30%,外观占10%。

第三步,列评价表。评价表的形式如表8-10所示。

表 8-10

评价要素	比重/%	满足程度/%		方案评价值	
	W	A_1	A_2	A_1	A_2
可靠性	60	80	60	4 800	3 600
成 本	30	60	50	1 800	1 500
外 观	10	10	80	100	800
合 计	100	150	190	6 700	5 900

表8-10中A_1和A_2为二个备选方案。A_1能较好满足可靠性要求,基本满足了降低成本的要求,适当照顾了外观,因此A_1对三个评价要素满足的程度分别为80%,60%,10%。A_2较好地满足了外观要求,基本满足了可靠性要求,同时也降低了成本,因而A_2对三个评价要素满足的程度分别为60%,50%,80%。如果不考虑评价要素的比重,则A_2的综合满足程度(190)高于A_1(150),似乎应当选。如果考虑了市场因素的权重问题,则A_1的评价值为6 700,A_2为5 900。显然A_1优于A_2。

关于满足程度的打分,评价要素的要求越具体就越好打分。例如,可靠性要求保证5个小时安全运转,而所提方案只能保证4个小时,则此方案对可靠性的满足程度即为80%。

(2)评分定量法。定出各方案对各要素的满足程度,评价要素中不包括成本,只考虑功能要求;然后把成本单列一项,同功能的情况一起权衡取舍(表8-11)。

表 8-11

功 能	A	B	C	D	E	$\sum(\varphi \times S)$	估计成本
功能评分 φ	5	4	3	2	1		
方 案	\multicolumn{5}{c}{满足系数 S}		
甲	10	9	8	6	9	131	280
乙	10	8	8	3	10	110	220
丙	8	7	6	5	9	105	190
丁	8	8	7	6	5	115	200
戊	10	6	4	7	8	108	205

4. 确定采纳方案

表 8-11 中,A,B,C 等为各项功能要求,功能评分表示各功能的不同重要程度,其中最重要的为 A,最不重要的为 E。甲、乙、丙等为备选方案,满足系数 S 为各方案对各项功能的满足程度,充分满足为 10 分,依次递减。$\sum(\varphi \times S)$ 为各方案中满足系数同功能评分乘积的和,表示该方案对功能要求的综合满足程度。

从表 8-11 中各方案功能和成本比较来看,丁方案属于可采纳方案,功能满足均衡,$\sum(\varphi \times S)$ 值较高,成本较低。当然在实际工作中还要具体分析。

三、实施、检验与活动组织

在新的改进方案中如果采用了一些过去未曾用过的新方法(如结构、材料、工艺等),为了做到确实可靠地掌握未知因素,应当进行必要的检验。检验应有具体计划,包括检验方法、设备、材料以及对检验结果的评价标准等,以便为提案审批部门提供可靠的有说服力的依据。

检验通过之后,即可着手制定正式提案,交有关部门审批。

有关部门审批后,下一步就是要明确提出方案的节约效果,详细规定出必须变更的建议和内容以及何时开始实施、如何实施。

在实施过程中,不仅要督促实施部门,更要协调有关各个部门。了解实际执行的情况是否与预想的相符,发现问题要及时会同有关部门研究解决,直到建议方案实施,达到预期目的为止。这一实践过程叫监督,价值分析活动成功与否,关键在于一抓到底。

【要点回顾】

1. 价值分析对象的选择方法:ABC 分析法、百分比法、用户评分法、最合适区域法。

2. 功能分析是价值分析方法的核心。所谓功能分析,就是在深入分析产品或构件功能的基础上,寻找用最低成本实现该功能的途径,以便提出降低功能成本或提高功能的改进方案。

【练习题】

一、单选题

1. 价值系数(   )1,说明功能与成本比较匹配。

A. ＝   B. ＜   C. ＞   D. ≤   E. ≥

2. (   )是通过会议形式,针对一个问题,自由奔放地提出解决的方法。

A. 专家检查法   B. BS 法   C. 哥德法

3. (   )指的是产品对用户的使用价值。

A. 价值   B. 功能   C. 成本

二、多选题

1. 价值分析对象的选择方法有(   )。

A. ABC 分析法   B. 百分比法   C. 用户评分法   D. 田中法

2. 寿命周期是指一产品从(   )到报废为止的整个过程。

A. 构思   B. 设计   C. 制造   D. 流通   E. 使用

三、判断题

1. 性能越好,成本越低,产品价值越小。

2. BS 法是通过会议形式,针对一个问题,自由奔放地提出解决的方法。

四、简答题

1. 什么是价值分析?提高产品价值的途径是什么?价值分析的应用范围是什么?

2. 价值分析对象的选择原则和方法是什么?

第九章 建筑工程概预算的编制

【预期目标】

通过本章学习,你可以获得以下知识和能力:

1. 了解定额的概念与建筑工程中定额的比较;
2. 了解定额制定的基本方法;
3. 了解建筑工程概预算的含义及内容;
4. 了解施工图预算的编制步骤和方法;
5. 了解竣工决算的作用和编制方法。

【学习提示】

本章的重点知识有:

1. 定额的概念与建筑工程中定额的比较;
2. 建筑工程概预算的含义及内容;
3. 施工图预算的编制步骤和方法。

学习本章的方法及注意事项:

1. 理解几种概预算的原理或依据;
2. 正确区分几种概预算的编制步骤和方法。

建筑工程的价格确定比一般规格化的工业产品价格的确定要复杂得多。每项工程劳动耗费量和价值量都不相同,造价也就必然差异较大,因此建筑工程的造价必须逐项确定。国家和地区为了对建筑产品的价格实行有计划的统一管理,统一地规定了计价程序和方法,并统一制定了各种消耗定额和费用标准。这种按统一办法和统一标准逐项计价的方法就形成了一整套概算、预算、决算制度和相应的定额和取费标准。

第一节 建筑工程定额

一、定额的概念

定额是规定在产品生产中人力、物力或资金消耗的标准额度,它反映一定社会生产力水平条件下的产品生产和生产消费之间的数量关系。

基本建设定额的种类很多,从活劳动和物化劳动消耗的角度来看,可分为劳动消耗定额、机械台班定额和材料消耗定额三种。

1. 劳动消耗定额

劳动消耗定额简称劳动定额,又称人工定额,它规定了在正常施工条件下某工种的某一等级工人为生产单位产品所必须消耗的劳动时间,或在一定的劳动时间内所生产的产品数量。劳动消耗定额按表现形式分为时间定额和产量定额两种。

(1)时间定额指某种专业、某种技术等级的工人(小组或个人)在合理的劳动组织和正常的生产条件下,完成质量合格的单位产品所需消耗的劳动时间。

(2)产量定额指在技术条件正常、生产工具使用合理和劳动组织正确的条件下,某工种和某等级工人或小组在单位时间里所应完成质量合格的产品数量。

2. 机械台班定额

机械台班定额规定了在正常施工条件下,利用某种机械生产一定的单位产品所需消耗的机械工作时间,或在单位时间内机械完成的产品数量。机械台班定额按表现形式可分为机械台班产量定额和机械台班消耗定额两种。

(1)机械台班产量定额指机械在正常的工作条件下,每个台班(8 小时)所应完成产品的数量。

(2)机械台班消耗定额指机械在正常的工作条件下生产单位产品所消耗的机械台班数量。机械台班消耗定额与机械台班产量定额互为倒数。

3. 材料消耗定额

材料消耗定额指在合理使用材料的条件下,生产单位合格产品所必须消耗的一定品种规格材料、半制品、配件和水、电等资源的数量标准。

材料是形成基本建设产品实体的东西,其种类繁多、数量庞大。在建设工程中,材料消耗量的多少、节约还是浪费,对产品价格和成本有着决定性的影响。材料消耗定额在很大程度上影响着材料的合理调配和使用。

二、定额制定的基本方法

1. 经验估计法

经验估计法是对生产某一产品或完成某项工作所需消耗的工日、原材料、机械等的数量,根据定额管理人员、技术人员、工人等过去的经验进行分析、估计并最终确定出定额标准的方法。

经验估计法的优点是技术简单、工作量小、速度快,便于普遍采用。只要调查充分,分析综合得当,经验估计法还是比较可靠的,在一些不便进行定量测定、定量统计分析,影响因素较多的定额编制中有一定的优越性。缺点是受人为因素影响较多,科学性、精确性显得不足。

2. 统计计算法

统计计算法是一种利用统计资料确定定额的方法，所考虑的统计对象应该具有一定的代表性，以具有平均先进生产水平的地区、企业、施工队组的情况作为计算定额的依据。

统计资料应以单项统计资料和实物效率统计为主，这样才便于和定额项目一致，避免受价格因素变化影响，较为真实地反映劳动消耗状况。统计中要特别注意资料的真实性、系统性和完整性，防止以虚假、片面的统计资料代替真实、全面的资料，确保定额编制的质量。

3. 技术测定法

技术测定法是根据现场测定的资料制定的定额方法，选择具有平均先进的技术水平和施工条件的典型施工过程，用观察和实测来记录人、财、物等方面的实际消耗，然后经过分析、整理计算定额。

这种方法有较充分的科学依据，准确程度较高，但工作量较大，测定方法和技术较复杂。为了保证定额的质量，对那些工料消耗量比较大的定额项目，应首先考虑采用技术测定法。

上述三种方法各有优缺点，实际使用时可三者结合起来，互相对照，互相参考。

由于定额是一定时期建筑技术水平的反映，随着建筑技术水平的提高，实际的效率会突破原有的定额，这就需要编制符合新的施工水平的定额。同时，随着新的建筑结构形式、装修技术的出现，会涌现出许多新的问题，需要编制新的定额。

三、建筑工程中使用的几种定额

在建筑设计和施工的不同阶段，编制概预算中造价和资源计算的粗细程度是不同的。为了满足定额使用中计算方便、快速的要求，针对计算深度不同层次的需要分别制定了施工定额、预算定额、概算定额等几种定额，并编制成册，以便查用。

1. 施工定额

施工定额是施工时使用的定额，规定了建筑安装工人或小组在正常施工条件下完成单位产品的劳动、机械和材料消耗的数量标准。这一数量标准采用大多数地区和企业的平均先进水平，是指大多数生产者经过努力能够达到和超过的水平。一般来说它应低于先进水平而略高于平均水平。

劳动定额的每一分册按不同施工对象、施工部位或不同机械分节，如砖石工程分册按部位和对象分为基础、墙、柱、勾缝等节，每一节由定额表、工作内容和附注三部分组成（表9-1）。

表中定额的表示方法：以1砖墙基础的综合定额(0.802/1.25)为例，斜线左边为时间定额,表示 1 m³ 砌体需要 0.802 工日;斜线右边为产量定额,表示每工日应完成 1.25 m³ 砌体。显然,0.802×1.25＝1,即时间定额与产量定额互为倒数。

表 9-1　砖基础

项　目	厚　度			序　号
	1 砖	1.5 砖	2 砖及 2 砖以外	
综　合	0.802/1.25	0.775/1.29	0.751/1.33	一
砌　砖	0.333/3	0.309/3.3	0.278/3.6	二
运　输	0.385/2.6	0.385/2.6	0.385/2.6	三
调制砂浆	0.084/11.9	0.087/11.5	0.088/11.4	四
编　号	1	2	3	

2. 预算定额

预算定额是规定消耗在工程基本构造要素(分项工程)上的劳动力(工日)、材料和机械台班数量标准。某省人工挖孔桩定额如表 9-2 所示。

表 9-2　人工挖孔桩

定额编号	工程项目		工程单位	基价/元	其　中			人工/工日	材料/ m³	
					人工费/元	材料费/元	机械费/元		混凝土 C25	混凝土 C20
2-27	桩径	15 内		2 981.29	869.03	1 850.75	261.51	70.71	2.79	7.46
2-28	180 cm 内	20 内		3 210.25	1 084.10	4 855.75	270.40	88.21	2.79	7.46
2-29	挖孔深度	25 内		3 528.74	1 349.81	1 860.75	318.18	109.83	2.79	7.46
2-30	/m	25 外		3 898.51	1 671.81	1 860.75	365.95	136.03	2.79	7.46
2-31	桩径	15 内		2 922.53	823.31	1 837.71	261.51	66.99	2.61	7.62
2-32	180 cm	20 内	10 m³	3 139.82	1 026.71	1 842.71	270.40	83.54	2.61	7.62
2-33	挖孔深度	25 内		3 444.79	1 278.90	1 847.71	318.18	104.06	2.61	7.62
2-34	/m	25 外		3 797.60	1 583.94	1 847.71	365.95	128.88	2.61	7.62
2-35	桩径	15 内		2 866.85	778.20	1 827.14	261.51	63.32	2.17	8.06
2-36	180 cm 外	20 内		3 072.59	970.05	1 832.14	270.40	78.93	2.17	8.06
2-37	挖孔深度	25 内		3 363.18	1 207.86	1 837.14	318.18	98.28	2.17	8.06
2-38	/m	25 外		3 699.15	1 496.06	1 837.14	365.95	121.73	2.17	8.06

工程基本构造要素是建筑工程中的最小工程单位。譬如一个建设项目可以包括若干个单项工程,每个单项工程可以包括若干个单位工程,每个单位工程又可划分为若干个分部工程,每个分部工程又可划分成若干个分项工程。

各地区在执行预算定额时,首先要依据有关部门制定的建安工人平均日工资标准、材料预算价格和施工机械台班单价编制单位估价表或单位估价汇总表,作为编制与审核工程预算的依据。但是近几年来,全国大多数地区的预算定额都已按照编制单位估价表的方法,编制成带有货币数量即基价的预算定额。这样,现行的预算定额就集人工、材料、机械台班消耗定额及相应的货币消耗数量于一册,给编制预算带来极大的方便。

由预算定额表可以看出,其主要内容包括定额表名称、工作内容、工程细目名称及相应的定额编号、计量单位以及预算基价,其中包括人工费、材料费和机械台班费。定额表的下面还加了附注,这是对定额中有关工程细目所作的补充及调整,使用时要特别注意。

预算定额主要用于编制施工图预算,以确定工程造价。

预算定额本是以施工定额为基础编制的,但比施工定额更综合、更扩大,包含了更多的可变因素,需要保留一个合理的水平幅度差。预算定额水平是以大多数地区企业平均水平制定的,比施工定额水平要低一点。

预算定额是基本建设中的一项重要的技术经济规范。它不仅是编制施工图预算的基本依据,也是编制施工组织设计,确定劳动力、建筑材料、成品、半成品和建筑机械需要量的依据,同时还是企业进行经济活动分析的依据。

预算定额的种类很多,工业与民用建筑工程一般常用的定额有:

(1)建筑工程预算定额。建筑工程预算定额也称土建工程预算定额,是由各地区按照国家有关规定结合本地区情况分别制定的。

(2)全国统一安装工程预算定额。全国统一安装工程预算定额是国家有关部门于1993年编制的,包括管道、电器、通风、刷油保温防腐蚀、自动化仪表、机械设备、容器制作安装、油罐制作安装及炉窑砌筑工程等分册。

(3)房屋修缮工程预算定额。房屋修缮工程预算定额一般是由各地区(或市)有关部门根据现行规定编制的,适用于本地区(或市)所属房屋修缮、改建或零星基建项目。

(4)市政工程预算定额。市政工程预算定额是由各地区(或市)有关部门制定的,主要用于本地区(或市)的市政工程建设,其内容一般包括市政工程通用项目、道路工程、桥梁工程、管道工程等预算定额。

3. 概算定额

概算定额又称扩大结构定额,是规定建筑安装企业为完成完整的结构构件或扩大的结构部分所消耗的劳动、机械和材料的数量标准。

概算定额是以施工顺序相衔接和关联性较大的原则划分的定额项目,较之预算定额具有更综合的性质。例如,民用建筑带形砖基础工程在预算定额中可划分为挖地槽、基础垫层、砌筑砖基础、敷设防潮层、回填土、余土外运等项,而且分属不同的工程分部,但在概算定额中则综合为一个整体的带形基础。

概算定额是扩大初步设计阶段编制概算、技术设计阶段编制修正概算的主要依据,也是进行设计方案的经济比较和选择的必要依据,同时还是编制工程主要材料申请计划的计算基础。

4. 概算指标

概算指标比概算定额综合性更强。它以每百平方米建筑面积或每千立方米建筑体积为编制单位,规定人工、材料、机械设备消耗量及造价。对于构筑物,概算指标也可以整座构筑物为计算单位,规定人工、材料、机械设备消耗量及造价。

概算指标的表达方式有两种:一种是以建筑物或构筑物为对象的概算指标,如图9-1、图9-2和表9-3至表9-6所示;另一种是按结构类型列出每万元投资所需的工料消耗量指标,又称万元指标,如表9-7所示。由于市场价格变化较快,万元指标需及时修正才能满足使用要求,因此第一种方法更常用一些。

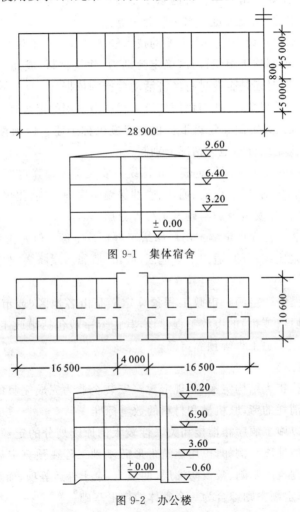

图 9-1　集体宿舍

图 9-2　办公楼

表9-3 集体宿舍主要材料消耗参考表

工程名称		集体宿舍	建筑面积	2 100 m²	结 构	混 合	跨 度	11.8 m
			占地面积	70 m²	层 数	三 层	高 度	9.6 m
构造特征	基 础	毛石基础		地 面	混凝土垫层,水泥砂浆面层			
	外 墙	2砖墙		楼 面	水泥砂浆			
	内 墙	1/2~3/2砖墙		屋 面	钢筋混凝土多孔板,泡沫混凝土,二毡三油			
	屋 架			外抹灰	水泥浆勾缝			
	楼 板	钢筋混凝土多孔板		内抹灰	水泥砂浆,麻刀灰,喷白			
	门 窗	木门窗		顶 棚	板缝批平,喷白			

表 9-4 集体宿舍每100 m² 建筑用料指标

钢材 /t	木材 /m³	水泥 /t	标准砖 /千块	生石灰 /t	砂 /m³	砾(碎)石 /m³	玻璃 /m²	油毡 /m²	沥青 /t	毛石 /m³
1.1	3.93	7.39	26.37	2.02	38.59	10.52	20	123	0.25	20

表 9-5 办公楼主要材料消耗参考表

工程名称		办公楼	建筑面积	1 248 m²	结 构	混 合	跨 度	10.6 m
			占地面积	416 m²	层 数	三 层	高 度	11.3 m
构造特征	基 础	灰土垫层、砖墙层		地 面	混凝土垫层,水泥砂浆面层			
	外 墙	底层3/2砖,二、三层1砖墙		楼 面	水泥砂浆			
	内 墙	底层3/2砖,二、三层1砖墙		屋 面	钢筋混凝土多孔板,泡沫混凝土,二毡三油			
	屋 架			外抹灰	水泥浆勾缝			
	楼 板	钢筋混凝土多孔板		内抹灰	水泥砂浆,麻刀灰,喷白			
	门 窗	木门窗		顶 棚	板缝批平,喷白			

表 9-6 办公楼每100 m² 建筑用料指标

钢材 /t	木材 /m³	水泥 /t	标准砖 /千块	生石灰 /t	砂 /m³	砾(碎)石 /m³	玻璃 /m²	油毡 /m²	沥青 /t	圆钉 /kg	铁丝 /kg
0.86	3.22	9.18	26.57	5	31.51	15.13	18.02	72.3	0.19	8.51	71.74

表 9-7 ××省工业与民用建筑安装工程每万元主要材料水泵参考表

名 称	单位	铸造车间 单层 钢筋混凝土	锻造车间 单层 钢筋混凝土	铆焊车间 单层双跨 钢筋混凝土	化肥合成车间 一三层 砖混	化工硼砂车间 二三层 混合	糖果车间 二层 混合	机修车间 单层双跨 砖木	工具车间 单层双跨 混合	内廊住宅 四层 混合	单身宿舍 三层 混合	办公室 二层 混合	四班小学 平房 砖木	二十四班教学楼 四层 混合	卫生所 平房 砖木	商业仓库 一三层 砖木	俱乐部 一二层 混合	电影院 平房 砖木	食堂 平房 混合	浴室 平房 砖木	十坑位厕所 平房 砖木
钢筋10 mm以内	t	0.436	0.724	0.635	0.786	0.74	0.545	0.004	0.746	0.88	0.52	1.04	0.05	1.14	0.07	0.2	0.24	0.19	0.11	0.2	0.46

续表 9-7

名称	单位	铸造车间 单层 钢筋混凝土	锻造车间 单层 钢筋混凝土	铆焊车间 单层双跨 钢筋混凝土	化肥合成车间 一三层 砖木	化工硼砂车间 二三层 混合	糖果车间 二层 混合	机修车间 单层双跨 砖木	工具车间 单层双跨 混合	内廊住宅 四层 混合	单身宿舍 三层 混合	办公室 二层 混合	四班小学 平房 砖木	二十四班教学楼 四层 混合	卫生所 平房 砖木	商业仓库 平房 砖木	俱乐部 一三层 混合	电影院 一二层 砖木	食堂 平房 砖木	浴室 平房 混合	十坑位厕所 平房 砖木
钢筋 10 mm 以外	t	1.51	1.2	1.82	0.433	1.19	0.407	0.008	1.69	0.43	0.57	0.21	0.07	0.74	0.13	0.17	0.78	0.29	0.08	0.01	—
型钢	t	1.61	1.77	0.98	0.226	0.292	0.116	—	0.282	—	—	—	—	0.17	—	—	0.27	—	—	0.08	0.21
水泥	t	7.6	9.75	18.43	14.37	14.1	9.47	8.72	19.59	10.24	10.97	11.65	8.8	13.32	9.25	10.79	9.38	8.26	9.98	7.2	18.47
木材	m³	7.77	3.45	4.82	9.93	4.83	9.5	15.34	5.19	8.91	5.51	8.79	10.4	4.7	11.37	14.85	7.9	9.88	14.41	8.66	5.6
铁管	m	86.7	55.94	26.4	57.4	40.4	67	74	58	54	66.1	78.9	88	72.8	91.6	—	106.5	111.3	95.6	158.5	—
塑胶铝线	m	207.4	62.14	35.2	69.7	—	91.4	141.6	56.7	96.5	127.6	137.2	162.7	158.2	94.9	119.8	102.9	154.6	197.6	58.4	139.6
铸铁管	m	—	3.8	0.32	0.5	—	13.5	—	3.4	—	4.4	—	—	5	2.9	—	8	—	3.2	8.4	—
暖气片	m²	37.1	10.73	17.57	16	17.67	45.26	20.52	15.18	25.87	27.3	19.69	28.2	25.42	26.51	—	12.25	22.26	26.14	18.96	
玻璃	m²	46.04	32.22	19.2	31.2	27.39	34.97	13.92	20.79	81.66	29.11	35.98	31.57	39.53	30.34	20.13	14.94	6.28	29.37	17.43	10.31
标准砖	千块	24.33	18.5	14.88	26.34	30.5	27.39	27.17	23.02	33.9	48.07	38.75	30.02	31.70	37.1	44.22	34.89	33.4	40.32	21.98	22.25
平瓦	千块	—	—	—	1.52	—	1.46	2.99	—	0.75	—	1.01	2.76	—	3.1	3.08	0.33	—	2.62	1.85	1.03
石棉瓦	块	147	—	—	—	—	—	—	—	—	—	—	—	—	—	—	45	102	—	—	—
砂	m³	34.57	45.8	36.53	70.57	63.29	59.13	48.21	43.33	89.58	58.86	55.39	55.66	54.16	65.05	41.7	53.04	65	41.86	30.08	93.98
砾石	m³	13.33	21.26	33.75	29.3	26.42	8.15	17.84	32.32	11.3	12.58	12.01	2.27	13.97	5	8.63	12.02	4.42	3.28	11.37	9.05
毛石	m³	—	—	1.76	25.92	43.26	26.02	53.15	12.45	9.65	28.89	20.9	47.35	20.45	19.46	61.83	42.03	39.92	35.4	25.77	140.38
石灰	t	1.82	0.79	1.51	6.26	2.48	2.99	2.78	1.74	8.99	2.96	3.58	4.47	3.08	4.96	6.86	2.53	3.32	2.55	1.82	1.1
卷材	m²	219	236	417	290.7	237	135.9	368	320	33.5	163.8	55.4	120	163.6	117.4	138.1	100.7	165.5	257.4	136.4	—
白铁皮	m²	13.22	0.27	—	1.42	—	2.1	—	—	15.7	8.3	7.7	—	5.72	—	—	7.05	11.89	3.67	40.9	—
沥青	t	0.098	1.53	0.968	0.28	1.1	—	0.94	—	0.37	—	0.38	—	—	0.14	0.04	0.27	0.05	—	—	—

概算指标是编制初步设计概算文件的主要依据。由于概算指标比概算定额更加扩大和综合，所以在设计深度不够的情况下，往往用概算指标来确定造价和拨款限额。概算指标也可作为编制劳动力、机械、材料等供应计划的依据。在编制基本建设投资计划时也可用概算指标作参考。

5. 工料预算价格与单位估价表

建筑安装产品造价的主要部分——直接费——主要由人工费、材料费和机械使用费三种费用组成。为了确定这三种费用，在定额中规定了单位产品所需人工、材料和机械的消耗数量，此外还要确定工程所在地区的人工工资标准、材料预算价格和机械台班使用费。

根据预算定额（或概算指标）的工料消耗量、地区工料预算价格确定本地区每一分部分项工程的单位预算价值,称为预算单价。按照定额手册的章节、顺序及表格形式编制预算单价,其计算表称为单位估价表。将单位估价表或单价汇编成册后称为单位估价汇总表。

第二节 建筑工程概预算文件及费用组成

一、建筑工程概预算的含义

建筑工程概预算是工程设计文件的组成部分,是确定建设项目所需投资的技术经济文件。建筑工程概预算以货币为主要计量指标,用来确定建设项目或单项工程所需要的投资,也就是建筑工程产品的计划价格。

建筑产品的价格也与其他商品价格一样,主要由消耗在建筑产品上的社会必要劳动决定。它包括:

(1)工程建设所消耗的生产资料价值,包括该项目从前期准备到竣工投产整个建设过程所消耗的各种建筑材料、构件、施工机具等的价值和所需的各种机器、设备、工器具、家具等的价值。

(2)建筑职工为自己劳动所创造的价值,如工资、其他生活福利费用等。

(3)全体职工为社会所创造的价值,如上缴税利等。

概预算的任务就是把上述这些构成建筑工程产品价值的因素用货币表现出来,作为产品的价格。

因此,目前确定我国建筑工程产品的价格主要是采用编制设计总概算、施工图预算、竣工决算的办法。设计总概算是对建设项目总价的计划价格;施工图预算是确定建筑工程的计划造价;竣工决算则是预算执行结果的体现,是建筑工程的实际造价。

二、概预算编制项目划分

1. 建设项目

建设项目一般是指在同一个总体设计中,经济上实行统一核算、行政上实行统一管理的工程。在工业工程建设中一般以一个工厂为建设项目,在民用工程建设中一般以一个事业单位,如一个学校、一所医院为建设项目。

2. 单项工程

单项工程是在一个建设项目中具有独立的设计文件,竣工后可以独立发挥生产能力或工程效益的工程。单项工程是建设项目的组成部分,一个建设项目中可以有几个单项工程,也可能只有一个单项工程,如学校中的教学楼、图书馆、食堂、学生宿舍、职工住宅等都是具体的单项工程。

3. 单位工程

单位工程是指具有单独设计，可以独立组织施工，但不具备独立生产能力的工程。单位工程是单项工程的组成部分。

三、建设工程概预算文件的组成

在工程建设的不同阶段要分别编制不同的预算文件。国家规定，初步设计阶段必须编制初步设计总概算；采用阶段设计的技术设计阶段必须编制修正总概算；单位工程开工前必须编制出施工图预算；建设项目或单项工程竣工后必须及时编制竣工决算。设计总概算、施工图预算和竣工决算通常又合称为"建设三算"。

此外，有些施工单位为了更有效地加强企业管理，往往结合单位自身工艺技术条件及材料来源编制施工预算，作为企业内部的成本文件及向企业内各职能部门提供财务及工料消耗的数据。

对一个建设项目而言，建设预算文件内容包括：

（1）单位工程概预算书。根据设计图纸和概预算定额、施工管理费以及其他直接费、间接费、税金、利润标准等进行编制。

（2）单项工程概预算书。一般由土建工程、卫生工程、工业管道工程、特殊构筑物工程、电气照明工程、机械设备及安装工程、电气设备及安装工程等单位工程概预算构成。

（3）其他工程和费用概预算书。这是建筑、设备及其安装工程之外的，与整个建设项目有关的其他工程和所需费用（如土地征用费、建设场地原有建筑物拆迁赔偿费、青苗补偿费、建设单位管理费、生产职工培训费、联合试车费等）。这种其他工程和费用概预算书以独立项目列入综合概预算中。

（4）建设项目的总概算书。总概算书由以上三项汇编而成。

在扩大初步设计或初步设计阶段编制建设项目的总概算书，由若干个单项工程综合概算书及其他工程和费用概算书组成。它们分属于下列两部分费用，现以工业建设项目总概算书为例进行介绍：

（1）总概算第一部分费用。总概算第一部分费用指构成建设项目固定资产中的工程费用，包括以下项目：

① 主要生产和辅助生产项目的建筑、安装工程费和设备工器具购置费等。

② 公用设施项目的建筑、安装工程费和设备工器具购置费等。

③ 生活、福利、文化、教育等服务性工程项目的建筑、安装工程费和设备工器具购置费等。

（2）总概算第二部分费用。总概算第二部分费用包括以下项目：

① 建设单位管理费。

② 勘测设计费。

③ 土地征用费及迁移补偿费。

④ 研究试验费。

⑤ 办公和生活用具购置费。

⑥ 其他有关费用。

四、建筑安装工程预算费用组成

建设项目的总造价按照建设过程中费用耗用情况来划分,主要由以下三部分组成:建筑安装工程费用,设备及工具、器具购置费用,其他费用。建筑安装工程费用组成如图 9-3 所示。

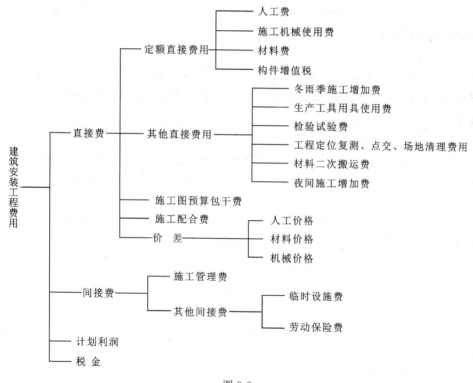

图 9-3

（一）直接费

直接费是指施工过程中耗费的构成工程实体和有助于工程形成的各种费用,由人工费、材料费、施工机械使用费和其他直接费等组成。

1. 人工费

人工费指列入概预算定额的直接从事建筑安装工程、市政工程、维修工程等施工的生产工人的基本工资、工资性津贴以及属于生产工人开支范围的各项费用。内容包括:

（1）生产工人基本工资。

（2）生产工人工资性津贴（包括粮贴、水电贴、粮油补贴、煤贴、洗理费、书刊费、流动施工津贴、交通贴、房贴、家庭取暖费等）。

（3）生产工人辅助工资。生产工人辅助工资是指生产工人年有效施工天数以外非作业天数的工资，包括职工学习、执行必要社会义务、培训期间的工资，调动工作、探亲、年休假期间的工资，因气候影响的停工工资，女工哺乳时间的工资，由行政直接支付的病、伤（六个月以内）工资及产、婚、丧假期的工资。

（4）生产工人职工福利费。生产工人职工福利费是指按国家规定标准计提的职工福利费。

（5）生产工人劳动保护费。生产工人劳动保护费是指按国家规定标准发放的劳动保护用品的购置费、修理费及防暑降温费，女工卫生费及保健费用等。

2．材料费

材料费指列入概预算定额的在施工过程中耗用的构成工程实体的原材料、辅助材料、构配件、零件、半成品的用量以及周转材料的摊销量按相应的预算价格计算的费用。

3．施工机械使用费

施工机械使用费指列入概预算定额的施工机械台班量按相应机械台班费定额计算的施工机械使用费以及机械安、拆及进出场费和定额所列其他机械费。

4．构件增值税

施工企业非施工现场制作的构件应收取增值税，构件增值税按构件制作定额直接费的 7.47％ 计取，其增值税列入工程定额直接费，并计取各项费用。

5．其他直接费

其他直接费是指概预算定额分项定额规定以外施工过程中发生的费用，包括：

（1）冬雨季施工增加费。冬雨季施工增加费指建筑安装工程在冬雨季施工，采取防寒保暖或防雨措施所增加的费用，包括材料费，人工费，保温及防雨措施费，排除雨、雪、污水的人工费等。

（2）夜间施工增加费。夜间施工增加费是根据设计施工技术要求，为保证工程质量，需要在夜间连续施工而发生的照明设施摊销费、夜餐补助和降低工效等费用。

（3）材料二次搬运。材料二次搬运费指因场地狭小等情况而发生的材料二次搬运费。计取了施工图预算包干费的工程不再计此项费用。

（4）生产工具用具使用费。生产工具用具使用费指施工、生产所需不属于固定资产的生产工具、检验试验用具等的购置、摊销和维修费，以及支付给工人自备工具的补贴费。

（5）检验试验费。检验试验费指对建筑材料、构件和建筑安装物进行一般鉴定、检查所发生的费用。检验试验费包括自设试验室进行试验所耗用的材料和化学药品费用等,以及技术革新和研究试验费,但不包括新结构、新材料的试验费和建设单位要求对具有出厂合格证明的材料进行检验、对构件进行破坏试验及其他特殊要求检验试验的费用。

(6) 工程定位复测、点交、场地清理费用。

6. 施工图预算包干费

施工图预算包干费包括下列内容:

(1) 设计变更增减相抵后,净增值在包干费的 20％以内(含 20％)的设计变更费。

(2) 在施工企业购买材料的情况下,材料品种规格代用造成的量差、价差费用料的调剂费用,国家标准允许范围内的材料理论重量与实际重量的差异。

(3) 停电、停水每月在工作时间 16 小时以内(含 16 小时)的停工、窝工损失。

(4) 由于建设单位原因,设备材料供应不及时而造成的停工、窝工每月在 8 小时以内(含 8 小时)的损失。

(5) 因场地狭小发生的材料二次搬运费。

(6) 基础施工中的施工用水、雨水抽水台班费用。

(7) 施工现场进出道口的清扫、保洁费用。

包干系数计取的基数为定额直接费。实行了包干系数的工程,由于设计变更、基础处理增加或减少的部分均增减包干费。

施工图预算包干系数按各地规定执行,如武汉市一般工业与民用建筑工程的包干系数统一按承包工程定额直接费的 4％计算。工业设备安装工程的包干系数额度在没有统一规定之前,可由建设单位和施工单位商定。

7. 施工配合费

施工单位有能力承担的分部分项工程,如铝合金门窗、钢门钢窗安装和装饰工程等,以及民用建筑中的照明、采暖、通风、给水工程,由建设单位分包给其他单位的,施工单位可向建设单位按外包工程的定额直接费收取 3％的施工配合费;施工单位无能力承担的,可以收取 1％的施工配合费。由施工单位自行完成和分包的,不收取此项费用。

施工配合费内容包括留洞、补眼、提供脚手架和垂直运输机械降效等。

8. 价差

价差指人工、材料、机械费结算期预算价格(或信息价)与各省、市地区统一基价中的取定价格的差价。人工、材料、机械费价差不再计取价差管理费,但可计取计划利润。

(二) 间接费

间接费由施工管理费和其他间接费组成。

1. 施工管理费

(1) 工作人员工资。工作人员工资指施工企业的政治、行政、经济、技术、试验、警卫、消防、炊事和勤杂人员以及行政管理部门汽车司机等的基本工资、工资性津贴

（包括粮贴、水电贴、粮油补贴、煤贴、洗理费、书刊费、流动施工津贴、交通贴、房贴、家庭取暖费等）、劳动保护费（包括劳动保护用品的购置费、修理费和防暑降温费、女工卫生费等）及按规定标准计提的职工福利费。不包括由材料采购及保管费、职工福利基金、工会经费、营业外开支人员的工资。

（2）差旅交通费。差旅交通费指职工因出差、调动工作（包括家属）的差旅费、住勤补助费、市内交通费和误餐补助费，职工探亲路费，劳动力招募费，职工离退休及退职一次性路费，工伤人员就医路费，工地转移费以及行政管理部门使用的交通工具的油料、燃料、养路费、牌照费等。

（3）办公费。办公费指行政管理办公用的文具、纸张、账表、印刷、邮电、书报、会议、水电、烧水和集体取暖（包括现场临时宿舍取暖）等费用。

（4）固定资产使用费。固定资产使用费指行政管理和试验部门使用的属于固定资产的房屋、设备、仪器等折旧、大修理、维修以及租赁费等。

（5）行政工具用具使用费。行政工具用具使用费指行政管理使用的不属于固定资产的工具、用具、家具、交通工具以及检验、试验、消防、测绘用具等的购置、摊销和维修费。

（6）工会经费。工会经费指企业按职工工资总额2%计提的工会经费。

（7）职工教育经费。职工教育经费指企业为职工学习先进技术和提高文化水平按职工工资总额的1.5%计提并在此范围内掌握开支的费用。

（8）职工养老保险费及待业保险费。职工养老保险费及待业保险费指职工退休养老金的积累及按规定标准计提的职工待业保险金。

（9）保险费。保险费指企业财产保险、管理用车辆保险以及生产工人安全人身保险等费用。

（10）定额编制管理费。定额编制管理费指按规定支付给工程造价（定额）管理部门的预算定额编制及管理费和劳动定额管理部门的劳动定额测定及管理费。

（11）流动资金贷款利息。流动资金贷款利息指企业为筹集资金而发生的有关费用，包括企业经营期间发生的定额内流动资金贷款利息支出、金融机构手续费等。

（12）税金。税金指按国家规定应列入管理费的税金，包括车船使用税、房产税、土地使用税、印花税等。

（13）其他费用。其他费用指上述项目以外的其他必要的费用支出，包括业务招待费、技术转让费、技术开发费、排污费、绿化费、广告费、公证费、法律顾问费、审计费、咨询费、工程保修费以及施工企业应负担的企业性上级管理费等。

2. 其他间接费

（1）临时设施费。临时设施费指施工企业为进行建筑安装工程施工所必需的生活和生产用的临时建筑物、构筑物和其他临时设施费用等。

临时设施包括职工临时宿舍、文化福利及公用事业房屋与构筑物、仓库、加工厂、办公室以及施工现场50 m以内道路、水、电、管线等临时设施和小型临时设施。不包括水井、场外临时水管、线路、道路、铁路专用线、锅炉房、水泵房、变电站以及锅炉、变压器、水泵等项设备等。

临时设施费包括临时设施的搭设、维修、拆除费或摊销费。临时设施费由施工单位包干使用,临近设施产权属施工单位。

(2)劳动保险费。劳动保险费指企业按规定支付离退休职工的退休金、各种津贴、价格补贴、医药费、易地安家补助费、职工退职金、六个月以上的病假人员工资、职工及离退休职工死亡丧葬补助费、抚恤费,按规定支付给离退休干部的各种经费。

(三)计划利润

计划利润指按规定计入建筑安装工程造价的利润。

(四)税金

税金指按国家税法规定的应计入建筑安装工程造价内的营业税附加、城市维护建设税及教育费附加。

五、建筑安装工程取费标准

为了合理确定和有效控制工程造价、逐步建立以市场形成价格的机制,各地根据国家的价格政策及有关规定,制定了建筑安装工程统一的取费标准及价差调整办法。下面列举某省建筑安装工程费用定额中有关取费标准供学习参考。

(一)人工费(表9-8)

表9-8

单位:元/工日

工程性质	建筑、市政及其他工程	安装工程	房屋维修、包工不包料、绿化工程、计时工
人工费	19.50	20.50	16.16

(二)其他直接费(表9-9)

表9-9

项　目		单　位	定额直接费	定额人工费
综合费率		%	2.5	14.7
其中	冬雨季施工增加费	%	0.7	4.5
	生产工具用具使用费	%	1	8
	检验试验费	%	0.2	0.6
	工程定位复测、点交、场地清理费用	%	0.3	1
	材料二次搬运费	%	0.1	按定额规定计算
	夜间施工增加费	%	0.2	0.6

注:① 维修工程、绿化工程按人工费的10%计取;

② 夜间施工增加费指设计施工技术要求为保证工程质量而发生的夜间施工增加费;

③ 计取了施工图预算包干费的工程应在综合费率中扣减材料二次搬运费。

六、建筑安装工程类别划分标准

在前述取费标准中涉及工程项目所属类别,不同类别意味着施工的难易程度不同,因此取费的费率也不相同。过去长期以来是按照施工企业的隶属关系确定费率的差别,自1989年国家颁发了《关于改进建筑安装工程费用项目划分的若干规定》开始,各省市地区逐步改为按工程类别取费,这样不同性质的企业承担同类型工程其取费水平就一致了,这也更有利于市场竞争的健康发展。

1. 一般土建工程类别划分标准

以《××省建筑安装工程费用定额》中工程类别划分标准为例,如表9-10所示。

表9-10　一般土建工程类别划分表

项　目			单　位	一　类	二　类	三　类	四　类
工业建筑	单　层	檐口高度	m	>15	>12	>9	≤9
		跨　度	m	>24	>18	>12	≤12
		吊车吨位	t	>30	>20	≤20	—
	多　层	檐口高度	m	>24	>15	>9	≤9
		建筑面积	m²	>6 000	>4 000	>1 200	≤1 200
		其　他		有声、光、超净、恒温、无菌等特殊要求工程			
民用建筑	公共建筑	檐口高度	m	>45	>24	>15	≤15
		跨　度	m	>24	>18	>12	≤12
		建筑面积	m²	>9 000	>5 000	≤2 500	≤2 500
	其他民用建筑	檐口高度	m	>56	>27	>18	≤18
		层　数	层	>18	>9	>6	≤6
		建筑面积	m²	>10 000	>6 000	>3 000	≤3 000
构筑物	水塔(水箱)	高　度	m	>75	>50	≤50	—
		吨　位	t	>100	>50	≤50	—
	烟囱	砖	高　度	m	>60	>30	≤30	—
		钢筋混凝土		>80	>50	≤50	—
	贮仓(包括相连建筑)	高　度	m	>20	>10	≤10	—
	贮水(油)池	容　积	m³	>1 000	>500	≤500	—

一般土建工程类别划分说明:

(1)以单位工程为划分单位,一个单位工程由几种以上工程类型组成时,以占建筑面积最多的类型为准。

(2)在同一类别工程中有几个特征时,凡符合其中之一者,即为该类工程。

(3)檐高系指设计室外地面标高至檐口滴水标高,无组织排水的滴水标高为屋面板顶,有组织排水的滴水标高为天沟板底。跨度系指轴线之间的宽度,多跨建筑按最大跨度取定类别。

（4）超出屋面封闭的楼梯出口间、电梯间、水箱间、塔楼、望台，小于标准层 50% 的面积的建筑物以及地下室，只计算建筑面积，不计算高度、层数。层高在 2.2 m 以内的技术层不计算层数和面积。

（5）公共建筑指为满足人们物质文化需要和进行社会活动而设置的非生产性建筑物，如办公楼、教学楼、试验楼、图书馆、医院、商店、车站、影剧院、礼堂、体育馆、纪念馆等以及相类似的工程。除此以外均为其他民用建筑。

（6）属于框架结构的轻工和化工厂房、锯齿形屋架厂房和设施齐全的高级别墅不低于二类。

（7）冷库工程，含有网架、悬索、升板等特殊结构的工程和沉井、沉箱以及建筑面积大于 20 000 m² 的单层工业建筑列为一类工程。

（8）锅炉房当单机蒸发量≥20 t 或总蒸发量≥50 t 时为一类工程，小于以上蒸发量时分别以檐高或跨度为准。

（9）打桩工程、大型土石方工程均为一类。

（10）扩建、加层建筑以总层数、总面积或总高度为衡量标准，但最高不得超过二类。

（11）同一建筑物或构筑物有高有低、跨度或容积有大有小，按就高不就低、就大不就小的原则划类。

（12）化粪池、检查井、地沟、支架等随主体工程划分类别；挡土墙、围墙等零星工程按四类工程取费。

2. 安装工程类别划分标准

1）设备安装工程

一类：

（1）各类机械设备（以下注明者除外）不分整体或解体，以及精密、自动、半自动或程控机床、引进设备。

（2）自动、半自动电梯，输送设备以及起重量在 30 t 及以上的起重设备及相应的轨道安装。

（3）净化、超净、恒温和集中空调设备及其空调系统。

（4）自动化控制装置和仪表安装工程。

（5）专业炉窑设备和炉体砌筑。

（6）热力设备（蒸发量 10 t/(h·台) 及以下低压锅炉除外）及其附属设备与炉体砌筑，蒸发量 6.5 t/(h·台) 及以上散装锅炉安装。

（7）1 000 kV·A 及其以上的变配电设备，防爆电器安装工程。

（8）各种压力容器的制作和安装以及 1 000 m³ 以上贮罐的制作和安装。

（9）附属于本类型工程各种设备的配管、电气安装、金属梯子、栏杆以及刷油、绝热、防腐蚀工程。

（10）焊口有探伤要求的厂区（室外）工艺管道、热力管网、煤气管网、供水（含循环水)管网及电缆敷设工程。

二类：

(1) 小型杂物电梯,起重量在 30 t 以下的起重设备及相应的轨道安装。

(2) 蒸发量 10 t/(h·台)及以下低压锅炉的安装。

(3) 1 000 kV·A 以下的变配电设备。

(4) 一般金属结构、一般容器的制作和安装。

(5) 一般工业炉窑设备和炉体砌筑。

(6) 厂区(室外)无操作要求的热力管网、供水(含循环水)管网。

(7) 共用天线和调试(已列入一类的除外)。

(8) 附属于本类型各种设备的配管、电气安装和调试以及刷油、绝热、防腐蚀工程。

三类：

除一、二类工程以外均为三类工程。

2) 建筑安装工程

一类：一类建筑工程的附属设备、照明、采暖、通风、给排水、煤气管道等工程。

二类：二类建筑工程的附属设备、照明、采暖、通风、给排水、煤气管道等工程。

三类：三、四类建筑工程的附属设备、照明、采暖、通风、给排水、煤气管道等工程。

3) 安装工程类别划分标准说明

(1) 单位工程中同时安装两台或两台以下不同类型的设备,均按主体设备执行。

(2)《全国统一安装工程预算定额》第三、四、五、七册执行专业部费用定额。

第三节　单位工程施工图预算编制

一、施工图预算的作用

1. 施工图预算是确定工程造价和工、料消耗的文件

单位工程施工图出来后,即可编制预算造价和所需人工、主要材料和机械台班数量。

2. 施工图预算是衡量设计方案是否经济合理的依据

单位工程设计方案的经济合理性主要是由工程造价、单位面积造价、投产后单位产品成本等一系列技术经济指标所决定的。由施工图预算所确定的工程造价是准确的工程计划与造价,是计算单位建筑面积造价、投产后单位产品成本等的基本数据之一。

3. 施工图预算是签订施工合同、办理拨款结算及竣工结算的依据

凡是承、发包工程,施工单位都应该首先编制工程施工图预算,作为建设单位和施工企业签订施工合同的主要依据之一。

按照现行规定,建设银行办理基本建设拨款、贷款和竣工工程结算都以工程预算

作为依据。初步设计概算是拨款或贷款的最高限额,建设项目的全部拨款、贷款累计总额不能超出初步设计概算。

4. 施工图预算是施工企业考核工程成本、建立生产责任制的依据

施工图预算是施工企业承担建筑安装工程施工任务的计划收入,施工中的实际支出与之逐项对比,便可知成本的盈亏,并在实施中进行预先控制。

预算中有关工程所需工日、材料和机械台班等各方面的数量分析,可作为安排各工种劳动力签发施工任务书、建立生产责任制的依据。

二、施工图预算编制的依据

1. 施工图

建设单位提供的作为单位工程施工依据的全部施工图纸及有关的通用图集、标准图集和施工图册等。

2. 施工组织设计

施工组织设计提供了单位工程的施工方法、主要技术措施现场平面布置、进度计划等,也是编制预计计算工程量、选择和套用定额、计算有关费用的重要依据。

3. 预算定额

经有关部门编制并适用本地区的各种有关工程预算定额、单位估价表等是计算各工程子项造价的依据。

4. 材料预算价格及成品、半成品预算价格

编制预算时,如遇到施工用料与原设计用料型号或规格不同,而又允许换算时,应根据本地区材料价格进行换算,作为该工程子项的预算价格。为了简化编制预算手续,各地区部门一般都编制有各种成品及半成品预算价格和组合价格,这些可以作为编制依据。

5. 施工管理费及其他费用标准

6. 国家及地区颁发的有关文件

国家或地区各有关主管部门制定颁发的有关编制工程预算的各种文件和规定,如某些建筑材料调价、新增某种取费项目的文件等,都是编制预算时必须遵照执行的依据。

三、施工图预算编制的步骤和方法

1. 收集编制预算的基础文件和资料

熟悉并掌握预算定额的使用范围、具体内容、工程量计算规则和计算方法、应取费用项目费用标准和计算公式等。

2. 熟悉施工图设计文件

熟悉施工图纸及其文字说明,清点检查图纸是否完备,核对审查图纸是否有错

误。为了更好地了解图纸内容,要参加技术交底和图纸会审工作,对图纸中的疑难问题要查询核实,必要时要求设计部门补全图纸或设计变更通知单,以便作为预算依据。

3.熟悉施工组织设计文件

了解施工组织设计,搞清施工方案主要内容,如施工方法的确定、施工机具的选择、施工顺序的安排和流水施工的组织等。这些都是编制预算中正确确定计算项目及工程量计算不可缺少的依据和参考资料。

4.划分单位工程预算编制项目

编制单位工程预算一般先划分成土建工程和安装工程两部分,后者又可分成水、暖、电、卫等工种工程,每一工种工程中划分若干分部工程,以便按分部工程编制预算。这样既便于组织专业化施工时进行经济核算,又便于与建设单位进行价款结算和拨款,也便于统计和填报工程进度。如普通民用建筑,首先按工种工程可划分为土建工程、给排水(室内卫生)工程、暖通工程及电气工程等,然后又可分为若干分部工程,具体如下:

(1)土建工程可划分为基础工程、结构工程、预制钢筋混凝土构件工程、门窗制造安装工程、屋面工程、内装修工程、外装修工程、脚手架工程等分部工程。

(2)给排水工程可划分为给水工程、用水设备及器具安装工程和排水工程等分部工程。

(3)暖通工程可划分为采暖工程和通风工程等分部工程。

(4)电气工程一般可分为照明工程、动力工程和电话工程等分部工程。

分部工程项目确定后,就可以根据施工图并结合施工方案的有关内容,列出本工程预算的工程子项。如果预算定额中没有相应的工程子项,则应标记注明,以便编制补充预算定额。

列出工程子项时,其名称、先后顺序和所采用的定额编号都必须与所适用的预算定额完全一致,以便查找核对。

5.计算工程量

计算工程量是指以物理计量单位(如 m,m²,m³,t)或自然计量单位(如个、组、合、套等)表示的各项工程子项的数量。它必须依据施工图纸提供的形体尺寸逐项计算,详细方法见本节。

6.编制预算表

按照已计算好的工程子项的工程量,套用相应工程子项的定额,并填入预算表格中(表 9-11),然后计算合价。每一分部工程编算完后将合价累计相加就是该分部工程的工、料、机三费小计。各分部工程三费小计再累计汇总就得到该单位工程工、料、机三费总价。有时还把人工费用单独列出。人工费单独列出有两个作用:一是人工费是计算安装工程(水、暖、电、卫)应取费用的计算基础;二是人工费是施工企业承担建设单位包工不包料工程的拨款、结算依据。

表 9-11　工程预算表

序号	定额编号	工程项目	计量单位	工程量	单价/元	合价/元
		一、基础工程				
1	1-43	人工平整场地	100 m²	2.17	10.35	22.46
2	1-13	人工挖地槽	10 m³	3.72	8.69	32.33
3	8-13	C10 混凝土基础垫层	10 m³	1.86	507.61	944.15
…	…	…		…	…	…
		小计				1 653.03
		二、砖石、脚手架工程				
8	3-25	M2.5 砂浆一砖内墙	10 m³	0.71	567.41	402.86
9	3-65	M2.5 砂浆一砖外墙	10 m³	3.29	572.75	1 941.62
10	4-1	综合脚手架	100 m²	1.08	134.13	144.86
…	…	…		…	…	…
		小计				2 489.34
		三、钢筋混凝土制作安装工程				
…	…	…		…	…	…
		(工、料、机三费)合计				12 286.18

7. 进行工、料分析

工、料分析就是把定额中所列工日、主要材料品种和数量按工程子项所需数量分别列出,然后进行统计汇总,如表 9-12 所示。

表 9-12　工、料分析表

序号	定额编号	工程项目	单位	工程量	人工 合计工日	325 号水泥/t	碎石/m³	中粗砂/m³	钢筋/t	标准砖/千块	生石灰/t	施工用木材/m³	工程用木材/m³
1	1-43	人工平整场地	100 m²	2.17	10.96								
2	1-13	人工挖地槽	10 m³	3.72	15.77								
3	8-13	C10 混凝土基础垫层	10 m³	1.96	36.50	4.573	16.84	13.27					
4	3-1	砖墙基	10 m³	1.07	13.50	0.546		3.08		5.543			
5	8-20	防水砂浆潮层	100 m³	0.13	1.08	0.144		0.29					
6	1-46	基槽及室内回填	10 m³	2.51	7.38								
…	…	…	…	…	…	…	…	…	…	…	…	…	…
9	5-72	C15 混凝土现浇过圈梁	10 m³	0.11	9.16	0.342	0.98	0.72	0.073			0.003	

序号	定额编号	工程项目	单位	工程量	人工 合计工日	材料							
						325 号水泥/t	碎石/m³	中粗砂/m³	钢筋/t	标准砖/千块	生石灰/t	施工用木材/m³	工程用木材/m³
10	5-74	C15 混凝土现浇过梁	10 m³	0.30	43.17	0.930	2.66	1.97	0.031 2			0.425	
11	5-100	C15 混凝土现浇过雨篷	10 m³	0.98	12.28	0.219	0.62	0.46	0.064			0.148	
12	5-115	C15 混凝土现浇过挑檐	10 m³	0.15	25.41	0.454	1.29	0.96	0.121			0.572	

8. 计算应取费用

按照所算得的单位工程定额直接费用和其他直接费取费率计算其他直接费,再加上材料调价费就可得到单位的全部直接费。然后按规定的方法,以直接费或人工费为计费基数分别计算土建工程和安装工程的施工管理费、临时设施费、劳动保险费、计划利润、税金等(表 9-13)。

表 9-13　建筑安装工程价格计算程序表

序号		费用项目	计算方法	
			以直接费为计费基础的工程	以人工费为计费基础的工程
1	直接费	定额基价	施工图工程量×预算定额统一基价	施工图工程量×预算定额基价
2		其中:人工费	工日耗用量×规定的人工单价	工日耗用量×规定的人工单价
3		构件增值税	构件定额直接费×税率	
4		其他直接费	(1+3)×费率	2×费率
5		施工图预算包干费	(1+3)×费率	(1+主材用量×主材价格)×费率
6	直接费	施工配合费	外包工程定额基价×费率	
7		主要材料价差	主材用量×(市场价格-预算价格)	
8		辅助材料价差	1×费率	
9		人工费调整	按规定计算	
10		机械费调整	按规定计算	
11	间接费	施工管理费	(1+3)×费率	2×费率
12		临时设施费	(1+3)×费率	2×费率
13		劳动保险费	(1+3)×费率	2×费率
14		直接费、间接费之和	1+3+4+5+6+7+8+9+10+11+12+13	1+3+4+5+6+7+8+9+10+11+12+13
15		计划利润	14×费率	2×费率
16		营业税	(14+15)×税率	(14+15)×税率
17		含税工程造价	14+15+16	14+15+16

9. 计算工程预算总造价及单方造价

把已编好的分部工程预算按工种工程加在一起,汇集成工种工程预算,如土建工程预算、室内采暖工程预算、室内给排水(室内卫生)工程预算和室内照明工程预算等。然后把各工种工程预算逐项填入工程预算表(表 9-14),累计汇集成单位工程的预算总造价。

表 9-14　××建筑公司××工程预算书

工程编号 _____　　建筑结构 混凝土结构

工程名称 _____　　建筑面积 4 252 m²　　　　　　　年　月　日　第　页

工程项目	工、料、机直接费/元	应取费用/元	合计/元	每平方米预算造价/元
土建工程	332 261.12	149 595.21	481 856.33	113.32
采暖工程	37 775.60	10 738.40	48 514.40	11.41
室内给排水	64 682.49	11 756.28	76 438.77	17.98
室内照明	11 175.12	4 341.94	15 517.06	3.65
总　计	445 894.33	176 431.83	622 326.16	146.36
建设单位	单位名称(章) 负责人 经手人	施工单位	单位名称(章) 负责人 经手人	
备　注				

10. 填写预算书编制说明并加封签章

为使有关方面了解预算编制依据和情况,还应编写一份说明,一般应包括以下内容:

(1) 单位工程的编号和工程名称。

(2) 编制预算所使用的施工图名称、编号设计变更通知、洽商记录、采用的有关标准图等。

(3) 编制预算所采用的预算定额名称、单位估价表、材料高价依据的文件及文号。

(4) 编制预算所采用的取费标准表及有关文件名称、文号。

(5) 编制补充单价的依据及基础材料。

(6) 其他需要说明的事项。

预算书最后应加装封面并签章。

四、工程量计算一般原理

1. 计算工程量必须遵循的原则

（1）口径必须一致。根据施工图列出的工程细目的口径（工作内容和工作范围）必须与定额中相应工程细目的口径一致，这样才能准确地套用定额的单价。例如，定额中某些工程细目已包括了安装费或刷素水泥浆（结合层）一道，计算工程量、列工程细目时也应同样包括这些内容，不应另列项目重复计算。若有些定额中没有包括这些内容，施工图上又规定有，则另单列项目计算。因此，在计算工程量时，除了熟悉施工图外，还必须熟悉定额中每个工程细目所包括的工作内容和范围。

（2）计量单位必须一致。计算工程量时，根据施工图列出的工程细目的计量单位必须与预算定额中相应的工程细目计量单位一致。例如，定额中有的工程细目用 m，有的用 10 m，100 m 等；有的用 m^3，有的用 10 m^3，100 m^3 等。使用中很容易疏忽而套错单位。

（3）计算规则必须一致。计算工程量必须与预算定额中规定的计算规则和方法相一致。例如，砌砖工程中，一砖半砖墙的厚度，无论施工图中所标出的尺寸是"360"还是"370"，都应以预算定额中规定的"365"计算。又如，土方工程是否需要放坡以及放坡多少，都应按照设计规定和预算定额中有关规则计算，而不应按实际放坡情况计算（决算时也是一样）。

2. 工程量一般计算方法

一栋建筑物需要计算的工程细目少则几十项，多则成百上千项，特别是结构复杂的建筑物，计算工程量时很容易漏项或重复计量。因此，应该有一套比较合理、方便的计算程序和方法。下面介绍几种根据预算人员长期实践经验总结出来的一般常用方法：

（1）按工程施工的先后顺序计算法。例如，通常民用房屋的施工顺序是挖基槽→垫层→基础→墙体→屋面→楼地面→门窗制造安装→内外装修等，计算工程量也按此顺序进行。

（2）按定额分部分项的编号次序计算法。例如，按土石方→打桩→砖石→脚手架→混凝土及钢筋混凝土→木结构→楼地面→屋面→装饰等的次序计算工程量。

（3）统筹法计算工程量。土建工程进行工程量计算时，许多分部分项工程量都是根据施工图上的线、面为基数进行计算的，其中经常重复使用到的有外墙外边线长度（$L_外$）、外墙中心线长度（$L_中$）、内墙内边线长度（$L_内$）、底层建设面积（$S_底$）四个基数。如果抓住这一共性因素，把与这四个基数有关的计算项目汇集在一起，并统筹安排、合理排序，就可以使这些相关联的项目计算程序系统化、规格化，使工程量计算尽可能快速、准确、简便。

这一统筹安排的计算顺序及计算公式详见表 9-15。

表 9-15 计算工程量统筹表

序　号	项　目	单　位	计算式
1	平整场地	m²	$S_底＋L_外×2＋16$
2	外墙基挖土	m³	$L_中×地槽截面积$
3	内墙基挖土	m³	$L_内×地槽截面积$
4	外墙基垫层	m³	$L_中×地槽截面积$
5	内墙基垫层	m³	$L_内×垫层宽×厚$
6	外墙基础砌砖	m³	$L_中×砌体截面积$
7	内墙基础砌砖	m³	$L_内×砌体截面积$
8	外墙基础防潮层	m²	$L_内×基顶宽度$
9	内墙基础防潮层	m²	$L_内×基顶宽度$
10	外墙基高差砌砖	m³	外墙防潮层×高差
11	内墙基高差砌砖	m³	内墙防潮层×高差
12	外墙基槽回填土	m³	挖土（垫层＋砌体－高差）或回填土＝挖土体积－砌体体积
13	内墙基槽回填土	m³	挖土（垫层＋砌体－高差）
14	外墙砌砖	m³	$(L_中×高－门窗洞)×厚－过梁$
15	内墙砌砖	m³	$(L_内×高－门窗洞)×厚－过梁$
16	外墙钢筋混凝土圈梁	m³	$L_中×圈梁截面积$
17	内墙钢筋混凝土圈梁	m³	$L_内×圈梁截面积$
18	外墙天棚灰线	m	$L_中$
19	内墙天棚灰线	m	$(L_内＋梁数)×2×Z$
20	外墙内踢脚线	m	$L_中×Z－墙裙长$
21	内墙内踢脚线	m	$L_内×2×Z－墙裙长$
22	外墙墙裙	m²	$L_中×裙高×Z$
23	内墙墙裙	m²	$L_内×裙高×Z$
24	外墙里抹灰	m²	$(L_中×高－门窗洞－墙裙)＋侧壁$
25	内墙面抹灰	m²	$(L_内×高－门窗洞)×2－墙裙＋垛侧面$
26	外墙里喷浆	m²	同墙面抹灰
27	内墙里喷浆	m²	同墙面抹灰
28	外墙里勾缝	m²	$L_外×高$
29	内墙里勾缝	m²	$L_外×高×2$
30	女儿墙砌砖	m³	$L_中×墙厚×高$
31	女儿墙压顶	m³	$L_中×混凝土截面积$
32	女儿墙压顶抹灰	m²	$L_中×展开宽度$
33	女儿墙面层抹灰	m²	$L_中×高度$
34	平墙腰线抹灰	m²	$L_外×高度$
35	山墙腰线抹灰	m²	$L_外×展开宽度$
36	散水抹面	m²	$(L_外＋4×散水宽－台阶长)×散水宽$
37	散水挖土	m³	散水抹面×挖土深度
38	散水垫层	m³	散水抹面×厚度
39	挑檐抹灰	m²	$(L_外＋檐宽×4)×展开宽度$
40	挑檐底抹白灰	m²	$(L_外＋檐宽×4)×展开宽度$
41	檐口刷浆	m²	同檐底抹灰
42	外墙全粉刷	m²	$L_外×高$
43	房心回填土	m³	$(S_底－墙基防潮层面积)×填土厚$
44	房心灰土垫层	m³	填土面积×垫层厚度

序 号	项 目	单 位	计算式
45	房心混凝土垫层	m³	($S_底$－墙基防潮层面积)×垫层厚度
46	地面抹灰	m²	$S_底$－墙基防潮层面积
47	接面抹灰	m²	$S_底$－墙水平面积－楼梯间面积
48	楼面抹灰	m²	楼面抹灰面积
49	天棚抹灰	m²	楼地面积＋梁侧壁面积
50	天棚喷浆	m²	同天棚抹灰
51	天棚勾缝	m²	同楼地面积
52	板条天棚	m²	同楼地面积
53	木地板	m²	同楼地面积
54	块料地面	m²	同楼地面积
55	屋面木基层	m²	($S_底$＋挑檐面积)×系数
56	屋面挂瓦	m²	同木基层
57	平屋面找平层	m²	$S_底$＋($L_外$＋檐宽×4)×檐宽
58	平屋面刷冷底子油	m²	同屋面找平层
59	平屋面保温层	m³	($S_底$＋挑檐面积)×平均厚度
60	平屋面防水层	m²	同屋面找平层

第四节　单位工程设计概算编制

单位工程设计概算是确定某个单项工程内某个单位工程建设费用的文件。初步设计或扩大初步设计阶段要编制设计概算。

一、设计概算的作用

1. 概算是确定工程总投资的依据

工程概算是国家制定基本建设规划和中长期投资计划的依据。概算的各项技术经济指标是论证基本建设项目可行性的重要依据，也是分析投资效果、投资回收期并据以确定是否投资的依据。

2. 概算是正确选择设计方案，衡量设计是否经济合理的重要依据之一

3. 概算是控制工程建设投资、银行拨款或贷款的依据

经过批准的概算是国家确定建设项目所需投资的最高限额。建设银行必须根据概算办理拨款或贷款，并施行财政监督，一般情况下都不允许突破这个限额。

4. 概算是编制工程建设计划的依据

概算经国家批准后才能将项目列入年度建设计划，才能安排工程当年所需要的投资额，以及安排所需材料计划指标等。

5. 概算是建设单位控制投资和考核建设成本的依据

概算一经批准，建设单位就应当根据概算规定的内容和造价，严格控制各项建设

费用的支出,防止突破概算投资,并力求做到少花钱多办事,按质、按量、按期完成建设任务。通过将项目概算与实际建设成本相比较,既可考核建设单位管理工作和经济核算的水平,又可检验概算编制的准确程度,为加强概算管理和建设成本管理提供资料。

二、设计概算编制的依据及方法

单位工程设计概算书根据初步设计图纸、概算定额或概算指标等资料进行编制。

一般民用建筑单位工程概算主要分为土建工程概算和水、暖、电、卫等安装工程概算。工业建筑还包括机械设备、电气设备等安装工程概算。

概算书的编制有两种基本方法,一种是利用概算定额编制,另一种是利用概算指标编制。此外,在特殊情况下还可以套用已建类似工程的概算或施工图预算。

三、利用概算定额编制设计概算书

凡初步设计达到一定深度,工程的结构、建筑比较明确,基本上能计算出扩大结构分部分项的工程量者,可以按概算定额编制建筑项目设计概算。编制的方法步骤一般如下:

(1)根据初步设计图纸和说明,按照概算定额规定的工程量计算规则和扩大结构分部分项的划分,计算出建筑物的建筑面积和各分部分项的工程量。

(2)根据计算所得工程量套用定额中相应分部分项的综合单价,计算并汇总直接费总额。如需做工、料差价调整,则按规定差价进行计算。

(3)按照施工管理费和其他费用取费率及其计算基础,计算施工管理费及独立费用、法定利润。

(4)将直接费、间接费、税金、计划利润相加汇总求得单位工程概算造价。

(5)按照概算造价与建筑面积计算每平方米造价。

(6)如需要还应作出用工及主要材料耗用统计。

建筑工程概算书的表格形式与建筑工程施工图预算书相同。只不过各地区概算定额的内容有些差别,有的地区把施工管理费包括在扩大分项定额的综合单价之中,而有的地区则未包括,套用定额和计取各项费用时要注意。

四、利用概算指标编制设计概算书

概算指标一般依据近期的设计标准,按各类工程、各种结构的通用设计或者有代表性的设计资料和现行的概算定额等资料编制而成。它是一种以通用设计的标准预算为基础的经济指标,使用时必须分清工程类别、结构形式,只有在结构形式相类似的前提下才能套用,并据以编制概算。

当初步设计或扩初设计深度不够计算扩大分项工程量,或在方案阶段初估造价时,可以用概算指标来编概算书。

(1)当设计工程结构特征与概算指标的规定相符时,可直接根据概算指标编制概算书,直接套用指标上每 100 m² 建筑面积造价指标,人工、材料、机械指标与工程 1/100 建筑面积相乘,求出概算造价和主要工、料、机需要总量。

(2)当设计工程结构特征与概算指标的规定有局部差别时,应对指标作相应的调整。调整的方法是先从概算定额中查出应换出和换入的结构部分的综合单价,与相应结构换入和换出的部分工程量相乘,得到换出结构和换入结构的价值,再用下式计算:

$$概算造价＝原概算造价－换出结构价＋换入结构价$$

第五节 竣工决算

设计概算、施工图预算都是施工之前对工程造价的计划价格。在实际施工之后,往往会出现各种变化,如基础开挖后地质情况与原勘探成果有较大变化、施工中某些材料短缺经设计同意使用了代换材料、设计的临时变更等,这些都会引起工程量的变化及实际造价的变化。因此在工程竣工时,应根据实际情况与原施工图预算进行对比,逐项调整有变化的项目,得出实际的造价,这就是竣工决算。

一、竣工决算的作用

(1)竣工决算是根据施工实际发生的为建设单位和设计单位认可的费用,修正原有施工图预算,重新确定工程造价的文件。

(2)竣工决算是施工单位与建设单位结清工程费用的依据,可根据竣工决算通过建设银行最后结清工程费用。

(3)竣工决算是施工单位统计完成工程量、核算工程成本、计算全员产值的可靠资料,也是建设单位工程档案资料的重要内容之一。

二、竣工决算的编制方法

竣工决算一般是在三方审定的施工图预算基础上,根据变更的部分作增减账调整。大体上做法如下(以土建工程为例):

1. 收集、整理、分析原始资料

收集资料工作始于工程开始,即整个施工过程中如有与原施工图预算有出入的地方就应收集保存资料,包括有关设计变更、工程追加、削减、修改的通知单,施工时实际发生的改变并得到建设单位代表签字认可的签证凭据,图纸会审三方会签的记录,隐蔽工程验收和材料代换的原始记录等。

2. 工程对照,核实变动情况

将竣工资料与设计图纸进行查对。

3. 计算调整部分的工程量

根据竣工工程对照确认的变化分别计算增加部分和减少部分的工程量。

4. 套单价,计算工程直接费用

竣工决算直接费一般分为三部分:

(1) 原有施工图预算直接费。

(2) 按照调增部分工程量套单价计算后增加的直接费。

(3) 按照调减部分工程量套单价计算后减少的直接费。

$$竣工决算工程直接费＝(1)＋(2)－(3)$$

5. 竣工决算总价计算

以调整后的直接费和间接费费率、取费标准计算其他直接费、间接费、税金、计划利润等,然后总计便可求得土建工程决算总价。

将单位工程所包含的各工程竣工决算汇总,便可得到单位工程竣工决算总价。

【要点回顾】

1. 建筑工程的几种定额:施工定额、预算定额、概算定额等。

2. 建筑工程概预算是工程设计文件的组成部分,是确定建设项目所需投资的技术经济文件。建筑工程概预算以货币为主要计量指标,用来确定建设项目或单项工程所需要的投资,也就是建筑工程产品的计划价格。

3. 设计概算、施工图预算都是施工之前对工程造价的计划价格。

【练习题】

一、单选题

1. 定额制定的基本方法中,利用统计资料确定定额的方法是(　　)。

A. 统计计算法　　　　　　　　B. 经验估计法

C. 技术测定法

二、多选题

1. 从活劳动和物化劳动消耗的角度来看,基本建设定额分为(　　)。

A. 劳动消耗定额　　　　　　　B. 机械台班定额

C. 材料消耗定额　　　　　　　D. 资金消耗定额

2. 建设工程定额一般采用三种方法,包括(　　)。

A. 经验估计法　　　　　　　　B. 统计计算法

C. 技术测定法　　　　　　　　D. 时间计算法

E. 资金计算法

三、判断题

1. 建筑工程的价格确定比一般规格化的工业产品价格的确定要简单得多。

2. 定额反映了一定社会生产力水平条件下的产品生产和生产消费之间的数量关系。

四、简答题

1. 什么叫定额？按其使用性质可划分为哪几种类型？

2. 什么是建筑工程预算定额？它有哪些作用？

第十章 建筑企业管理概论

【预期目标】

通过本章学习,你可以获得以下知识和能力:

1. 了解企业管理的概念、任务、作用及构成;

2. 通过对企业的责权利的学习,正确处理企业、职工和国家的关系,建立健全企业的经济责任制;

3. 了解企业素质的概念和作用及提高途径;

4. 了解企业的管理体制和组织。

【学习提示】

本章的重点知识有:

1. 企业的责权利;

2. 企业素质的作用及提高途径;

3. 企业的管理体制和组织。

学习本章的方法及注意事项:

1. 在企业管理组织上使用图表可以使其相对关系更加明确;

2. 可以联想班级或家庭的管理与企业管理作比较。

第一节 建筑企业管理基本概念

一、企业管理概念

1. 管理的产生

凡是许多人在一起共同劳动,就必须有管理。"一个单独的提琴手是自己指挥自己,一个乐队就需要乐队指挥。"例如,建设工程的项目管理,从拟建一项工程开始,包括项目的可行性研究、规划、勘察设计、施工、竣工验收(销售)以至售后服务的整个过程中,所进行的计划、实施和控制等活动均称为管理。

2. 企业管理

企业管理是按照生产资料所有者的利益和意志,对企业的生产经营活动所进行的决策与计划、组织与指挥、控制与协调、教育与激励,从而保证企业生产经营活动的正常顺利开展,获得最佳社会经济效果,实现企业的管理观念、目标和任务。其范畴包括生产管理和经营管理,或企业管理理论和管理业务的结合。即:

企业管理＝生产管理＋经营管理

＝管理理论＋管理业务

3. 企业生产经营活动

企业的生产经营活动包括两大部分(图10-1):

(1)企业内部生产活动,包括基本生产、辅助生产、生产准备和生产服务等活动。对其管理称为生产管理。

(2)涉及企业外部流通领域的活动,包括投入前的承揽工程、采购材料和机具、招聘职工、收集信息等,产出后的销售和售后服务等活动。对其管理称为经营管理。

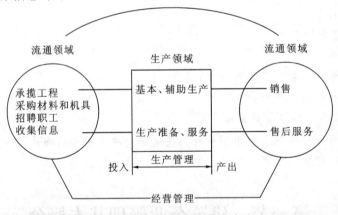

图 10-1　企业生产经营活动

二、建筑企业类型

1. 工程施工总承包企业

工程施工总承包企业是指从事工程施工阶段总承包活动的企业,应当具备施工图设计、工程施工、设备采购、材料订货、工程技术开发应用、配合生产使用部门进行生产准备直到竣工投产等能力。

2. 施工承包企业

施工承包企业是指从事工程施工承包活动的企业。

3．专项分包企业

专项分包企业是指从事工程施工专项分包活动和承包限额以下小型工程活动的企业。

三、企业管理的任务和作用

1．企业管理的任务

总的来说，企业管理的任务是完善生产关系和组织发展生产力，研究与解决生产、技术和经济工作中的矛盾，实现技术进步，提高经济效益，为社会和人民提高物质文化生活水平提供适用产品，为国家提供财富，把企业办成两个文明的现代化企业。

（1）根据客观规律，包括经济与技术活动规律的要求和社会主义建设的需要，确定建筑企业的管理观念、发展方向和战略目标。

（2）根据企业管理性质和社会生产力发展的要求，改革和完善建筑企业管理制度。

（3）在国家政策和计划指导下，正确处理本企业与国家、其他企业、职工之间的三个关系，以及与消费者（用户）、资金提供者和地区社会间的关系。

（4）运用科学的管理理论、方法和手段，加强计划、生产、技术、物资、劳动、财务等业务管理，并结合经济工作做好思想政治工作，提高管理的科学水平。

（5）分析研究生产经营活动的诸因素，协调它们之间的关系，创造条件，全面完成国家计划，满足社会需要，努力提高企业的经济效益。

2．企业管理的重要性

现代科学技术的飞跃发展使得建设规模愈来愈大、专业分工愈来愈细、综合性愈来愈强。一项大型工程或若干项工程的综合施工需要投入几十个工种、几百个工序、上千种材料和机具，我们已不能只用旧的组织管理经验来办事。

例如，日本只用 23 年就走完了欧美国家 50 年走过的路，其总的劳动生产率在1965—1970 年间平均增长了 14.2%。联邦德国早在 20 世纪 50 年代末就提出了"经济科学化"的方针，1976 年其总的劳动生产率达到了增长 9.2% 的较高水平。这两个国家取得如此成就的重要原因之一，就是在发展科学技术的同时重视了不断加强科学管理。

3．企业管理的作用

（1）提高经济效益的重要途径。加强企业管理，合理组织生产力，能动地处理各种生产关系，可以把生产经营活动中各个互相影响、互相制约的因素协调起来，使有利的因素即优势得到充分发挥，并使不利因素转变为有利因素，获得最佳经济效益。凡是先进企业都证实了这一点，管理出高效、优质、低耗。

（2）加速实现现代化的有力手段。通过科学管理，充分挖潜革新，合理使用技术和装备，能使同样的人力、物力和财力取得更大的经济效益，满足社会和人民的物质文化需要,为国家提供更多的积累。

四、企业管理的职能

科学管理先驱者法约尔首先提出计划、组织、指挥、协调、控制五职能说,以后又有三职能、四职能、七职能等提法,相互之间有共同之处。这里从四个方面介绍具体职能:

1. 计划与决策

计划是首要的职能,决策是计划的前提,没有计划职能就谈不上其他管理职能。企业的生产经营活动应在国家政策、法规指导下,根据市场需求,坚持以提高经济效益为中心,经过综合平衡,确定经营生产目标,制订中长期、年季度计划和各项主要的技术经济指标及落实计划的措施。制订计划必须进行各种预测,在多种可能方案中选优决策。

2. 组织与指挥

组织是为了实现企业、部门和职工承担的目标任务,需要进行静态组织设计、动态组织调整和组织变革的决策,使企业建立既有民主又有集中的领导体制,形成高效、有力的经营、生产、技术协调统一的指挥系统,保证企业的人、财、物、机械、资金和方法等生产经营要素有效结合,获得优质低耗的建筑产品。

3. 监督与控制

施工企业的生产经营任务往往是"一次性"的生产经营活动,新的工程任务不断循环往复,各项专业职能管理处于动态系统之中,必须建立良好的管理信息系统,加强施工项目管理的监督与控制,对照目标、计划、规章制度和产品规范、标准,使各项管理处于有计划的控制之中,确保目标的优化。

4. 教育与激励

教育在现代化管理中显示了愈来愈重要的地位,它担负着包括企业文化、职业道德和技术进步在内的"两个精神"文明建设的重要职责。企业通过教育与激励职能的发挥,调动企业的一切积极因素,发挥广大职工当家做主的精神,不断提高职工的政治思想和技术业务水平,加强民主管理,落实各项经济责任制,奖勤罚懒,贯彻按劳分配原则。

五、企业管理的构成及其关系

建筑企业的活动主要是生产经营活动,企业的目的就是企业管理的目的,即满足社会的需要。产品(商品)生产要达到时间上快、数量上多,质量上精度高、功能好,经济上成本低、资金省,也就是常说的高效、优质、低耗三个生产目标。为了进行生产活动,必须投入人力、材料、机械、资金和方法五个生产要素。

这样,由市场、预测、决策、承包、投入五个生产要素到产出的三个目标,直至销售

（交工）和售后服务，就构成了产品（商品）的生产经营由流通到生产再到流通的整个循环，而且这个循环是周而复始的。这些管理的相互关系如图 10-2 所示，它们之间既有程序关系，又有相互影响、相互作用的关系。

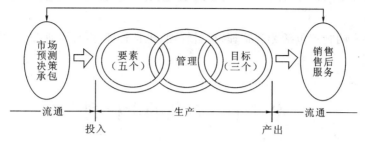

图 10-2　企业管理构成及相互关系

计划管理、质量管理和成本管理是达到生产目标的最基本且必要的三大管理，也就是企业管理的三大支柱。这三大支柱又称为一次性管理，如表 10-1 所示。

表 10-1　企业三大生产目标和三大管理

内　容	目　标	管　理
进　度	快	计划管理
质　量	好	质量管理
经　济	省	成本管理

计划、质量和成本这三项管理并非孤立存在，而是相互联系的，如图 10-3 所示。通常，工程进度与成本的关系为 x 曲线，进度快，数量多，单位成本就低，但是突击赶工成本反而增高；成本与质量的关系为 y 曲线，质量好，成本就高；进度与质量的关系为 z 曲线，进度快，突击赶工，则质量下降。

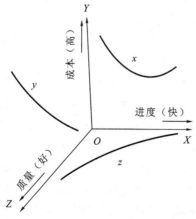

图 10-3　进度、成本、质量关系图

要求一个建筑产品同时满足最快、最好、最省三个条件，事实上是不可能的。因此,快、好、省之间是辩证统一的关系,应作综合考虑。一般情况下,管理应满足工程质量和工期两个条件,着眼于在计划和控制工作中尽可能达到经济。特殊情况下,若对工期有特殊要求,应以保证工期为目标,并收取赶工费作为补偿。而当优质时,应是优质优价。

生产要素的管理包括劳务管理、材料管理、机具管理、资金管理和技术管理,称为二次性管理。

第二节　企业的责权利

一、确定企业责权利的依据

企业的责权利是由企业的性质和国家对企业的经济管理体制所决定的。

1. 企业责权利与企业性质的关系

企业的责权利本质上是由企业的所有制性质所决定的。社会主义国有或集体企业的生产资料为公有,由国家或集体占有和支配。企业在国家赋予的责权利范围内,在国家的政策、法令、计划和管理下独立从事生产经营活动。

在社会主义条件下也允许个体企业存在,从事专业性劳务分包与零星修缮修理工作。国家在宏观方面管住搞好,微观方面放开搞活。这一改革,正在实践中发展丰富。

2. 企业责权利同国家的经济关系

正确处理建筑企业同国家经济关系的原则是:既在全局上保证整个国民经济的统一性,又在企业这个局部上保证其经营的多样、灵活、进取的独立性,使统一性和独立性结合起来。这样既有利于巩固和完善社会主义公有制,又有利于增强企业的活力。

社会主义国家和企业的经济关系,其核心是如何处理生产资料的所有权、占用权、支配权和使用权的关系。对此,已得到了明确的回答,即生产资料的所有权是全民或集体所有,而给企业以有偿占用权和一定的支配、使用权。

3. 企业的相对独立性

建筑企业既然是经济实体,就必须拥有一定的经营自主权,拥有自己的经济责任和利益,真正成为相对独立、自主经营、自负盈亏的社会主义商品生产者和经营者,具有自我改造和发展的能力,成为具有一定权利和义务的法人。这样企业才有活力。

4. 企业的法人地位

法人是法学名词,是依照法定程序建立的组织或个人,在法律上享有一定的权利和义务。作为独立经营的经济组织,建筑企业要做好生产经营服务,有效地行使经营

自主权,就要向政府注册、登记,经审定获得法人资格。其权利与义务如下:

(1) 法人的权利。拥有资产负债权;银行单独开设账户权;对外签订经济合同权;发生经济、合同纠纷的诉讼权;国家规定外的一切摊派或抽调的拒绝权;维护本企业的利益权。

(2) 法人的义务。生产社会所需要的产品、商品;保证盈利;履行经济合同;遵守法律;贷款要按规定付息和偿还;向国家纳税。

二、企业的责权利

1. 承包经营责任制要以责定权定利

1988 年 2 月 27 日国务院颁布的《全民所有制工业企业承包经营责任制暂行条例》规定,承包经营责任制是在坚持企业的社会主义所有制的基础上,按照所有权与经营权分离的原则,以承包经营合同形式,确定国家与企业的责权利关系,使各企业做到自主经营、自负盈亏。实行承包经营责任制,必须兼顾国家、企业、经营者和生产者利益,调动企业经营者和生产者积极性,挖掘企业内部潜力,确保上交国家利润,增强企业自我发展能力,逐步改善职工生活。

承包经营责任制的主要内容是:包上交国家利润,包完成技术改造任务,实行工资总额与经济效益挂钩。

承包期限一般不得少于 3 年。承包经营合同依法成立,即具有法律效力,任何一方均不得随意变更或解除。

企业经营者是企业的厂长(经理),企业的法定代表人,对企业全面负责。

承包经营责任制应当搞好企业内部领导制度改革,实行厂长(经理)负责制。应当加强民主管理,健全职工代表大会制度,充分发挥工会的作用,切实保障职工的民主权利。应当按照责权利相结合的原则,建立和健全企业内部经济责任制,搞好企业内部承包。

2. 经理任期目标负责制

经理任期目标负责制是企业经理在任期内,通过一定的行政和法律公证程序,在明确经理任期目标责任的前提下,对国家、企业、职工担负经济责任和全面负责企业"两个文明"建设的一种新的企业领导体制和经济管理模式。

推行经理负责制的关键是划清党政不同职能,做到经理对"两个文明"全面负责,发挥党委监督和保证作用,实现职工民主管理。在此前提下,科学地建立经理任期目标体系和进行科学目标管理。这同时也是考核、监督经理的主要依据之一。任期目标体系的主要内容包括企业素质目标、技术革新目标、经济效益目标、职工工资福利目标四个方面的目标。这四个目标是一个有机整体,"以提高经济效益为中心,提高企业素质为基础,积极进行技术革新和改善职工工资福利待遇"。另外,任期目标在时间上应分为两个层次,即企业长远发展目标和任期责任目标,两者相互联系、缺一不可。具体表现在以下几个方面：

（1）组织企业内部各方面的力量，充分调动全企业职工的积极性。

（2）认真接受企业党委的监督。企业党委负责思想政治工作，保证和监督党和国家规定的各项方针、政策在企业中得到有效的贯彻实施。经理应主动接受党委的监督，遇到重大问题应多同党组织商量，取得工作上的领导和支持。

（3）加强民主管理。经理应尊重职工代表大会的职权，接受职工代表的监督，把经理对企业生产活动的统一指挥置于群众监督之下，发动职工参加民主管理。

（4）正确处理国家、企业和职工个人之间的经济利益关系，使企业形成有效运转的经济责任制体系。

（5）企业内部经营目标承包经济责任制体系。它是将企业目标具体化，按企业组织机构（即从公司经理到科室、工程处、厂所、施工队、班组直至每个职工）的职责范围，明确经济责任、规定权限、确定赏罚条件，在责权利相结合的形式下行使"自主管理"的内部经济管理制度，使整个企业形成纵向与横向经济责任制的有机网络体系，广泛推行内部合同管理制度。

3. 部门经营目标承包经济责任制

建筑企业各职能管理部门是企业各领导的助手和参谋。在企业生产经营管理活动中，各职能部门负有专职，承担某些方面的经营目标责任。其目标内容有：归口管理的生产技术经济指标，与其他部门业务联系的保协指标，面向基层为工程服务的指标。部门经济责任指标既要有定性指标，又要有定量指标。在评价其工作成果时，必须与下级工作成果挂钩，与工程施工的综合效果挂钩。

4. 生产单位经营目标承包责任制

建立工程处、预制厂（或加工厂）及施工队、作业班组等多种形式的承包经营内部核算制，把项目承包责任制融合一体，以保证各生产单位经营目标和隶属的施工项目经济效益的实现。此外，材料、物资、设备等供应部门和预制厂、加工厂、运输队等单位除了保障企业内部供应之外，有的还兼负对外经营的经济承包责任。

5. 个人岗位经营目标承包责任制

企业经营目标的实现依赖于企业职工。个人岗位经营目标承包责任制是根据每个职工岗位工作任务和要求建立的岗位经济责任制，责任到个人，要用政治思想工作方法和经济手段激励职工的主人翁精神，实现岗位上的自我管理、自我控制，以岗位目标保证层层目标的优化。因此，个人岗位经营目标承包责任制是实现层层目标的保证，是经营目标承包经济责任制的基础。

三、企业的目标管理特点

目标管理起源于20世纪60年代的美国，它以科学管理理论和行为科学为理论基础，体现了系统论和控制论的思想，是一种综合性的科学管理方法。把科学的目标管理方法运用于建筑企业生产经营管理,有高速发展企业的功效。它与企业经营目标承包经济责任制结合,形成了具有中国特色的企业目标管理。

1. 企业目标管理的特点

(1)目标系统性(分解性)。目标系统性是指企业不仅建立总目标,而且将其层层分解为各部门直至每个职工的个人目标,使个人目标保障部门、班组目标,下一级目标成为上一级目标的保障,形成层层控制目标的网络系统(图10-4)。通过各级组织和全体职工的自我控制,最终达到总目标的优化。

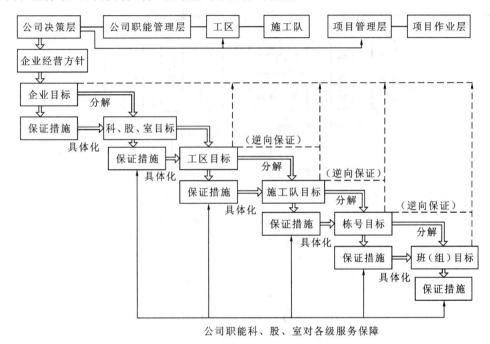

图10-4　企业目标分解与实施保障网络系统运转关系示意图

(2)经济利益性。经济利益性集中地反映在用经济手段管理企业,多劳多得、赏罚严明,以保证国家、企业和职工的经济利益。

(3)全过程性。企业经营总目标是在企业生产经营的全过程中实现的,目标管理必须进行全过程的管理,进而渗透到各部门、班组和单位工程施工管理过程的各个方面和环节。

(4)全员性。全体职工在经理率领下进行个人目标的控制与优化。

(5)循环性。企业目标实施过程是一个系统的控制循环,其中又包含许多按目标责任分解的子系统,甚至个人目标的控制循环。在总目标实现以后,又进行新的目标循环过程。

(6)民主性(自觉性)。民主性是目标管理的一个重要的特点。在制定、分解目标和制定目标措施时,应坚持用民主方法,通过广泛宣传目标管理的意义,尽可能采用自下而上的民主协商办法,以群众的自觉性为基础,确定企业、部门和个人目标,激发职工自觉自愿地为实现目标奋斗。

2. 企业目标管理的方法和一般步骤

企业目标管理的方法和一般步骤如图 10-5 所示。值得注意的是,推行企业的目标管理必须健全各种管理制度和各种经济责任制,建立各级有权威的检查、控制、评估小组,并能按照经济责任制的要求,及时进行目标跟踪即中间检查、控制与评价,发现目标偏差应及时纠正,使全部目标活动纳入主动控制之中。

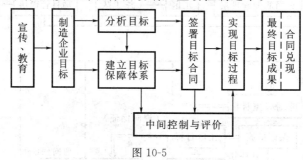

图 10-5

企业目标管理是一个复杂的系统工程,其内容包括企业经营业务与生产业务目标管理、内部核算单位目标管理、职能部门目标管理、建筑工程施工项目总包或分包目标管理、单位工程(栋号)目标管理、生产班组目标管理和个人目标控制等,由此构成企业目标管理体系。

第三节　企业的素质

一、企业素质及其作用

1. 现代化建设的需要

我国的建设任务将持续增长,现代化建设项目规模大、技术复杂、工艺先进、协作多、难度大,客观上要求建筑企业必须具有较高的素质。

2. 企业生存和发展的需要

(1) 企业要成为自主经营的经济实体,置身于竞争环境之中,就要具有生存和发展能力的素质。

(2) 企业要自负盈亏,按投标承包制严格执行经济合同、承担经济责任,就要提高经济效益,必须具有改善经营管理的素质。

(3) 企业职工物质利益的增长要靠发展生产和盈利来实现,需要提高企业的人员、技术和管理的素质。

3. 提高企业社会、经济效益的需要

虽然国民经济的行业宏观管理对提高社会、经济效益有着重要作用,而起根本作用的是企业素质。企业只有素质高,才能有效地活跃于经济社会,才能改善生产经营管理,才能增产节支,才能有利于国计民生,才能取得更大的社会、经济效益。

二、企业素质的定义

企业素质是企业领导力、组织力、管理力、技术力和人力、物力等组成的内在因素的集合力和外在表现能力,是经济社会中生存和发展的能力。它随时间而变化,是个动态的质量的概念。

1. 内在因素的集合力

(1) 领导层素质。领导层素质是指企业的上层、中层和基层的各级领导班子的素质,其中主要的是企业的上层,它是企业重大决策的核心,是企业业绩好坏的关键。领导层素质包括每个成员的个人素质和整个成员的集体素质。

① 个人素质是指领导层每个成员应具备的条件和能力。条件即四化:事业化,包括政治思想水平、政策水平、领导作风、事业心和责任感等;年轻化,指年龄、健康等;专业化,指专业知识、业务水平等;知识化,指文化程度、学识水平等。能力即组织领导能力。

② 集体素质一是指领导班子结构,包括年龄、知识、专业和才能的结构。这既有横向组成的含义,又有纵向(公司、工区、施工队)组成的含义。因为全才的人很少,领导班子的成员应有合理的搭配。有掌舵的,即统帅三军的帅才;有出谋划策的,即运筹帷幄的相才;又有独当一面实干的,即叱咤风云的将才;取长补短、相辅相成。二是指班子的集结力与支持力,不搞拆台、抵消、推托、延误,而是相互支持、有效合作,是1+1=2,而不是 1+(-1)=0。总之,在企业领导层成员中,要有能卓有成效地组织和指挥企业生产经营的经理(厂长);有能加强企业技术管理、推动技术进步的总工程师;有能切实加强企业经营、提高经济效益的总经济师;有能严格维护财经纪律、精打细算、开辟财源的总会计师;有能坚持正确政治方向、团结企业广大职工的党委书记。

(2) 职工队伍素质。职工队伍素质即广大工人、技术人员和管理人员的素质。企业具体的生产经营活动是由职工来承担的,企业的大部分骨干甚至各级领导者是从职工中间选拔出来的,因此说职工队伍素质是企业素质的基础。职工队伍素质是指职工的政治思想、文化、技术业务水平、管理能力和解决技术问题的能力。职工的水平与能力的高低,对产品质量、物资节约和劳动效率具有重要作用,对实现管理现代化尤为重要。

(3) 技术素质。技术素质是做好生产经营工作的物质基础,主要包括三点:技术骨干的素质,即技术理论水平与实践能力,也是企业进行技术改造和开发、推动技术进步的能力;各施工工种(如土石方、基础、结构、装修、安装⋯⋯)的技术水平;形成生产力、提高产品竞争力的技术装备的综合水平和主要工种工程的技术装备水平。

(4)管理素质。管理是生产力,涉及企业各个方面,是现代企业的必要条件。随着社会化大生产的发展,企业的管理素质显得愈来愈重要。它包括管理思想、理论、组织、方法和手段等的现代化,信息、预测、标准、定额、计量和检测等基础工作的质量,以及建立在经济管理数学或电子计算机基础上的各种管理技术的应用能力。

2. 外在表现能力

1)生存能力

(1)竞争能力。竞争能力是指企业的信誉、质量、工期、成本、服务与国内外同行对比所保持的水平及市场占有率的高低,置身于竞争之中,促进企业和社会发展的能力。

(2)应变能力。应变能力是指当任务、施工条件变化时,在外界不可预见的冲击下,能及时反馈信息并果断决策,迅速适应新环境的能力。

(3)盈利能力。盈利能力是指降低物料消耗、节约管理费用、提高劳动生产率及提高盈利水平的能力。

2)发展能力

(1)技术开发能力。技术开发能力是指企业在开拓新市场、新人才、新产品、新技术、新机具、新工艺和新材料等方面及管理技术方面的创新水平和能力。

(2)扩大再生产能力。扩大再生产能力是依靠自力改善管理、革新技术、扩大承包规模的能力。

对整个企业素质必须综合评价,其中人是决定因素。同时,既要看企业具备的水平和能力,还要看业绩,它是企业素质的集中反映。

三、提高企业素质的途径

提高建筑企业素质必须建立提高企业素质的战略,采取外因和内因相结合的方法,让外因成为压力,内因成为动力。

1. 经济体制改革是促进提高企业素质的外因

构成企业素质的每个因素,企业生产经营的每个环节、方面,都同国民经济的管理体制有着密切联系并受其制约。因此,改革经济体制能打破吃大锅饭的落后模式,创造一种竞争环境,使企业具有提高素质的外在压力。

2. 提高企业素质的关键是企业内部的因素

不仅要从质的方面提高各种因素的水平,更要寻求各种因素的最优结合。主要因素有:

（1）建设强有力的各级领导班子，推行领导班子的四化建设，充分发挥科技人才、管理人才的作用，要求领导者具有现代科学技术水平，有相适应的学历，增加各级领导层知识分子的比重。

（2）采取多种形式的全员培训，提高全员的文化、政治水平，使全员具有生存的紧迫感。

（3）在整顿各项工作中使各类人员得到培植和锻炼，只有全员的素质高才有企业的高素质。

（4）在推进企业的技术进步和管理现代化过程中，经常使企业的组织、人员、设备、资金和技术力量达到优化配置，对老化的设备力图更新。充分认识科学技术是第一生产力，重视管理科学，千方百计地提高管理水平。

3．确定提高企业素质的战略

只有提高企业素质才能促进企业成长，达到企业的繁荣。为此，承包战略、新技术开发、生产体制整顿、保证质量、人才培养等问题必须紧紧抓住不放，才能适应严峻的时代环境。

第四节　建筑企业管理体制与组织

一、建筑企业管理体制

建筑企业的体制改革近年来在以下方面得到改善：

（1）建筑企业由受政府部门领导的体制逐步转向行业管理的体制。行业是企业单位自愿组织的社会经济的群众性团体，是企业与政府之间的纽带和桥梁。政府职能的重心转移到宏观控制后，将部分政府职能由政府委托转向行业联合会协调，使企业充分发挥自主权。

（2）理顺基本建设部门与建筑业、建设单位与建筑企业的关系。基本建设部门的主要任务是控制投资方向与投资额，监督工程质量；建设单位与建筑企业之间是平等的商品交换关系，建筑企业是建筑产品的生产者、经营者。

（3）建筑企业的管理体制。对国家而言，建筑企业的管理人是在生产资料所有权与经营权分离下的承包经营者，推行经理任期目标负责制，企业内部实行多种形式的经济责任制，改善了内部分配关系。

企业管理体制与企业组织机制密切相关。我国建筑企业组织机构实行二级制或三级制，如图10-6所示，这是按企业核算的层次划分的管理体制。二级制是公司、工程队二级管理或二级核算，三级制则是公司、工程处、工程队三级管理或三级核算。

公司是对外的独立核算单位,工程处和工程队是内部核算单位。大中型企业多用三级制,小型企业多用二级制。

近些年来,某些大中型施工企业为适应施工体制改革和企业配套改革的需要,已由传统的三级核算体制改革为以施工项目为中心的两级核算矩阵制组织体制,强化了全企业以施工项目为基点的项目管理与成本核算机制。

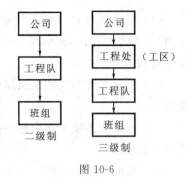

图 10-6

二、建筑企业组织原则

(1)有利于发展社会主义商品经济原则。建立和完善建筑企业组织机构,必须把"自主经营"作为首要的组织功能,建立专门经营的部门,适应建筑商品市场的需要,使企业能够根据市场信息与内部条件,及时制定经营策略,按照经营合同计划的要求,做好概预算组织准备工作,有效地参加招标、议标等经营活动,招揽经营业务。

(2)目标明确化原则。目标明确化原则就是要让企业各部门乃至每个职工都有明确的目标责任,使他们的目标活动构成一个有机整体,为实现企业总目标而努力工作。

(3)统一指挥、分权管理、责权利相结合原则。企业所设置的职能部门都有相应的责任和职权,应有明确的责任分工和责任目标,都应有精神与物质上的赏罚、奖惩措施,把责权利紧密结合起来。

(4)现场第一、强化服务原则。有利于对施工现场进行有效的指挥、监督、控制,应在经营合同、计划与技术、资源供应、财务与成本控制和行政生活等方面给施工现场创造良好的条件,为工程现场服务,还要十分重视施工现场的动态管理。将科室及其所属人员的工作目标任务同项目施工管理和工程综合效益挂钩,并作为对科室人员进行精神与物质奖励(工资与奖金、工资升级、招聘任职)的重要根据。

(5)分工协作原则。有利于统一指挥、分权管理,在责权利高度结合的前提下,既要合理分工,又要注重协作,组织层次清楚,职责范围明确,使企业各职能部门及其部属职工形成有效的管理系统。

(6)管理跨度原则。所谓跨度,是指上级领导者所能直接、有效地领导下级的人数。一个人的能力与精力有限,一个领导者能够直接、有效地指挥下级的人数应有一定的限度。过少不利于发挥领导者的积极性和工作才能,过多会由于精力不足而贻误工作。跨度的大小应根据工作量、工作难易程度和工作性质确定。

(7)稳定性与适应性原则。组织结构的变动应随企业外部条件和内部条件的变化,根据企业长远目标和工程任务情况作相应的调整。一般来说,批量生产、产品稳定的企业,宜采用硬性结构方式;单件生产、任务多变的企业,应采用弹性结构方式。

（8）效率原则。坚持层次合理，人员精干，一专多能，运转灵便，信息传递准确，使企业组织高效化。

三、建筑企业组织形式

企业管理机构的组织形式是用以固定企业上下各层职能部门、各环节之间领导与从属关系的组织结构。企业组织形式有直线制、职能制、直线职能制、矩阵制、事业部制和立体多维结构等。

1．直线制

直线制是最早出现的最简单的形式，组织中的各种职位均是按直线排列的单线领导关系（图 10-7）。

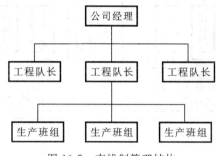

图 10-7　直线制管理结构

2．职能制

职能制是在直线制基础上发展的一种形式。它除了由负责人主持管理业务之外，还相应地增设了一些专业职能机构，分担某些企业职能管理、业务。这些职能机构有权在自己的业务范围内，向下级下达命令和指示。它的优点是专业化管理强；最严重的缺点是形成多头领导，基层难办，因而采用得较少。

3．直线职能制

它吸取了以上两种形式的优点，纵向保持了各层负责人的直线指挥，横向设有专业管理职能参谋部门。它与职能制的不同点在于：横向职能部门只能进行业务指导与监督，不能对下级机构进行直线指挥和命令。其优点是便于集中领导，调动人、财、物较灵便，专业职能清楚，有利于提高办事效率；秩序井然，使整个企业有较高的稳定性。缺点是下级部门主动性和积极性的发挥受到抑制，部门之间互通情报较少；职能部门与直接指挥部门目标不一致，容易发生矛盾；管理层次多，信息传递长，不利于及时决策，妨碍系统的灵活运转。我国城市型建筑企业基本上是此种形式，如图 10-8 所示。

4．矩阵制

矩阵制又称项目制，如图 10-9 所示。它克服了直线职能制统得过死、管理层次多、信息运转不灵、指挥不统一的缺点。它的基本特点是减少了管理层次，强化了企

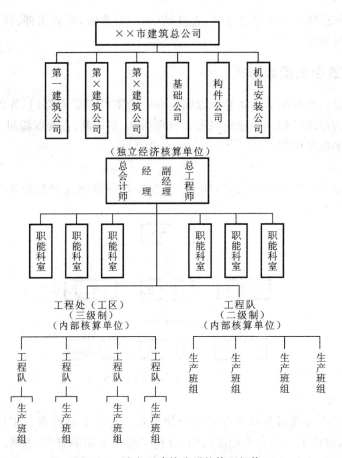

图 10-8　城市型建筑公司的管理机构

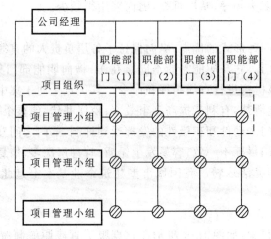

图 10-9　矩阵制

业横向(产品)管理功能,把纵向的行政管理职能与横向的产品管理职能有效结合,实行项目经理个人负责制,项目专业职能管理人员由公司专业职能部门抽调,人员可根据工程管理的需要增减。

企业的组织形式除了上述几种以外,还有事业部制、超事业部制和立体多维结构(图 10-10)等,适用于建筑业集团企业和大型跨国(或跨地区)公司等。

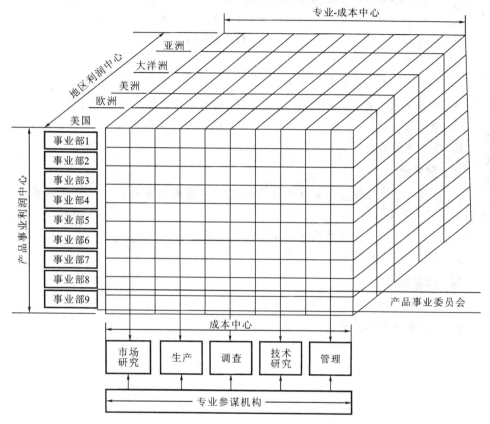

图 10-10 立体多维结构

【要点回顾】

1. 企业管理是企业管理理论和管理业务的结合。

2. 企业的责权利是由企业的性质和国家对企业的经济管理体制所决定的。

3. 企业的管理体制和组织。

【练习题】

一、单选题

1. 承包期限一般不得少于(　　)年。

A. 1　　　　　　　B. 2　　　　　　　C. 3　　　　　　　D. 4　　　　　　　E. 5

2. 以下经营目标承包责任制,(　　)是实现层层目标的保证,是经营目标承包经济责任制的基础。

  A. 经理任期   B. 部门经营

  C. 生产单位经营   D. 个人岗位经营

二、多选题

1. 以下选项属于企业目标管理特点的是（ ）。

  A. 目标系统性   B. 经济利益性

  C. 全过程性   D. 全员性

  E. 循环性

2. 任期目标体系的主要内容有（ ）。

  A. 企业素质目标   B. 技术革新目标

  C. 经济效益目标   D. 职工工资福利目标

  E. 企业发展目标

三、判断题

1. 企业的生产经营活动包括企业内部生产活动和涉及企业外部流通领域的活动两部分。

2. 施工承包企业资质等级分为一、二、三级。

3. 承包期限一般不得少于3年。

四、简答题

1. 建筑企业的组织形式有哪几种？

2. 企业管理有哪些职能？

第十一章 建筑工程招标投标

【预期目标】

通过本章学习,你可以获得以下知识和能力:

1. 了解招标投标的概念和建筑工程实行招标投标制的优越性;

2. 熟悉建筑工程招标的程序;

3. 认识建筑工程投标承包的相关指标;

4. 了解开标、评标、定标的概念和基本程序;

5. 了解施工的相关内容及施工索赔的内容。

【学习提示】

本章的重点知识有:

1. 建筑工程招标的程序;

2. 建筑工程投标承包的相关指标;

3. 开标、评标、定标的概念和基本程序。

学习本章的方法及注意事项:

1. 对于一些评价和要求的范围要精确;

2. 编写程序尽量做到有条理。

第一节 建筑工程招标投标的概念

一、招标投标的概念

招标投标在国际经济中获得广泛的采用,不仅政府、企业、事业单位用它来采购原材料、器材和设备,而且各种工程项目(如电站、路桥、港口、矿井、石油开采、工厂及其他建筑等)也广泛采用这种形式。世界银行贷款项目规定必须采取公开招标(即ICB系统)方式进行,使其成员有平等的机会参加竞争投标。

1. 招标

招标是指招标人(单位)利用报价的经济手段择优选购商品的购买行为。在工程建设项目中系指按照公布的条件,挑选承担可行性研究、方案论证、科学试验或勘察、设计、施工等任务的单位所采取的一种方式。通常的做法是,招标人(或业主)将自己的意图、目的、投资限额和各项技术经济要求以各种公开方式,招请有合法资格的承包单位,利用投标竞争达到货比三家、优中选优的目的。

2. 投标

投标是指投标人(单位)利用报价的手段销售自己商品的交易行为。在工程建设中系指有合格资格和能力并愿按招标者的意图、愿望和要求条件承担任务的施工企业(承包商),经过对市场的广泛调查,掌握各种信息后,结合企业自身能力,掌握好价格、工期、质量的关键因素,在指定的期限内填写标书、提出报价,向招标者致函,请求承包该项工程。

3. 招标投标制

招标投标是一种商品交易行为,招标人与投标人之间存在一种商品经济关系。为体现招标投标双方的经济权利、经济责任,推动招标投标人员负起经济责任,必须建立一套管理制度来维护、巩固这一系列权利、责任和利益,这就是招标投标制。在工程建设中就是招标承包制,亦是承包发包制。

二、建筑工程实行招标投标制的优越性

1. 有利于确保和提高工程质量

"百年大计、质量第一",这是建筑业和管理工程建设单位所有人员均应贯彻执行的重要原则。工程建设实行招标承包制后,一般均要强调企业信誉,其中重要内容之一是该施工单位最近若干年所完成工程和在施工工程的质量情况。如果工程质量好,即使投标报价比其他施工单位的报价高些,也比较容易中标,因而也就贯彻了"优质优价"的原则。

2. 有利于缩短施工工期

按合理工期组织工程施工并按期建成,是提高投资效益(包括经济效益和社会效益)的重要内容之一。它既可以提高施工单位的信誉和经济效益(缩短施工工期或按期建成意味着劳动生产率的提高或达到计划水平),同时也为建设单位按期交付使用创造了良好的条件。

3. 有利于降低工程造价

根据实践经验,凡实行招标承包制签订承包施工合同的工程,除个别工程标底编制得不合理外(主要是工程概预算造价编制时有漏项或某些特殊材料、设备估计偏低),一般工程造价通过各施工单位投票竞争均有节余,有的工程节余幅度甚至还比较大。

4. 有利于提高投资效益

提高投资效益是工程建设管理的重要目的。投资效益的实现有赖于工程建设各

个环节的优化,如项目决策正确、建设地点选择适当、设计方案先进合理等。

5．有利于提高企业素质

投标竞争促使投标企业不断提高企业素质,以便在竞争中取胜。

6．有利于简化结算手续

进行招标投标工程,甲乙双方责任明确。合同签订后,双方都在法律的监督和保护之下各负其责。这就促使施工单位把过去用于对外算账的精力转为对内加强核算管理。

7．有利于调动各方面的积极性

三、建筑工程招标投标的程序

建筑工程招标投标程序大致如图 11-1 所示。

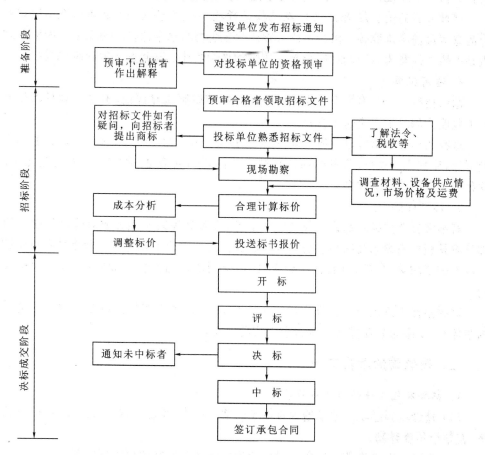

图 11-1　建筑工程招标投标的程序

第二节 建筑工程招标的程序

一、建筑工程招标的方式

招标工程项目根据具体条件,可以采取不同的招标方式。采用何种招标方式必须在招标文件中加以明确规定。国内建筑工程招标一般采取以下几种方法:

1. 公开招标

公开招标是一种无限竞争性招标。由招标单位通过报刊、广播、电视等发表招标公告。各施工承包企业都可以积极参加该项投标活动。

这种方式的优点是,吸引了广泛的投标者,使一切有法人资格的承包企业均以平等的竞争机会参加投标。招标单位可以从大量的投标书中选择理想的承包单位。缺点是审核工作量大,耗费也高,投标人中标的机会较小。这种方式我国应用较多。

2. 邀请招标

邀请招标是一种有限竞争性招标。招标单位根据工程特点,有选择地邀请若干有承包能力的施工企业前来投标。

这种招标方式的目标比较明确,应邀的投标单位在经济上、技术上和信誉上都比较可靠,审核工作量小,节省时间。其缺点是倘若信息不足,会漏掉一些后起之秀。这种方式我国应用也较多。

3. 协商议标

对不宜公开招标或邀请招标的特殊工程,应报县级以上地方政府建设行政主管部门或其授权的招标投标办事机构,经批准后,建设单位可以选定它所熟悉并信任的一般不少于两家(含两家)的施工企业,通过个别协商的办法达成协议,签订承包合同。

这种招标方式适合专业性比较强的特殊工程,可省去招标的各项费用。但选择的余地小,不能充分发挥有竞争力报价的良好效果。

二、招标前的准备工作

1. 招标发包工程必须具备的条件

(1)建设项目已经国家或地方建设主管部门批准,并已正式列入国家或省、自治区、直辖市年度计划。

(2)有经国家批准的设计单位设计的施工图及其编制的概预算标书。

(3)工程用地已经征用,用地范围内的施工障碍物已全部拆迁完毕,现场施工条件已经具备。

（4）资金、材料、设备等项计划和协作配套条件已分别落实，能保证拟建工程在预定的建设工期内连续施工。

（5）有当地建设主管部门颁发的建筑许可证和建设红线图。

（6）工程标底已经审定。

2．准备招标文件

（1）工程综合说明。

（2）必要的设计图纸和技术资料。

（3）工程量清单。

（4）由银行出具的建设资金证明和工程款的支付方式及预付款的百分比。

（5）主要材料与设备的供应方式。

（6）特殊工程的施工要求以及采用的技术规范。

（7）投标书的编制要求及评标、定标原则。

（8）投标、开标、评标、定标等活动的日程安排。

（9）建设工程施工合同条件及调整要求。

（10）要求交纳的投标保证金额度。

（11）其他需要说明的事项。

3．编制招标标底

（1）标底的概念。工程施工招标必须编制标底。标底由招标单位负责，根据设计图纸和国家有关规定自行编制或委托经建设行政主管部门认定有编制标底能力的咨询、监理单位编制，经报招标投标办事机构审定后确定的发包造价称为标底。

（2）编制标底应遵循的原则：① 根据设计图纸及有关资料、招标文件，参照国家规定的技术、经济标准定额及规范，确定工程质量和编制标底；② 标底价格应由成本、利润、税金组成，一般应控制在批准的总概算（或修正概算）及投资包干的限额内；③ 标底价格作为建设单位的期望计划价，应力求与市场的实际变化吻合，要有利于竞争和保证工程质量；④ 标底价格应考虑人工、材料、机械台班等价格变动因素，还应包括施工不可预见费、包干费和措施费等；⑤ 一个工程只能编制一个标底。

（3）标底的计算。标底的计算多数按现行概预算编制方法进行。

三、开展招标工作

申请招标单位接到批准书后即可开展招标。

（1）向社会发招标通知书或广告。

（2）对申请参加投标的单位进行资格审查。资格审查的目的是保证投标单位具有承包能力，使建筑工程按设计要求顺利建成，这是招标单位的正当权利。资格审查的内容有施工企业的级别、企业的信誉、具体承包该工程的施工队伍素质、企业目前施工力量的分布情况、财政状况。

（3）通知投标单位领取招标文件。

（4）组织投标单位了解工程现场情况，并商定招标会议时间和地点。

（5）召开招标会议。为了对投标单位负责，要尽可能减少编制标函时的误差。由招标单位主持召开各投标单位、设计单位、经办银行、主管部门参加的招标会议，进行工程交底，介绍招标情况，明确招标内容，对招标文件进行补充修正，解答投标单位提出的问题，并确定投送标函的时间、地点、方式、内容要求和印鉴等。

（6）召开开标会议。在开标的基础上，先对前三四家进行评标。根据评标分析，选定中标单位并发出"中标通知"，在规定时间签订承包合同。招标单位还应向非中标单位作出必要的解释，并按规定发给投标补偿金。

第三节 建筑工程投标承包

一、参加工程投标应具备的条件

工程投标单位必须符合《建筑企业营业管理条例》中的有关条文才能参加投标，具体条件如下：

1. 企业必须持有营业执照，取得法人资格

《建筑企业营业管理条例》规定，申请开办建筑企业必须办理登记手续，领取营业执照，才能从事建筑生产经营活动。企业有了营业执照才能取得法人资格。具有法人资格，不论全民还是集体，也不论城市还是乡镇企业，均可以平等身份参加工程投标或自行承揽施工任务。

2. 施工企业的类型和级别要符合有关规定

企业等级按技术资历和规模分为一、二、三、四级，营业范围按各级企业有具体规定，不得越级承揽任务。一至三级企业可以实行工程总承包，四级企业只能承包规定营业范围内的工程，不能总包。总包单位对所承包工程的主要部分必须自行完成，不能转包。

3. 具有承包建筑安装施工的能力

投标承包的工程应与本企业实力相当，承担企业所擅长的工程。

4. 代理必须符合规定

请代理人进行投标是允许的，但必须出具企业参加投标的代表资格证明书、企业的正式委托书或授权书等。

5. 必要的担保证明文件

港澳台及国外的建筑企业必须持有与我方有业务往来的银行开具的担保证明文件。

二、投标工作的组织

1. 成立投标机构,配备专业人员

在投标前必须成立组织,统一领导,分工负责,有计划、有步骤地进行投标活动,以求中标。投标机构应为常设机构,这不仅能提高投标人员的技术业务素质和管理水平,而且有利于资料的积累,采用现代计算工具。

2. 学习投标知识

工程投标知识可分为法律知识、技术和专业知识、市场知识、算标与填标知识。

3. 选择投标工程项目

4. 研究招标文件

研究招标文件的重点应放在以下几方面:

(1) 研究工程综合说明,借以获得对工程全貌的轮廓性了解。

(2) 熟悉并详细研究设计图纸和技术说明书,目的在于弄清工程的技术细节和具体要求。

(3) 研究合同主要条款,明确中标后应承担的义务和责任及应享的权利,重点是承包方式、开竣工时间及工期奖罚、材料供应及价款结算办法、预付款的支付和工程款结算办法等。

(4) 熟悉投标单位须知,明确了解在投标进程中投标单位应在什么时间做什么事和不允许做什么事,目的在于提高效率,避免造成废标,徒劳无功。

5. 收集招标投标信息

在建筑市场激烈的竞争活动中,掌握信息是成功的关键。企业要在竞争取胜,必须建立有效的信息系统。

6. 准备投标预审资料

预审资料是企业有目的地将企业管理素质、技术力量、技术装备、财政状况等通过图片和文字说明编印成册,向招标单位报送。它既是资格预审资料,也可能起到宣传作用。

7. 合理计算标价

8. 投标

(1) 编写投标致函文件,其内容包括:① 标函的综合说明;② 按照工程量清单计算的标价及钢材、木材、水泥等主要材料用量,投标单位可以根据统一的工程量计算规则自主报价;③ 施工方案和主要施工机械;④ 保证工程质量、进度、施工安全的主要技术组织措施;⑤ 计划开工、竣工日期,工程总进度;⑥ 对合同主要条件的确认。

(2) 按规定投标。参加投标的施工企业要严格按照招标文件中的规定进行投标,不得行贿,不得哄抬标价,不得隐瞒事实真相,不得有损害国家和他人利益的行为。

某施工企业对是否参加某项工程投标的分析计算如表 11-1 所示。

表 11-1　对一次性投标机会的评价

分析条件	权　数	划分等级			得　分
		上 10	中 5	下 0	
a. 承包能力	20	10			200
b. 工期要求	20		5		100
c. 竞争情况	10	10			100
d. 施工条件	10		5		50
e. 建设单位情况	10	10		0	0
f. 特殊要求	10	10			100
g. 类似工程经济效果	20	10			200
合　计	100	40	10	0	750
决定参与投标的标准分数：600 分					
评价结果：该工程总分为 750 分,大于 600 分,决定投标					

对表 11-1 得分分析如下：

a. 该企业最近承包了一个类似工程,主体工程已完工,施工力量能满足招标工程的需要,分包愿意合作。评上等为 10 分。

b. 招标单位要求 15 个月完成,而该企业以往类似工程最少需 16 个月,但经努力可能满足工期要求,也可能被罚款。评中等为 5 分。

c. 据掌握的信息,实力强的对手只有一家,但该企业任务已很饱满,对该工程兴趣不大,因此中标可能性较大。评上等为 10 分。

d. 该工程为 15 层框架结构,施工难度不大,但场地狭窄,需采取一定的措施才能满足正常施工。评中等为 5 分。

e. 招标单位基建部门机构不健全,以往与施工单位配合较差。评下等为 0 分。

f. 该工程无特殊要求。评上等为 10 分。

g. 以往承包类似工程成本降低率达 8％,而且有潜力。评上等为 10 分。

该施工企业事先决定最低分数必须达到 600 分才投标。评价结果,该工程总分为 750 分,大于 600 分,因此决定投标。

第四节　开标、评标、定标

一、开标

招标单位在事先通知的时间和地点,在有招标单位、投标单位、建设主管部门、建设银行及公证单位参加的情况下，当众启封标函，公开宣布各投标单位标书中的工期、造价、施工方案、质量保证等主要内容，这一整个过程称为开标。

开标的方式，在我国目前有下列三种：

（1）在公开场合下开标，当场不宣布中标单位。

（2）在公证员的监督下开标，确定预选中标单位。

（3）在有投标单位参加的情况下公开开标，当场确定并宣布中标单位。

有以下情况之一者宣布为废标：

（1）标书不密封。

（2）标书未按招标文件要求填写，或填写字迹模糊、辨认不清。

（3）无单位和法人代表或法定代表人委托的代理人的印鉴。

（4）标函寄出的时间超过投标截止日期（以邮戳为准）。

（5）投标单位未参加开标会议。

二、评标

所谓评标，就是对投标的评价和比较。评标的结果就是确定并通知某一投标单位"得标"。这对招标单位来讲叫"授标"，对投标单位来讲叫"中标"。

1. 评议制

公开开标后，依据标价、质量、工期、信誉等原则，通过综合评定比较，确定中标单位。

2. 评分制

评分制是按事先规定的评分条件，通过评分，选取高分者为中标单位。

目前一些单位对投标书的评分指标和分值构成情况如下：工程造价 30 分（或 20分），建设工期 30 分，工程质量 15 分（或工期、质量各 20 分），材料 15 分（或 30 分），社会信誉 10 分（或 15 分），附加条件 15 分。

三、定标

定标又称决标，是在评标工作的基础上对标书的分析和选择。

定标原则：选择"合理低标"，工程质量和工期符合招标书的要求，有严格的网络计划控制，施工方案措施有力等。

定标方式：由招标小组对投标单位在评标中所得的分数进行分析，一般是总分数最高者为中标单位。但也要对各项指标得分进行分析，往往会出现总分数虽高，但其中有一项指标与任务要求有差距，这就要对评分进行适当调整，以利于选择最优的中标单位。

第五节　工程合同

所谓合同,就是双方(或多方)为实现某个目的进行合作而签订的协议。工程承包合同(即施工合同)是发包方(建设单位)和承包方(施工单位)为完成商定的建筑安装工程,明确相互之间的权利、义务关系,具有法律效力的经济协议。合同是企业之间固定经济关系、明确双方责任、加强协作、互相促进、保证完成建设目标的有效方法。工程承包合同不同于上级机关下达的计划或命令,是缔约双方根据各自的具体条件以平等的地位签订的经济契约,不存在一方强加于另一方的特权。合同条款必须符合国家颁发的《建设工程施工合同示范文本》及《中华人民共和国合同法》的规定。

一、工程承包合同的特点和作用

1. 合同的特点

(1) 合同是不同利益的当事人在某一事务中发生一定的关系。当事人可以是双方,也可以是多方的关系;可以是个人,也可以是经济实体。

(2) 合同当事人在一定的合同事务中有各自不同的允诺,允诺的内容表现为各自的权利和义务。这种允诺是出于自愿的,而这种自愿又是当事人经过充分协商所共同承认的。

(3) 合同分口头合同和书面合同两种,但口头合同在多数的场合下并不采用。书面合同由于有法律强制性,因此十分讲究措辞的精确性、鲜明性,不容有任何含糊。

(4) 合同当事人在合同中的地位是平等的。工程承包合同的这种平等的地位体现为经济上的互利性。

(5) 合同的缔结都要受社会制度、法律、政策的约束。例如,《中华人民共和国合同法》规定,违反法律和行政法规的合同,采取欺诈、胁迫手段的合同,违反国家利益或社会公共利益的经济合同都是无效的。

(6) 合同各方都具有法人资格,所以工程承包合同是法人之间的经济活动协议。

2. 合同的作用

合同对于企业有效的经营有积极的作用,主要表现在:

(1) 工程承包合同是企业经营计划的重要依据,签署了工程承包合同,企业承担工程任务才不致落空,计划上的不稳定因素才得以排除,企业施工、生产、物资及其他资源的组织、安排、配备才有可靠依据。同时,企业有了合同的法律约束,国家基本建设计划的贯彻实施才能得到可靠的保证。

(2) 工程承包合同可以确保经营管理各环节的紧密衔接。用合同的方式实现结合,可以保证在有效期限中稳定地衔接。对于外部横向联系是有效的法律手段,对于外部和内部行政隶属的垂直关系则是行政手段不可缺少的补充。

（3）工程承包合同是经济责任制推行的法律保证。合同对当事人的责任、利益都有明确的规定,奖罚分明,因此有利于促使签约人从自己的利益出发主动地关心各自承担的责任,这样也能推动经营管理的改善。

二、工程承包合同的取费方式

1.总价合同

双方协定一个工程承包合同总价,按规定完成工程后,建设单位向承包企业交付合同规定的总价款。协定的总价原则上不容变动,工程成本高低、材料和工价的变迁,建设单位概不负责。这种合同的款项一般按合同分期支付,而不采取一次支付的办法。

总价合同最突出的优点是建设单位作为买方,不必担心中途追加投资和工程拖延（中途发生设计变更时,要经过双方协商）,但对于承包企业而言则要承担较大的经济风险。

2.单价合同

发包人按工程的一定计量单位议定固定单价,然后再按实际工程量汇计总价,向承包企业偿付。采用这种方式签订的合同称为单价合同。

单价合同适用于急需施工而工程量无法准确决定的工程。采用这种合同,当施工中设计变更或条件改变时比较易于处理,但也正由于此,总价常难以控制。

3.成本加酬金合同

即按成本取费合同,这是承包人要发包人偿付工程实际成本加一定酬金的合同。酬金由管理费、利润及奖金组成。酬金按实际成本一定的百分率计算,称为成本按百分率确定的酬金合同。酬金按一笔固定数额偿付的叫成本加固定酬金合同。

成本加酬金合同适用于施工条件不正常的情况,如扩建工程、修复工程、灾后清理及恢复工程,具有新技术性质的企业或发生市场因素难以预测的情况,为了及时迅速地开工,用成本加酬金合同最为适合。

三、工程承包合同的主要条款

工程承包合同一般应包括以下内容：
（1）工程名称和地点。
（2）工程范围和内容。
（3）开、竣工日期。
（4）工程质量保修期及保修条件。
（5）工程造价。

（6）结算付款方式、方法。

（7）提交有关文件内容。

（8）违约责任。

四、合同管理

1．合同的履行

合同一经签订就具有法律效力，当事人必须严格执行合同、承担各自的义务。为了保证合同顺利履行，当事人往往采用担保方式。目前通行的担保主要有保证、定金、抵押、留置几种方式。

2．合同变更的管理

合同变更的管理是合同管理的关键。工程施工中导致合同变更的原因通常有以下几种：

（1）施工图纸出现错误、遗漏与现场状况不符或出现未预料的情况。

（2）建设单位变更工程的内容或暂时终止整个工程或部分工程的施工。

（3）承包单位提出合理延长工期或建设单位需要缩短工期。

（4）物价波动或工资变动而需要对承包金额作出变更。

（5）天灾及其他人力不可抗拒原因造成的损害。

3．合同纠纷的处理

合同纠纷发生后要及时解决。解决步骤如下：当事人及时协商自行解决；协商无效的，由国家规定的合同管理机构调解，调解后应有书面协议书作为继续履约的依据；调解不服的，由经济法庭仲裁，仲裁的书面文件称仲裁决定书；仲裁不服的，还可以向上级法庭起诉，由上级法庭裁判决定。

第六节　施工索赔

施工索赔在施工过程中是不可避免的。由于现场条件的变化、气候和环境的影响、设计的差错、标书内容与实际情况不符等，实际费用很容易与计划费用产生差异。当需要支付额外费用时，如果属于业主方面的原因，则承包人可按合同，通过合法的途径和程序向业主提出索赔，因此施工索赔成为承包工程管理中的一项专门内容。

一、索赔的概念

索赔是指在工程合同履行过程中，合同当事人一方不履行或未正确履行其义务，而使另一方受损，受损的一方通过一定的合法程序向违约方提出经济或时间补偿的要求。

二、索赔的基本特征

(1)索赔是一种合同赋予双方的具有法律意义的权利主张。

(2)索赔必须以法律或合同为依据。

(3)索赔必须建立在损害后果客观存在的基础上。

(4)索赔应采用明示的方式。

(5)索赔是一种未经对方的单方行为。

三、索赔的起因及根据

(1)合同文件引起的索赔。

(2)不可抗力和不可预见因素引起的索赔。

(3)业主方原因引起的索赔。

(4)监理工程师原因引起的索赔。

(5)价格调整引起的索赔。

(6)法规变化引起的索赔。

四、索赔的程序

(1)提出索赔。

(2)审核索赔报告。

(3)处理索赔。

(4)业主审查索赔处理。

(5)承包人作出是否接受最终索赔处理的决定。

五、索赔报告及其编写

(1)总论部分。

(2)根据部分。

(3)计算部分。

(4)证据部分。

六、编写索赔报告的注意事项

(1)索赔事件应该真实。

(2)索赔分析应清楚、准确、有根据。

(3)充分论证事件造成的承包人的实际损失。

(4)索赔计算必须合理、正确。

(5)文字要精练、条理要清楚、语气要中肯。

【要点回顾】

1. 招标是指招标人(单位)利用报价的经济手段择优选购商品的购买行为。

2. 招标工程项目根据具体条件可以采取不同的招标方式:公开招标、邀请招标、协商议标。

3. 工程投标单位必须符合《建筑企业营业管理条例》中的有关条文,才能参加投标。

4. 开标、评标、定标活动应在招标投标办事机构的监督下,由招标单位主持进行。

5. 工程承包合同是发包方和承包方为完成商定的建筑安装工程,明确相互之间的权利、义务关系,具有法律效力的经济协议。

【练习题】

一、单选题

1. (   )适合专业性较强的特殊工程,但选择的余地小,不能充分发挥有竞争力报价的良好效果。

A. 协商议标　　　　　B. 邀请招标　　　　C. 公开招标

2. (   )级企业只能承包规定经营范围内的工程,不能总包。

A. 一　　　　　　　B. 二　　　　　　C. 三　　　　　　D. 四

3. 按成本取费合同,承包人要发包人偿付工程实际成本加一定酬金的合同是(   )。

A. 总价合同　　　　　B. 单价合同　　　　C. 成本加酬金合同

二、多选题

1. 属于建筑工程实行招标投标制的优越性的选项有(   )。

A. 提高工程质量　　　　　　　　B. 缩短施工工期

C. 降低工程造价　　　　　　　　D. 提高投资效益

E. 提高企业素质

2. 国内建筑工程招标一般采取的方法有(   )。

A. 公开招标　　　　　　　　　　B. 邀请招标

C. 协商议标　　　　　　　　　　D. 评标

E. 决标

三、判断题

1. 建筑工程实行招标投标制有利于降低工程造价。

2. 邀请招标是一种无限竞争性招标。

3. 开标、评标、定标活动应在招标投标办事机构的监督下,由招标单位主持进行。

四、简答题

1. 什么是招标承包制？实行这种制度有什么好处？

2. 工程投标必须具备哪些条件？

3. 我国建筑工程招标有哪些方式？各适用什么情况？

4. 中标单位是否一定是报价最低的单位？为什么？

第十二章　建筑企业的计划管理

【预期目标】

通过本章学习,你可以获得以下知识和能力:

1. 了解建筑企业计划管理的一些特性;

2. 认识建筑企业重要的管理体系;

3. 掌握建筑企业的经济效益分析方法,以及对管理计划的控制。

【学习提示】

本章的重点知识有:

1. 建筑企业计划管理的必要性、任务和特点;

2. 建筑企业生产经营计划体系与计划指标体系。

学习本章的方法及注意事项:

1. 重点在于理解建筑企业计划管理的本质含义;

2. 了解建筑企业计划管理的理论方法。

建筑企业的计划管理是企业按照社会主义商品经济的发展规律,在一定主客观条件下对企业的未来进行规划,并运用计划手段和规划目标对建筑企业以生产经营为主体的一切活动进行组织和控制,最优地实现预定的企业目标。

第一节　计划管理的必要性、任务和特点

一、计划管理的必要性

1. 在企业管理中居于首位

在现代企业管理中,管理的含义是系统管理或全面管理。所谓全面管理,是以一定时期总目标为管理目标的"四全综合管理",即全面计划管理、全面质量管理、全面经济核算和全面劳动与工资管理的综合管理。全面计划管理为"四全综合管理"之首,从而使企业各项生产经营活动按照企业计划体系规定的轨道运营,推动生产力不

断发展。

2. 现代大生产的客观需要

现代建筑生产规模大、施工过程复杂、分工细、协作性强、机械化程度不断提高，应有一个综合性生产经营计划协调生产经营中的各个环节，组织全体职工在统一计划下行动。

3. 发展国民经济的需要

企业计划管理必须适应发展国民经济的要求，满足市场调节的需要，按照市场供求关系、经济和社会环境从事企业经营，使国家、企业、职工的利益得到充分的保障，促进国民经济的发展。

4. 最大限度地提高经济效益

现代建筑企业处在一个经济和科技日新月异的时代，生存在竞争环境之中。只有那些注重计划管理的企业才能预测到可能出现的趋势，抓住有利时机，对出现的风险作出正确的对策。有计划才能有决策目标和控制目标的主动权，最终达到提高经济效益的目的。

二、计划管理的任务

企业根据国家与社会的需求、企业内部条件和经济利益关系，通过计划编制、实施、检查和控制，科学地组织人力、物力和财力，挖掘内部潜力，充分利用社会条件，不断改善生产经营管理的职能，达到提高质量、缩短工期、节约投资、降低成本的目的，为社会提供优秀的建筑商品。其具体任务是：

1. 制定本企业长期目标

根据国家长期计划和对市场预测的结果，确定企业的发展方向，制定本企业长期目标规划。

2. 确定企业各级组织的具体目标和任务

根据国家长期和短期发展性计划或企业签订的承包经营责任制合同、市场条件和本企业的施工能力，编制中长期、年度、季度计划和作业计划，搞好综合平衡，确定企业各级组织的具体目标任务。

3. 编制施工组织计划

根据企业中长期规划、年（季）度计划的任务，认真编制贯彻施工组织设计，积极采用新技术、新工艺、新材料，强化工程项目科学管理，不断提高综合效益。

4. 动态管理施工

通过控制与调节的职能，保持计划实施过程中的动态平衡，坚持施工正常秩序，使工程项目特别是国家重点项目尽快竣工投产，形成生产能力，发挥投资效益。

5. 总结经验，不断提高

总结企业与工程计划管理的经验，不断提高企业和工程计划的管理水平。

三、计划管理的特点

1. 经营性

计划编制、实施和控制都必须从搞活企业经营出发,搞好生产与经营的全面计划管理,以经营推动生产、施工,促进企业经营的发展。

2. 被动性

建设单位的基本建设计划一般在当年第一季度末或第二季度才能下达,从而使建筑企业经营计划的工程任务只能在第二季度才能落实。另外,建筑生产消耗资源品种多、数量大、施工周期长,受市场价格等影响因素多,决算最终成本的时间长。这些都给企业计划管理带来被动局面。

3. 多变性

建筑产品的用途、建筑结构类型、规模大小、建造地点等经常变换,现场施工条件、自然条件和施工队伍甚至产品图纸也会发生变更。因此,建筑企业应提高计划的预见性,使施工进度计划富有一定弹性。

4. 协作性

建筑生产经营方式有总包与分包两种形式,常常是几个乃至十几个施工单位在一个建设项目甚至一个单位工程上施工。在一个单位工程施工中,又需要组织多工种同时施工,进行立体交叉作业。因此在编制生产经营计划时,应使计划具有灵活性与协作性,满足各种协作条件的要求,合理安排时间和空间,严密组织施工。

第二节 建筑企业生产经营计划体系

一、计划体系的新观念

建筑企业的计划体系应以经济效益为中心,坚持长期发展的战略目标和满足商品市场的需求,建立以经营合同计划为核心的经营计划体系。

在战略上要求把经营合同计划放在首要地位,不断提高市场决策和市场营销的业务能力。在战术上应当加强工程施工组织计划管理,把施工组织设计作为计划体系和系统管理的重要内容和措施。把建筑企业从事"商品生产"的新观念贯穿于计划编制和实施的全过程中,使企业决策者、每个管理者和生产者牢固树立新的"市场计划"概念,建立新型的"企业经营计划"体系,实行系统管理。

有效地编制和贯彻施工组织设计,加强工程计划管理,是保障工程综合效益的有效措施。在新的经营型计划系统中,必须把编制项目成本计划以及项目资金计划纳入单位工程(或分部分项工程)施工组织设计的编制内容,使施工成本严格按照施工方案、技术措施、工程进度、投入资源和施工费用进行编制,以保证编制工程成本和建筑产品报价的准确性。从而不仅缩短工期、提高质量和强化安全,而且能够有效地提高工程成本控制的可行度,确保工程项目经济效益和企业经济效益的提高。

二、生产经营计划体系的构成

建筑企业经营计划体系为"一个目标,两个子系统,构成一个经营计划体系",如图 12-1 所示。

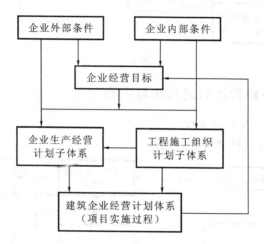

图 12-1　建筑企业经营计划体系

三、企业经营目标

1. 企业目标的内容

企业目标由基本目标(如总产值、净产值、主要实物工程量、上缴税利和技术装备能力等绝对值指标及其相对增长率或递增率指标)、市场开拓目标或市场竞争目标(如市场占有率、对外地或国外市场的开拓目标及企业信誉提高的目标等)、发展目标(如技术开发、智力开发、管理现代化、生产与生活基地的开发等目标)、利益目标(如利润总额及其增长率、税后利润的使用、企业集体福利事业和职工工资生活待遇的改善目标)等组成。

企业经营目标是计划体系的纲目,是体系的主体和企业计划管理的主要目标任务。

2. 企业目标的确定

企业目标直接关系到企业的成长与发展。

建筑企业经营目标决策的实质是正确处理企业外部环境条件、企业内部条件和企业目标三者的不平衡关系,谋求三者之间的动态平衡,如图 12-2 所示。

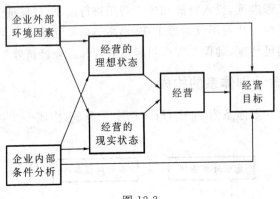

图 12-2

四、建筑企业经营计划的系统与内容

1. 建筑企业经营计划的系统

建筑企业经营计划体系展开图如图 12-3 所示。

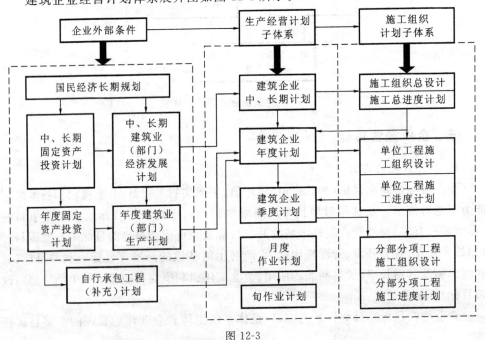

图 12-3

2. 建筑企业经营计划的内容与要求

经营计划的内容见表 12-1。建筑企业经营计划体系的内容按计划期长短分为：长期经营计划，计划期一般在 3 年以上，5 年或 10 年计划；中期经营计划，计划期一般在 1 年以上、5 年以内；短期经营计划，又称年（季）度经营计划；季度以下计划称作业计划（如月、旬、周、日作业计划）。建筑企业经营计划的作用、主要内容及主管部门如表12-1所示。

表 12-1 建筑企业经营计划的作用、主要内容及主管部门

计划名称	作 用	主要内容	主管部门
中、长期计划	指明企业发展方向及经营方针	（1）企业综合发展规划 （2）施工新技术与经营管理研究及发展规划 （3）机械设备发展规划 （4）职工培训规划 （5）主要技术经济指标提高规划 （6）生产、生活基地建设规划	计划综合部门
年（季）度经营计划	提出一年（季）的奋斗目标，是企业技术施工经济活动的指导性文件，是实现企业中、长期计划的保证	（1）年度综合计划 （2）工程合同与措施计划	经营部门
		（1）建筑安装计划 （2）主要工程项目施工进度计划 （3）构配件加工计划 （4）附属辅助计划	计划部门
		（1）技术组织措施计划 （2）技术革新及科研计划 （3）新产品试制及新技术推广计划 （4）技术标准贯彻执行计划	技术部门
		（1）安全生产技术措施计划 （2）工程质量升级计划	质量安全部门
		（1）劳动生产率及工资计划 （2）劳动平衡及培训计划	劳动工资部门
		（1）材料供应计划 （2）大宗材料运输计划	材料部门
		（1）机械化施工计划 （2）机械设备维修计划	设备动力部门
		（1）降低成本及利润计划 （2）固定资产及流动资金计划	财务部门
		（1）基本建设及房屋维修计划 （2）福利基金管理计划	行政部门
作业计划	是年（季）度计划的具体化，是直接组织施工活动的重要依据	（1）工程进度计划 （2）资金需要计划（包括劳力、材料、机具运力需用量计划） （3）各种措施计划（技术、管理、节约等）	计划部门第一线部门

五、工程施工组织计划的作用与内容

1. 工程施工组织计划的作用

工程施工组织计划是企业推行全面计划管理的重要内容和任务，其标志性成果

是施工组织设计,作用如下:

(1) 施工组织设计是施工企业多快好省地完成施工任务的有效工具。

(2) 施工组织设计是组织工程建设的实施方案。

(3) 施工组织设计是实现企业中长期、年、季度经营生产计划的有效措施。

2. 工程施工组织计划的内容

工程施工组织计划的内容主要是施工组织总设计、单位工程施工组织设计和分部分项作业设计。

经营生产计划和施工组织计划两个子系统形成了建筑企业全面计划综合管理的计划体系。计划系列的计划期由长到短,计划期愈长规划性(或战略性)愈强,计划期愈短实践性愈强,内容则由粗到细。

第三节　建筑企业计划指标体系

计划指标是计划内容和任务的具体化,用以表示一定经济现象的数值,系指计划期内在某种具体技术经济条件下所要达到的技术经济目标值,也是企业在计划和统计中反映生产经营活动某方面功能质或量水平的标志。

一、计划指标的分类

1. 按指标表示内容的不同,可分为数量指标和质量指标

数量指标指企业在计划期内,生产经营活动完成的某个方面的目标值,如建筑安装工作量、竣工面积、利润等。质量指标是指企业在计划期内,生产经营活动对工作质量提出的要求,用以表示生产经营活动水平和资源利用程度。

2. 按指标计量单位的不同,可分为实物指标和货币指标

实物指标是体现使用价值的指标,如水泥用量、土方量、混凝土工程量等。货币指标是以货币价值表示的指标,如工程总造价、工程成本降低额等。

3. 按指标作用的不同,可分为基本指标和辅助指标

基本指标为上级部门下达、批准或企业与国家之间签署的承包经营合同指标等,如建安工作量、实物工程量、全员劳动生产率、工程质量、降低成本额、上缴利税等。辅助指标指企业内部规定的一部分辅助性的指标,是基本指标的计算依据,也叫计算指标、计划定额,如建筑安装工作总量、单项定额、施工工期定额等。

二、主要指标的计算方法

1. 工程量

工程量是指建筑企业(或项目)在一定时间内完成的,以物理单位(如 m, m^2, m^3

等)或自然计量单位(如台、件、根等)表示的各种工程量指标。

(1)施工面积指完成合同规定交工的建筑面积和前期停建恢复施工的面积。

(2)交工面积指完成合同规定交工的面积。

(3)主要实物工程量是具体反映施工进度和工程完成情况的指标。

2.竣工率

根据竣工的房屋建筑面积计算的房屋建筑面积竣工率为:

$$房屋建筑面积竣工率=\frac{计划期内竣工的房屋建筑面积}{计划期内施工的房屋建筑面积}\times100\%$$

3.工程质量

工程质量是反映建筑企业经营管理和施工技术水平的重要指标之一,一般计算单位工程个数和建筑面积的优良品率或合格率。

$$单位工程优良品率=\frac{经验收鉴定评为优良品的建筑面积或单位工程个数}{经验收鉴定评为合格品(包括优良品)的建筑面积或单位工程个数}\times100\%$$

4.工程成本

工程成本是衡量建筑企业生产经营活动的一个重要的综合性指标,其计算方法如下:

$$工程成本计划降低额=工程预算成本-工程计划成本$$

$$工程成本计划降低率=\frac{工程成本计划降低额}{工程预算成本}\times100\%$$

5.建筑安装工作量

建筑安装工作量是以货币表现的建筑安装产品总量,它是反映建筑企业施工活动成果的一项综合性指标,并作为计算劳动生产率、核算工程成本降低率等指标的依据。

6.全员劳动生产率

通常以自行完成的建筑安装工作量和企业全年平均人数两项指标来计算全员劳动生产率:

$$全员劳动生产率(元/人)=\frac{自行完成的建筑安装工作量}{企业全年平均人数}$$

7.安全生产

为考查建筑企业的安全生产工作,需要计算负伤事故频率,或称千人负伤率,一般按月计算。

$$负伤事故频率=\frac{一定时间内发生的负伤事故人次}{一定时期内平均在册职工人数}\times100\%$$

8.施工工期

主要考虑施工工期的安排是否符合国家规定的工期要求。

第四节　计划的编制

编制计划必须提高计划工作的科学性和预见性,正确地确定企业的发展方向、规模和速度,将远期与近期目标紧密衔接,使企业各部门、各环节保证正常的比例关系,均衡而有节奏地发展。

一、计划的编制原则

1. 统一性和灵活性相结合

在编制计划时,企业经营计划必须同国家指导性计划统一,做到"两个保证":一是保证"承包制"合同所规定的基本指标;二是保证优先安排国家重点建设项目,确保工程进度和质量,节省投资,尽早交工投产。

2. 预见性与现实性相结合

企业经营计划的核心问题是预见未来和保障未来的发展。所谓预见性,就是要在编制计划时准确地预计未来目标,正确地决策长期计划,按照"远粗近细"和滚动原理,使长、短期有机结合,保持计划的连续性和阶段性,以保证未来目标的实现。

3. 分解性与相关性相结合

企业经营计划可以分解为许多相对独立而又互相影响的子系统。

4. 科学性与群众性相结合

现代生产是以科学技术为第一生产力的生产,现代计划管理是群众性的计划管理。

二、计划的编制依据

由于各类建筑安装工程计划的作用不同,计划编制依据也各有不同,如表 12-2 所示。

表 12-2　各类施工计划的编制依据

年计划	季计划	月计划	日计划
1. 固定资产投资年度计划和上级下达的年度计划	1. 企业年计划	1. 季计划	1. 月计划
2. 工程协议和承包合同	2. 工程项目的施工图和施工图预算	2. 工程施工设计	2. 材料、机械、半成品、劳动力落实、进场情况
3. 企业的长期计划	3. 施工组织设计	3. 已会审的设计图纸	
4. 主要材料、设备供应合同	4. 施工准备、施工条件基本落实	4. 材料、机械、半成品、劳动力落实情况	3. 上旬完成计划情况
5. 工程初步设计及概算	5. 上季度计划完成情况	5. 上月计划完成情况	4. 定额资料
6. 预测资料和决策方案	6. 预测资料与决策意见	6. 定额资料	
7. 上年完成计划情况	7. 定额资料		
8. 定额资料			

三、计划的编制程序

1. 中长期计划的编制程序

企业计划工作的主要目的是为不同管理层提供管理和指导。计划是以各项经营决策为依据编制的,体现了企业的经营战略,直接关系到企业的发展。中长期计划的计划期长、可变因素多,计划内容也可粗略一些。由于其关系重大、影响深远,因而要认真做好计划编制前的准备工作。中长期计划的编制工作一般分为四个步骤,如图12-4所示。

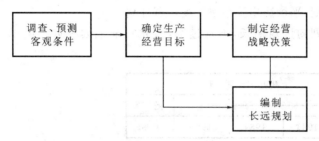

图 12-4　中长期计划编制步骤

2. 年(季)度经营计划的编制程序

年(季)度经营计划的编制一般分三个阶段进行,如图12-5所示。

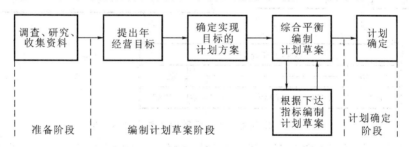

图 12-5　年度经营计划编制步骤

第一阶段为准备阶段。编制的计划是否切合实际,很大程度上取决于掌握的信息资料是否完整、具体、及时。在准备阶段中,企业对决策之后的客观条件应做进一步的调查、研究,掌握与编制计划有关的企业内部和外部的各种资料,收集各方面的情报数据。外部资料主要包括国家政策、法令、基本建设计划、市场情况、工程合同落实情况、行业内的现状与发展情况、资源供应情况和动态等。

第二阶段为编制计划草案阶段。首要的是提出企业全年的经营目标。这项工作应由经理组织有关科室,根据经理任期目标(或上级下达的计划指标)和上年完成情况,对企业内部、外部条件及各种因素进行综合研究分析,经过讨论后确定。同时,把确定实现目标的计划方案建立在多种方案进行技术经济分析择优的基础上。

第三阶段为计划确定阶段。经过综合平衡编制计划草案后,最终实现计划确定。

3. 月作业计划的编制程序

月作业计划由施工队编制,工程处汇总,报公司备案,并由公司每月召开平衡会一次,向各单位交代平衡结果及协作配合要求。编制程序一般为"两下一上"、"一下一上"。

四、计划的编制方法

计划的编制一般采用滚动计划法与平衡法。滚动计划法一般用于中长期和年(季)度经营计划,平衡法用于编制年度经营计划。

中长期计划的计划期长,不宜过细,因此宜采用远粗近细的滚动法编制,如图12-6 所示。

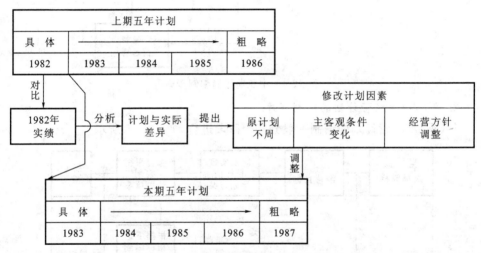

图 12-6 采用滚动方式编制和调整计划示意图

滚动法不仅可用于中长期计划的编制与调整,同样也可用于年度按季划分、季度按月划分和月度按旬划分的月、旬作业计划的编制和调整,如图12-7 所示。

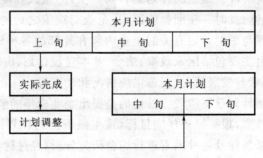

图 12-7 滚动式作业计划

第五节 计划的实施与控制

一、计划的贯彻执行

管理过程中的计划、组织、指挥与控制四个环节是相辅相成、互相影响、互相渗透的有机结合。

1. 做好贯彻计划的宣传教育工作

做好宣传教育工作是执行计划的首要工作环节。企业党政工团都必须围绕计划,协助经理广泛地做好宣传教育工作,为全面落实计划打好思想基础。

2. 按照企业计划体系的特征全面贯彻执行

在贯彻执行企业计划体系中做到统筹安排,在统一的企业目标下,企业经营、生产技术、工程质量管理等职能部门应各尽其责。经营部门贯彻计划时应及时掌握市场动向,不失时机地落实工程合同,并在工程合同成交时,使企业的经济效益得到保障,为建筑安装活动创造较好的施工条件。

3. 层层落实计划任务和经济责任制

计划的贯彻应按照企业组织结构的纵横关系和职能部门、生产单位的职责范围,把计划任务落实到执行者。

4. 狠抓基层生产单位和施工现场对计划的贯彻执行

企业基层生产单位(如预制厂、加工厂等)和施工现场是计划管理的关键点,也是投入产出、保障经济效益和产品质量的焦点。企业贯彻月度计划,可采用"施工队或加工厂承包合同"、"班组承包合同"或"施工任务书"等形式。

二、计划实施中的控制

1. 计划与控制的关系

在计划实施的过程中,必定会出现技术经济指标的偏差和管理工作上的失误。只有对计划实施活动进行指标跟踪,才有可能消除或减小偏差,调整生产经营管理的不良状况。所谓控制活动,就是按照企业计划标准衡量计划实际完成情况,纠正计划执行中的偏差,以确保计划目标的实现。或者说,控制就是使企业生产经营活动符合预期的计划。

2. 控制的类型

控制一般可分三种类型:反馈控制、过程控制和预先控制(图 12-8)。反馈控制也称成果控制,是针对生产经营活动的结果进行控制;过程控制是针对企业生产经营活动本身进行控制;预先控制是针对企业生产经营活动的前提条件进行控制。

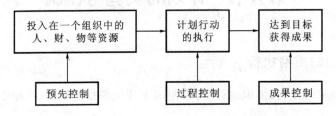

图 12-8　控制类型图

从控制效果来分析,预先控制最佳,它是将问题消灭在设计和施工计划之中,如图 12-9 所示;过程控制次之;反馈控制是问题出现之后的控制,或多或少给企业带来肯定的损失。此三种方法的共同问题是缺乏对人的自我控制或称人的主动控制。在现代管理中,强调人的自我控制,它是在一定条件下的更有效的控制方法。自我控制的方法是上述三类控制方法的综合应用,如图 12-10 所示。

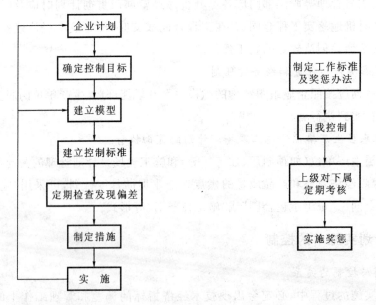

图 12-9　预先控制的程序　　　　　图 12-10　自我控制的程序

三、控制的过程

控制过程一般包括三个步骤:确定控制标准,根据这些标准衡量执行情况,纠正实际执行情况中偏离标准与计划的误差(图 12-11)。

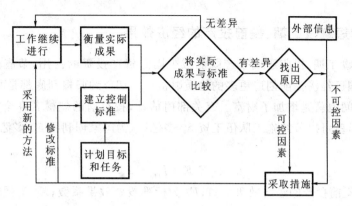

图 12-11 控制过程图

第六节 建设工期的经济效益分析

投资周期指建设资金从投入到全部回收所经历的时间,即真正的投资循环过程。也就是固定资产投资从开始投入之日起,经过建成投入生产,到生产所得累计的盈利总额即利润(包括支出的利息)、税金和折旧费达到全部偿还该项目所耗用的投资总额时止,所经历的全部时间。建设周期就是指从投资开始动用到形成新的固定资产交付使用所经过的时间,是指全国或一个地区、一个部门所有施工项目全部建成平均需要的时间。它不仅包括计算期内建成投产的项目,也包括未建成投产的在建工程的因素在内,是反映建设速度和衡量经济效益的重要指标之一。投资回收期是项目竣工投产获得效益到收回全部投资的时间。

一般说来,在确保工程质量和配套的基础上缩短建设周期,就可以为尽快发挥投资效益、缩短投资回收期创造条件。它们的关系是:

$$投资周期＝建设周期＋投资回收期$$

建设周期可以用三种形式表示:

$$建设周期＝\frac{年在建项目数}{年建成投产项目总数}$$

$$建设周期＝\frac{在建生产能力}{年建成生产能力(新增生产能力)}$$

$$建设周期＝\frac{在建项目计划总投资额}{年度投资额}$$

建设工期是建设项目或单项工程在建设过程中所耗用的时间,即从开始施工时起到全部建成投产时止所经历的时间,是从建设速度的角度来考察投资效果的指标。

一、缩短建设工期、提前投产的经济效果

缩短建设工期、提前建成投产既能减少固定资产投资的占用,节省建设投资资金,又能为国民经济提前创造更多的物质财富。一切节约归根到底都是时间的节约。节约劳动时间也就是增加了财富。有关部门估计,按目前的规模若在全国范围内缩短工期一年,就可以节约施工队伍工资 50 多亿元,为国家创利税 50 多亿元。计算公式如下:

$$E_b = E_n K_a (T_{pe} - T_{pr})$$

式中,E_b 为提前投产的经济效果数值;E_n 为标准投资效果系数;K_a 为提前投产项目的基建投资;T_{pe} 为项目建设的计划时间;T_{pr} 为项目建设的实际时间。

二、拖延建设工期,造成经济上的损失

建设工期拖长,每年基本建设投资就要增加,计算公式如下:

$$F_c = P_{ra} \frac{[(1+i)^{T_{ea}} - 1]}{i} + [K_{pr}(1+i)^{T_{ea}} - K_{pr}]$$

式中,F_c 为拖延完工的资金损失额;T_{ea} 为拖延完工的时间;P_{ra} 为达到设计能力的年利润额;K_{pr} 为实际的基建投资额;i 为贷款年利率。

三、建成后不能按期达到设计能力,造成资金的损失

设计能力是建设项目设计时规定在正常情况下所能达到的生产能力,是根据国家建设的要求和技术条件确定的,如日产 100 万 t 水的水厂。

设计能力与实际能力不同,设计能力是拟建工程在设计时规定的,实际能力则是工程竣工投产后实际达到的生产能力。由于职工对新建工程的运用需要有一个熟练的过程,或者设计时对未来的情况估计与后来的实际情况有出入,因而设计能力和实际能力往往不一致。设计能力与实际能力不同所造成的资金损失数额可按下式计算:

$$F_e = \frac{(P_{ra} - P_{rc})[(1+i)^{T_{prs}} - 1]}{i} + [K_{pr}(1+i)^m - K_{pr}]$$

式中,F_e 为不能按时达到设计生产能力的金额损失;P_{rc} 为达到设计生产能力前平均年利润额;T_{prs} 为从投产到达到设计能力的时间,年;m 为与达到设计生产能力后的利润相当的时间,$m = \frac{(P_{ra} - P_{rc})^{T_{prs}}}{P_{ra}}$。

【要点回顾】

1. 建筑企业计划管理的必要性、任务和特点。
2. 建筑企业计划编制中的方法、原则、依据和程序。

3. 建筑企业计划管理中的体系以及计划的实施与控制。

【练习题】

一、单选题

1. 计划管理不具备的特点是(　　)。

A. 经营性　　　　　　　B. 被动性　　　　　　　C. 多变性

D. 协作性　　　　　　　E. 单一性

2. 计划期一般在 3 年以上,5 年或 10 年的经营计划属于(　　)。

A. 长期经营计划　　　　B. 中期经营计划　　　　C. 短期经营计划

二、多选题

1. 计划管理的特点有(　　)。

A. 经营性　　　　　　　B. 被动性　　　　　　　C. 多变性

D. 协作性　　　　　　　E. 长期性

2. 编制计划的原则有(　　)。

A. 统一性和灵活性相结合

B. 预见性和现实性相结合

C. 分解性和相关性相结合

D. 科学性和群众性相结合

E. 长期性和短期性相结合

三、判断题

1. 实行计划管理才能最大限度地提高经济效益。

2. 中长期经营计划一般为 3 年或 4 年计划。

3. 管理过程中的计划、组织、指挥与控制等环节是互相独立的。

四、简答题

1. 简述建筑企业计划管理的必要性及其特点。

2. 简述施工组织计划子系统的作用。

3. 控制的类型及其不同的特点是什么? 哪种控制方式最优?

第十三章 建筑企业的项目管理

【预期目标】

通过本章学习,你可以获得以下知识和能力:

1. 初步了解建筑企业项目管理的概论,以及项目管理的一些组织机构;

2. 认识组织机构中组成成员的类型和职责;

3. 掌握项目管理的运行机制与项目现场施工管理的一些重要内容。

【学习提示】

本章的重点知识有:

1. 建筑企业项目管理组成机构的各项要求和细节;

2. 项目管理的运行机制与项目现场施工管理的步骤。

学习本章的方法及注意事项:

1. 要先了解什么是建筑企业的项目管理;

2. 认识到项目管理的重要性,以及做好项目管理的方式方法;

3. 学习之前先要做好相关知识的储备。

第一节 项目管理概论

一、建筑企业项目管理的概念

项目管理有广义的和狭义的项目管理之分。

这里讲的是狭义的项目管理,是以具体的建设项目或施工项目为对象,对其建设目标、内容要求、不断优化的全过程的一次性综合管理和控制。

项目管理是一次性的管理与控制,"一次性"是项目管理的最基本的特点,即一次性目标任务、一次性项目组织、一次性项目规划、一次性综合管理和控制。

二、工程项目管理的类型

工程项目管理系指建设项目管理。大中型建设项目的工程项目管理体系如图

13-1 所示。

类型的划分以建设项目管理为前提，使各种类型的项目管理主体为完成一个建设项目而结合。

（1）业主自营式的建设项目管理。一般属于小型项目，而且业主有能力进行全过程的控制。

（2）咨询公司、监理公司或建设总承包公司受业主委托的建设项目管理。承担从项目立项（或勘测设计）开始，包括勘测、设计、招标、签约、设备采购、施工、调试、竣工交付投产等全过程，以建设投资、工期、质量为优化综合目标的项目管理，如图 13-2 所示。此种形式的项目管理咨询公司、监理公司、建设总承包公司是业主的代理人。

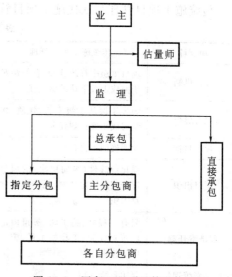

图 13-1　国贸工程项目管理体系

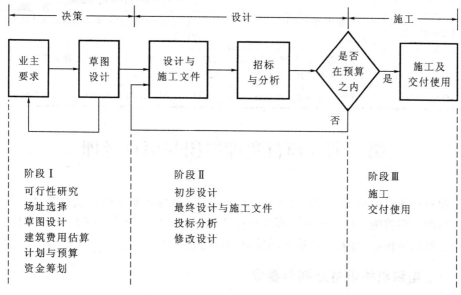

图 13-2　项目总承包的项目管理内容

（3）施工或设计总（主）承包的项目管理。其范围可以是从施工图设计开始直到项目交工验收的项目管理，也可以是以施工为主体包括部分施工图设计的总承包方式的项目管理。

（4）阶段或专业性分包项目管理，即承担项目实施过程中某一阶段或某项专业的承包管理。如设计单位承担设计阶段或施工单位承担施工阶段的项目管理。

传统施工项目管理与现代施工项目管理的基本特点如表 13-1 所示。

表 13-1

项　目	传统施工项目管理	现代施工项目管理
经营机制	项目来源于行政分配,企业满足于完成上级下达的施工任务	项目来源于市场竞争,以提高项目为中心的综合效益为宗旨,寻求市场经营良性循环
经营思想	满足于服从上级安排,保质、保量完成年度计划任务	把中长期规划及年、季、月、旬计划与项目计划和目标等结合起来,体现为业主服务的经营战略思想
项目目标	无明确的项目目标	有明确的项目目标,并由合同形式规定下来
项目组织	强化行政性(纵向层次)的项目混合型的固定建制,无专门的项目组织	强化企业纵向与横向结合的项目管理组织,能够形成项目组织保证体系,强化两层分离、两层管理、两层核算
经济责任制	只有工程处、施工队、班组内部经济责任制,工程处主任、施工队工作责任制	施工企业建立了以项目经理、项目组织承包制、内部经济责任制为基础的企业承包制和经济责任制体系,实行项目经理负责制和项目组织成员的分工负责制
生产要素管理状态	封闭系统,静态管理	优化组合,动态管理
管理过程	组织施工阶段的施工与生产任务的完成	实行项目经理负责的投标、准备、施工(生产)到交工后服务全过程的动态管理与控制
财务管理系统	以产品最终消耗为基础的财务管理体系	以项目阶段成本控制、核算为基础的经济核算与财务管理体系
管理手段	以行政手段为主,思想工作与经济手段为辅的管理手段和方法	以经济为主,与思想的、行政的、法律的手段相结合的综合管理手段和方法
信息系统	以企业生产计划统计为基础	以项目阶段性控制台账反映的投入、产出为基础

第二节　项目管理组织与项目经理

项目管理组织是为实现优化项目目标服务的,是与企业组织系统有机结合的一次性组织。完善施工项目现场管理组织保证体系是项目管理成功的关键。项目经理是项目组织的核心,有着极其重要的地位和作用。

一、组织机构设置原则与要求

(1)"精兵强将"上一线,从严控制二、三线人员,使项目组织成员一专多能、一人多职。

(2)各专业业务管理系统化与整体化。项目管理既有对外的各种业务联系,又有对内的业务工作关系。大中型项目包括许多子项目,各专业业务子系统的管理工作是有机的网络系统,既有层次间的专业管理业务,又有各子系统间职能管理相关的

"结合部"。

（3）对于大中型项目,还需按照项目目标(如进度、质量、安全、成本、工程合同等目标职能)及控制要求设置项目目标管理职能部门或专职岗位人员,完善目标信息系统和自我约束机制。

（4）项目组织应富有弹性,利于按照单件性、阶段任务变化的内在规律及时调整组织机构、管理人员和施工队伍。

二、项目管理组织形式

可根据工程管理的需要分别采用直线制、职能制、直线职能制和矩阵制等组织形式。

三、项目经理素质及责任

项目经理是项目管理组织中的最高责任者、组织者、决策者、指挥者和协调者,在项目管理中起决定性作用。项目经理具有较高的素质,就能有效地实行项目经理负责制。充分保障项目经理的地位、发挥项目经理的作用是项目建设获得综合效益的基本保证。

1. 项目经理素质的基本要求

（1）具有本专业技术知识。

（2）有工作干劲,主动承担责任,有迎难而上的精神。

（3）具有管理能力,主要是管理人的能力。

（4）具有成熟而客观的判断能力。

（5）诚实可靠与言行一致。

（6）机警、精力充沛、吃苦耐劳,随时都准备着处理可能发生的事情。

2. 项目经理的主要职责

（1）做好参加项目管理工作人员的思想政治工作。

（2）制定项目规划,对工程项目全面负责,进行全过程综合管理。

（3）确保和公司经理签订的项目目标合同的实现,维护和提高企业信誉。

（4）负责组建项目管理机构,按优化原则配备人员。

（5）组织有关协调会议,处理好项目内外关系。

（6）合理配置项目的各生产要素,严格按照规定组织项目生产经营活动。

3. 项目经理的主要权力

（1）对工程项目的施工有决策指挥权,有权以法人代表委托人的身份与建设单位、分包单位洽谈业务,签署有关业务性洽商文件。

（2）对进入施工现场的人、财、物、机械有统一调度使用权,并对建设单位、分包单位和公司有关部门违反合同行为造成的经济损失有索赔权。

（3）有权组织项目经理班子，择优聘用业务管理人员。

（4）有权组织项目栋号及分部分项工程承包，建立项目内各种责任制以及对项目管理班子成员的分配奖罚制度。

（5）有权拒绝接受违反项目承包合同的一切不合理摊派和要求，协商处理项目内外部各种关系。

4. 项目经理的利益

项目经理的经济利益应与其责任相对应，做到有赏有罚，实行项目经理承包制不能只包盈不包亏。

四、项目管理组织岗位的主要职责

1. 项目总工程师

项目总工程师是项目施工的技术总负责人，在项目经理的领导下，对现场施工技术和质量控制全面负责。主要职责如下：组织项目总体施工规划、大型单位工程施工规划和技术复杂的施工作业规划及重大技术措施的编制，并督促施工规划的贯彻执行；组织施工图纸的审核，贯彻设计意图，负责推广新技术、新材料、新工艺；检查和督促施工进度计划、现场平面布置设计的严格执行。

项目总工程师一般应由土木结构高级工程师或施工企业主任工程师担任，并由一位机械工程师和一位电气工程师作为助手，还可选配有经验的工程师、助理工程师、技术员担任项目技术负责人、现场施工监理工程师和专业技术管理人员。

2. 工区项目经理

工区项目经理是管理一项大型工程的某一工区（或单项工程、工段、专业）施工的负责人，负责所辖范围内合同的履行，各承包人及分包人施工作业的进度安排、检查、质量监督和控制，组织编制工程范围内的施工方案，贯彻技术、质量、安全措施以及各专业工种作业进度的安排。

3. 计划统计工程师

计划统计工程师负责编制工程的进度计划并监督其执行情况，在大型工程中常设为一个部门，内设若干计划员、统计员、预算员等。其职责是制定计划准则，编制工程总进度计划，制定综合紧急线路网络图，协调围绕进度的各类资源保障计划的落实。

4. 成本会计

成本会计负责工程项目的成本控制，可下设成本员、会计员、出纳员等。项目管理中必须建立以责任成本为核心的工程成本核算体制，编制成本计划和工程成本核算控制，制定降低成本的措施。成本会计必须应用量本利分析法，每月、每季都要进行成本预算和分析，对照合同审查分包商提出的进度付款报告。

5. 质量工程师

质量工程师负责对原材料、构件和机械、电气、管道、钢结构、混凝土工程等分部分项施工质量进行检查、监督与控制。

6. 安全工程师

安全工程师负责编制和贯彻安全计划，指导各施工承包人采取有效的办法，努力避免或将他们所管理的工人中发生的与作业有关的事故减少到最低限度。

7. 行政经理

行政经理负责现场的会计、采购、机关事务以及行政管理等方面的工作，监督现场的工资名册、劳资关系、工人宿舍、临时医疗设施以及安全保卫等方面的工作，安排现场办公室，采购办公设备，供应办公用品，审查收发的所有文件，为工程管理提供有效的通信联系和文印服务。行政经理还应当负责项目的对外联系，促进社会对工程的了解和评定，以减少各种干扰。

第三节　项目管理运行机制

一、施工项目运行的基本条件

施工项目运行是否有效取决于主观与客观两方面的条件，分述如下：

1. 社会环境条件

社会环境条件包括国家宏观经济管理环境与行业政策、商品市场与建筑市场环境、竞争条件和建设单位的状况等。项目运行要求有与其相适宜的社会环境、公平合理的竞争市场以及工程承包合同的顺利履行。

2. 企业内部条件

企业内部条件包括企业经营战略、组织结构、经营机制和企业整体运行机制等。应使企业的人、财、物、信息和产、供、销（经营）等方面成为项目运行的基本保证。

3. 项目内部条件

项目内部条件是决定因素，其基本的条件是：

（1）配备强有力的项目班子，实行项目经理负责制，生产要素得到优化配置。

（2）形成以工程承包合同、项目内部承包合同为主体的内、外经济合同管理体制。

（3）有一套科学的工程项目规划、施工方案和严密的技术、质量、安全及思想政治工作保障体系。

（4）充分做好项目开工前的施工准备工作，为现场文明施工奠定良好的基础。

（5）具有完善的计划动态管理与控制体系，以现场项目台账为基础，建立以成本核算为中心的信息反馈系统。

二、施工项目运行模式及过程

施工项目的运行模式如图 13-3 所示。从图 13-4 中可以看出,施工项目是企业基本单元,同时又是施工企业联结市场的纽带。项目目标的实现是实现企业目标和企业经理对国家承包合同规定目标的基本保证。施工项目运行模式是以施工项目为基点的承包经营责任制、经理负责制和包括项目经理负责制在内的内部经济责任制为主干,以全面质量管理为基础的经营目标综合管理。

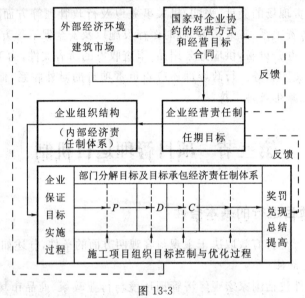

图 13-3

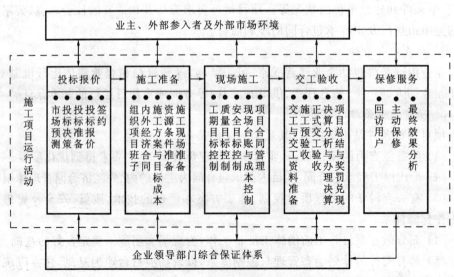

图 13-4

第四节　项目现场施工管理控制

施工管理是建筑产品(项目)从施工准备开始到竣工验收、回访保修全过程的组织的管理。

一、施工管理的主要内容

施工管理的基本任务是为建筑安装活动创造良好的施工条件,并对工程项目进行目标的组织和控制。其主要内容有:

(1)落实施工任务,签订对外承包合同和内部承包经济责任合同。

(2)进行施工前的技术现场施工条件等准备工作,保障工程顺利开工。

(3)进行施工过程中的经常性准备工作。

(4)搞好施工阶段的各项工程目标的组织和控制,及时跟踪各项施工指标和信息传递与处理工作,实现最终施工目标的最优化。

(5)按照施工计划、施工组织设计的要求,利用施工任务书或作业项目承包合同的形式,搞好基层的施工管理。

(6)组织工程交工验收的准备工作,妥善完成交工验收和回访保修工作。

二、施工管理要点

(1)施工管理应以经济效益为中心,贯彻节约原则,以"双增双节"推动施工管理。在建筑工程成本费用中,材料费用所占比重很高,节约工程材料费用和其他资源费用无论现在或将来,都是挖掘企业内部潜力和降低工程成本、提高经济效益的重要手段。

(2)会审图纸和编制施工组织设计是影响施工全局的施工准备工作,也是关键性的施工管理工作。在施工过程中认真贯彻施工组织设计,又是搞好施工管理和保证施工工程综合效益的决定性因素。

(3)施工管理工作的重点是现场。现场施工管理涉及公司各职能部门,是全公司综合管理的集中反映,也关系到工程进度、质量、安全、成本与资金运转综合效果。因此,公司所属经营、生产、计划、技术、质量、安全、劳动工资、物资设备供应和财务等职能部门必须坚持"现场第一,强化服务"的原则。

(4)加强现场施工目标的中间控制,搞好施工项目台账统计与经济活动分析,是搞好现场施工管理的有效途径。

(5)在施工管理的全过程中应加强基层管理,推行经济责任制,把专业职能管理、基层管理和群众性自我管理、自我控制紧密结合,使施工目标管理变成群众的自觉行动,从根本上保障施工管理目标。

需要强调的是,施工准备工作也是施工管理工作的重要内容,也是多快好省地完成施工任务的前提。工程开工之前必须合理安排施工准备期,公司上下必须坚持施工程序,认真落实施工前的各项施工准备,杜绝盲目施工,在没有做好施工准备之前不得开工。施工准备工作的主要内容和程序如图 13-5 所示,其中"七通一平"指上水、下水、电力、暖气、电信、燃气和道路通以及场地平整。

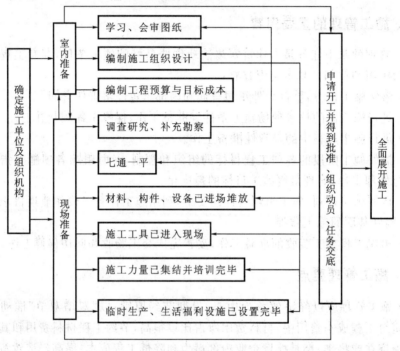

图 13-5

施工准备工作事关重大,工作头绪甚多,首先应事前编制好施工准备工作计划,如表 13-2 所示。要落实施工准备工作的执行者,建立严格的施工准备工作责任制,公司总工程师、工区主任工程师、项目技术负责人和单位工程技术人员就是各阶段施工准备和贯彻施工组织设计的负责人,全面负责准备工作的落实。

表 13-2　施工准备工作计划表

序　号	项　目	施工准备工作内容	要　求	涉及单位	负责单位	要求完成日期	备　注

三、项目进度管理与控制

1. 项目进度管理的特性与要求

工程进度(或工期)是用时间度量的综合性技术经济指标,带有时间的特性,即不可逆性、空间上的广延性和工期有限性等,进度管理人员必须有高度的时间价值观。工程进度是在一定现场和产品空间条件下,运用科学技术方法使生产要素优化组合,并有效利用时间资源的结果。进度管理和控制是项目运行全过程、全方位和全员性的动态综合管理。

2. 项目进度计划管理体系

工程项目进度计划是企业计划系统管理的组成部分,而在项目施工管理中又是现场工程计划管理体系的主干,一般可分为三级管理系统,如表 13-3 所示。

表 13-3

计划类别	对应的经营生产计划	项目进度计划	执行负责人
一级进度计划(或战略性计划)	企业中长期发展计划	项目施工总进度计划	项目总(或主任)工程师
二级进度计划(或战役性计划)	企业年(季)度计划	单位工程(或单项工程)施工进度计划	项目工程师
三级进度计划(或战斗性计划)	企业月、旬、周作业计划	分部(分项)、班组作业计划	项目技术员

(1)一级进度计划是以建设项目或总包工程为对象编制的战略性进度控制计划——项目施工总进度计划。它的施工过程是按单项工程、单位工程和影响全局的分部(分项)工程,或建设前期准备、地下与地上、土建与设备安装工程,或分期建设项目、区域性建设项目的工程施工顺序和相互衔接的开工与竣工的时序关系划分的大施工过程。

(2)二级进度计划即单位工程(或单项工程)进度计划,是一级计划的实施保障计划。它是以分部(分项)或主要工种分项为对象划分施工过程、组织专业性流水作业的时间计划,是单项工程、单位工程项目班子和项目职能部门开展日常管理工作及对外协调、对内调度、平衡全面工作的主要依据。

(3)三级进度计划是以分部(分项)工程、主要工种工程以及劳务队(班、组)作业任务为对象编制的作业进度计划。计划人员应亲临现场深入调查研究,精心策划技术实施方案、进度计划和所需生产资源,切实保证计划的科学性、可行性。

以上三级进度计划必须分层落实,形成高效运转的进度管理与控制系统。

3. 项目进度控制程序和方法

项目进度运行的控制程序应按照 PDCA 循环的四个阶段进行,其控制方法可采用主动控制、过程控制、反馈控制和自我控制等方法,如图 13-6 所示。

(1)计划阶段的控制。即采用主动控制的方法,做好事先对计划任务的认真分析,对可能出现的偏差和事故进行充分的预计,经过周密计划使组织措施、技术方案、过渡计划和资源保障计划得到尽可能优化。进度计划优化方法可采用工期优化、资源优化和成本优化的方法。

(2)实施阶段的控制。实施阶段的控制又称过程控制,实施中必须事先将各类

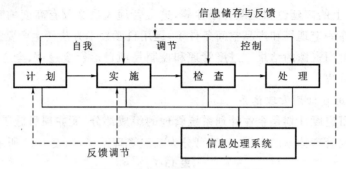

图 13-6　项目进度运行的控制程序

计划进一步核实与调整,合理组织工程进度的实施,应进行现场跟踪监理,做好工作进度记录,严格把握工序质量关,杜绝返工事故发生。

(3) 检查与处理阶段的控制。检查是控制的重要手段和方法。三级进度计划管理人员应及时进行定期、不定期的日常进度检查,掌握实际与计划进度的进展情况,通过对进度偏差的分析,提出改进措施,进行反馈调节,按实际进度调整原进度计划。

四、项目安全管理与文明施工

施工现场情况复杂,不安全因素甚多,必须加强安全管理与文明施工管理。文明施工不仅有利于安全施工,并且还对提高劳动生产率、节约工程成本有着重要的意义。坚持文明施工主要是创造良好的施工环境,合理安排施工程序和工程施工的综合进度,按施工平面设计布置施工机械、临时设施、材料、构件、半成品和水电管网等,减少施工垃圾,排除污染,尽可能美化环境,合理布置宣传牌,设置安全防护设施和安全标志牌等。现场平面管理应有专人负责。

【要点回顾】

1. 项目管理的重要性。

2. 项目管理的方式方法。

3. 项目管理的现场实践应用。

【练习题】

一、单选题

1. (　　)进度计划是以分部(分项)工程、主要工种工程及劳务队作业任务为对象编制的作业进度计划。

A. 一级　　　　　　　　B. 二级　　　　　　　　C. 三级

二、多选题

1. 根据工程管理的需要,项目管理的组织形式有(　　)。

A. 直线制　　　　　　　B. 职能制　　　　　　　C. 直线职能制

D. 矩阵制　　　　　　　E. 事业部制

2. 施工项目运行是否有效取决于多方面的条件,包括(　　)。

A. 社会环境条件　　　B. 项目外部条件　　　C. 企业内部条件

D. 企业外部条件　　　E. 项目内部条件

三、判断题

1. "一次性"是项目管理最基本的特点。

2. 项目经理不是项目管理组织中的最高责任者。

四、简答题

1. 请用图示的方法说明工程项目管理类型有哪些。

第十四章　建筑企业的技术管理

【预期目标】

通过本章学习,你可以获得以下知识和能力:

1. 理解建筑企业技术管理的任务和内容;

2. 认识建筑技术管理的一些标准、技术规程和管理制度;

3. 明确施工方案中技术经济评价的内容、特点和指标等。

【学习提示】

本章的重点知识有:

1. 施工方案中技术经济评价的内容、特点和指标;

2. 建筑企业技术管理的任务和内容。

学习本章的方法及注意事项:

1. 抓住建筑企业技术管理的重点;

2. 熟悉技术管理的各种要求;

3. 重视在实践中的应用。

第一节　建筑企业技术管理的任务和内容

技术管理是建筑企业经营管理的重要组成部分,是建筑企业在生产经营活动中对各项技术活动与其技术要素的科学管理。

建筑企业的生产活动是在一定技术要求、技术标准和技术方法的组织和控制下进行的,技术是实现工期、质量、成本、安全等综合效益的保证。现代技术装备和技术方法的生产力依赖于现代科学管理去挖掘,两者相辅相成。在一定技术条件下,管理是决定性因素。

一、技术管理的任务

(1) 正确贯彻国家的技术政策和上级对技术工作的指示与决定。

(2) 按照"现场第一,强化服务"的原则,建立和健全组织机构,形成技术保障体系,按照技术规律科学地组织各项技术工作,充分发挥技术的作用。

(3)建立技术责任制,严格遵守各项技术程序,组织现场文明施工,确保工程质量、安全施工、降低消耗,提高建设投资和生产施工设备投资效益。

(4)促进企业的科学研究、技术开发、技术教育、技术改造、技术更新和技术进步,不断提高技术水平。

(5)努力提高技术工作的技术经济效果,做到技术与经济的统一。

(6)提高技术成果的商品化程度。

二、技术管理的内容

(1)技术基础工作的管理,包括实行技术责任制、执行技术标准与技术规程、建立和健全技术管理规定、开展科学试验、交流科技情报、进行技术管理等。

(2)施工中的技术管理,包括施工工艺管理、技术试验、技术核定、技术检查等。

(3)技术开发与更新的管理,包括技术教育、技术革新、挖潜与改造、技术检查等。

(4)技术经济分析与评价。

第二节   技术管理组织体系和技术责任制

一、建筑企业技术管理组织体系

建筑企业技术管理组织体系建立的原则是统一领导、分级管理。我国建筑企业大多实行三级管理,故而形成了以公司总工程师为首的三级技术管理组织体系,如图 14-1 所示。

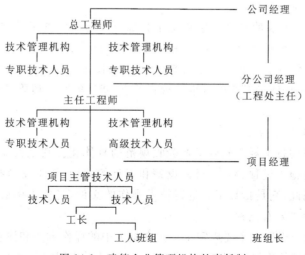

图 14-1   建筑企业管理机构的责任制

二、技术责任制

建立技术责任制就是在建筑企业的技术管理系统中，按照"责、权、利"结合的原则对各级技术机构和技术人员进行有效的分工，规定明确的职责范围，使他们有职有权，并与内部经济责任制结合，推动整个企业的技术工作有效地进行。技术责任制是企业技术管理的基础，对认真贯彻国家的技术政策、调动各级技术人员搞好技术管理、促进建筑安装和生产技术进步起着极为重要的作用。

第三节 技术标准、技术规程和技术管理制度

一、技术标准和技术规程

技术标准和技术规程是建筑企业技术管理、质量管理和安全管理的依据和基础，是技术管理标准化的重要内容。正确制定和贯彻执行技术标准与技术规程是建立正常生产施工技术程序、完成建设任务的重要前提。

技术标准按其运用范围，可分为国家标准、部门标准、地区标准和企业标准。技术规程因各地操作方法和操作习惯不同，在保证达到技术标准要求的前提下，一般由地区和企业自行制定和执行。

技术标准和技术规程在技术管理上具有法律作用，必须严肃认真地执行。违反标准和规程的做法应予以制止和纠正。对造成严重后果者，要进行经济法律制裁和纪律处分。

1. 建筑施工技术标准

（1）建筑施工及验收规范。它规定了分部（分项）工程施工的技术要求、质量标准及检验方法。一般按分部（分项）工程或不同结构类型颁发。

（2）建筑工程质量标准。它是根据施工及验收规范检验的结果，评定分部（分项）工程和单位工程质量等级的标准。现行的有《建筑安装工程质量检验评定统一标准》。

2. 建筑施工技术规程

建筑施工中的技术规程是施工及验收规范的具体化。它是根据规范的要求，对建筑安装工程的施工过程、操作方法、设备和工具的使用、施工安全技术要求等所做的技术规定。因此，它是指导工人进行技术操作的文件，是施工中必须遵守的准则。常用的技术规程主要有三种：

（1）施工操作规程。主要规定了工人在施工中的操作方法和注意事项。

（2）设备维护的检修规程。它是按设备的磨损规律制定的规程，主要目的是加

强对设备的日常维护和检修,使设备技术性能完好,保证设备安全操作,原始记录齐全准确。

（3）安全技术规程。它是为了在施工过程中保证人身安全和设备运行安全所作的规定。

二、技术管理制度

技术管理制度是技术管理基本规律和工作经验的总结。建立健全严格的技术管理制度,可以把企业的技术工作科学地组织起来,保证技术管理任务的完成。

1. 学习与会审图纸制度

其目的是领会设计意图,明确技术要求,发现问题和差错,从而避免造成技术事故和经济上的浪费,多快好省地完成施工任务。图纸会审是施工前的一项十分重要的程序和准备工作,是一项极其严肃、技术性强的工作。

施工单位必须事先组织有关人员熟悉图纸和预审。图纸会审一般由建设单位组织设计单位博览会技术交底,施工单位对图纸提出意见,经三方讨论提出会审纪要,以正式文件列入工程档案。会审的主要内容是:

（1）设计是否符合国家有关技术政策、经济政策和有关规定。

（2）设计是否符合施工技术装备条件和施工工艺要求,如需要采取特殊措施时技术上有无困难,能否保证安全施工。

（3）有无特殊材料（包括新材料）要求,其品种、规格、数量能否满足要求。

（4）建筑、结构与设备安装之间有无重大矛盾。

（5）图纸及说明是否齐全、清楚、明确,图纸尺寸、坐标标高及管线、道路交叉连点是否相符。

2. 技术交底制度

技术交底是向施工管理人员及工人交代施工技术与组织问题的一项工作,必须以制度的形式予以规定。

技术交底应在单位工程和分部（分项）工程施工之前进行,其目的是使接受咨询者了解施工任务的特点,施工工艺、劳动组织、技术组织、安全措施、控制消耗、规范要求、质量标准等内容,以及特殊、复杂工程或新结构、新材料、新工艺的特殊要求。

3. 材料检验制度

凡用于施工的原料、材料、构件及设备等物质必须由供应部门提出证明文件;新材料或设计有特殊要求时,在使用前应进行重新试验抽查,证明合格后才能使用。

4. 工程质量检查及验收制度

隐蔽工程验收是指对那些在施工过程中将被下一道工序掩盖工作成果的工程项目所进行的及时验收。应当进行隐蔽工程验收的项目如表 14-1 所示。

表 14-1　隐蔽工程验收检查项目

序号	项　目	隐蔽工程验收检查内容
1	地槽及基础	地质,土质,插钎,地槽标高,尺寸,坟、井、坑的处理,基础断面尺寸,土壤干容重,桩位及数量,试桩、打桩记录,人工地基试验记录
2	钢筋混凝土工程	钢筋的品种、规格、数量、位置、形状、焊接尺寸、接头位置、除锈情况,预埋件的数量及位置,材料代用情况
3	焊接质量	焊条品种,焊口规格,焊缝长度,外观的检查,清渣和焊接检查
4	防水工程	层面、地下室、水下结构物的防水找平层的质量情况、干燥程度和防水层数,玛碲酯软化点、延伸度、防水处理措施的质量
5	各种暗管	位置,标高,坡度,试压,通水试验,焊接,防锈,防腐,保温及预埋件
6	锅　炉	在保温前检查涨管情况,焊接,接口位置,螺栓固定,打泵试验
7	暗配电气线路	位置,规格,标高,高度,防腐,接头,电缆电压绝缘试验,地线,地板,避雷针的接地电阻

竣工验收是工程完工后和交工前进行的综合性检查验收。上述验收的凭证是最后竣工验收的依据。

5. 工程技术档案制度

工程技术档案是工程的原始技术、经济资料,是技术和工程质量管理工作的成果,是建设单位使用、管理和维修工程所必需的依据。工程技术档案资料应在整个施工过程中建立,如实地反映情况,不得擅自修改、伪造和事后补建。

工程技术档案的主要内容包括两大类:

(1) 有关建筑物合理使用、维护、改建、扩建的参考文件。工程交工时,随同其他交工资料一起交建设单位保存。这部分资料主要有施工执照、竣工工程项目一览表、竣工图、图纸会审记录、设计变更及技术核定文件、隐蔽工程验收单。

(2) 由施工单位保留参考的技术档案。这部分资料主要有施工组织设计及施工经验总结,新结构、新技术、新材料的试验研究资料及其经验总结,重大质量、安全事故情况分析及其补救措施或办法,有关技术管理经验、总结及重要技术决定,施工日记,大型临时设施档案等。这部分资料应根据工程性质确定其保存期限。

6. 技术措施制度

技术措施指企业为克服建筑安装和生产中的薄弱环节,挖掘内部潜力,保证完成施工任务并获得良好的经济效益,在提高技术水平方面采取的各种手段和办法。

1) 技术措施的主要内容

(1) 加快施工进度方面的技术措施。

(2) 保证和提高工程质量的技术措施。

(3) 节约劳动力、原材料、动力、燃料和利用"三废"等方面的技术措施。

(4) 推广新技术、新工艺、新结构、新材料的技术措施。

（5）提高机械化水平、改进机械设备管理以提高完好率和利用率的措施。

（6）改进施工工艺和操作技术以提高劳动生产率的措施。

（7）保证安全施工的措施。

2）技术措施计划的编制

技术措施计划是经营生产计划的极其重要的子系统，编制施工技术措施计划应注意下列问题：

（1）技术措施计划应同生产计划一样，按年、季、月分级编制，并以生产计划要求的进度与指标为依据。

（2）技术措施计划应依据施工组织和施工方案进行编制。

（3）编制技术措施计划时应结合施工实际，公司编制年度技术措施纲要，工区编制年度和季度技术措施计划，施工队编制月度技术措施计划。

（4）施工队编制的技术措施计划是作业性计划，编制时既要贯彻上级编制的技术措施计划，又要充分发动技术员、生产班组长及工人群众提合理建议，使计划有充分的群众基础，集中群众的智慧。

（5）编制技术措施计划应计算其经济效果。

3）技术措施计划的贯彻执行

（1）技术措施计划应与施工计划同时下达，施工队的技术措施计划应下达到栋号主管工长和有关班组。

（2）应对技术措施计划的执行情况进行认真检查，发现问题及时处理，督促执行。如果无法执行，要查找原因，进行分析研究。

（3）每月底施工队长、技术员应汇总当月的技术措施执行情况，按报表的要求填写，报到工区技术组，逐级上报。施工队应按月进行总结，公布结果。

第四节　技术开发

建筑企业的技术开发工作包括技术革新、技术改造、科学研究、技术培训等内容。技术开发是提高技术水平和扩大再生产的重要途径之一。

一、技术革新

技术革新是对现有技术的改进与更新，它导致技术发展量的变化。技术革命是在技术革新的基础上使技术发展产生质的飞跃。

1. 技术革新的内容

（1）改进施工工艺和操作方法。

（2）改进施工机械设备和工具。

（3）改进原料、材料、燃料的利用方法。

（4）采用新的结构形式，如采用剪力墙结构、框架轻板结构等。

（5）进行管理工具和管理方法的革新等。

2．技术革新的组织方法

开展技术革新必须加强领导，发动群众，调动各方面的积极性和创造性。在组织上与方法上应抓好以下环节：

（1）结合建筑安装和生产解决带方向性的关键问题。技术革新应从当前的迫切需要出发，提出方向性的技术革新课题，制定规划和计划，使远近结合、需要与可能结合。

（2）尊重科学，有计划地组织攻关重大的技术革新项目，每一项成果都要通过鉴定，对其技术的成熟程度和经济合理性作出评价，确定使用范围和条件。

（3）及时做好技术革新成果的巩固、提高和推广工作。取得的成果在经过鉴定后，应立即予以制度化、标准化，加以巩固和提高，推广到生产施工中去。

（4）对技术革新者给予奖励。要计算技术革新对加快工程进度、改进工程质量、提高劳动生产率、节约原材料、降低成本、节约投资、加快资金周转等方面的效果。革新成果被采纳后，要根据企业效益和对国家贡献的大小，对革新者给予精神与物质奖励。

二、技术改造

技术改造是指用现代化的、先进的机器设备和工艺方法对原有技术进行改造，以提高生产能力和技术水平，达到优质、高产、低耗的目的。

（1）技术改造首先要抓管理现代化，只有管理现代化水平提高了，才能在现有的技术装备的基础上发挥更大效益。

（2）技术改造要与技术革新结合起来，改进施工工艺和操作方法，改进机械设备和工具，改变原材料利用方法，改进产品结构，提高劳动效益和劳动生产率。

（3）开展科学研究，使技术改造建立在科学研究的基础上，加快步伐，见诸实效。

（4）正确处理技术改造和技术引进的关系。

三、科学研究与科技情报

开发技术必须加强科学研究和科技情报工作。当前，科技、生产与市场互相渗透、相互促进，建筑企业必须高度重视商品市场和技术市场信息，重视科学研究，使科学研究与企业生产经营紧密结合。

建筑企业开展科学研究要从本企业的生产实际出发，解决生产中提出的技术关键或薄弱环节（如施工工艺的改进、新材料的使用等），与技术革新、技术改造结合，解决技术内在规律和理论问题。

第五节 施工方案的技术经济评价

施工方案的技术经济评价就是为实现最优设计方案,从诸多施工方案中比较、分析和评价各个方案的经济效益,从中选择最优的施工方案。

一、施工方案技术经济评价的特点和内容

1. 施工方案技术经济评价的特点

施工方案评价与设计方案评价相比,具有以下特点:

(1)施工方案要根据施工工期的长短,确定方案的评价是否考虑时间因素。施工方案技术经济评价的时间因素是指计算资金的时间价值。施工工期在一年以内时,计算或不计算资金占用的利息对方案经济性影响较小,此时在经济评价时可不考虑时间因素;施工工期在一年以上时则应考虑时间因素。用外资贷款或以外币结算的工程项目,其施工方案在评价时应考虑资金的时间价值。

(2)施工方案评价时,若工期较短,由于预见性大,可视为确定性问题;若工期较长,难以准确预见,则可考虑一定的不确定性或风险性。

(3)施工阶段建筑企业支出的生产费用即构成工程成本,在工程交工后即得以收回。而设计方案评价时,投资是要在项目投产后分期收回。这就表明,在工程施工阶段对于施工方案评价主要的现金流量是工程成本费用支出。

(4)施工方案评价多属微观决策问题,一般不涉及国民经济宏观评价,因而评价的内容比设计方案评价简单。

2. 施工方案技术经济评价的主要内容

为了缩短工期、降低造价、提高工程质量和投资效益,在工程施工阶段必须认真搞好技术经济评价工作。在工程施工阶段进行技术经济评价主要有两项工作,即施工方案评价和采用新结构、新材料评价,后者不仅在施工阶段、由施工企业进行,而且与设计方案的评价也有关系。施工方案是单位工程或建筑群施工组织设计的核心,是编制施工进度计划、施工平面图的重要依据,施工方案的优劣对工程施工阶段的经济效果有直接的影响。施工方案的内容包括确定合理的施工顺序、确定工程施工组织的方法以及重要分部(分项)的施工方法。因此,施工方案技术经济评价的主要内容有:

(1)施工工艺方案的评价。施工工艺方案是指分部(分项)工程的施工方案,如基础工程、主体结构工程、安装工程、装饰工程、水平及垂直运输等。其内容主要包括施工技术方法和相应的施工机械设备的选择等。

在施工中采用新工艺、新技术实际上仍属于施工工艺方案的问题,故包含在施工

工艺方案的评价中。

（2）施工组织方案的评价。施工组织方案主要是指单位工程或建筑群的施工组织方法，如流水施工、平行流水立体交叉作业等组织方法。

二、施工方案技术经济评价的指标

1. 施工工艺方案的评价指标

1）技术性指标

技术性指标是指用以反映方案的技术特征或适用条件的指标，用各种技术性参数表示。

2）经济性指标

经济性指标主要反映完成工程任务必要的劳动消耗，由一系列价值指标、实物指标及劳动量指标组成，包括：

（1）工程施工成本。

（2）主要专用机械设备需要量，包括配备台数、使用时间、总台班数等。

（3）主要材料资源消耗量。

（4）主要工种工人需要量。

（5）劳动消耗量。

3）效果指标

效果指标反映采用该工艺方案后预期达到的效果，如：

（1）施工工期，可用总工期与工期定额相比的节约工期指标表示。

（2）劳动生产率。

（3）计划成本降低额或降低率，反映采用该工艺方案后较工程预算成本的降低额或降低率，公式如下：

$$计划成本降低额＝工程预算成本－计划成本$$

$$计划成本降低率＝\frac{计划成本降低额}{预算成本}\times100\%$$

（4）主要材料节约额或节约率。

2. 施工组织方案的评价指标

1）技术性指标

（1）反映工程特征的指标，如建筑面积、主要部分工程量等。

（2）反映施工方案特征的指标，如施工方法有关的指标说明等。

2）经济性指标

（1）工程施工成本，包括直接人工费、机械设备使用费、施工设备成本或摊销费、防治施工公害设施及费用、施工现场管理费等。

（2）主要专用机械设备需要量，包括设备台数、使用时间等。

（3）主要材料资源耗用量。

（4）劳动消耗量。

（5）反映施工均衡性的指标。施工是否均衡进行对于工程综合经济效果有着重大影响，而施工的均衡性在很大程度上是由施工组织方案确定的，所以评价施工组织方案应计算以下均衡性指标，公式为：

$$主要工种工程施工的不均衡性系数 = \frac{高峰月工程量}{平均月工程量}$$

$$劳动消耗量的不均衡性系数 = \frac{高峰月劳动耗用量}{平均月劳动耗用量}$$

3）效果指标

（1）工程总工期节约，可用总工期与定额或合同工期相比的节约工期等表示。

（2）工程施工成本节约，可用工程施工成本与相应预算对比的节约额表示。

另外还有一些其他指标，如施工临时占地等。

三、新结构、新材料的技术经济评价

1. 采用新结构、新材料的技术经济效果

为了建立采用新结构、新材料方案的指标体系，需要了解采用新结构、新材料要达到哪些技术经济效果。主要有：

（1）改善建筑功能。

（2）减轻建筑物自重。

（3）缩短施工周期。

（4）节约能源。

（5）有利于利用废渣、废料。

（6）减轻施工劳动强度和改善施工作业条件，提高机械化程度便于集中工厂化生产。

2. 新结构、新材料的评价指标

1）主要指标

（1）工程造价，是反映方案经济性的综合指标，可用预算价格计算。

（2）主要材料耗用量，指钢材、水泥、木材、黏土砖等的耗用量。

（3）施工工期，指从开工到竣工所需用的时间，一般以天数表示。

（4）劳动消耗量，包括现场用工与预制场用工，应分别计算。

（5）一次性投资额，指为了采用某种新结构、新材料而建立相应的材料加工厂、制品厂等的基建投资。

2）辅助指标

（1）建筑自重，指采用某种新结构、新材料后单位建筑面积的建筑物的自重。

（2）能源耗用，指采用新方案后，在生产制造、运输、施工、安装、使用过程中年度的能源消耗量。

（3）工业废料利用，指采用新方案后每平方米建筑面积可耗用的各种废料的量。

（4）房屋服务年限。

（5）经常费，指采用新方案后每年的使用费及维护修理费等。

采用新结构、新材料的经济效益是随时间、地点不同而变化的。因此，在选用新方案时，必须根据当时、当地的条件，因地制宜进行技术经济认证，以便选择经济合理的新结构、新材料方案。

【要点回顾】

1. 施工方案中的技术经济评价的内容、特点和指标。

2. 建筑技术管理的标准、技术规程和管理制度。

【练习题】

一、单选题

1. 施工工艺方案的评价指标中，用以反映方案的技术特性或适用条件的指标是（　　）。

A. 技术性指标　　　　B. 经济性指标　　　　C. 效果指标

D. 工程指标　　　　　E. 工艺指标

2. 劳动消耗量的不均衡系数是（　　）的。

A. ＝1　　　　　　　B. ＜1　　　　　　　C. ＞1

D. ≤1　　　　　　　E. ≥1

二、判断题

1. 建筑企业技术管理组织体系建立的原则是统一领导、统一管理。

2. 不均衡系数的值是大于1的。

三、简答题

1. 技术管理的含义、任务和内容。

2. 施工方案进行技术经济评价的目标是什么？

第十五章 建筑企业的资源管理

【预期目标】

通过对本章的学习,你可以获得以下知识和能力:

1. 明确建筑企业劳动管理中的劳动人员、用工制度和相关的劳动福利;

2. 了解建筑企业中材料管理的重要性与材料管理的方法和相关的细节;

3. 认识建筑企业中机械设备管理的必要性及相关的经济效益评价。

【学习提示】

本章的重点知识有:

1. 建筑企业的劳动管理;

2. 建筑企业的材料管理;

3. 建筑企业的机械设备管理。

学习本章的方法及注意事项:

1. 建立系统的管理体系,逐渐了解劳动、材料和机械设备管理的重点。

第一节　建筑企业劳动管理

一、劳动管理概述

1. 劳动管理的含义

劳动管理包括有关劳动力的计划、决策、组织、指挥、监督、协调等项工作,这些工作的总和称为劳动管理。劳动管理是企业管理的重要组成部分,它与其他专业管理相比有自己的特点。

劳动管理的特点:

(1)政策性强。一些具体做法都有明文规定,如劳动力招募、退休、处分、奖励、提薪等。

(2)思想性强。人们在生产建设过程中相互结成一定的关系,只有处理好这些关系,才能调动积极性,这就要加强政治思想工作。

（3）技术性强。要搞好劳动管理必须懂技术。

（4）科学性强。劳动管理是一门科学，特别是随着生产力的不断发展，其科学性越来越强，如劳动力的统筹安排、劳动定额的测定。

（5）涉及面广。劳动管理涉及生产关系和上层建筑，又涉及生产力，这项工作的好坏直接影响职工的经济利益及生产率。

2. 劳动管理的任务和目的

劳动管理的主要任务就是充分发掘劳动资源，提高职工队伍思想技术文化水平，合理配备和使用劳动力，不断调整劳动组织和生产中的分工协作关系，降低劳动消耗，提高劳动生产率，正确贯彻社会主义物质利益原则和按劳分配原则。劳动管理的目的是使劳动力充分支持企业，与企业合作，热爱所从事的劳动，人尽其才。

二、建筑企业劳动生产率

劳动生产率在施工企业里是指人们在生产建设中的劳动效率。它用劳动者在单位时间里所完成的建筑安装工作量或一定的建筑安装工作量所消耗的劳动量（即劳动时间）来表示，可以价值指标或实物指标表示。

提高劳动生产率是节约劳动力、降低成本、提高产量、加快速度、缩短工期的主要方法。提高劳动生产率的方法有：

（1）做好政治思想工作。人是生产中最积极、最活跃的因素，应促使职工树立共产主义劳动态度，全心全意为人民服务。

（2）正确处理生产过程中的相互关系。生产关系与生产力基本上是相适应的，但有阻碍生产力发展的因素，必须正确处理生产关系中的那些同生产力发展不相适应的方面。

（3）积极开展科学研究，采取先进的科学技术。科学技术是第一生产力，社会生产力要发展到一个更高的水平，必须重视科学研究，改革工具设备，提高施工机械化和自动化水平，大力采用新材料，推广先进的施工工艺和方法，促进生产率的迅速提高。

（4）加强劳动定额、定员管理，合理组织劳动。采用先进合理的劳动定额，加强定员管理，增强第一线生产人员，减少非生产人员。

（5）不断改善劳动组织和生产组织。现代建筑企业是大规模的集体劳动，生产的发展需要合理的组织，要正确处理人与劳动工具和劳动对象的关系，发展劳动的积极性。

（6）提高职工的文化技术水平。举办各种文化、技术学习班，开展业余教育活动，学习国内外的先进科学技术，以提高职工素质。

（7）加强劳动纪律，健全职工的考勤制度，明确职工守则，教育职工自觉遵守各项规章制度，提高出勤率和工时利用率，减少各种事故。

（8）广泛开展社会主义劳动竞赛。在社会主义企业里，职工群众蕴藏着巨大的积极性和创造性，通过开展深入、持久、广泛的劳动竞赛，可以互相学习、互相帮助、取长补短、共同提高。

（9）做好劳动保护和职工福利工作。

三、建筑企业的定员

1. 定员的意义与要求

定员也称编制定员，它是一种科学用人的质量和数量标准。建筑企业的定员是根据国家的有关法规，结合企业在一定时期内的生产规模和技术条件，本着精简机构、节约用人、增加生产、提高工作效率的精神，确定各类人员应该配备的质量要求的数量界限。

2. 建筑企业劳动定员的构成

在实行固定工与合同工相结合的劳动制度下，企业定员对象应包括固定工和合同工。凡在册的企业人员均为企业的职工，按执行的职能可划分为下列六类：

（1）生产工人，指企业中直接从事物质生产活动的人员。它又可分建筑安装工人和附属辅助生产工人。

（2）学徒工，指在熟练工人指导下，在生产过程中学习技术、享受学徒待遇的人员。

（3）工程技术人员，指从事工程技术工作，有工程技术能力和职称的人员。

（4）管理人员，指在企业中从事行政、组织、生产经营管理的人员和政治工作人员。

（5）服务人员，指间接为生产服务或直接为职工生活服务人员，包括食堂工作人员、托儿所保育员、负责职工教育人员、卫生保健人员等。

（6）其他人员，指由企业支付工资，但与企业生产或工作无关的人员，如脱产学习人员、劳务出口人员、长期伤病假人员、派出外单位工作人员等。

3. 建筑企业劳动定员的方法

（1）按劳动定额定员。适用于有定额的工作，计算公式如下：

$$定员人数 = \sum \left[\frac{各工种每一工作班需要完成的工程量}{相应工程一个工作班工人产量定额 \times 正常出勤率} \right]$$

（2）按施工机械设备定员。计算方法为：

$$定员人数 = \sum \left[\frac{必需的设备台数 \times 每台设备开支班次}{工人看管定额 \times 正常出勤率} \right]$$

（3）按岗位定员。按生产设备本身所必需的操作看管岗位和工作的数目来确定定员人数。

（4）按组织机构职责分工定员。根据各个机构承担的任务以及内部分工需要，考虑职工业务能力,来确定定员人数。

四、建筑企业的劳动(用工)制度

实行固定工与合同工相结合的劳动用工制度,可以根据生产任务的变化增减劳动力,机动灵活,符合建筑施工任务多变化、分散、流动的特点。甚至在相当长的时期内,原则上不招收固定工,多用合同工,这样可以使建筑企业的职工队伍经常保持精壮。

五、建筑企业的劳动报酬和劳动保险

在建筑企业中,劳动报酬的具体形式主要有三种:工资、奖金与津贴。前者是基本形式,后二者是辅助形式。三者在本质上是相同的,都是根据劳动者的劳动数量、劳动质量以货币形式支付给劳动者的社会产品的份额。

1. 建筑企业劳动报酬的形式

我国分配的原则是以按劳分配为主体,其他分配方式为补充。

1) 工资

工资是职工劳动报酬的基本形式,它有以下几种具体形式:

(1) 计时工资。计时工资是根据劳动者的技术熟练程度、劳动繁重程度和实际工作时间支付工资的一种形式。

(2) 计件工资。计件工资是根据劳动者生产合格产品的数量或作业量以及预先规定的计件单价来支付工资的一种形式。

(3) 包工工资。包工工资是把一定数量的施工生产任务包给队或班(组),规定完成任务的期限、质量标准和工资总额。

(4) 百元产值工资含量包干。百元产值工资含量包干是指企业完成每百元产值内所含的实际支付工资额(包括工资和奖金)。在实际工作中,通常以百分比的系数表示,即: $\dfrac{完成百元产值实际支付的工资额}{100} \times 100\%$ 。实行百元产值工资含量包干,企业还要结合自己的特点,实行层层承包的经济责任制,把包干系数落到实处。一般的做法是:① 分解工资含量包干系数。国家对企业实行的百元产值工资含量包干系数是一个综合指标,带有宏观控制的性质,建筑企业要按照自己的组织机构和任务的特点,把综合指标层层分解,具体落实到各级基层。② 实行层层承包。工资指标的分解是为企业实行层层承包服务的。

2) 奖金

奖金按其与生产的关系又可划分为生产性奖金和非生产性奖金。

3）津贴

津贴是劳动报酬的一种辅助形式，是对特殊劳动消耗或额外劳务支出的补偿。建筑企业目前实行的津贴按目的可分为：① 补偿特殊劳动消耗的津贴；② 补偿额外劳动支出的津贴；③ 补偿职工额外生活支出的津贴。

2. 职工的劳动保险

《中华人民共和国劳动保险条例》规定，工人和职员有享受集体劳动保险事业的权利。职工在疾病、负伤、残废、年老、死亡和生育等方面有特殊困难时，均按一定的条件和标准，享受补助金、病假工资、医药费、退休金、丧葬费、抚恤金等待遇及疗养、休养等集体福利。由职工供养的直系亲属，也享有一定的劳保待遇。

第二节　建筑企业材料管理

一、材料管理的意义、特点和任务

建筑企业的材料管理就是用科学方法，对企业生产过程中所需劳动对象的供应、管理和使用进行合理的组织、调配与控制，以最低的费用，适时、适量、按质地供应所需材料，保证企业生产任务的顺利完成。

材料管理的重要意义：

（1）保证建筑生产的必要前提。

（2）完成企业多项技术指标的有力保证 。

材料管理的特点：

（1）个体性和多变性。

（2）多样性和复杂性。

（3）不均衡性和季节性。

（4）受社会运输环节的制约。建筑材料的量大，常以万 t 计算，其运输任务远非企业运输力量所能完成，因而受社会运输环节的制约。

材料管理的任务是在保证材料供应的同时，努力节约材料费用。通过材料采购、保管和使用的管理，建立和健全材料的采购和运输制度，现场和仓库的保管制度，材料的验收、领发及回收制度等，尽量节省费用，减少损耗，提高材料的使用效率。

二、材料的分类和计价

1. 材料的分类

材料可以因分类标准和目的不同分为许多类型，各种分类各有依据、各有特点、各有作用。

（1）按材料在生产中的作用不同分类，可分为：① 主要材料，指构成建筑产品主要实体的材料；② 周转使用材料，指具有工具性质的脚手架、模板等；③ 机械配件，包括机械设备用的零配件；④ 其他材料，包括不构成工程实体，但工程施工或附属企业生产必需的材料，如燃料、油料、氧气等。

（2）按材料的自然属性分类，可分为金属材料和非金属材料。

2. 材料的计价

对每一种材料进行货币计价是为了如实地反映和监督资金的增减变动情况以及计算产品中的材料费用。

1）材料价格的构成

（1）外购材料的采购成本应包括：① 买价，即供应单位的发票中所开列的价格；② 运杂费，即到达采购单位所在地以前所发生的包装、运输、装卸、仓储、整理等费用；③ 损耗，从外地采购的材料在运输途中发生的合理损耗等。

（2）委托加工材料的生产成本。委托外厂加工的材料，其全部成本应包括加工中耗用材料的实际成本、委托加工费以及材料的往返外地运输费用等。

（3）自制材料的生产成本。企业的自制材料基本上应同产品一样计算材料的生产成本。

2）材料的计价方法

（1）按实际成本计价。即每一种材料的收、发、结存量都按上述外购材料、委托加工材料或自制材料所发生的实际成本计价。

（2）按计划成本计价。即每一种材料都按预先确定的计划单位成本来填制有关凭证和登记明细账。

三、库存管理

1. 材料储备定额

材料储备定额又称材料库存周转定额，是指在一定的生产技术和组织管理条件下，为保证建筑施工正常进行所必需的经济、合理的储存材料的标准数量。

（1）经常储备。经常储备亦称周转储备、经常库存，是指企业在前后两批材料到货间隔期内，为了保证生产的正常进行所需要的材料储备。经常储备量是一个周期性的变量，如图 15-1 所示，其计算公式如下：

经常储备量＝（供应间隔天数＋使用准备天数）×平均每天材料消耗量

（2）保险储备。保险储备亦称安全储备、安全库存，是指企业为了防止意外情况造成的材料供应脱期，或适应生产中各种材料需用量的临时增加而建立的材料储备。保险储备一般是一个常量，是材料的最低储备量。在正常的情况下不允许动用这种

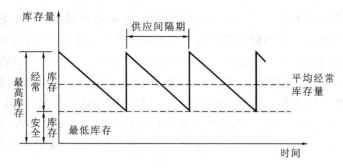

图 15-1　经常库存和安全库存

储备,特殊情况下动用后应立即补上。其计算公式如下:

保险储备量＝保险天数×平均每天材料消耗量

（3）季节储备。季节储备是指企业为了适应某些材料的生产和运输受季节性影响而中断的情况所建立的材料储备。其计算公式如下:

季节储备量＝季节储备天数×平均每天材料消耗量

2．库存管理的技术方法

（1）ABC 分类法。建筑企业所需要的材料种类繁多,消耗量、占用资金及重要程度各不相同,只有实行重点控制才能达到有效管理。ABC 分类法就是一种科学的抓重点的管理方法。ABC 分类表和分类图分别如表 15-1 和图 15-2 所示。

表 15-1　ABC 分类表

分　类	品种数占总品种数的比例/%	占用资金占总占用资金额的比例/%
A　类	5～10	70～75
B　类	20～25	20～25
C　类	65～70	5～10
合　计	100	100

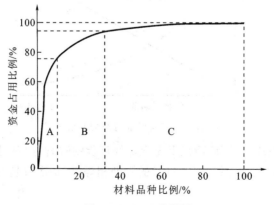

图 15-2　ABC 分类图

根据 ABC 三类材料的特点,可分别采取不同的库存管理方法。A 类材料是重点管理的材料,对其中的每种材料都规定了合理的经济订购批量,尽可能减少安全库存量,并对库存量随时进行严格盘点。把这类材料控制好了,对资金节省将起重要的作用。对 B 类材料也不能忽视,也要认真管理,控制其库存。对于 C 类材料,可采用简化的方法管理,如定期检查库存、组织在一起订货运输或适当加大订货批量等。

（2）定量订购法。定量订购是指在某种材料的库存量由最高库存消耗到最低库存之前的某一预定的库存量水平时,就提出并组织订货,每次订货的数量是一定的,如图 15-3 所示。

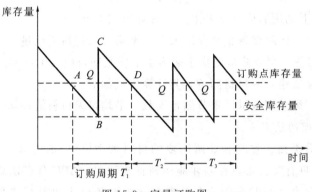

图 15-3　定量订购图

（3）经济订购批量法。经济订购批量是指某种材料的订购费用和仓库保管费用之和最低时的经济订购批量。订购批量与订购费用、仓库保管费用、总费用的关系如图 15-4 所示。

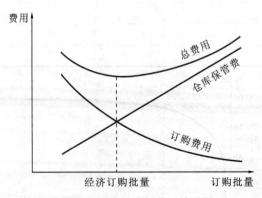

图 15-4　订购批量与费用关系图

（4）定期订购法。定期订购是事先确定好订货的时间,如每月、每季或每旬订购一次,到达订货的日期就组织订货,订货的周期相等,但每次订货的数量不一定,如图 15-5 所示。

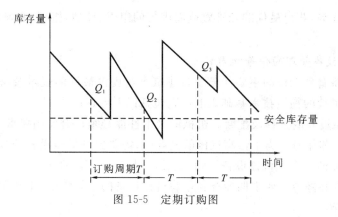

图 15-5　定期订购图

四、材料的现场管理

材料的现场管理是包括一个工地、一个栋号施工生产全过程的材料管理。当前，建筑企业材料的现场管理都是与企业内部承包责任制紧密结合的。现场管理是材料管理的落脚点，是衡量企业管理水平和文明生产的重要指标之一。

材料现场管理工作的内容与要求有下述六个方面：

（1）依据施工总平面图的规划，认真做好材料的堆放和工地临时仓库的建造。

（2）按计划分期分批组织材料进场。

（3）坚持现场领发料制度。

（4）回收和利用废旧材料，合理采用代用品，以及尽可能地综合利用。

（5）加强材料耗用考核，避免竣工算总账，超耗无法挽回。

（6）清理现场，回收整理余料，做到工完场清。

为了搞好以上领发材料工作，还必须建立一些相应的制度，如发料凭证制度、衬料制度、材料代用审批制度、余料退料制度等。

第三节　建筑企业机械设备管理

一、机械设备管理的意义和任务

1. 加强机械设备管理的意义

建筑企业通常所说的机械设备是指建筑企业自有并为施工服务的各种机械设备。

建筑机械设备管理是为了解决好人、机械设备和施工生产对象的关系，充分发挥机械设备的优势,获得最优的经济效益而进行的组织、计划、指挥、监督和调节等各项工作。

2. 机械设备管理的任务和内容

机械设备管理工作的主要任务是为建筑企业提供最优的技术装备,使施工生产活动建立在最佳的物质技术基础之上。它包括以下内容:

(1)机械设备的选择及配套。机械的技术性能必须符合使用要求。

(2)维修和保养。为了提高机械的完好率,需要做好机械设备的维修保养工作,努力使本企业的所有大机械设备达到"三无、一好、一高"的水平。

(3)检查和修理。要定期检查和校验机械设备的运转情况、工作精度,发现隐患及时采取措施。

(4)确定管理制度。建立和健全各项规章管理制度。

(5)提高操作人员技术水平。要经常对操作人员进行正确使用和维修保养设备的思想教育和技术培训,以提高操作人员的技术水平,为合理使用和维护设备创造必要的技术条件。

3. 建筑企业机械设备装备的原则

机械设备的装备好坏直接影响机械作用的发挥和企业经济效果的提高,要做到合理装备机械设备,应遵循如下原则:

(1)贯彻"机械化、半机械化和改良工具相结合"的方针,要适合我国的国情和建筑施工的特点,不能片面追求"全盘机械化"。

(2)在充分发挥现有机械设备能力的基础上,对原有机械设备进行挖潜、革新、改造、更新。

(3)要以实用、高效为主,以简化机型、机种配套和方便为主,以国产机型为主。

(4)根据工程施工的特点,优先装备不用机械不能完成或不能保证质量的工程、劳动强度大的工程、作业条件差的工程,并考虑机械化施工配套的需要。

(5)应按工程体系、专业施工和工程实物量等多层次结构进行装备,对承担不同任务的施工单位配备不同类型和不同装备标准的机械设备,以充分利用,提高效益。

(6)要讲究经济效益,充分发挥每一台装备的作用,通过施工任务预测和技术经济分析进行合理配置。

(7)相应装备机修设备,以保证机械设备的正常维修、安全运转和效率的发挥。

(8)要根据施工企业发展需要,制定近期和长远的装备规划,确定标准,做到有目标、有计划、分期分批地实现施工机械化。

二、机械设备的使用

机械设备必须合理地使用才能保证正常的生产率,降低使用费用。

1. 机械设备产出效率的计算

在机械设备产出效率方面,通常用单位机械设备在单位时间内的产量(台时产量)进行计算。其计算公式是:

$$机械设备的产出效率 = \frac{产品出产量}{设备实际作业时间(台时)}$$

2. 机械设备使用制度

(1)走合期管理。新出厂或经大修后的机械设备的使用寿命和大修间隔时间及其工作的可靠性和经济性,在很大程度上取决于机械设备使用和初期的正常走合。

(2)人机固定原则。人机固定是把人和机械设备的关系固定下来,把机械设备的使用、维修、保养等每个环节的每项要求具体落实到人,实行岗位责任制。

(3)实行操作证制度。专机的专门操作人员必须经过培训和企业或部门的统一考试,确认合格后发给操作(驾驶)证。

(4)建立机械设备档案制度。包括机械设备使用记录、技术档案等,自机械设备接收开始到使用报废为止,系统地收集和积累历史资料。

(5)单机或机组核算制。对机械设备不能只管使用不问其消耗,要确定单机或机组生产率和消耗费用并进行考核。

(6)完好设备竞赛。完好设备主要应是设备和仪表完好齐备,能随时投入正常运行。

(7)租赁制。企业自行拥有机械设备在经济上不合理时,应该到专门的租赁站和机械化施工公司去租赁。租赁费的计算方法是:

$$每日租赁费 = \frac{账面余值 + 管理费 - 残值}{尚需作用年限 \times 每年使用天数}$$

三、机械设备的保养、修理和更新

机械设备在使用过程中会不断损耗,导致机械性能下降、运转不正常,这就需要及时保养与维修,否则就会引起事故。

1. 机械设备的损耗规律

(1)正常损耗,指机械正常使用过程中的自然磨损。

(2)事故性损耗,指由于使用不当而造成的机械损耗。

(3)拼设备损耗。机械零件达到极限磨损时必须及时修理,绝不能拼设备,否则就会造成修理困难、修理成本高,严重时不能修理,甚至会引起事故。

2. 机械设备的保养

(1)例行保养,指根据制度按一定的周期和内容进行的保养。

(2)强制性保养,指设备运行到规定时限必须进行的保养。

3. 机械设备的修理

机械设备的修理是对机械设备的自然损耗进行修复,排除机械运行的故障,对损坏的零部件进行更换、修复。机械设备的修理分为大修、中修、小修。

小修是无计划的、临时安排的、工作量最小的局部修理。其目的是清除操作人员无力排除的突然故障及修理或更换部分易损的零部件；清洗设备，部分地拆检零部件，调整、紧固机件等。

中修是更换与修复设备的主要零部件和数量较多的其他磨损件，并校正机械设备的基准，恢复设备的精度、性能和效率，保证设备能够使用到下一次修理。

大修是对机械设备进行全面的解体检查修理，保证各零部件质量和配合要求，使设备恢复原有的精度、性能和效率，达到良好的技术状态，从而延长机械设备的使用寿命。

4. 机械设备的更新

机械设备随着使用时间的延长将逐步降低或丧失其价值。机械设备的价值降低是指因老化而增加运转费用或生产性能下降以及陈旧过时，继续使用不一定经济。

【例 15-1】 某设备的原始价值 F 为 18 000 元，使用年限为 n，则每年折旧费应为 F/n。为使设备经常处于完好状态，每年应有一笔维修保养费用。现假设每年等值增加维修费用 W 为 700 元，则使用 n 年之后所需维修保养费用为 W_n。由于启用及使用不久时的维修保养费用较低，而使用很久时的维修保养费较高，因而这项费用应以平均计算为宜，即 $W_n/2$。根据案例资料计算出该年份的折旧费、维修保养费及费用合计如表 15-2 和图 15-6 所示。

表 15-2　设备最佳更新期的计算(不考虑利息)

使用年限 n/年	折旧费 $\dfrac{F}{n}$/元	维修保养费 $\dfrac{W_n}{2}$/元	费用合计 $\left(\dfrac{F}{n}+\dfrac{W_n}{2}\right)$/元
1	18 000	350	18 350
2	9 000	700	9 700
3	6 000	1 050	7 050
4	4 500	1 400	5 900
5	3 600	1 750	5 350
6	3 000	2 100	5 100
7	2 571	2 450	5 021
8	2 250	2 800	5 050
9	2 000	3 150	5 150
10	1 800	3 500	5 300

依照表 15-2，我们可以看出，使用年限为 7 年的时候费用合计最低，为 5 021 元，因此这套设备的合理更新时间为第 7 年。

四、机械设备的技术经济指标

1. 装备生产率

装备生产率是考核企业机械装备在生产中创造价值大小的指标，是企业完成的

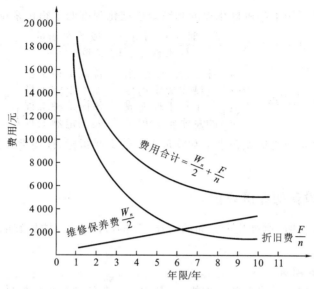

图 15-6   年平均总费用曲线

年工作量与机械设备净值之比,也就是每元机械设备净值完成年度工作量的数值。

$$装备生产率=\frac{年度完成的总工作量(元)}{机械设备的净值(元)}\times100\%$$

2. 设备完好率

设备完好率是反映报告期内机械设备技术状态和维修管理情况的指标,可分为日历完好率和制度完好率。日历完好率按日历台日数统计,制度完好率按抽除节假日的制度台日数统计。

$$日历完好率=\frac{报告期完好台日数}{报告期日历台日数}\times100\%$$

$$制度完好率=\frac{报告期完好台日数}{报告期制度台日数}\times100\%$$

3. 设备利用率

设备利用率是反映企业在报告期内对机械台日利用情况的指标,分日历利用率和制度利用率两种。

$$日历利用率=\frac{报告期实作台日数}{报告期日历台日数}\times100\%$$

$$制度利用率=\frac{报告期实作台日数}{报告期制度台日数}\times100\%$$

4. 施工机械化程度

施工机械化程度是指利用机械完成的工程量占总工程量的百分比。它反映企业在施工中使用机械化代替劳动力的程度,是企业施工机械化水平的一项重要指标。

施工机械化程度可用工种机械化程度和综合机械化程度两个指标来反映。

$$工种机械化程度 = \frac{某工种工程用机械完成的实物量}{某工种工程完成的全部实物量} \times 100\%$$

$$综合机械化程度 = \frac{\sum\left(\begin{array}{c}各工种工程用\\机械完成实物量\end{array} \times \begin{array}{c}各该工种工程\\人工定额工日\end{array}\right)}{\sum\left(\begin{array}{c}各工种工程完成\\的总实物工程量\end{array} \times \begin{array}{c}各该工种工程\\人工定额工日\end{array}\right)} \times 100\%$$

以上是反映企业机械设备水平和管理水平的主要指标,这些指标是密切相关的,不能独立看待。

五、机械设备的经济评价

选择机械设备时,通过几个方面的对比、分析,选购经济性最好的设备。经济评价的方法有:

1. 投资回收期法

首先计算不同机械设备的一次投资,其中最主要的部分是机械设备的价格;然后计算由于采用新设备而带来的劳动生产率的提高、能源消耗的节约、产品质量的保证、劳动力的节省等方面的节约额;最后依据投资费与节约额计算投资回收期。计算公式如下:

$$机械设备投资回收期 = \frac{投资费}{采用新设备后的年节约额}$$

2. 年成本法

年成本法是将机械设备的最初一次投资费依据设备的寿命期和复利利率,换算成相当于每年的费用支出,再加上每年的维持费,得出不同设备的年总费用,据此进行比较、分析,选择年总费用最小的为最优设备。其计算公式如下:

$$机械设备年总费用 = 一次投资费 \times 资本回收系数 + 每年维持费$$

$$资本回收系数 = \frac{i(1+i)^n}{(1+i)^n - 1}$$

式中,i 为年利率;n 为设备寿命期,年。

【例 15-2】 有技术、生产上适用的两种型号的机械设备供选择,其费用支出等资料如表 15-3 所示。

表 15-3

设备名称	A 设备	B 设备
一次投资费/元	7 000	10 000
设备寿命期/年	10	10
每年维持费/元	2 500	2 000
年利率/%	6	6

解:A 设备每年总费用＝7 000×0.135 87＋2 500＝3 451(元)

B 设备每年总费用＝10 000×0.135 87＋2 000＝3 359(元)

B 设备每年总费用比 A 设备少,故应选 B 设备为最优设备。

3. 机械设备的综合评价

机械设备的综合性评价可采用等级评分法进行。

【例 15-3】　某建筑企业需购置一台施工机械,现有两种型号的机械可供选择。第一步,根据各项目指标的重要程度,用 1～10 分表示其等级系数,10 分表示该项目指标最重要,1 分表示不重要;第二步,对各项目指标分别进行计分和评分,对定性指标可参照表 15-4 所列标准评分。其资料数据如表 15-5 所示。

表 15-4

好	较好、较易	一　般	较差、较复杂	差
10	8	6	4	2

表 15-5　机械设备综合评价表

项　目	等级系数	甲型机械			乙型机械		
		资料数据	计分或评分	得分	资料数据	计分或评分	得分
生产效率/(m³·台班⁻¹)	10	40	6.7	67	60	10	100
价格/元	10	25 000	10	100	3 200	7.2	72
年使用费/元	9	14 000	3.5	31.5	8 500	10	90
使用年限/元	7	10	10	70	8	8	56
可靠性	7	较好	8	56	较好	8	56
维修难易	6	较易	8	48	较复杂	4	24
安全性能	8	一般	6	48	较好	8	64
环保性	7	一般	6	42	一般	6	42
灵活性	6	较好	8	48	一般	6	36
节能性	8	较好	8	64	一般	6	48
方案得分		374.5			588		

综合评价方法的特点:把各个项目的因素,不论定量项目还是定性项目都考虑到了;考虑了各项目的重要程度,并用等级系数予以量化,定性项目因素也通过评分定量化,最后得到一个无量纲的定量数据(方案得分),便于进行选择。

【要点回顾】

1. 建筑企业的劳动、材料和机械设备管理。

【练习题】

一、单选题

1. 完成百元产值实际支付的工资是 17 元,则百元产值工资含量为(　　)。

A. 10％　　　　　　　　　B. 17％　　　　　　　　　C. 83％

D. 32%   E. 34%

2. 某建筑公司全年耗用水泥总金额为 50 万元,每次订购费为 700 元,仓库保管费为平均存货价值的 10%,则最优订购次数为（   ）。

A. 6 次   B. 5 次   C. 7 次

D. 4 次   E. 3 次

二、多选题

1. 劳动管理是企业管理的重要组成部分,它的特点有（   ）。

A. 政策性强   B. 思想性强   C. 技术性强

D. 科学性强   E. 涉及面广

2. 建筑企业劳动报酬的三种主要形式有（   ）。

A. 工资   B. 奖金   C. 津贴   D. 补助

三、判断题

1. 建筑企业劳动管理的对象是劳动力和劳动活动。

四、简答题

1. 建筑企业劳动管理的任务是什么?

2. 建筑企业提高劳动生产率的方法是什么?

3. 建筑企业材料管理的任务是什么?

第十六章 建筑企业的质量管理

【预期目标】

通过对本章的学习,你可以获得以下知识和能力:

1. 全面认识建筑企业的质量管理;

2. 明确质量管理的重要性;

3. 掌握 PDCA 质量体系的基本运转方式。

【学习提示】

本章的重点知识有:

1. 质量管理的重要性、内涵和发展情况;

2. 质量体系的基本运转方式;

3. 质量体系评价中的统计分析方法。

学习本章的方法及注意事项:

1. 重点学习 PDCA 质量体系的基本运转方式;

2. 掌握全面质量管理中常用的统计分析方法。

第一节 质量管理的基本概念

一、质量的含义

质量的含义通常有两种,一是狭义的质量,一是广义的质量。

1. 狭义的质量

狭义的质量是指属于产品自身的质量特性。国际标准化组织文件 ISO 8402—93 对质量的定义是:"反映产品或服务满足明确和隐含需要能力的特性的总和。"这是站在用户的立场、从使用角度看,产品质量是指能满足社会和人民需要的功能特性,即产品所具有的使用价值功能。

2. 广义的质量

广义的质量是指产品除符合检验标准、满足用户和社会需要所具备的使用价值特性外,还有与之相关联的企业内外服务质量。即除了产品质量外,还包括工序质量和企业的工作质量。

工序质量是指生产过程中的设计、施工、检验以及销售服务等各环节生产活动中的现场工作质量。它由现场的政治工作质量、管理工作质量、技术工作质量及后勤工作质量等方面所决定。

工作质量是指企业为了满足用户需要的产品质量所进行的经营管理、技术组织、思想政治工作等方面的保证程度。它不像产品质量那样明显和可以度量,但它体现在企业的一切生产之中,并通过企业的经济效果、生产效率、工作效率、产品质量、销售服务质量等集中反映出来。

二、质量管理科学的发展简况

工业生产的一般过程要经历产品设计、生产、质量审查、回访保修、信息反馈等过程。质量管理意识尽管古已有之,但系统地、科学地按照上述过程实施质量管理则是近几十年才发展起来的。

1. 质量检验阶段

20 世纪初美国人泰罗总结了工业革命的经验,发表了《科学管理原理》等著作,其中一个重要主张是制造和检验要分离,因此产生了专职的产品质量检验这一独立的工作部门,大大促进了产品质量的提高。这一阶段的质量管理主要是在零件的公差配合、互换性、标准化等方面进行严格把关检验,不能有效地预防和减少废品的生产,属事后检验的办法。

2. 统计质量管理阶段

第二次世界大战初期,由于战争的需要,大批工厂转而生产军用品。战争的紧迫性和残酷性对军用产品质量要求很高,因此迫切需要事先能对不合格产品进行控制,于是人们采用了休哈特"预防缺陷"的理论。美国国防部请休哈特等研究制定了一套美国战时产品质量管理方法,主要是采用统计质量控制图,了解质量变异的先兆,进行预防,使不合格品率大为下降,一般可控制在百分之几以内,大体上解决了产品质量控制问题。

3. 全面质量检验阶段

20 世纪 60 年代以来,科学技术的发展,特别是宇航等空间技术的发展,对安全性和可靠性要求更高了,经济上的竞争也日趋激烈。人们对控制质量的认识有了提升,意识到单纯靠统计检验手段已不能满足要求,质量除与设备、工艺、材料、环境等因素有关外,与职工的思想意识、技术素质以及企业的生产技术管理等息息相关。

从质量管理的三个历史发展阶段可以看出,把组织管理、专业技术、统计方法密切结合起来,合理地组织生产,有效地促进生产发展,这不仅是管理方法、管理工具的变革,而且也是管理思想、管理理论、管理组织上的重大发展。全面质量管理已成为整个企业管理的中心环节。

三、全面质量管理

1. 全面质量管理的观念

戴明博士是当今国际上久负盛誉的质量专家,他的名言有"质量是制造出来的,不是检验得来的"、"质量散布在生产系统的所有层面"、"质量不良的原因,有 80％ 是由于管理不善所造成"、"管理者要致力于消除质量隐患"、"加强教育训练,没有人不想把工作做好"、"要运用统计的原理与技术,以确定工序能力",以及"品质成效好,生产力就高"。这些都是他在 50 年前告诉日本企业界人士的话,引发了"日本质量革命",被尊为"质量之神",公认他是创造日本工业奇迹的幕后英雄。

戴明认为,当今的管理理论众多,尚不足以应付新经济形势的挑战,他提出了以质量为中心的 Q 理论,以适应企业从事质量管理的需要。其要旨如下:

(1) 公司理念:尽量促进公司持续发展,并为经理人员、员工及所有合作对象提供机会。

(2) 市场导向:不断地改进产品与服务,令顾客满意(质量、成本、工期等)。

(3) 长期的彼此承诺:所有乐意合作的对象彼此承诺,包括管理者、员工、合作公司、银行、股东等。

(4) 以质量为中心的管理方法:质量第一,将科学管理方法与人的因素一并考虑。

戴明的学说简洁易明,是全面质量管理的重要理论基础。全面的质量管理方法包括:

(1) 整体系统要完整无瑕——任何一处都可能发生质量问题。

(2) 改进质量是降低成本、工期与提高生产力的最佳方法。

(3) 消除浪费。

(4) 将质量改进技术用于全面的管理改进。

(5) 决策程序、决策与行动以资料分析为基础。

2. 全面质量管理的特点

全面质量管理的特点是突出一个"全"字,主要表现在以下几个方面:

(1) 对象的全面性。就是要从广义质量的概念出发看待产品(工程)质量。除了产品(工程)本身的质量特性外,还包括作为工程或产品质量的基础和保证的工序质量、工作质量。

(2) 贯穿于产品生产全过程。建筑工程产品的形成包括规划、设计、施工、检验、销售服务等过程,要保证工程或产品质量,就必须对全过程实行质量管理,不能仅限于抓传统的施工过程中的质量管理。

(3) 参加人员是企业全体人员。工序质量、工作质量是产品(工程)质量的基础和保证,要组织全企业所有行政管理、生产技术人员等共同对产品(工程)质量作出保证,带动企业的全体职工,通过每个人的工作质量来保证整个产品(工程)的质量。

(4)综合性质量管理。全面质量管理是采用多种管理方法和技术手段的综合性质量管理。由于影响产品质量的因素错综复杂,如人、物、技术、管理、环境、社会因素等,综合运用不同的管理方法和措施才能有效地确保质量。

3.“一切为用户”是全面质量管理的核心思想

这包含两重意思:对企业外部而言,建筑产品都是供给人们生产、生活使用的,用户不满意就谈不上工程质量好;对企业内部而言,下道工序就是上道工序的用户,只有树立下道工序就是用户、一切为用户的思想,才能有效地、及时地、一环扣一环地控制住质量,消除隐患,提高整体工作质量。

四、建筑企业加强全面质量管理的意义

建筑企业是国民经济中的一个重要物质资料生产部门,基本建设巨大投资的60%都要通过建筑安装工作来完成。

简言之,加强建筑企业全面质量管理有下述意义:

(1)质量高可以提高产品或工程的使用价值,更多地满足社会和人民的物质和文化生活需要。

(2)全面质量管理带动了整个企业的各项管理工作,可以降低工程费用,增加企业的盈利和上缴国家的税金,提高企业生产经营的综合效果。

(3)工程质量提高可以减少流通和返工、维修等费用,扩大企业信誉和销售能力,加强竞争地位,从而为社会创造更大的价值。

(4)可以提高全体工作人员的工作质量,提高企业素质,培养出一支既有高尚的职业道德又有过硬的业务技术水平的职工队伍。

第二节　全面质量管理保证体系

一、质量体系

按照 ISO 8402 的定义,质量体系是指“为实施质量管理,由组织结构、程序、过程和资源构成的有机整体”,就是建筑企业以控制、保证和提高工程质量为目标,运用系统的概念和方法,把企业各部门、各环节的质量管理职能组织起来,形成一个有明确任务、职责、权限,互相协调、互相促进的有机整体,使质量管理规范化、标准化。

1. 要有明确的质量目标和质量管理工作计划

质量目标应是解决产品已有的质量问题,缩小和消灭与先进质量水平的差距,达

到用户要求和新的质量标准等。目标要层层分解、层层交底、层层落实,一直落实到每个职工的具体工作岗位,形成一个从上到下、从大到小的目标管理体系。

质量管理工作计划则是实现质量目标、组织与协调质量管理活动的手段和各部门、各环节质量工作的行动纲领。

2．要建立一个完善的信息传递、反馈系统

要实事求是,认真调查研究,及时掌握大量准确而又齐全的第一手资料,包括工程施工每个环节的质量信息、基础数据、原始记录、验收结果、统计分析以及用户意见等。

3．要有一个有效、可靠的检验计量系统

只有搞好检验计量工作,及时掌握质量动态与规律,以便控制质量的波动范围,保证工程质量或产品质量的稳定,才有可能正确评价工程质量或产品质量,从而衡量企业的生产技术水平和经营管理水平。

4．要建立和健全质量管理组织机构,明确职责分工

建立各级组织管理机构,确定各级的职责、权限及相互关系,明确规定各部门、各类人员在实现质量总目标中必须完成的任务、承担的责任和具体权限。

5．组织开展质量管理小组活动

质量管理小组又叫 QC 小组,是质量管理的群众基础和职工参加管理的好形式,可以发动全体职工参加质量管理,充分发挥职工的智慧和干劲,不断地把质量管理工作和产品质量提高到新的水平。

6．要与协作单位建立质量保证体系

工程质量或产品质量与施工企业的施工和生产制造质量、设计单位的设计质量、构件制造单位的构件质量以及材料供应、机械设备和工具制造单位的产品质量等密切相关。

7．要努力实现管理业务规范化和管理流程程序化

要研究管理业务活动的规律,把经常重复出现的管理业务分类归纳,形成有效的制度和规范化的程序及方法,成为职工行动准则,这样才能保证业务工作质量。同时对管理业务处理过程中所经过的各环节、各管理岗位、各工作步骤加以分析、研究,尽力使其规范化、流程化。

二、质量体系的基本运转方式

企业必须对产品质量负责,要以系统的观念组织生产活动,从生产系统的每一环节出发不断改进品质,具体包括:

（1）调查研究消费者需求。

（2）设计与开发能满足消费者质量需求的产品。

（3）按设计规格采购物料和制造产品。

（4）将产品销售给消费者，并提供良好的售后服务。

质量体系运转的基本方式分为四个阶段，即计划阶段（PLAN）、执行阶段（DO）、检查阶段（CHECK）和处理阶段（ACTION）。在处理阶段，将本次循环合理的、行之有效的质管措施制成标准，以备再次推行；将不合理的或尚需进一步解决的问题放到下一个循环过程中，重复以上四个阶段来加以解决。这种方法通常称为 PDCA 循环工作法（图 16-1）。

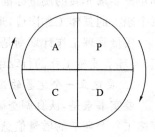

图 16-1　PDCA 循环示意图

1. PDCA 循环的基本内容

（1）计划阶段（P）。主要解决打算干什么、在哪儿干、何时干、由谁干、怎么干等问题。计划阶段包括四个具体步骤：

第一步，分析现状找出存在的质量问题。

第二步，分析产生问题的原因或影响因素。

第三步，在诸原因或影响因素中找出主要的原因或影响因素。

第四步，制订质量改进措施方案。

（2）执行阶段（D）。按计划的措施方案执行。

（3）检查阶段（C）。把执行的结果与计划进度、目标相比较，检查计划实施情况，找出存在的问题，肯定成功的经验。

（4）处理阶段（A）。总结经验，巩固措施，制定标准，形成制度，以便遵照执行；提出尚未解决的问题，转入下一个循环，再来研究措施，制订计划，予以解决。

2. PDCA 循环的特点

（1）四个阶段缺一不可，先后次序不能颠倒。就像一只转动的车轮，在解决质量问题中滚动前进，逐步使产品质量提高。

（2）企业的内部 PDCA 循环各级都有，整个企业是一个大循环，企业各部门又各有自己的循环，如图 16-2（a）所示。大循环是小循环的依据，小循环又是大循环的具体和逐级贯彻落实的体现。

（3）PDCA 循环不是在原地转动，而是在转动中前进。每个循环结束，质量提高一步，如图 16-2（b）所示。

（4）循环的关键是在 A 阶段，它是标准化的基础，是指导下一循环的关键。

三、工程施工阶段的质量管理工作

1. 施工准备阶段的质量管理工作

（1）图纸审查。图纸是施工的依据，通过审查图纸，一是熟悉图纸，了解各项工作的质量要求；二是可以发现设计中可能存在的差错与不便施工或难以保证质量之处，以便修改图纸或制定保质措施。

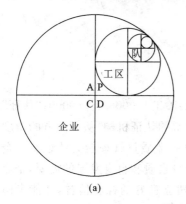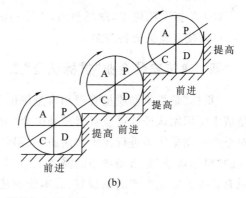

图 16-2　PDCA 循环特点示意图

（2）编制施工组织设计,并拟定各阶段主要工作的保质措施。

（3）搞好材料、构件、半成品等的检验。不合格的材料、构件、半成品不得使用,否则必将影响施工质量。

（4）搞好施工机械设备检修,保持机械设备的完好程度,以确保施工质量。

2. 施工过程中的质量管理工作

（1）做好施工技术交底工作,向参加人员讲清设计意图,强化参与施工人员的质量意识。

（2）及时进行施工质量检查和验收。坚持质量检查验收制度,加强对施工各环节的质量检查。坚持传统的工人自检、互检和工序交接检查验收的"三检"制度,特别要加强隐蔽工程的验收。

（3）要经常进行质量分析。通过质量检查可以获得大量反映质量问题的数据,及时进行分析,寻找原因,制定改进和预防质量事故措施,防患于未然。

（4）实行文明施工,搞好现场的平面布置和管理,保持现场的施工秩序和清洁。

3. 工程交付使用后的质量管理工作

（1）做好工程回访。对已完工程进行调查,进一步发现工程质量上存在的问题,分析原因,以便及时补救,尽量使用户满意,并为今后施工质量管理积累经验。

（2）实行保修制度。对于由施工原因造成的质量问题,施工企业在保修期内要负责无偿保修。

4. 搞好工程质量创全优工程工作

开展创全优工程活动是提高工程质量水平、实行目标管理的有效方式。全优工程应具备以下六个条件:

（1）工程质量达到国家颁发的优良标准。

（2）按工期定额或合同要求按时或提前竣工,交工符合要求。

（3）工效达到全国统一的劳动定额,材料及能源不超耗。

（4）严格执行安全操作规程,无重大伤亡事故。

（5）坚持文明施工，现场整洁，工完料清。

（6）技术经济资料齐全。

四、建筑安装企业"贯标认证"工作

"贯标"是指贯彻质量管理和质量保证系列标准 GB/T 19000—ISO 9000；"认证"是请中国国家认证认可监督管理委员会（或国外较权威的认证机构）从第三方的角度对企业的质量体系进行评价和注册，取得认证机构对企业质量管理能力的证实。企业的"贯标认证"是市场竞争的需要，也是企业提高自身素质和自身发展的需要，企业只有长期稳定地生产出质量好、成本低的建筑产品，树立良好的社会信誉，才能走向市场，并在市场竞争中立于不败之地。

1. GB/T 19000—ISO 9000 系列标准的构成

该系列标准主要由国际标准化组织颁布的六个标准组成，我国在 1989 年发文等效采用，1992 年又发文决定从 1993 年 1 月 1 日起等同采用。文件组成如下：

（1）GB/T 6583—ISO 8402，《质量管理和质量保证术语》。该标准对产品和服务与质量概念相关的、基本和主要的术语给出了定义，共 67 个词条，以便于质量标准的制定、应用以及在国际交流中的相互理解。

（2）GB/T 19000—ISO 9000，《质量管理和质量保证标准——选择和使用指南》。该标准阐明了基本质量概念之间的差别和相互关系，为质量体系系列标准的选择和使用提供指南。

（3）GB/T 19001—ISO 9001，《质量体系——设计/开发、生产、安装和服务的质量保证模式》。该标准是外部质量保证所使用的三个质量体系标准中的一个，这三个标准所阐述的三种质量保证模式代表了供合同双方选用的三种不同的"职能或组织的能力"的形式。该标准用于在双方合同中要求供方证实其设计和提供产品的能力，防止从设计到服务的所有阶段中出现产品质量不合格。

（4）GB/T 19002—ISO 9002，《质量体系——生产和安装的质量保证模式》。该标准用于在双方合同中要求供方证实其提供产品的过程控制能力的质量体系的要求，主要为防止以及发现生产和安装过程中的任何不合格，并采取措施以避免不合格的重复出现。从事建筑生产和安装的企业适于采用此标准。

（5）GB/T 19003—ISO 9003，《质量体系——最终检验和试验的质量保证模式》。该标准规定了合同环境下需由供方证实其在最终检验和试验期间查出和控制产品不合格项并加以处理的能力时对质量体系的要求。

（6）GB/T 19004—ISO 9004，《质量管理和质量体系要素——指南》。该标准阐述了一套可建立和实施质量体系的基本要素，企业应根据市场情况、产品类型、生产特点、消费者需要等具体情况来选择相应的要素和采用这些要素的程度。

2. 企业质量体系的建立与完善

ISO 9000 系列标准是全世界质量科学和管理技术的精华,企业可通过贯彻 ISO 9000 系列标准建立与完善企业的质量体系、实现企业的质量目标,并通过认证机构的审核认证,在社会广大用户中树立起企业的良好形象,扩大市场占有额,使企业在市场竞争中不断前进发展。除了新组建的企业,一般都已存在有质量体系,否则就无法提供现有水平的产品,这样的企业在"贯标"时主要是要注意对照 ISO 9000 系列标准完善企业已有的质量体系。建立与完善质量体系包括质量体系设计、质量体系文件编制、质量体系运行考核等主要环节。

1) 质量体系设计

质量体系是由企业质量管理的组织结构、工作程序、生产过程和投入资源控制体系共同构成的,主要应做好如下工作:

(1) 制定质量方针,确定质量目标。质量方针是由最高管理者批准和正式颁布的该企业总的质量宗旨和质量方向,是企业质量行为的准则,体现了企业对质量的追求以及对社会和用户的质量承诺,是企业精神的重要体现。例如,有的企业质量方针为"质量第一,服务周到,业主满意,不断把最优秀的建筑安装工程产品贡献于人类和社会"。

质量目标是根据质量方针对某一时期所提出的具体的、数量化指标,如有的建筑公司提出"分项工程质量一次合格率 100%,优良率不低于 80%;单位工程竣工一次交验合格率 100%,优良率不低于 60%"。

(2) 明确企业质量环,选定质量保证模式。根据企业的业务范围,系统地分析研究企业的内外环境条件、产品形成全过程包含的主要环节,以此为依据来确定企业的产品寿命周期阶段,将寿命周期各阶段中有关活动再分解成与质量有关的直接的或间接的活动系统。例如,某建筑企业质量环划分的阶段和活动为:市场信息、投标、编制施工组织设计、中标合同签订、施工前准备、采购、施工与安装、检验与试验、工程交付和维修服务。

为有效地实施外部质量保证,使用户放心满意,应在质量环的指导下选定质量保证模式,建筑安装企业一般选用 GB/T 19002—ISO 9002 的质量体系。

(3) 调查管理现状,评价企业原有的质量体系。遵循已定的质量方针、质量目标和质量环来对企业质量管理现状进行分析,从总体上进行评价、找出差距,并针对主要问题研究在建立和完善质量体系时应解决的事宜。

(4) 根据企业特点选定质量要素。质量保证体系是由若干个要素来支撑的,ISO 9000 系列标准给出了 20 多个典型要素,企业应根据自己的特点,如组织结构、管理方式、运行机制、人员素质、装备和技术保证能力等来选定质量要素。

(5) 调整组织机构,合理分配职责。质量要素、质量活动落实的必要条件是健全企业的组织结构,将质量要素、质量活动相应的工作责任和权限分配到各个职能部门,必要时要进行内部组织机构变动,因事设岗、因岗设人,责任权利统一,做到职能清楚、各负其责。

2）质量体系文件编制

ISO 9000系列标准的特点之一就是强调质量体系的建立和运行的文件化,用一套工作程序文件来规范企业所有活动的过程和各类人员的职责。所以编制质量体系文件是建立质量体系的一个重要组成部分,它既是全面系统地描述企业质量体系的文件,又是质量体系运行的规范依据。质量体系文件构成如下:

（1）质量手册。质量手册是阐明企业的质量方针、描述质量体系的纲领性文件,同时描述了实现质量目标的组织结构、资源及各项质量体系要素和它们的控制方法,以及这些活动应达到的要求,是企业最高层次的质量体系文件,供企业中高层管理人员和用户使用。

（2）程序文件。程序文件是指阐明为实现企业既定的质量方针和目标所需的程序和方法的文件。程序文件具体规定各种质量要素及质量活动的范围、职责和必要的控制手段和方法,是企业质量管理起码的要求,是供各部门使用的文件。每一个程序文件只描述一项质量要素所涉及的各个质量职能活动,所以它是一个独立的文件。

（3）支持性文件。支持性文件是上一层次程序文件在实施中所应用和所产生的文件,包括大量的表格、单据、报告和作业指导书等供技术操作或检验使用的质量技术文件和质量记录。

（4）质量保证计划。工程项目具有单项性、一次性、高投入性和风险性,故在工程项目建设初期就应制订质量保证计划。质量保证计划是针对某具体项目、产品或合同规定专门的质量措施、资源和活动的文件,着重体现项目经理部在岗人员质量职责的分配和程序文件的实施。质量保证计划不是一个独立的层次文件,而是对以上三个层次文件的补充或取代,是一个微型的质量保证手册,体现了项目特殊性和专用性的要求。

质量体系文件的编写过程分四个阶段,即目录、草稿（征求意见稿）、二稿（送审稿）和定稿（报批稿）。报批稿经审查、会签通过后,由相应层次管理者批准后才能发布实施。

3）质量体系运行考核

质量体系的运行是指执行质量体系文件及实现质量方针和目标的过程,是发挥质量体系功能的过程。从某种意义上讲,制定文件难,实施运行更难,新的质量体系投入运行要做好充分的准备。

（1）全员培训。实施一个质量体系必须靠全员参与,使每个员工不仅熟悉标准,还掌握与本职岗位有关的体系文件、操作程序、方法及达到的标准。把按标准做、按程序办、按所写的做作为重点进行培训,按ISO 9002的标准要素、按企业科室职责分工、按管理系统由上而下地办各种培训班。

（2）组织与协调。组织与协调是维持质量体系运行的动力。组织工作主要是组织好质量体系文件的实施,使各类人员明确自己的职责和权限,要重点抓好和用户利益最密切的一些关键要素。协调工作是试运行阶段的主要工作,由于质量体系文件可能会有设计不周的地方,计划项目可能会有变化,同时实践中的影响因素复杂,质量体系文件在实施过程中不可避免地会出现这样或那样的问题,必须要各个部门的领导、组织各方面共同研究,认真提出纠正措施,不断修改程序文件,使企业质量体系得以有效地运行。

（3）内部质量审核。内部质量审核是企业内部组织的、由企业内部审核员具体执行的、按计划开展的质量保证活动。其目的是查明质量体系要素是否处于受控状态,并通过质量体系运行的实际效果来检查体系的设计是否达到了规定的目标,以便及时发现存在的问题,采取纠正措施,不断完善质量体系的符合性和有效性。内部质量审核的内容主要是对质量体系文件本身与系列标准的符合性、质量体系文件的贯彻情况和执行效果进行审核。要特别重视对不符合项整改的跟踪审核,使企业质量体系走向"实施—审核—纠正—改进"的良性循环轨迹。

（4）管理评审。管理评审是企业对质量体系负有直接责任的最高管理者亲自参加的,以评审会形式开展的,对质量体系的运行状况及其总体有效性、特殊性、适应性所进行的综合性的审查与评价。通过评审,确认了质量体系的适用性和有效性,可以作出正式迎接第三方认证机构审核的安排。

3. 质量体系的认证与注册

管理评审通过后,就可以提请认证机构来企业审核认证,实施过程如下:

（1）提出申请。企业应选定有良好信誉的、有权威性的、合适的认证机构作为审核方,根据认证机构的要求,填写正式申请书,申请认证。

（2）提交文件。企业提出申请并被认证机构接受后,应提交符合 GB/T 19002—ISO 9002 标准的质量体系文件(包括质量手册、质量体系程序文件、支持性文件等),并准备接受审查所需的证实性资料,以显示这些文件得以贯彻的记录,证明达到了所要求的质量且质量体系正在有效地运行。一般所提供的证据需至少在现场检查前的半年以上。

（3）再次内审。在外部质量体系审核之前,按现有体系文件再一次对每一个体系要素进行一次全面的内部体系审核是十分必要的。审核结束后,填写审核报告,报告审核的现状和存在的问题,评价是否需要改进或采取纠正措施的建议。如果存在不符合项,应开具纠正措施通知单,及时改正。

（4）接受评审。对于企业来说,接受到企业现场的评审是通过认证的关键环节。现场检查一般包括首次会议、企业参观、现场检查、体系评定、总结会议五个步骤。现场检查组检查后要将有关不符合项报告整理成文,由检查组签字后,经被审部门的负责人签字认可后生效。不符合项一式两份,双方各执一份,检查组带回作为检查报告的附件送审核机构备案,并作后续监控用。企业应根据检查到的不符合项和要求纠正的期限,对体系作必要的整改与完善,直到满足全部要求,并把实施跟踪记录反馈给审核机构,审核机构可对修正的体系作部分的或全部的评价和确认。

当审核组认为企业申请的产品质量体系符合相应质保模式标准的要求,运行是有效的,将向审核机构提出通过认证的推荐建议,经审核机构技术委员会讨论,确定后即可批准注册,并颁发注册证书。质量体系认证注册证书除了盖质量体系认证机构的印章和标志外,还有认证管理机构的认可标志,表明我国质量体系认证借鉴了国际通行的做法,具有公正性、严格性和可信性,符合我国有关法律、法规的规定。

第三节 建筑安装工程质量检验评定

在工程竣工验收时,其中很重要的一项工作就是对施工过程中各分项、分部及单位工程质量验收的资料进行审查。由于工程质量验收发生在整个工程施工期间,时间跨度大,特别是隐蔽工程,要及时进行质量验收,因此要加强施工期间的质量验收管理,及时收集整理资料,为后期的竣工验收做好准备。

从技术管理的角度看,工程质量是指工程完成后与国家技术规范标准的符合程度。每个分项、分部、单位工程完成后,都要由施工单位、设计单位、建设单位、当地的工程质量监督站会同验收,只有经质量监督站签署合格的项目才能交付验收。下面结合现行的建筑安装工程质量检验评定标准,对验收项目的划分、标准、评定程序及方法作简明介绍。

一、分项、分部、单位工程的划分

一个建筑物的建成,从施工准备工作开始到竣工交付使用,要经过若干个工序,由若干工种配合施工,所以一个工程质量优劣的评定也就包括对每个施工工序和各工种操作质量的评定。为了便于控制、检查和评定,就把这些工序或工种作为分项工程。

由于分项工程划分不能太大,工种比较单一,往往不易反映出一些工程的全部质量面貌,所以又按建筑工程的主要部位和用途划分为分部工程来综合评定分项工程的质量。建筑土建工程通常按主要部位划分为地基与基础工程、主体工程、地面与楼面工程、门窗工程、装饰工程、屋面工程六个分部工程(表16-1)。建筑设备安装工程通常按专业划分为建筑采暖、卫生与煤气工程,建筑电气安装工程,通风与空调工程,电梯安装工程四个分部工程(表16-2)。

表 16-1　建筑土建工程各分部工程及所含主要分项工程名称

序号	分部工程名称	分项工程名称
1	地基与基础工程	土方,爆破,灰土、砂、砂石和三合土地基,重锤夯实地基,强夯地基,挤密桩,振冲地基,旋喷地基,打(压)桩,灌筑桩,沉井和沉箱,地下连续墙,防水混凝土结构,水泥砂浆防水层,卷材防水层,模板,钢筋,混凝土,构件安装,预应力钢筋混凝土,砌砖,砌石,钢结构焊接,钢结构螺栓连接,钢结构制作,钢结构安装,钢结构油漆等
2	主体工程	模板,钢筋,混凝土,构件安装,预应力钢筋混凝土,砌砖,砌石,钢结构焊接,钢结构螺栓连接,钢结构制作,钢结构安装,钢结构油漆,木屋架制作,木屋架安装,屋面木骨架等
3	地面与楼面工程	基层、整体楼、地面、板块楼、地面、木质板楼、地面等
4	门窗工程	木门窗制作,木门窗安装,钢制窗安装,铝合金门窗安装等
5	装饰工程	一般抹灰,装饰抹灰,清水砖墙勾缝,油漆,刷(喷)浆,玻璃,裱糊,饰面,罩面板及钢木骨架,细木制品,花饰安装等
6	屋面工程	屋面找平层,保温(隔热)层,卷材防水,油膏嵌缝涂料屋面,细石混凝土屋面,平瓦屋面,薄钢板屋面,波瓦屋面,水落管等

表 16-2　建筑设备安装工程各分部工程及所含主要分项工程名称

序号	分部工程名称		分项工程名称
1	建筑采暖、卫生与煤气工程	室内	给水管道安装,给水管道附件及卫生器具给水配件安装,给水附属设备安装,排水管道安装,卫生器具安装,采暖管道安装,采暖散热器及太阳能热水器安装,采暖附属设备安装,煤气管道安装,锅炉安装,锅炉附属设备安装,锅炉附件安装等
		室外	给水管道安装,排水管道安装,供热管道安装,煤气管道安装,煤气调压装置安装等
2	建筑电气安装工程		架空线路和杆上电气设备安装,电缆线路,配管及管内穿线,瓷夹、瓷柱(珠)及瓷瓶配线,护套线配线,槽板配线,配线甩钢索,硬母线安装,滑触线和移动式软电缆安装,电力变压器安装,高压开关安装,成套配电柜(盘)及动力开关柜安装,低压电器安装,电机的电气检查和接线,蓄电池安装,电气照明器具及配电箱(盘)安装,避雷针(网)及接地装置安装等
3	通风与空调工程		金属风管制作,硬聚氯乙烯风管制作,部件制作,风管及部件安装,空气处理室制作及安装,消声器制作及安装,除尘器制作及安装,通风机安装,制冷管道安装,防腐与油漆,风管及设备保温,制冷管道保温等
4	电梯安装工程		曳引装置组装,导轨组装,轿箱、层门组装,电气装置安装,安全保护装置安装,试运转等

　　建筑物的单位工程由建筑土建工程和建筑设备安装工程共同组成,目的是突出建筑物的整体质量。实际评定时,一个独立的、单一的建筑物(构筑物)为一个单位工程,如一所学校的一栋教学楼、一栋办公楼、传达室等均各为一个单位工程。

　　建筑物的室外工程则分为三个单位工程:室外采暖、卫生与煤气工程,室外建筑电气安装工程,室外建筑工程(如道路、围墙、花坛、花架、建筑小品等)。

二、建筑安装工程质量检验评定标准

(1)《建筑安装工程质量检验评定统一标准》GBJ 300—88。

(2)《建筑工程质量检验评定标准》GBJ 301—88。

(3)《建筑采暖、卫生与煤气工程质量检验评定标准》GBJ 302—88。

(4)《建筑电气安装工程质量检验评定标准》GBJ 303—88。

(5)《通风与空调工程质量检验评定标准》GBJ 304—88。

(6)《电梯安装工程质量检验评定标准》GBJ 310—88。

三、单位工程质量检验评定程序及方法

单位工程质量检验评定采用分项、分部和单位工程三级划分及三级评定,合格与优良两个质量等级。

1. 分项工程质量检验评定

分项工程质量检验评定由保证项目、基本项目和允许偏差项目三部分组成。

(1)保证项目。保证项目条文是必须要达到的要求,这是保证工程安全或使用功能正常的重要检验项目。保证项目是合格和优良等级都必须达到的质量指标,因为这些项目是确定分项工程性质的,若降低要求就相当于降低基本性能指标,会严重影响工程的安全性能。如砌砖工程中的砂浆强度、水平灰缝的砂浆饱满度要求都属于保证项目。

(2)基本项目。基本项目是保证工程安全或使用性能的基本要求,它虽不像保证项目那样重要,但对使用安全、功能、美观都有较大影响。其指标分为合格与优良两个等级。基本项目评定时,所抽查的全部项数质量均达到合格,该分项工程的基本项目即定为合格。在合格的基础上,其中有 50％ 及以上项数达到优良,则该分项工程的基本项目为优良。抽查中任意项目中有一处(件)质量未达到合格,这个项目就不能评为合格,其基本项目和分项工程质量也不能评为合格。具体检验评定采用制定好的表格进行。

(3)允许偏差项目。允许偏差项目是分项工程检验项目中规定有允许偏差范围的项目,允许偏差值主要按照施工规范中的规定执行。允许偏差项目抽检的点数中,建筑工程有 70％ 及以上、设备安装工程有 80％ 及以上在允许偏差范围内即为合格,如有 90％ 以上在允许偏差范围内即为优良。

当保证项目、基本项目、允许偏差项目均为合格时,该分项工程质量等级为合格;当保证项目满足要求,基本项目、允许偏差项目均为优良时,该分项工程质量等级为优良。

2. 分部工程质量检验评定

(1)合格:所含分项工程的质量全部合格。

(2)优良:所含分项工程的质量全部合格,其中有 50％ 及以上为优良工程(必须含指定的主要分项工程),且无处理后定为合格的分项。

3. 单位工程质量检验评定

1) 合格的标准

(1) 所含分部工程质量全部合格。

(2) 质量保证资料基本齐全。

(3) 观感质量评定得分率达到 70％ 及以上。

2) 优良的标准

(1) 所含分部工程质量全部合格,其中有 50％ 及以上优良,建筑工程必须含主体和装饰分部工程,以建筑设备安装工程为主的单位工程其指定的分部工程必须优良。

(2) 质量保证资料基本齐全。

(3) 观感质量评定得分率达到 85％ 及以上。

观感质量评分是工程全部竣工后的一项重要评定工作,是全面评价一个单位工程的外观及使用功能质量,已验收的分项、分部工程成品保护质量等的重要手段。特别是工程完工,大部分荷载已上去,建筑物有没有不均匀下沉,有没有裂缝等,可以直观、宏观地进行观感检查。单位工程观感质量评定项目及方法参见表 16-3,质量保证资料核查参见表 16-4。

表 16-3　单位工程观感质量评定表

序号	项目名称		标准分	评定等级					备注
				一级 100%	二级 90%	三级 80%	四级 70%	五级 0	
1		室外墙面	10		2.7	5.6			
2		室外大角	2		1.8				
3		外墙面横竖线角	3		2.7				
4		散水、台阶、明沟	2	2					
5		滴水槽(线)	1					0	有的漏做
6		变形缝、水落管	2					0	变形缝有两处未分开
7		屋面坡向	2	2					
8		屋面防水层	3			2.4			
9		屋面细部	3				2.1		
10	建筑工程	屋面保护层	1		0.9				
11		室内顶棚	4	2		1.6			
12		室内墙面	10	3	6.3				
13		地面与楼面	10	8	1.8				
14		楼梯、踏步	2			1.6			
15		厕浴、阳台泛水	2		1.8				差 25 mm,应进行处理
16		抽气、垃圾道	2				1.4		两处不通畅
17		细木、护栏	2(4)		1.8				
18		门安装	4	4					
19		窗安装	4		3.6				
20		玻璃				1.6			
21		油漆	4(6)		3.6				

表 16-4　质量保证资料核查表

工程名称:某 5 号住宅

序号		项目名称	份数	核查情况
1		钢材出厂合格证、试验报告	12	主要部分钢筋有试验报告,焊接符合要求
2		焊接试(检)验报告、焊条(剂)合格证	1	
3		水泥出厂合格证或试验报告	6	MU10 砖符合设计要求
4		砖出厂合格证或试验报告	10	缺防水材料试验
5		防水材料合格证、试验报告	4	楼板、楼梯段、休息平台有合格证
6	建筑工程	构件合格证	3	14 组设计 C20 混凝土试块,平均强度 22.5 N/mm²,最低强度 19.6 N/mm²
7		混凝土试块试验报告	14	
8		砂浆试块试验报告	14	
9		土壤试验、打(试)桩记录	4	
10		地基验槽记录	2	14 组设计 M7.5 砂浆试块,平均强度 13.4 N/mm²,检查资料齐全
11		结构吊装、结构验收记录	13	
12		材料、设备出厂合格证	4	个别阀门无耐压试验强度试验、焊口检查资料齐全、符合要求
13	建筑采暖、卫生与煤气工程	管道、设备强度、焊口检查和严密性试验记录	4	
14		系统清洗记录	6	
15		排水管灌水、通水试验记录	2	灌水、通水试验记录各 1 份
16		锅炉烘、煮炉,设备试运转记录	2	
17		主要电气设备、材料合格证	9	资料较齐全,符合要求
18	建筑电气安装工程	电气设备试验、调整记录	9	
19		绝缘、接地电阻测试记录	3	
20		材料、设备出厂合格证		
21	通风与空调工程	空调调试报告		
22		制冷管道试验记录		
23		绝缘、接地电阻测试记录		
24	电梯安装工程	空、满、超载运行记录		
25		调整、试验报告		
检查结果		基本齐全	企业技术部门或监督部门	公章

系统地对单位工程进行检查,可全面地衡量单位工程质量的实际情况,突出对生产成品的检验和为用户着想的观点。分项、分部工程质量的检验评定,对其本身来讲是产品检验,但对交付使用的建筑物来讲又是施工过程中的质量控制。只有单位工程的检验评定才是建筑产品的检验评定。

单位工程质量验评由企业技术负责人组织,企业经理和技术负责人共同签字负责,地方工程质量监督站进行质量等级核定。单位工程质量综合评定表参见表16-5。

表 16-5 单位工程质量综合评定表

项次	项 目	评定情况	核定情况
1	分部工程质量评定汇总	共 8 分部 其中:优良 6 分部 优良率 75% 主体分部质量等级 优良 装饰分部质量等级 优良 安装主要分部质量等级(无要求)	分项、分部的划分和评定基本正确 基础分部缺土方分项工程 装饰分部缺砖墙勾缝分项工程 室内装饰、油漆、抹灰等按单元划分分项工程 同意评定情况
2	质量保证资料评定	共核查 16 项 其中:符合要求 16 项 经鉴定符合要求	16 项中符合要求 16 项,质量保证资料基本齐全,油毡只有合格标签,暖气片及给水阀门有的未做耐压试验 同意评定情况
3	观感质量评定	应得 100 分 实得 84.3 分 得分率 84.3%	应得 100 分 实得 84.3 分 得分率 84.3%
4	企业评定等级: 合格 企业经理:××× 企业技术负责人:×××		工程质量监督 或主管部门 核定:合格 负责人:×××

第四节 全面质量管理中常用统计分析方法

全面质量管理中经常使用的统计分析方法有排列图法、分层法、因果分析图法、频数分布直方图法、控制图法。

一、排列图法

排列图又称主次因素排列图,是根据意大利经济学家帕莱脱"关键的少数和次要的多数"的原理而产生的。常用来分析和找出影响产品质量的主次因素,是抓主要矛盾解决质量问题的有效方法。

排列图有一个横坐标,表示影响质量的因素;有两个纵坐标,左边的一个表示频数,右边一个表示频率。各影响质量因素的大小以等宽的矩形表示,其高度表示频数大小,有一条折线是根据累计频率画出来的。

排列图作图的步骤是:

(1)按确定的质量问题进行调查,收集各影响因素的实测数据。

(2)对各影响因素实测数据按频数大小排队,计算各因素出现的频率及累计频率,如表 16-6 所示。

表 16-6 某工程队砌砖操作不合格项目统计表

序 号	影响因素	允许偏差	不合格点数	频率/%	累计频率/%
1	门窗洞口宽度	±5 mm	15	50	50
2	基础楼面标高	±15 mm	9	30	80
3	混水墙平整度	8 mm	3	10	90
4	每层垂直度	5 mm	1	3.4	93.4
5	砂浆饱满度	<20%	1	3.3	96.7
6	水平灰缝厚度(10皮砖累计)	±8 mm	1	3.3	100
合 计			30	100	

(3) 绘制排列图,按适当的比例确定频数和频率纵坐标轴及各影响因素的直方图宽度。按照表 16-6 中各因素的排列序号依次画出直方图,并以累计频率值点绘出帕莱脱曲线,如图 16-3 所示。

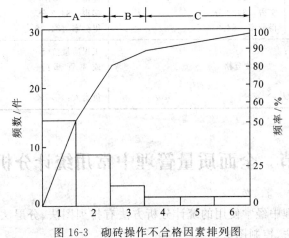

图 16-3 砌砖操作不合格因素排列图

对排列图的分析:通常将帕莱脱曲线分成三个区域,累计频率在 80% 以上的区域为 A 区,所包含的质量因素是主要因素;累计频率在 80%～90% 的区域为 B 区,其所包含的因素为次要因素;累计频率在 90%～100% 的区域为 C 区,其所包含的因素为一般因素。从图中可以看出,某工程队砌砖的主要质量问题是门窗洞口宽度及基础楼面标高偏差过大,次要因素是混水墙平整度不够,其他为一般因素。

二、分层法

在质量管理的统计分析中,排列图法有助于找出主要质量问题之所在。在需要作更进一步的分析时,往往采用分层法。分层法又叫分类法,是收集整理数据的基本方法,把数据按照不同的目的加以分类。

由表 16-7 可以看出,造成返工损失的主要项目是混凝土工程,但影响混凝土质量的因素有很多,我们可以先从工艺质量方面将各因素返工的损失情况作进一步的统计,如表 16-8 所示。可以看出造成混凝土工程损失的主要因素是混凝土强度不够和蜂窝麻面。针对这两个因素还可以从操作工艺、原材料等方面作更深一层的分析。

表 16-7　某工程损失情况表

序　号	工程名称	损失金额/元	所占比重/%	累计百分比/%
1	混凝土工程	3 000	62.5	62.5
2	土方工程	500	10.4	72.9
3	砌砖工程	400	8.3	81.2
4	装饰工程	400	8.3	89.5
5	其　他	500	10.5	100
合　计		4 800	100	

表 16-8

序　号	类　别	损失金额/元	所占比重/%	累计百分比/%
1	强度不够	2 000	66.7	66.7
2	蜂窝麻面	600	20.0	86.7
3	预埋件偏移	300	10.0	96.7
4	其　他	100	3.3	100
合　计		3 000	100	

由上例可以看出,分层法是一种逐次分层、逐层分解来寻找质量问题的办法。用什么样的因素作为分层或分类的依据要视具体情况而定,一般可参考下列原则:

(1) 按不同的分部、分项工程分。

(2) 按不同的操作方法和工艺分。

(3) 按操作班组或人员分。

(4) 按操作时间分,如早、中、晚班等。

(5) 按施工设备分。

(6) 按所加工的原料分,如不同成分、不同供料单位和产地等。

三、因果分析图法

因果分析图又叫特性要因图,按其表现形态又称为鱼刺图或树枝图(图 16-4)。因果分析图法是日本质量管理专家石川馨教授所创,他指出:"对于任何技术问题,关键在于整理出与之有关的因素,然后从重要的因素着手解决之。"在生产中经常会碰到很多问题,如混凝土裂缝较多、砌砖质量不好、原料质量不好、工艺水平很低、工人技术水平不高等,它们之间互相影响,原因错综复杂。为了弄清原因并针对其重要原因制定对策,可以采用因果分析图法。如针对混凝土裂缝形成原因的分析如图 16-5

所示。

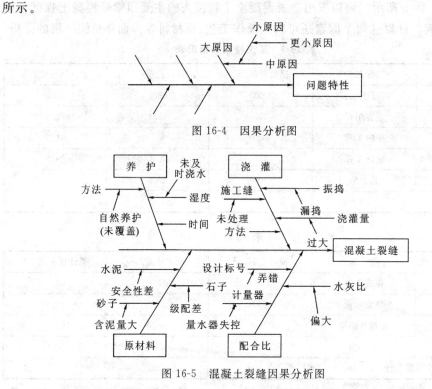

图 16-4　因果分析图

图 16-5　混凝土裂缝因果分析图

分析质量管理的主要原因并采取相应的对策,可以采用如表 16-9 所示的对策表。

表 16-9　对策表

序　号	质量问题产生原因	解决对策	负责人	限　期

四、频数分布直方图法

任何生产过程在相同的工艺条件下,加工出来的产品质量并不完全相同,反映为各个产品质量的数据存在差异。这是与产品相关的人、材料、设备、环境等因素对产品质量所产生影响的综合表现。质量差异特征的规律性有助于我们掌握产品质量在生产过程中的波动性和离散性,从而采取预防及控制措施。

1. 频数分布直方图的绘制方法

频数分布直方图是反映质量数据波动特性的一种图,分析对象是一道工序或者某一范围和期间内的产品质量特性计量值。一般抽取 50~100 个某项质量指标的数据值,按一定的组距分成若干组,画出以组距为底边,以落入各组范围内的数据个数

（频数）为高度的若干个直方,这些直方构成的图就叫频数分布直方图。

【例 16-1】 某混凝土预制构件厂某月对生产的 C20 混凝土共取 125 组试块,其平均抗压强度如表 16-10 所示,试绘制其频数分布直方图。

表 16-10

行　次	混凝土试块抗压强度/(N·mm⁻²)										行中值	
											最大	最小
1	21.56	26.46	26.07	22.93	26.07	21.95	25.87	24.40	20.87	24.89	26.46	20.87
2	22.34	19.60	26.26	26.36	17.54	22.25	18.72	16.66	15.19	17.25	26.36	15.19
3	22.44	21.46	21.17	14.70	24.21	24.99	28.81	28.03	20.09	21.85	28.81	14.70
4	22.15	21.56	19.21	18.13	21.27	17.51	18.33	24.21	26.17	26.56	26.56	17.51
5	24.79	28.13	23.23	29.30	25.09	24.39	18.03	21.07	20.68	21.85	29.30	18.03
6	27.05	15.97	19.50	21.27	30.87	19.11	20.78	30.67	20.68	32.34	32.34	15.97
7	25.87	31.07	23.23	21.07	26.36	24.79	31.46	27.05	24.89	27.73	31.46	21.07
8	29.99	24.89	27.24	30.67	31.85	25.28	27.64	26.07	22.83	30.18	31.85	22.83
9	24.21	25.77	22.44	20.09	26.26	24.99	25.09	30.38	16.07	19.11	30.38	16.07
10	14.70	24.30	23.42	22.05	21.95	30.48	18.52	21.48	27.24	28.03	30.48	14.70
11	21.95	22.44	22.56	21.19	27.64	24.30	25.38	25.48	24.99	22.93	27.64	21.95
12	28.52	25.18	24.89	24.79	19.01	20.68	19.89	21.95	22.83	17.05	28.52	17.05
13	18.03	25.09	22.54	20.19	20.48	—	—	—	—	—	25.09	18.03

绘图步骤如下:

(1) 收集数据,如表 16-10 所示。

(2) 数据分组,一般数据个数在 50~250 时,可分 6~12 组。

(3) 计算组距(h),可用下式计算:

$$h = \frac{X_{max} - X_{min}}{K} = \frac{32.34 - 14.70}{10} = 1.764 \approx 1.8$$

(4) 计算界值。

(5) 编制频数分布表。以统计的频数编制频数分布表,如表 16-11 所示。

表 16-11　混凝土抗压强度频数分布调查表

序　号	组界值	频数统计	频　数	频　率
1	15.0~16.8	正	5	0.040
2	16.8~18.6	正下	8	0.064
3	18.6~20.4	正正	10	0.080
4	20.4~22.2	正正正下	19	0.152
5	22.2~24.0	正正正正下	22	0.176
6	24.0~25.8	正正正正下	23	0.184
7	25.8~27.6	正正正下	17	0.136
8	27.6~29.4	正正	10	0.080
9	29.4~31.2	正	5	0.040
10	31.2~33.0	正一	6	0.048
Σ			125	1.000

（6）画频数分布直方图。以横坐标表示分组的界值，纵坐标表示各组间数据发生的频数，以组距为底边、以频数为高度构成若干直方矩形图，并将频数标注在直方块顶端，如图 16-6 所示。

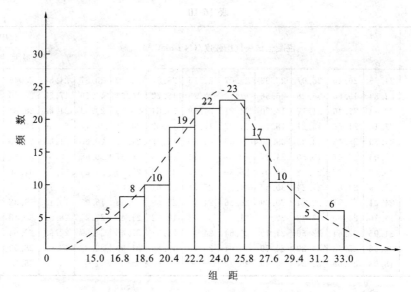

图 16-6　频数分布直方图

2. 频数分布直方图的观察分析

频数分布直方图中间高、两边低，基本上是两边对称下降的"山峰"形状。如果按照直方图顶端变化的总体趋势，即大体穿过各直方的顶部作一条曲线，则很接近常见的概率分布曲线——正态曲线。

（1）孤岛型：因原材料一时发生变化或由不熟练工人替班操作时出现的情况（图 16-7）。

（2）双峰型：由两台不同型号设备或两批不同原材料、两批不同的操作人员加工出来的产品而出现的直方图（图 16-8）。

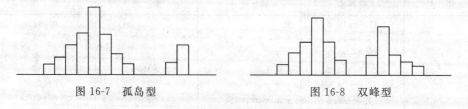

图 16-7　孤岛型　　　　　　　　　　　　图 16-8　双峰型

（3）折齿型：数据分组分得过多时易出现的直方图（图 16-9）。

（4）陡壁型：搜集数据时，有意识地剔除了不合格产品数据作成的直方图（图 16-10）。

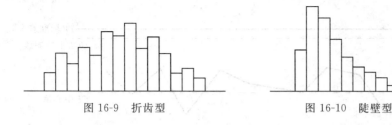

图 16-9　折齿型　　　　　　　　图 16-10　陡壁型

五、控制图法

控制图又叫管理图,用于观察分析生产过程中质量的波动情况和变化趋势,是美国休哈特博士 1924 年首先提出的。前面所述的排列图法、因果分析图法、频数分布直方图法等所反映的质量情况是静态的,而控制图法则提供了质量动态变化的数据,使质量情况的变化图示化,易于观察,为及时采取控制质量的措施提供了动态的信息。这种方法在质量管理中广泛用于连续生产和大批生产,是常用统计方法中很重要的一种。

控制图按照所控制的质量特征值的不同可分为多种类型,一般常用的有样本均值控制图和极差 R 控制图(极差 R 是指一组数据中最大值与最小值之差)。下面我们通过一个例子来说明这两种控制图的绘制方法和原理。

【例 16-2】　某混凝土预制构件厂为掌握所用 C30 混凝土强度质量波动的情况,每天检测 5 个数据,连续检测 12 天,取得的数据如表 16-12 所示,试建立控制图。

表 16-12

时间/天 数据	1	2	3	4	5	6	7	8	9	10	11	12
一	33.32	30.87	28.42	33.32	28.91	31.36	28.42	30.38	28.91	28.89	28.42	29.40
二	31.36	27.93	33.32	32.34	27.93	30.87	33.32	31.36	28.42	33.32	28.91	34.30
三	27.44	29.99	34.30	31.85	29.89	29.89	32.34	29.89	27.44	32.334	29.40	31.36
四	29.50	26.46	30.38	32.83	29.89	27.93	30.87	33.32	26.46	34.40	30.38	30.38
五	28.42	28.42	31.36	29.89	32.34	30.09	28.91	33.32	27.93	29.40	31.36	33.32
$\bar{x}$	29.99	28.71	31.56	32.05	29.89	30.09	30.77	31.85	27.83	31.85	29.69	31.75
R	5.88	4.41	5.88	3.43	4.41	3.43	4.90	4.41	2.45	4.90	2.94	4.90

将每天测试的 5 个数据分别算出平均值 $\bar{x}$ 和极差 R,记入表 16-12 中。然后以时间为横坐标,平均值 $\bar{x}$ 和极差 R 为纵坐标,画出控制图,如图 16-11 所示。从图中可以看出,R 是随着时间变化而波动的,这就反映出了质量状态。

六、相关图法

为了更进一步、更深刻地认识质量波动的原因,有必要研究质量与某些影响因素

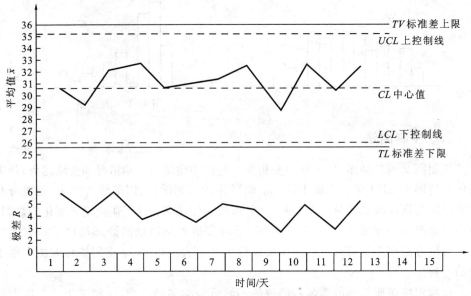

图 16-11 $\bar{x}-R$ 控制图

之间可能存在的一些量的关系。从数学的观点来看,我们要研究的是一个变量(质量特性)与一个或几个变量(影响质量的因素)之间的关系。

从图 16-12 可以看到,散点大致地围绕一条直线散布,而图 16-13 的散点则大致围绕一条曲线散布,这就是变量间统计规律性的一种表现。前者可用线性函数来近似地描述,后者则可用曲线函数来描述,这样的函数称为回归函数。如果回归函数是一个线性函数,则称变量间是线性相关的。研究两个变量间的相关关系称为一元回归分析,研究多个变量间的相关关系称为多元回归分析。研究变量间的相关关系,确定回归函数,以及由此得知某质量特性与某影响因素之间的变化关系,达到预测和控制质量特性的目的,这就是质量管理中相关图分析的内容。

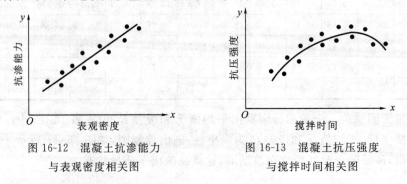

图 16-12 混凝土抗渗能力　　　图 16-13 混凝土抗压强度
与表观密度相关图　　　　　与搅拌时间相关图

七、统计调查分析法

这种方法是利用统计调查表进行数据整理和质量分析。这种方法简便易行,反映质量信息快,表格的设计可以多样化,灵活性也很大。表格内容设计得好,对质量信息传递、反馈、控制可起较大作用。建筑企业常用的表格有如下几种:

(1)统计分项工程质量分析状态的调查表。

(2)统计不合格项目的调查表。

(3)统计产品缺陷部位的调查表。

(4)统计影响产品质量主要原因的调查表。

(5)统计质量检查评定用调查表。

(6)其他管理用调查表。

【要点回顾】

1. PDCA质量体系的基本运转方式。

2. 全面质量管理中常用的统计分析方法。

【练习题】

一、单选题

1. 质量管理意识从20世纪初到20世纪80年代经历了三个发展阶段,其中质量检验阶段处于( )。

A. 20世纪20至40年代　　　　　B. 20世纪30至40年代

C. 20世纪40至50年代　　　　　D. 20世纪50至60年代

E. 20世纪60年代至今

2. PDCA循环中的A指的是( )阶段。

A. 计划　　　　B. 实施　　　　C. 检查　　　　D. 处理

3. PDCA循环的关键在( )阶段。

A. A　　　　B. P　　　　C. D　　　　D. C

二、多选题

1. 质量体系运转的基本方式分为四个阶段,包括( )。

A. 计划阶段　　　　　　　　B. 执行阶段

C. 检查阶段　　　　　　　　D. 处理阶段

E. 校核阶段

2. 全面质量管理中经常使用的方法有( )。

A. 排列图法　　　　　　　　B. 分层法

C. 因果分析图法　　　　　　D. 频数分布直方图法

E. 控制图法

三、判断题

1. PDCA循环中的P指的是实施阶段。

2. PDCA循环的关键在A阶段。

四、简答题

1. 全面质量管理的特点是什么？

2. 建筑企业加强全面质量管理的重要意义是什么？

3. PDCA 循环的四个阶段是什么？PDCA 循环有哪些特点？

第十七章　建筑企业的成本管理及经济核算

【预期目标】

通过对本章的学习,你可以获得以下知识和能力:

1. 了解建筑企业资金成本管理中的方法;

2. 熟悉成本利润率的计算方法;

3. 认识建筑企业经济核算制的基本概念、方法、内容和条件。

【学习提示】

本章的重点知识有:

1. 建筑企业资金成本管理;

2. 建筑企业成本利润率的计算方法;

3. 建筑企业经济核算制。

学习本章的方法及注意事项:

1. 多方面收集建筑企业的成本构成因素,为成本的精确计算提供帮助;

2. 重点放在理论的实际应用中。

第一节　建筑企业的资金管理

一、资金的来源

资金是指企业拥有、占用和支配的财产物资的价值形态。它是企业进行生产经营活动的前提条件和物质基础。具有特定用途的资金称为基金或专项资金。资金的价值形态是企业再生产过程中一定数量的"观念"上的货币;资金的使用价值形态即实物形态,是一定数量的劳动手段、劳动对象等财产物资。

资金的运动是指资金的来源、运用、分配及其周转循环。

建筑企业资金的来源、形成渠道主要有:

1. 由国家拨入的资金

按其用途的不同可分为固定资金、流动资金和专项拨款三种。

2. 向建设单位收取的资金

按现行规定有临时设施包干基金、劳保基金、流动施工津贴、技术装备基金等。

3. 向银行借入的资金（即银行贷款）

主要有流动资金借款、专项借款等。

4. 结算中占用的资金

主要是预收备料款和工程款、各种应付款以及应缴税金。

5. 企业内部形成的资金

主要有从工程成本中提取形成的更新改造基金、大修理基金、职工福利基金和从税后留利中建立的新产品试制基金、生产发展基金、后备基金和职工奖励基金等。

上述资金来源中，固定资金、流动资金和其他的专项资金（不包括专项借款）是企业可以长期使用的资金来源，属于自有资金；流动资金借款、专项借款、结算中占用的资金等是企业临时运用的资金，属于非自有资金。建筑企业资金来源一般内容如图17-1所示。

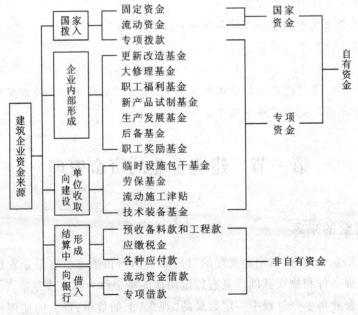

图 17-1 建筑企业资金来源示意图

建筑企业资金的运用（分布、使用和存在的形态）如图17-2所示。从图中可以看出，资金的来源和运用是一个统一体的两个不同的方面。从数量上看，一定的资金来源必有其相应等量的资金运用，反之亦然。

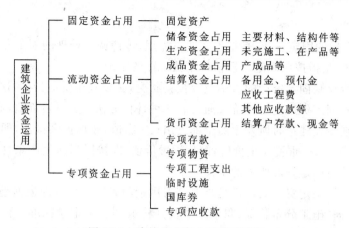

图 17-2　建筑企业资金运用示意图

二、固定资金管理

1. 固定资金的特点和管理

固定资金指以货币形式表现的可以长期地在生产过程中发挥作用的劳动资料（厂房、机器设备、运输工具等）的价值。固定资金的实物形态是固定资产。在生产过程中固定资产不改变自己的实物形态，只是根据其在使用中的损耗程度，将它们的价值以折旧费用的形式逐次转入产品中去，然后从产品的销售收入中收回。固定资金周转的特点首先是周转期较长，它的具体时间取决于固定资产的使用期限；其次，它的价值形态的周转与实物形态周转不一致，即固定资金仍然正常发挥职能，而用于进行固定资产更新的折旧基金已经开始建立。

根据现行制度规定，作为固定资产的劳动资料，须同时具备使用年限在一年以上和单位价值在规定数额（200 元、500 元、800 元）以上两个条件。达不到以上规定标准的劳动资料作为企业的低值易耗品与周转使用材料，按照流动资金管理办法进行管理。

固定资金管理的任务是：正确反映企业固定资产的增减变化，保证和监督固定资产的完整无损；促进固定资产的合理使用，不断提高固定资产的运用效益；正确计算和提存固定资产折旧，保证固定资产补偿（更新改造）有正常的资金来源。

2. 固定资产的分类、计价和核定

施工企业的固定资产按其经济用途和使用情况可以分为五类：

（1）生产用固定资产，是指用于生产或生产管理的各种固定资产，如房屋及其他建筑物、施工机械、运输设备、生产设备、仪器和试验设备、其他生产性固定资产。

（2）非生产用固定资产，是指不参加或不直接服务于生产过程的各种固定资产，如宿舍、食堂、幼儿园、浴室、医院等单位使用的各种固定资产。

（3）未使用的固定资产，是指尚未使用的新增固定资产和尚未安装的或封存停用的固定资产。

（4）不需用的固定资产，是指本企业不需用、等待调配处理的固定资产。

（5）土地，是指按照规定已经估价单独入账的土地。

为了综合反映固定资产的占用量及损耗状况，必须利用价值指标，这就需要用货币计量单位对固定资产进行计价。通常有三种计价方法：① 原始价值，简称原值，即企业在购置或委托建造时所发生的全部支出；② 净值，亦称折余价值，即原值减去已提折旧后的净额；③ 重置完全价值，简称重置价值，即按照当前生产条件和市场情况重新购置或建造固定资产所需的全部支出。

固定资产和固定资金的核定是指对其需用量的确定。核定的依据是企业的生产规模、品种方向、施工分布状况、职工人数及其构成和有关定额标准。核定的方法是在清查企业现有固定资产的品种、数量、质量、能力和配套情况的基础上，参照先进的同类型企业固定资产需用量指标，通过必要的计算分别确定各类型固定资产的需用量。核定的原则是既要保证企业正常生产的需要，又要保证固定资产的充分利用。对企业多余、闲置的固定资产，应采取有偿转让、出租、调出或封存待令等措施，做到物尽其用。

3. 固定资产的折旧

1）折旧的概念

固定资产在使用（或闲置）过程中会逐渐磨损，这是造成其价值减少的原因。磨损的形式有两种——有形磨损和无形磨损。

固定资产的有形磨损又称为物理磨损，是由于使用、自然侵蚀、灾害破坏，而使固定资产的功能下降、价值减少。

固定资产的无形磨损又称为精神磨损，是由于新技术、新设备的出现，提高了劳动生产率，节约社会平均劳动量的原因而发生的贬值。关于无形磨损的概念，马克思在《资本论》中有过精辟的论述："机器除了有形损耗之外，还有所谓无形损耗。只要同样结构的机器能够更便宜地再生产出来，出现更好的机器同原有机器相竞争，原有机器的交换价值就会受到损失。在这两种情况下，即使原有的机器还十分年青和富有生产力，它的价值也不再由实际物化在其中的劳动时间来决定，而由它本身的再生产或更好的机器的再生产的必要劳动时间来决定了。因此，它或多或少地贬值了。"

所谓折旧，就是把设备逐渐损耗的价值转移到产品成本中去，通过产品的销售而得到补偿。通常用折旧率的形式来计算折旧基金的大小，折旧基金又分为上缴国家的基本折旧基金和留给企业的大修理折旧基金两部分。

2）基本折旧费的计算方法

计算设备折旧费应考虑以下三方面的因素：

（1）折旧对象的原值。原值（折旧基数）是以资产的货币表示的价值，因此，当资产价值增加或减少时，折旧的原值也随之变化。原值一般包括购置费、运输费、安装费等。

（2）固定资产的残存价值。残值指设备（固定资产）使用期终了时估计还会有的价值，它不等于此时的实际价值。无论何种折旧，都不对残值以下的资产价值进行折旧。残值一般取购置费的 $10\%\sim15\%$。有的不考虑残值。

（3）折旧年限（使用年限或折旧寿命）。折旧年限是指将资产价值冲销的时间区间，它并不等于资产的投资活动的有效期。我国目前固定资产的折旧年限一般定得较长，如建筑物为 $40\sim60$ 年。

常用的折旧计算方法有：

（1）直线法。这种折旧法是根据设备使用年限平均地进行分摊。单位时间的折旧费即为设备原值减去设备使用期满后的残值再除以折旧年限，计算公式为：

$$D = \frac{B - V}{N}$$

式中，D 为折旧费，元/年；B 为原值，元；V 为残值，元；N 为折旧年限，年。

（2）余额递减法。余额递减法是一种快速折旧法。它的基本特点是第 t 年末提取的折旧费 D_t 总是前一年末尚未收回的投资（即余额）的一个固定比例数。

（3）年数和法。设备投入使用后，每年提取的折旧费由高到低逐年减少。这是因为设备在整个使用过程中效能是递减的，早期效能高，提供的经济效益大，以后效能日益降低，所提供的经济效益也日益减少。其计算公式为：

$$D_t = (B - V) \frac{N + 1 - t}{N\left(\frac{N + 1}{2}\right)}$$

式中，D_t 为第 t 年的折旧费，元/年。

（4）偿债基金法。偿债基金法的基本思想是：固定资产每年要提取一定的基准折旧费，而已提取的折旧费应在投资过程中获得由投资过程确定的利息或者按照另外规定的利率确定的利息，这笔利息与每年提取的基准折旧费一起构成当前（即现值）的折旧提取费。

（5）单位产量法。该法又称固定单位折旧法，即每一项设备所完成的产品都同样地按一定比率计算折旧值。任何一年的折旧费即为该年完成的单位产品数量乘以折旧率。固定资产折旧率的计算公式是：

$$年度固定资产基本折旧率 = \frac{固定资产原始价值 - （残值 - 清理费）}{固定资产使用期限 \times 固定资产原始价值} \times 100\%$$

3）大修理基金提存

为了保证固定资产正常发挥职能，在固定资产的使用过程中一般要进行若干次大修理。由于大修理费开支较大，不宜一次摊入成本，因此，除提取基本折旧金以外，还必须提取大修理基金。大修理基金提存额的计算公式如下：

$$年度大修理基金提存额 = \frac{固定资产在全部使用期限内所需的大修理费总额}{固定资产使用期限}$$

$$年度大修理基金提存率=\frac{固定资产在全部使用期限内所需的大修理费总额}{固定资产使用期限\times固定资产原始价值}\times100\%$$

4. 固定资产经济耐用年限

固定资产经济耐用年限是指从经济上考虑的固定资产最佳使用期限,经济耐用年限又称经济寿命。

固定资产经济耐用年限的公式为:

$$固定资产经济耐用年限=\sqrt{\frac{2\times固定资产原始价值}{维修费每年递增的级差}}$$

表 17-1 给出的是某固定资产的使用折旧情况,从表中可以看出来,第 4 年是最科学、最经济的年限。

表 17-1

单位:万元

固定资产使用年限	各年维修费	维修费累计	维修费的年平均额	固定资产的平均损耗额	固定资产的平均损耗额和维修费的年平均额之和
n	(1)	(2)	(3)=(2)÷n	(4)	(5)=(3)+(4)
1	0	0	0	8	8
2	1	1	0.5	4	4.5
3	2	3	1	2.7	3.7
4△	3	6	1.5	2	3.5
5	4	10	2	1.6	3.6
6	5	15	2.5	1.3	3.8

注:△为经济耐用年限。

三、流动资金管理

1. 流动资金的特点和管理

流动资金是指企业购置劳动对象和支付职工劳动报酬及其他生产周转费用所垫支的资金。流动资金的实物形态是流动资产。一般地说,流动资产的使用价值和价值基本上一次全部转移到产品中去。它也是保证施工企业进行生产的重要前提条件。

流动资金在生产过程中是处在不断的运动(周转)当中的。企业为了组织生产,先是以货币资金购买劳动对象,招募工人和支付工资,然后工人在生产过程中用自己的劳动借助于劳动资料作用于劳动对象完成建设工程,最后通过工程价款结算,重新取得货币资金。随着生产的不断进行,企业的流动资金在不断地循环和周转着,其过程是"货币资金—储备资金—生产资金—成品(商品)资金—货币资金"。储备资金、生产资金之和称流动基金,成品资金、货币资金之和称流通基金。

　　流动资金按其在各循环阶段上的占用资金形态,分为下列项目:① 储备资金,是指购买原材料、燃料、包装物和低值易耗品等物资所占用的资金;② 生产资金,是指生产过程中尚未制造完工的产品与自制半成品、待摊费用所占用的资金;③ 成品资金,是指生产完工验收入库,准备销售发出时所占用的资金;④ 结算资金,是指产品发出尚未取得货款的资金;⑤ 货币资金,是指存在银行的存款和企业留作零星开支的现金等。组成状态大致如图 17-3 所示。

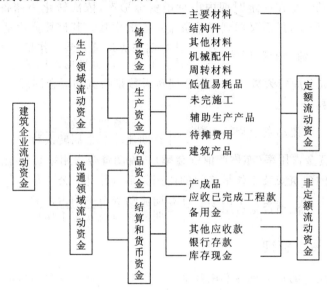

图 17-3　建筑企业流动资金组成图

2. 流动资金定额的核定

　　施工企业流动资金的占用必须与企业的生产相适应,应正确地核定流动资金的定额,给企业规定一个能够保证正常施工需要的最低限度的资金数额。

　　施工企业流动资金定额的核定方法主要有两种:

　　(1) 分析调整法。分析调整法是以上年度流动资金实有额为基础,去除其中呆滞积压和不合理部分,再根据计划年度生产任务的发展变化情况,考虑施工企业技术水平和管理水平的提高等因素,进行分析调整,来计算本年度的各项流动资金定额。其计算公式如下:

$$流动资金定额＝(上年流动资金实有额－不合理占用额)\times\dfrac{本年计划工作量}{上年实际工作量}\times$$

$$(1－计划期资金节约率)$$

　　(2) 定额天数法。采用这种方法,首先计算出每日平均垫支的流动资金数额和该项资金的定额储备天数,然后用每日平均垫支的流动资金数额乘上材料的定额储备天数就求出主要材料的资金定额。其计算公式如下:

$$主要材料资金定额 = \frac{年度合同工作量 \times 材料所占比例}{施工天数} \times 材料定额储备天数$$

3. 加速流动资金利用效率的考核

企业流动资金的使用应该是既确保施工生产的正常需要，更多更好地完成施工生产任务，又尽可能地少用资金，这是衡量流动资金利用效果的基本标准。

(1) 流动资金周转次数。流动资金周转次数是指流动资金在计算期内周转的次数。也就是流动资金在一定时期内由货币资金形态，依次转化为储备资金、生产资金、成品（结算）资金，最后又回到货币资金形态的次数。其计算公式是：

$$流动资金周转次数 = \frac{计算期完成建筑安装工作量}{计算期流动资金平均占用额}$$

(2) 流动资金周转天数。流动资金周转天数是指流动资金周转一次所需要的平均天数。其计算公式是：

$$流动资金周转天数 = \frac{计算期天数}{计算期流动资金周转次数}$$

(3) 流动资金占用率（亦称产值资金率）。流动资金占用率是指企业占用定额流动资金与完成的建筑安装工作量之间的比例关系。其计算公式是：

$$流动资金占用率 = \frac{计算期流动资金平均占用额}{计算期完成建筑安装工作量}$$

四、专项资金管理

具有特定用途的资金称为专用基金或专项资金。这些资金不参加企业普通的经营资金的周转，是一种独立的资金运动形态，专款专用。通常有以下几种：

(1) 为固定资产更新、技术改造需要从折旧资金中留存的更新改造基金。

(2) 为进行固定资产大修理需要从工程成本或产品成本中提取的大修理基金。

(3) 为了保证职工身体健康和增进职工福利，按照国家规定的比例从生产成本中提取的职工福利基金。

(4) 按国家规定缴纳税金后，从税后留利中建立的新产品试制基金、生产发展基金、后备基金和职工奖励基金。

(5) 为科研试验或新产品试制等需要，由国家根据计划拨给企业的专项拨款。

第二节　建筑企业的成本管理

一、建筑产品价格

1. 建筑产品的价值组成

产品价值用货币形式表示就是它的价格，价值是价格的基础，价格是价值的货币表现。价格是最灵敏的、最有效的经济杠杆。价格的形成应该以生产产品而消耗的社会必要劳动(包括活劳动及物化劳动)为依据,即以价值为基础制定计划价格。这样的计划价格才是合理的、有经济依据的,才能发挥价格的作用。

1) 产品的价值组成

产品的价值由三部分组成:

(1) 生产产品所消耗的生产资料(物化劳动)的价值(C)。主要包括劳动对象的价值和磨损的劳动资料的价值,前者的货币表现是材料、燃料及动力的价格,后者的货币表现为固定资产的折旧费。

(2) 必要劳动(为自己的劳动)所创造的价值(V)。它的货币表现是工人工资。

(3) 剩余劳动(为社会的劳动)所创造的价值(M)。它的货币表现是生产获得的利润。

建筑产品的价格是 $C+V+M$ 的货币表现。

2) 建筑产品价值的形成过程

(1) 建筑产品同其他商品一样,也是使用价值和价值的统一体。它的使用价值就是建筑产品能提供满足生产或生活需要的生产能力或效益;它的价值就是凝结在建筑产品中的人们的劳动。在社会主义条件下,建筑产品的生产应首先关心其使用价值,更好地满足社会和人民不断增长的物质和文化生活的需要,这是社会主义基本经济规律的客观要求。

(2) 建筑产品生产者的劳动既是具体劳动,又是抽象劳动。在建筑产品生产的过程中,劳动者的劳动是具体形式的劳动,他们运用自己的劳动技能,借助于一定的劳动手段,在改造劳动对象、转移劳动资料和劳动对象的价值的同时,创造出适用于社会需要的具有使用价值的建筑产品。同时劳动者的劳动又是抽象劳动,创造出建筑产品的价值,这部分价值除用于补偿劳动者生活资料的消耗外,还形成企业的盈利。

建筑产品的形成过程就是其价值的形成过程,如图 17-4 所示。

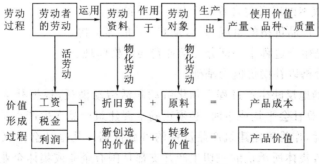

图 17-4 价值的形成过程

(3) 建筑产品的价值量是由生产该产品的社会必要劳动时间决定的。根据价格是价值的货币反映的原理,建筑产品的价格必须依据社会必要劳动确定。马克思说:"社会必要劳动时间是在现有的社会正常的生产条件下,在社会平均的劳动熟练程度和劳动强度下,制造某种使用价值所需要的劳动时间。"确定建筑产品价格既不能按照"平均先进"原则,也不能依据个别劳动消耗量确定,应是社会平均成本和社会平均利润。由于各企业生产条件、技术水平和经营管理水平不同,劳动生产率不同,所以生产同类建筑产品所花费的个别劳动时间是不同的。

2. 建筑产品的价格构成

(1) 建筑产品价格的一般构成。计算公式如下:

建筑产品价格＝社会平均成本＋利润＋税金

社会平均成本反映产品生产中的社会必要劳动消耗。社会平均成本中包括销售费用,是因为企业要维持和扩大再生产就要进行必要的竞争。例如,洽商和接受生产任务、销售产品、开拓市场、投标竞争所发生的必要开支。

(2) 按建筑产品价格构成要素的稳定性划分,由建筑产品基本价格和弹性价格两种价格构成。建筑产品基本价格的计算公式为:

建筑产品基本价格＝生产成本＋销售费用＋利润＋税金

基本价格构成中的主要部分——生产成本——的构成差别很大,在基本价格的构成中只考虑生产成本中比较稳定的项目。

另外,施工现场的地理位置、地区的自然条件和经济发展水平、资源条件以及施工的某些特殊要求引起的一些必须开支的费用构成了价格中的弹性要素。因其在建筑产品价格构成中可能列入,也可能不列入,具有弹性,因而构成了弹性价格。

(3) 建筑产品商品化过程中形成的开发价格的构成。计算公式为:

建筑产品开发价格＝基本价格(弹性价格)＋土地开发摊销费＋配套设施摊销费＋流通费

二、建筑产品成本

1. 正确确定社会平均成本

马克思对成本的定义包含着三个相互联系的内容:

(1) 成本是产品价格的组成部分,是 $C+V$ 的等价物。

(2) 成本是生产过程中一部分劳动耗费的价格体现。

(3) 成本价格以补偿价值为基础。

成本应准确地反映生产过程中物化劳动和活劳动消耗,根据社会平均成本来确定。因此,在计算社会平均成本时,必须正确掌握建筑产品在生产正常条件下的社会平均的劳动消耗,作为确定建筑产品价格的可靠依据。凡是社会主义生产活动所必要的又为国家或集体所承认的一切生产开支都是国有企业或集体企业的生产成本。

2. 建筑产品社会平均成本的含义

建筑产品社会平均成本就是国家及其授权机关所规定的,在正常生产条件下必要生产支出的货币表现。它有如下几个方面含义：

（1）社会主义社会建筑产品的社会平均成本仍然是一个价值范畴。

（2）建筑产品的社会平均成本必须反映正常生产条件下社会必要劳动消耗和个别劳动消耗。

（3）建筑产品的社会平均成本内容包含一切必要的生产支出。

（4）建筑产品的社会平均成本的范围和水平要通过科学方法来确定，最终需要由国家权威部门所承认。

3．建筑产品成本的种类

建筑产品的成本可以分为下列几种：

（1）承包成本。承包成本是指建筑企业与建设单位在施工合同中所确定的工程造价减去计划利润后的成本。在目前采用多种承包方式的情况下，大多数工程造价是按预算确定的，这样计算出的承包成本又称为预算成本；也有按概算包干方式承包工程的，由包干金额计算出的成本也是承包成本。承包成本是建筑企业组织施工、进行材料物资供应准备和经济核计的基础。

（2）计划成本。计划成本是建筑企业考虑降低成本措施后的成本计划数，主要是根据企业计划中的技术组织措施计划、降低成本指标及费用开支标准等资料确定的成本，反映建筑企业在计划期内应达到的成本水平。

（3）实际成本。实际成本指在建筑安装工程施工中实际发生的费用总和，是反映企业经营活动效果的综合性指标。将实际成本与承包前的计划成本进行对比，可通过费用的超支和节约来考核企业的经营效果、施工技术水平及技术组织措施计划的贯彻执行情况，为改进工作提供数据上的依据。

在技术经济分析中，还将成本分为固定成本和变动成本。

以上三项成本包括的项目和内容应当保持一致，使之具有可比性。

从成本的性质上来说，承包成本反映企业的收入，实际成本反映企业的支出，实际成本与承包成本相比较的差额为企业的降低成本额。降低成本额与承包成本的比率称为成本降低率，这个指标在实际工作中不仅可以用来考核企业总成本的降低水平，还可以用来考核各分项成本的降低水平。

4．成本管理

1）成本管理的意义和任务

成本管理系为降低建筑产品即工程项目或劳务、作业等的成本而进行的各项管理工作的总称。成本管理在建筑企业经营管理上占有重要的地位，直接影响企业所创利润的多少。在一定意义上说，企业的一切管理都要导致一定的经济效益，这个效益必然反映着成本管理的好坏，所以企业必须重视成本管理工作。

成本管理的基本任务是保证降低成本，实现利润，为国家提供更多的税收，为企业获得更大的经济效益。

为了实现成本管理的任务,要做两方面的工作:一是成本管理的基础工作,做好所需的定额、记录,并健全成本管理责任制和其他基本制度;二是做好成本计划工作,加强预算管理,做好"两算"(施工图预算和施工预算)对比,并在施工中进行成本的核算和分析,保证一切支出控制在预算成本之内,实行成本控制。

2)成本管理的一般步骤

成本管理大体可分为三个阶段:计划成本的编制阶段,计划成本的实施阶段,计划成本的分析调整阶段(图 17-5)。

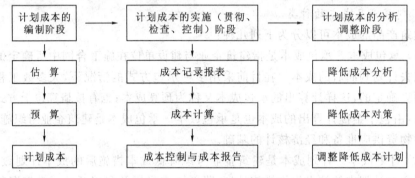

图 17-5　成本管理的系列阶段

成本管理的基本工作有:① 收集和整理有关资料,正确地按工程预算项目编好工程成本计划;② 及时而准确地掌握施工阶段的工程完成量、费用、支出等工程成本情况;③ 与计划成本相比较,作出细致的成本分析;④ 在总结原因的基础上采取降低成本的积极对策。

随着工程的进行,由于各种原因,工程的实际成本与预算成本发生差异,因此在成本管理中必须对工程成本的构成加以分析。在成本构成中,有的成本费用项目与工程量有关(如直接费),有的与工程持续的时间有关(如间接费),成本管理工作应在工程成本可能变动的范围或者说可控制范围内进行。

第三节　建筑产品价格中的利润

利润是反映建筑企业经营成果的综合指标。为了反映建筑企业的经营成果,常采用成本利润率、产值利润率、资金利润率和工资利润率四种表示方式。

一、成本利润率

成本利润率是指一定时期内企业产品销售利润与成本之间的比率,公式如下:

$$\text{成本利润率} = \frac{\text{利润总额}}{\text{产品成本总额}} \times 100\%$$

成本利润率的优点：

（1）计算比较方便。

（2）有利于加强计划管理。建筑企业管理的两个重要指标即产值（或工作量）和利润。

（3）有利于调动降低实际成本的积极性。采用成本利润率计算建筑产品价格中的计划利润时也必然采用实际成本利润率，即实际利润额占预算成本（C＋V）的比例，作为评价指标。

成本利润率的缺点：

（1）容易出现浪费投资的现象。

（2）容易助长挑肥拣瘦的偏向。

（3）不能适应安装工程的特点。

二、产值利润率

产值利润率是指一定时期内，利润总额与已完工程价款收入的比率。产值利润率是以产值即成本加利润为计算基数的。

$$产值利润率=\frac{利润}{产值}=\frac{利润}{利润＋成本}=\frac{成本×成本利润率}{成本＋成本×成本利润率}=\frac{成本利润率}{1＋成本利润率}$$

可见，产值利润率等于成本利润率乘以一个系数。

三、资金利润率

资金利润率表现为利润总额与施工企业占用的资金（固定资金＋流动资金）的比率，既反映了施工企业资金利用的效果，也反映了生产耗费的效果。

$$资金利润率=\frac{利润总额}{固定资金平均占用额＋流动资金平均占用额}$$

$$=\frac{利润}{占用资金额}=\frac{利润}{产值×资金定额}=产值利润率×\frac{1}{资金定额}$$

资金利润率的优点：

（1）有利于调动建筑行业挖掘内部潜力以提高技术装备水平的积极性。

（2）可以促使减少资金实际占用额，节省资金。

资金利润率的缺点：

（1）确定建筑产品的价格比较费时，而且不容易准确。

（2）建筑企业的生产和财务计划管理与建筑产品价格管理脱节。

（3）很可能出现较大的偏差，不利于加强和改善经营管理。

四、工资利润率

工资利润率是指企业在一定时期内实现的利润总额与工资总额的比率，反映劳动创造价值的比率。

例如,某项建筑产品的预算成本($C+V$)为 200 万,其中人工费用(V)为 20 万元。采用成本利润率 2.5% 计算的法定利润为 5 万元,采用工资利润率 25% 计算的法定利润也为 5 万元。

工资利润率的优点:

(1)理论上只承认从事建筑施工生产劳动的劳动者创造价值,符合劳动创造的马克思主义原理。

(2)有利于建筑行业容纳更多的劳动力。

(3)有利于节约物化劳动。

(4)能够适应建筑产品单件性的特点。

工资利润率的缺点:

(1)编制建筑产品的价格比较费时,因为除按预算定额计算外,还必须增加一道计算人工费用的手续。

(2)考核建筑企业实际利润率时可能出现偏差。

在使用时可采用"双轨制",即计算建筑产品价格中的计划利润时采用工资利润率,考核建筑企业经营成果时采用成本利润率。

第四节 建筑企业的经济核算制

一、建筑企业经济核算制的基本概念

1. 经济核算与经济核算制

经济核算与经济核算制是两个不同的概念。建筑企业的经济核算是企业借助价值的货币形式,利用会计核算、统计核算、业务核算和经济活动分析等方法,对企业生产经营过程中各种劳动消耗、资金占用和财务成果进行的记录、计算、分析、比较和考核,以求不断改善施工水平、技术水平和经营管理水平,保证企业以较少的劳动消耗和资金占用取得较多的建筑产品和盈利。经济核算的任务主要是解决如何提高企业生产经营的经济效果问题,使企业不但在使用价值的生产方面作出越来越大的贡献,为社会提供更多更好的建筑产品,而且在价值创造方面也作出更大的贡献,为国家提供更多的积累,也为企业自身提供更大的经济利益。

经济核算制是用立法肯定下来的,管理企业经济活动的基本制度。它按照经济核算原则,通过经济立法,确定企业的法人地位,保护企业一定的经营自主权,明确企业对国家应承担的经济责任,使企业经济活动的成果同它应负的法律、经济责任和应有的经济效益结合起来。经济核算制规定企业之间必须遵守等价交换的原则,发展协作关系,履行经济合同。为此,就需要明确企业内部各个部门、各个职工的责任,贯彻各尽所能、按劳分配的工资制度、奖惩制度、定额管理制度等各种核算制度,使人人职责分明,能从物质利益上关心企业的经营成果,从而有效地调动企业全体职工的积极性和创造性。

经济核算与经济核算制既有区别又有联系。经济核算是一种管理原则、管理手段和方法,反映一定的生产关系;经济核算制是一种管理制度、管理体制,是上层建筑。

2. 经济核算制的原则

(1) 建筑企业的业务经营必须在国民经济计划和基本建设计划指导下,企业在计划管理、人事管理、资产管理和利润支配等方面有一定的业务经营自主权。

(2) 自负盈亏。

(3) 对企业和职工实行精神鼓励与物质鼓励相结合的奖励原则。

(4) 企业对自己完成的工作负有经济责任。对经营好的企业要鼓励,对经营差的企业要惩罚。

3. 建筑企业经济核算的特点

(1) 建筑产品的价格是通过编制设计预算来确定的,设计预算就是经济核算的基础。

(2) 建筑企业的资金来源于国家拨款、银行贷款、地方或企业自筹、引进外资等多种渠道,对它们要分别进行核算。

(3) 建筑产品之间进行预算计划成本与实际成本的比较,预算计划成本便成为衡量建筑产品成本的尺度。

(4) 由于建筑产品的生产周期长、占用资金量大,因而按已完工程分期收取和结算工程价款,工程竣工后再总结算。如果有总包单位和分包单位同时参加建设,则还要有总分包之间的结算。

(5) 企业获得的利润多少取决于降低成本的幅度和完成工程量的数量。

(6) 建筑产品的地点分散、不固定,故工区在企业内部有一定的独立性,有独立核算能力,可以单独进行经营管理。

(7) 在建筑产品的生产经营过程中存在着甲方和乙方、总包单位和分包单位以及分包单位和分包单位之间的关系,建筑企业的经济核算必须正确处理这些关系,既要将协作关系搞好,又要使各单位的独立经营权利得到保证。

二、建筑企业经济核算的内容

1. 生产成果的核算

生产成果的核算即对建筑产品的实物工程量、房屋建筑面积、建筑安装工作量、工程质量、完成合同情况等指标进行的记录、计算、对比、分析和检查。同时,要对建筑产品的工期、价值等情况进行全面考核,以检查企业生产计划完成情况,分析企业生产成果满足社会需要的程度。

2. 生产消耗的核算

生产消耗核算的目的是节约建筑施工中物化劳动和活劳动的消耗,减少甚至消灭浪费。生产消耗的核算包括材料的核算、机械的核算、人工的核算、财力消耗的核算。综合反映生产消耗的是工程成本,所以成本核算是生产消耗核算的重要内容。

3. 资金的核算

资金的核算是为了反映、监督和考核企业为完成生产任务所需资金的占用情况和利用情况。它是针对建筑工程施工周期长的特点,为加速资金周转、合理占用资金而进行的,包括流动资金的核算、固定资金的核算和专用基金的核算。

4. 财务成果的核算

建筑企业财务成果的主要表现是盈利水平。利润的多少关系到缴税多少和企业留利多少,直接涉及国家收入、企业发展和职工福利。通过财务成果的核算,可以合理分配国家、企业和个人所得利益水平,找出它们的比例。一个企业为国家所做贡献大小,除以产品数量衡量外,还必须通过财务成果的核算以盈利和缴税水平考核。

三、建筑企业经济核算的方法

1. 会计核算

会计核算是以原始会计凭证为基础,通过货币形式,连续、系统和全面地反映企业财产、资金的增减变化和经济活动情况。资金、利润和成本是通过会计核算进行的,会计核算的任务是:监督和反映产销合同执行情况、降低成本计划执行情况、财务计划的完成情况、企业全体人员遵守财经纪律的情况,执行日常会计事务,编制各种会计报表上报有关部门。

2. 统计核算

统计核算是运用综合数字指标来反映经济现象的一种核算。它定期从大量观察中利用统计方法找出经济活动的规律性,制成各种图与统计表,显示生产经营水平,与一定对象进行比较。其数字既可以是货币指标,也可以是其他指标。

统计核算建立在生产经营活动原始记录的基础上。统计数字可以作为编制计划的基础资料,可以用来检查计划的执行情况,也可以用来进行经济活动分析。统计核算的方法很多,如指数法、平均数法、平衡法等,也可用抽样调查法和典型调查法。

3. 业务核算

业务核算是指不包括在上述两种核算以内的,反映施工企业某项生产经营活动或进度情况所进行的核算,如对预算定额、工期定额、劳动定额和材料消耗定额的测算,新型建筑材料经济效益测算等。

四、建筑企业经济核算的条件

1. 外部条件

（1）在国家统一计划下，赋予建筑企业以经营管理自主权，成为名副其实的独立经营企业。这些自主权是：① 生产计划权。企业有权在确保国家计划的前提下，自行承揽施工任务。② 物权。企业有权在国家政策、法令允许范围内，自行选购物资和处理闲置多余生产资料。③ 人权。企业有权根据需要，经过考试择优招工、确定本企业工资形式和对职工进行奖惩。④ 财权。企业对按国家制度规定提留的各项专用基金和税后利润，以及按规定标准向建设单位收取的各项特种基金有权支配，对企业的固定资金和流动资金有权使用。

（2）搞好综合平衡，使国家的计划任务与企业的生产能力相适应，工程的需要与物资供应、资金的来源相适应，保持建筑施工与设计能力，设备安装、投产使用、生产需要协调一致，避免比例失调。所以企业的经济核算与国民经济的核算必须保持一致。

（3）按照价值规律，正确确定价格水平。合理的价格是经济核算的基础。产品价格必须大体接近它的价值，这样才能准确反映活劳动消耗、物劳动消耗、经营管理费用和利润水平，经济核算的结果才能真实反映实际，其作用才能真正发挥。

（4）建立有关工程建设的法律，以保护经济核算制的正确贯彻和经济核算的正常进行。

2. 内部条件

（1）要有健全的经济核算机构和组织体系，做到各个部门、每个职工都注意讲求经济效益，积极参加各种核算、分析活动。必须建立纵向各级和横向各部门完整统一的经济核算机构，使经济核算从组织上得到保证。

（2）要有健全的管理制度。应健全财务管理制度、统计制度、业务技术核算制度、工资和奖励制度等。

（3）要有比较扎实的经营管理基础工作。包括定额管理制度、计量检验制度、施工预算制度、原始记录制度、企业内部价格和全面实行经济合同制度。

第五节　建筑企业经济活动分析

一、经济活动分析的概念

企业的经济活动是按国家计划和市场需要进行生产经营和各种活动的通称。建筑企业的经济活动就是围绕完成企业施工技术财务计划所发生的生产、物资、劳动、技术和财务活动的总和。

经济活动分析就是企业的各个部门运用经济科学的理论和方法,对其活动从各个不同的方面所进行的研究和分析。它的作用是检查计划的执行情况,找出影响计划完成的积极因素和消极因素,在此基础上拟定发掘潜在力量、提高经济效果的措施和方案,检查措施的执行,以促进企业组织完成并超额完成国家计划。

二、经济活动分析的主要内容

1. 生产活动的分析

(1)施工计划完成情况的分析。检查分析建筑企业施工计划完成情况,应着重分析投资效果和形成的生产能力。这就需要分析工程形象进度、主要实物工程量指标、房屋建筑面积竣工指标和工作量指挥完成情况。

(2)工程质量情况的分析。工程质量情况的分析在于反映质量情况和存在的问题,分析造成质量事故的原因和损失等情况,考核工程质量的优良品率和合格率,分析其完成情况。

(3)安全事故的分析。要分析企业伤亡事故频率,找出频率上升或下降的原因,吸取经验教训,杜绝伤亡事故的发生。

(4)劳动计划完成情况的分析。包括劳动力对完成施工计划影响的分析、劳动力需要量的分析、劳动生产率的分析、劳动定额完成情况的分析。

(5)材料供应和消耗情况的分析。要分析材料的供应是否及时、耗用是否合理、储备是否超过定额、材料的申请及供应合同的签订是否及时、供应单位是否按合同规定供应材料、施工计划变更后是否正确、供应计划是否及时调整以及材料耗用定额执行情况等。

(6)机械化施工的分析。要分析机械化施工计划完成情况、机械装备率的现状、机械完好和利用的情况。

2. 资金的分析

(1)固定资金的分析。要分析固定资金增减变动情况、固定资产构成变化和利用情况。

(2)流动资金的分析。要分析全部流动资金的来源和运用情况、流动资金利用的效果。

(3)专项资金的分析。要分析专项资金来源、运用和增减变动情况。

3. 成本的分析

(1)工程成本的综合分析。要考察企业降低成本计划完成情况和降低成本的水平。

(2)单位工程成本分析。要从单位工程着手,具体分析每个成本项目的成本构成和升降原因以及降低成本的技术措施执行情况。

4. 利润的分析

(1) 利润形成情况的分析。要分析利润指标的完成情况,检查有无任意增加营业外项目、扩大开支范围和侵占利润等违反财经纪律现象。

(2) 利润分配情况的分析。要分析企业利改税以后国家、企业、个人三者之间利润分配的情况以及与利益结合的程度。

(3) 利润水平情况的分析。主要分析成本利润率、产值利润率和资金利润率的实现情况。

三、经济活动分析的主要方法

1. 比较法

比较法是以数字资料为依据进行比较分析,确定差异,然后分析差异的原因。可对以下内容采用比较法进行比较:

(1) 实际数和计划数的比较,说明完成计划的程度。

(2) 本期实际完成数和前期实际完成数的比较,说明发展速度和经营管理的情况。

(3) 本单位与先进单位的比较。所谓先进单位,包括本行业、本地区、外地或国外的先进单位。比较的目的是找出差距,赶上先进水平。

(4) 核算期产品产量和固定资金、流动资金占用情况的比较,说明经济效果情况。

(5) 工程实际成本和工程承包成本的比较,说明企业成本盈亏情况。

2. 因素分析法

因素分析法又叫连环代替法,适用于分析多因素对指标的影响程度。

【例 17-1】 某单位对总产值计划完成情况的分析如表 17-2 所示。

表 17-2

指　标	本期计划	本期实际	本期实际比计划增(＋)/减(—)
总产值/元	39 650 000	41 540 000	＋1 890 000
职工人数/人	6 500	6 700	＋200
全员劳动生产率/(元·人⁻¹)	6 100	6 200	＋100

【要点回顾】

1. 成本利润率的计算方法。

2. 建筑企业经济核算制的基本概念、方法、内容和条件。

【练习题】

一、单选题

1. 某设备原价 3 000 万元,使用期限为 5 年,试用期满后,残值为 450 万元,则该设备的年折旧费为（　　）万元。

A. 510　　　　　　　　B. 500　　　　　　　　C. 410

D. 400　　　　　　　　E. 600

二、多选题

1. 建筑企业资金的来源、形成渠道主要有（　　）。

A. 国家拨入　　　　　　B. 向建设单位收取　　　　C. 向银行借入

D. 结算过程中占用的　　E. 企业内部形成的

2. 建筑企业经济核算的内容有（　　）。

A. 生产质量的核算　　　　B. 生产成果的核算　　　　C. 生产消耗的核算

D. 资金的核算　　　　　　E. 财务成果的核算

三、判断题

1. 资金是指企业拥有、占用和支配的财产物资的价值形态。

2. 产值利润率是指一定时期内，企业产品销售利润与成本之间的比率。

3. 经济核算与经济核算制是两个相同的概念。

四、简答题

1. 建筑企业有哪些资金来源？

2. 建筑企业资金的运用（分布、使用和存在形态）如何？

3. 什么是固定资金和固定资产？什么是流动资金和流动资产？

4. 决定固定资产折旧率的主要因素有哪些？

5. 建筑企业流动资金的组成项目有哪些？

第十八章 建设项目监理

【预期目标】

通过对本章的学习,你可以获得以下知识和能力:

1. 可以从多方面了解建设项目监理的重要性和必要性;

2. 明确工程合同的内容以及建设项目监理和业主各自的权利、义务;

3. 掌握建设项目监理的方法、业务和规划。

【学习提示】

本章的重点知识有:

1. 建设项目监理的重要性和必要性;

2. 建设项目监理的方法、业务和规划。

学习本章的方法及注意事项:

1. 注重工程合同,熟知工程的内容;

2. 理解建设项目监理的责任及其重要性;

3. 结合实际深入认识建设项目监理。

20 世纪 80 年代初期,我国利用世界银行贷款的云南鲁布革电站引水隧洞工程按照贷款的要求,设立了实施建设项目监理职能的"工程师单位"。该机构由工程师代表、驻工地工程师和若干名检查员组成,代表业主对工程进行实施阶段的现场综合监督管理。其后,我国许多利用外资和国外贷款的工程项目对工程项目建设进行监理,普遍取得了良好效果。1988 年 7 月,建设部发出通知,要求开展建设项目监理试点工作。

第一节 建设项目监理的基本概念

一、建设项目监理的含义

"监"是一项目标性很明确的具体行为,含有"视察"、"检查"、"评价"、"控制"的意思,是从旁纠偏,督促实现目标;"理"是指条理、准则。以某项条理或准则为依据,对一项行为进行监视、督察、控制和评价,这就是监理。建设项目监理即通过采取相应的管理措施,保证建设行为符合国家法律、法规和有关政策,制止建设行为的随意性和盲目性,促使建设工期、造价、质量按计划(合同)实现。

二、建设项目监理的执行机构

1. 政府监理管理机构

政府监理管理机构是指政府建设主管部门对项目法人的建设行为实施的强制性监督和对社会监理单位实行的监督管理。

各级政府监理机构有住房和城乡建设部建筑市场监管司,各省、市政府建设主管部门的建设项目监理管理机构,国务院各工业、交通部门建设项目监理管理机构。

政府监理管理机构的主要职责是:

(1)制定和组织实施建设项目监理法规。

(2)审批社会监理单位和组织监理工程师的资格考试、考核,颁发证书。

(3)参与审批有关大中型建设项目的开工报告。

(4)检查、督促本地区、本部门工程建设重大事故的处理。

(5)参与大中型建设项目的竣工验收。

(6)指导和管理全国、各省市自治区及各工业、交通部门的建设项目监理工作。

2. 工程建设的社会监理

社会监理是指社会监理单位受项目法人(习惯称建设单位或业主)的委托,对工程建设行为实施的监理。社会监理单位可称工程建设项目监理公司或工程建设项目监理事务所。

三、建设项目监理单位与项目法人、工程承包单位的关系

建设项目监理单位与项目法人之间是受合同制约的经济委托关系,是平等的关系。监理委托合同一经确定,项目法人不得随意变化,监理单位负责对监理目标实行控制。

建设项目监理单位与工程承包单位之间是监理与被监理的关系。监理单位虽是代表委托单位的利益,但必须保持其第三方的独立性和公正性,要承担相应的职业道德和法律责任。监理单位必须承担组织各方协作配合以及调解各方利益的职责。

社会监理单位是受项目法人委托从事监督管理的服务性机构,是对工程项目的全过程或某一阶段进行监理,其监理的内容不仅是质量,还有进度、投资、合同的监理,不仅有工程质量的认可和否决权.而且有付款的认可与否决权。

四、实行建设项目监理制度的必要性

(1)实行建设项目监理制度是提高工程建设的投资效益和社会效益,确立建设

领域社会主义商品经济新秩序的需要。

（2）实行建设项目监理制度是加强建设领域国际交流合作，发展我国对外承包工程和劳务合作的需要。外商投资、合资、贷款兴建的项门越来越多，已构成我国工程建设的重要组成部分，这些投资者或贷款方基本上都要求实行国际通行的建设项目监理制度。我国开展对外承包工程和劳务合作业务，施工队伍也必须适应监理制度。

（3）实行建设项目监理制度是改变项目法人自行组织建设项目管理模式的需要。监理制度使原来由建设单位自行管理工程建设的小生产方式向专业化、社会化管理方式迈进了一大步。由于监理单位是独立的第三方，按照工程合同行事，实质上是维护了项目法人和工程承包单位双方的合法权益，从而形成了三方相互制约的建设格局，有利于建设项目监理制度健康发展。

五、建设项目监理合同

项目法人一般通过招标投标方式择优选定监理单位，然后签订监理合同，主要内容包括监理范围和内容、双方权利和义务、监理酬金、争议的解决方式等。监理合同的签订意味着委托代理关系的形成，委托方与被委托方的关系也将受到合同的约束。因而，合同必须由双方法人代表或经其授权的代表签订。

当工程建设中出现不可预见事项时，常常会出现要求修改或变更合同条件的情况，如工作服务范围、工作深度、工作进程、费用的支付或委托和被委托方各自承担的责任等。此时监理单位应该坚持要求修改合同，应采取正式文件、书面协议或委托单等对合同进行修改。

为了提高监理委托合同签订的质量，更好地规范监理合同当事人的行为，原建设部、国家工商行政管理局于 2002 年 2 月 17 日印发了《建设工程委托监理合同（示范文本）》（GF-2000-0202）。该示范文本遵循经济合同法的基本原则和建设监理有关法规及方针政策，比较客观、全面地反映了工程项目监理过程中各个环节当事人双方的责权利关系，内容较系统完整，概念比较明确，是签订监理合同应遵循的范本。

《建设工程委托监理合同（示范文本）》包括建设工程委托监理合同、标准条件和专用条件三部分内容。标准条件适用于各个工程项目建设监理委托，各个业主和监理单位都应当遵守。专用条件是各个工程项目根据自己的个性和所处的自然和社会环境，由业主和监理单位协商一致后进行填写。双方如果认为需要，还可在其中增加约定的补充条款和修正条款。为便于学习，特将示范文本附录如下：

第一部分　建设工程委托监理合同

委托人＿＿＿＿＿＿与监理人＿＿＿＿＿＿＿＿经双方协商一致,签订本合同。

一、委托人委托监理人监理的工程(以下简称"本工程")概况如下:

工程名称:

工程地点:

工程规模:

总投资:

二、本合同中的有关词语含义与本合同第二部分(标准条件)中赋予它们的定义相同。

三、下列文件均为本合同的组成部分:

① 监理投标书或中标通知书;

② 本合同标准条件;

③ 本合同专用条件;

④ 在实施过程中双方共同签署的补充与修正文件。

四、监理人向委托人承诺,按照本合同的规定,承担本合同专用条件中议定范围内的监理业务。

五、委托人向监理人承诺按照本合同注明的期限、方式、币种,向监理人支付报酬。

本合同自＿＿＿＿＿年＿＿月＿＿日开始实施,至＿＿＿＿＿＿年＿＿月＿＿日完成。

本合同一式　份,具有同等法律效力,双方各执　份。

委托人:(签章)　　　　　　　　监理人:(签章)

法定代表人:(签章)　　　　　　法定代表人:(签章)

住所:　　　　　　　　　　　　住所:

开户银行:　　　　　　　　　　开户银行:

账号:　　　　　　　　　　　　账号:

邮编:　　　　　　　　　　　　邮编:

电话:　　　　　　　　　　　　电话:

本合同签订于:＿＿＿＿＿年＿＿月＿＿日

第二部分 标准条件

词语定义、适用范围和法规

第一条 下列名词和用语,除上下文另有规定,有如下含义:

(1)"工程"是指委托人委托实施监理的工程。

(2)"委托人"是指承担直接投资责任和委托监理业务的一方以及其合法继承人。

(3)"监理人"是指承担监理业务和监理责任的一方,以及其合法继承人。

(4)"监理机构"是指监理人派驻本工程现场实施监理业务的组织。

(5)"总监理工程师"是指经委托人同意,监理人派到监理机构全面履行本合同的全权负责人。

(6)"承包人"是指除监理人以外,委托人就工程建设有关事宜签订合同的当事人。

(7)"工程监理的正常工作"是指双方在专用条件中约定,委托人委托的监理工作范围和内容。

(8)"工程监理的附加工作"是指:① 委托人委托监理范围以外,通过双方书面协议另外增加的工作内容;② 由于委托人或承包人原因,使监理工作受到阻碍或延误,因增加工作量或持续时间而增加的工作。

(9)"工程监理的额外工作"是指正常工作和附加工作以外或非监理人自己的原因而暂停或终止监理业务,其善后工作及恢复监理业务的工作。

(10)"日"是指任何一天零时至第二天零时的时间段。

(11)"月"是指根据公历从一个月份中任何一天开始到下个月相应日期的前一天的时间段。

第二条 建设工程委托监理合同适用的法律是指国家的法律、行政法规,以及专用条件中议定的部门规章或工程所在地的地方法规、地方规章。

第三条 本合同文件使用汉语语言文字书写、解释和说明。专用条件约定使用两种以上(含两种)语言文字时,汉语应为解释和说明本合同的标准语言文字。

监理人义务

第四条 监理人按合同约定派出监理工作需要的监理机构及监理人员,开工前一周向委托人报送委派的总监理工程师及其监理机构主要成员名单、监理规划,完成监理合同专用条件中约定的监理工作范围内的监理业务。在履行合同义务期间,应按合同约定定期向委托人报告监理工作。原则上只要施工方进行施工作业,现场必须保证有监理人员监督。

第五条 监理人在履行本合同的义务期间,应认真、勤奋地工作,为委托人提供与其水平相适应的咨询意见,公正维护各方面的合法权益。

第六条 监理人使用委托人提供的设施和物品属委托人的财产,在监理工作完成或中止时,应将其设施和剩余的物品按合同约定的时间和方式移交给委托人。

第七条 在合同期内或合同终止后,未征得有关方同意,不得泄露与本工程、本合同业务有关的保密资料。

委托人义务

第八条 委托人在监理人开展监理业务之前应向监理人支付预付款。

第九条 委托人应当负责工程建设的所有外部关系的协调,为监理工作提供外部条件。根据需要,如将部分或全部协调工作委托监理人承担,则应在专用条件中明确委托的工作和相应的报酬。

第十条 委托人应当在双方约定的时间内免费向监理人提供与工程有关的为监理工作所需要的工程资料。

第十一条 委托人应当在专用条件约定的时间内就监理人书面提交并要求作出决定的一切事宜作出书面决定。

第十二条 委托人应当授权一名熟悉工程情况、能在规定时间内作出决定的常驻代表(在专用条件中约定),负责与监理人联系。

第十三条 委托人应当将授予监理人的监理权利,以及监理人主要成员的职能分工、监理权限及时书面通知已选定的承包合同的承包人,并在与第三人签订的合同中予以明确。

第十四条 委托人应在不影响监理人开展监理工作的时间内提供如下资料:

(1) 与本工程合作的原材料、构配件、设备等生产厂家名录。

(2) 与本工程有关的协作单位、配合单位名录。

第十五条 委托人应免费向监理人提供办公用房、通信设施、监理人员工地住房及合同专用条件约定的设施,对监理人自备的设施给予合理的经济补偿(补偿金额=设施在工程中使用时间占折旧年限的比例×设施原值+管理费)。

第十六条 根据情况需要,如果双方约定由委托人免费向监理人提供其他人员,应在监理合同专用条件中予以明确。

监理人权利

第十七条 监理人在委托人的工程范围内,享有以下权利:

(1) 选择工程承包人的建议权。

（2）选择工程分包人的认可权。

（3）对工程建设有关事项包括工程规模、设计标准、规划设计、生产工艺设计和使用功能要求，向委托人的建议权。

（4）对工程设计中的技术问题，按照安全和优化的原则，向设计人提出建议；如果拟提出的建议可能会提高工程造价或延长工期，应当事先征得委托人的同意。当发现工程设计不符合国家颁布的建设工程质量标准或设计合同约定的质量标准时，监理人应当书面报告委托人，并要求设计人更正。

（5）审批工程施工组织设计和技术方案，按照保质量、保工期和降低成本的原则，向承包人提出建议，并向委托人提出书面报告。

（6）主持工程建设有关协作单位的组织协调，重要协调事项应当事先向委托人报告。

（7）征得委托人同意，监理人有权发布开工令、停工令、复工令，但应当事先向委托人报告。在紧急情况下未能事先报告时，则应在 24 小时内向委托人作出书面报告。

（8）工程上使用的材料和施工质量的检验权。对于不符合设计要求和合同约定及国家质量标准的材料、构配件、设备，有权通知承包人停止使用，对于不符合规范和质量标准的工序、分部、分项工程和不安全施工作业，有权通知承包人停工整顿、返工。承包人得到监理机构复工令后才能复工。

（9）工程施工进度的检查、监督权，以及工程实际竣工日期提前或超过工程施工合同规定的竣工期限的签认权。

（10）在工程施工合同约定的工程价格范围内，工程款支付的审核和签认权，以及工程结算的复核确认权与否决权。未经总监理工程师签字确认，委托人不支付工程款。

第十八条 监理人在委托人授权下，可对任何承包人合同规定的义务提出变更。如果由此严重影响了工程费用或质量、进度，则这种变更须经委托人事先批准。在紧急情况下未能事先报委托人批准时，监理人所做的变更也应尽快通知委托人。在监理过程中如发现工程承包人员工作不力，监理机构可要求承包人调换有关人员。

第十九条 在委托的工程范围内，委托人或承包人对对方的任何意见和要求（包括索赔要求）均必须首先向监理机构提出，由监理机构研究处置意见，再同双方协商确定。当委托人和承包人发生争议时，监理机构应根据自己的职能，以独立的身份判断，公正地进行调解。当双方的争议由政府建设行政主管部门调解或仲裁机构仲裁时，应当提供作证的事实材料。

委托人权利

第二十条 委托人有选定工程总承包人，以及与其订立合同的权利。

第二十一条　委托人有对工程规模、设计标准、规划设计、生产工艺设计和设计使用功能要求的认定权,以及对工程设计变更的审批权。

第二十二条　监理人调换总监理工程师须事先经委托人同意。

第二十三条　委托人有权要求监理人提交监理工作月报及监理业务范围内的专项报告。

第二十四条　当委托人发现监理人员不按监理合同履行监理职责,或与承包人串通给委托人或工程造成损失的,委托人有权要求监理人更换监理人员,直至终止合同并要求监理人承担相应的赔偿责任或连带赔偿责任。

监理人责任

第二十五条　监理人的责任期即委托监理合同有效期。在监理过程中,如果因工程建设进度的推迟或延误而超过书面约定的日期,双方应进一步约定相应延长的合同期。

第二十六条　监理人在责任期内,应当履行约定的义务。如果因监理人过失而造成了委托人的经济损失,应当向委托人赔偿。累计赔偿总额(除本合同第二十四条规定以外)不应超过监理报酬总额(除去税金)。

第二十七条　监理人对承包人违反合同规定的质量要求和完工(交图、交货)时限不承担责任。因不可抗力导致委托监理合同不能全部或部分履行,监理人不承担责任。但对违反第五条规定引起的与之有关的事宜,向委托人承担赔偿责任。

第二十八条　监理人向委托人提出赔偿要求不能成立时,应当补偿由于该索赔所导致委托人的各种费用支出。

委托人责任

第二十九条　委托人应当履行委托监理合同约定的义务,如有违反则应当承担违约责任,赔偿给监理人造成的经济损失。

监理人处理委托业务时,因非监理人原因的事由受到损失的,可以向委托人要求补偿损失。

第三十条　委托人向监理人提出赔偿要求不能成立时,应当补偿由该索赔所引起的监理人的各种费用支出。

合同生效、变更与终止

第三十一条　由于委托人或承包人的原因使监理工作受到阻碍或延误,以致发生了附加工作或延长了持续时间,则监理人应当将此情况与可能产生的影响及时通知委托人,完成监理业务的时间相应延长,并得到附加工作的报酬。

第三十二条 在委托监理合同签订后,实际情况发生变化,使得监理人不能全部或部分执行监理业务时,监理人应当立即通知委托人,该监理业务的完成时间应予延长。当恢复执行监理业务时,应当增加不超过42日的时间用于恢复执行监理业务,并按双方约定的数量支付监理报酬。

第三十三条 监理人向委托人办理完竣工验收或工程移交手续,承包人和委托人已签订工程保修责任书,监理人收到监理报酬尾款,本合同终止。保修期间的责任,双方在专用条件中约定。

第三十四条 当事人一方要求变更或解除合同时,应当在42日前通知对方,因解除合同使一方遭受损失的,除依法可以免除责任的外,应由责任方负责赔偿。

变更或解除合同的通知或协议必须采取书面形式,协议未达成之前,原合同仍然有效。

第三十五条 监理人在应当获得监理报酬之日起30日内仍未收到支付单据,而委托人又未对监理人提出任何书面解释时,或根据第三十一条及第三十二条已暂停执行监理业务时限超过六个月的,监理人可向委托人发出终止合同的通知。发出通知后14日内仍未得到委托人答复,可进一步发出终止合同的通知。如果第二份通知发出后42日内仍未得到委托人答复,可终止合同或自行暂停或继续暂停执行全部或部分监理业务。委托人承担违约责任。

第三十六条 监理人由于非自己的原因而暂停或终止执行监理业务,其善后工作以及恢复执行监理业务的工作,应当视为额外工作,有权得到额外的报酬。

第三十七条 当委托人认为监理人无正当理由而又未履行义务时,可向监理人发出指明其未履行义务的通知。若委托人发出通知后21日内没有收到答复,可在第一个通知发出后35日内发出终止委托监理合同的通知,合同即行终止。监理人承担违约责任。

第三十八条 合同协议的终止并不影响各方应有的权利和应当承担的责任。

监理报酬

第三十九条 正常的监理工作、附加工作和额外工作的报酬,按照监理合同专用条件中约定的方法计算,并按约定的时间和数额支付。

第四十条 如果委托人在规定的支付期限内未支付监理报酬,自规定之日起,还应向监理人支付滞纳金。滞纳金从规定支付期限最后一日起计算。

第四十一条 支付监理报酬所采取的货币币种、汇率由合同专用条件约定。

第四十二条 如果委托人对监理人提交的支付通知中报酬或部分报酬项目提出异议,应当在收到支付通知书24小时内向监理人发出表示异议的通知,但委托人不得拖延其他无异议报酬项目的支付。

其　他

第四十三条　委托建设工程监理所必要的监理人员外出考察、材料和设备复试，其费用支出经委托人同意的，在预算范围内向委托人实报实销。

第四十四条　在监理业务范围内，如需聘用专家咨询或协助，由监理人聘用的，其费用由监理人承担；由委托人聘用的，其费用由委托人承担。

第四十五条　监理人在监理工作过程中提出的合理化建议使委托人得到了经济效益，委托人应按专用条件中的约定给予经济奖励。

第四十六条　监理人驻地监理机构及其职员不得接受监理工程项目施工承包人的任何报酬或者经济利益。

监理人不得参与可能与合同规定的委托人的利益相冲突的任何活动。

第四十七条　监理人在监理过程中，不得泄露委托人申明的秘密，监理人亦不得泄露设计人、承包人等提供并申明的秘密。

第四十八条　监理人对于由其编制的所有文件拥有版权，委托人仅有权为本工程使用或复制此类文件。

争议的解决

第四十九条　因违反或终止合同而引起的对对方损失和损害的赔偿，双方应当协商解决。如未能达成一致，可提交主管部门协调。仍未能达成一致时，根据双方约定提交仲裁机构仲裁或向人民法院起诉。

第三部分　专用条件

第二条　本合同适用的法律及监理依据：

第四条　监理范围和监理工作内容：

第九条　外部条件包括：

第十条　委托人应提供的工程资料及提供时间：

第十一条　委托人应在____天内对监理人书面提交并要求作出决定的事宜作出书面答复。

第十二条　委托人的常驻代表为_____。

第十五条　委托人免费向监理机构提供如下设施：

监理人自备的、委托人给予补偿的设施如下：

补偿金额＝

第十六条　在监理期间，委托人免费向监理机构提供____名工作人员，由总监理工程师安排其工作，凡涉及服务时，此类职员只应从总监理工程师处接受指示，并免费提供＿＿＿名服务人员。监理机构应与此类服务的提供者合作,但不对此类人员及其行为负责。

第二十六条 监理人在责任期内如果失职,同意按以下办法承担责任,赔偿损失[累计赔偿额不超过监理报酬总数(扣税)]:

$$赔偿金＝直接经济损失×报酬比率(扣除税金)$$

第三十九条 委托人同意按以下的计算方法、支付时间与金额,支付监理人的报酬:

委托人同意按以下的计算方法、支付时间与金额、支付附加工作报酬:报酬＝附加工作日数×合同报酬/监理服务日。

委托人同意按以下的计算方法、支付时间与金额,支付额外工作报酬:

第四十一条 双方同意用＿＿＿＿＿支付报酬,按＿＿＿＿＿汇率计付。

第四十五条 奖励办法:

$$奖励金额＝工程费用节省额×报酬比率$$

第四十九条 本合同在履行过程中发生的争议,由双方当事人协商解决,协商不成的,按下列第＿＿＿种方式解决:

(一)提交仲裁委员会仲裁;

(二)依法向人民法院起诉。

附加协议条款:

第二节 建设项目监理的业务与规划

一、建设项目监理的主要业务内容

按照基本建设程序各阶段来划分,监理的主要业务内容如下:

1. 建设前期阶段

(1)项目建议书的拟定。

(2)建设项目的可行性研究。

(3)参与设计任务书的编制。

2. 设计阶段

(1)提出设计要求,组织评选设计方案。

(2)协助业主选择勘察、设计单位,商签勘察结果,设计合同并组织实施。

(3)审查设计和概预算。

3．施工招标阶段

（1）准备与发送招标文件，协助评审投标书，提出决算意见。

（2）协助建设单位与承建单位签订承包合同。

4．施工阶段

（1）协助建设单位与承建单位编写开工报告。

（2）确认承建单位选择的分包单位。

（3）审查承建单位提出的施工组织设计、施工技术方案和施工进度。

（4）审查承建单位提出的材料和设备清单及其所列的规格和质量。

（5）督促、检查承建单位严格执行工程承包合同和工程技术标准。

（6）调解建设单位与承建单位之间的争议。

（7）检查工程使用的材料、构件和设备的质量，检查安全防护设施。

（8）检查工程进度和施工质量，验收分部分项工程，签署工程付款凭证。

（9）督促整理合同文件和技术档案资料。

（10）组织设计单位和施工单位进行工程竣工验收，审核竣工验收报告。

（11）审查工程结算。

5．保修阶段

负责检查工程状况，鉴定质量问题责任，督促保修。

建设单位委托监理单位承担监理业务时，可参照上述内容全部委托或分阶段委托。

二、建设项目监理规划

监理规划主要是说明监理工作做什么，谁来做，什么时候做。它是指导建设项目监理整个过程的文件，既可作为实现工程项目目标控制的依据，又可作为检查监理工作的依据。因此，监理规划应作为监理合同附件，在合同签订后尽快编制并报送业主。

建设项目监理规划包括如下几个方面的内容：

（1）工程概况。包括建设的目的、建设单位、名称、项目名称、总建筑面积、占地面积、地址、开工日期、项目的组成结构（所包括的单项工程、单位工程、分部工程等）、项目组成目录的编码。

（2）项目总目标。包括总投资额、总进度目标和质量要求。

（3）项目组织。包括项目法人各部门与项目的关系，与项目有关的外单位；项目组织结构框图，项目法人有关部门与监理单位的相关部门的关系；工作任务一览表和管理职能分工，项目展开的顺序（战略部署）；生产有关人员培训计划等。

（4）监理机构的组织。监理单位应根据所承担的监理任务组织项目的监理机构，包括监理的组织结构，监理总负责人，监理分项（进度、质量、投资、合同、信息管理等)控制负责人及任务、姓名、地址、电话等。

(5)信息管理。包括各参加部门、单位间的信息关系流程图,信息目录,会议制度,信息编码系统,信息的收集、整理及保存制度等。

(6)合同管理。包括合同结构图、合同编码系统、合同管理制度(包括合同的起草、审批、签订、修改、处理、保存等)、合同的执行分析等。

(7)投资控制。包括按项目结构进行投资目标分解,投资控制工作流程,投资目标风险分析,投资控制工作制度及有关报表数据的采集、审核与处理。

(8)进度控制。包括总进度计划、总进度目标的分解(如年度、季度、月度进度目标,各阶段进度目标,各子项进度目标),进度控制工作流程,进度目标风险分析,进度控制工作制度及有关报表数据的采集、审核与处理。

(9)质量控制。包括质量目标的详细描述(如设计质量、土建施工质量、设备质量、安装质量及其他说明),质量控制工作流程,质量目标风险分析及有关报表数据的采集、审核与处理。

监理规划的编制应十分注意其可操作性,并要与国际惯例相衔接,使监理规划的编制标准化。

第三节　建设项目监理的方法

一、概述

建设项目监理的基本方法就是对建设项目的实施过程进行有效的控制,使其顺利达到计划规定的工期、质量及费用(投资、造价)目标,这也是监理的中心任务。

1. 控制的任务

控制的主要任务是把计划执行情况与计划目标进行比较,找出差异,对比较结果进行分析,排除和预防产生差异的原因,使总体目标得以实现。

建设项目监理机构进行控制的主要任务是进度控制、质量控制、投资控制。

2. 正确处理投资、质量、进度三者的关系

建设项目监理控制的三大目标之间的关系是对立统一的关系。三个目标是一个系统,处于一个统一体之中。对于监理工程师来说,要考虑三个目标的统一,既要投资省,又要进度快、质量好。监理工程师所进行的控制就是从系统的角度出发,在协调、解决矛盾中求得目标的统一。

3. 动态控制的原理

动态控制的原理示意图如图 18-1 所示。

对建设项目干扰的因素可以归纳为人为因素、材料设备和机具因素、建设资金因素、施工方法因素、工程地质因素、水文条件因素、施工周边环境因素等。

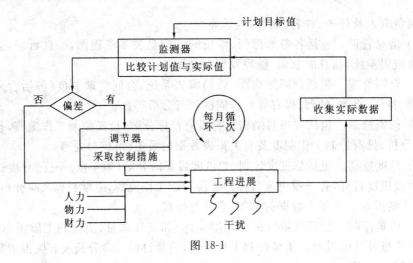

图 18-1

二、投资控制的方法

1．投资控制的含义

投资控制的目的是使项目的实际投资不要超出计划投资(图 18-2)。投资控制并不是盲目追求投资越省越好，而是在合同计算范围内，保证每一笔支出是合理的。投资的节省应以不影响工程进度、质量、生产安全操作等为前提。

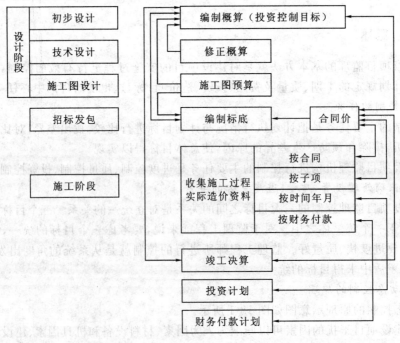

图 18-2

投资包括建筑安装工程的费用、设备购置费、土建费用及其他费用,投资控制既是财务部门的工作,也是技术部门、经济部门和管理部门共同的责任。

2. 项目建设各阶段对投资影响的规律

项目建设的不同阶段对投资的影响如图18-3所示。

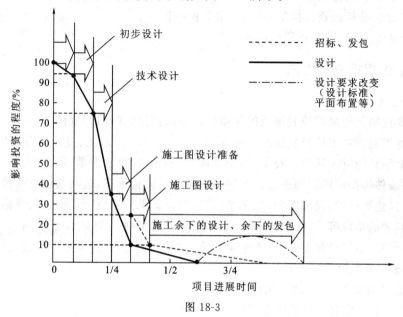

图 18-3

从图中可以看出,监理工程师及早(在设计阶段)控制好项目投资所带来的经济效益将是十分可观的。在施工阶段节省投资的潜力相对较小,对项目经济影响的程度仅在10%左右。

3. 投资控制的方法和措施

投资控制应从组织、经济、技术及合同四方面采取有效措施(图18-4)。

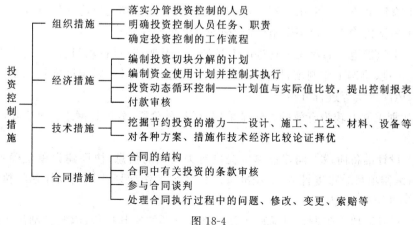

图 18-4

4. 监理工程师在投资控制各阶段的工作

（1）确定投资计划目标。

（2）收集、掌握有关数据和市场信息。

（3）数据的储存、整理、分析。

（4）比较分析投资失控的原因，提出分析报告。

（5）采取调整、控制投资的措施。

三、进度控制的方法

1. 进度控制的含义

进度控制是指采用控制措施确保项目能够按照计划时间完成任务。

进度控制贯穿于项目实施的全过程，包括准备、设计、施工、投产准备等阶段，往往是一个很长的时间区段。技术、组织协调、气候条件、政治因素、资金、人力、物质供应、地基条件等都可能影响进度。与进度有关的单位也很多，包括与项目审批有关的政府部门，建设单位，设计单位，施工单位，材料设备供应单位，水、电、煤、通信等其他与工程有关的单位等。所以，对进度计划的控制应明确一个基本思想：不变是相对的、变是绝对的，平衡是相对的、不平衡是绝对的，故要定期、经常地调整进度计划。

2. 进度控制的方法及措施

通常采用规划、控制、协调的步骤：

（1）规划。编制项目总进度目标、分项进度目标。

（2）控制。在项目进展全过程中，以控制循环的理论为指导比较、发现偏离，及时采取纠偏措施。

（3）协调。协调各参加单位之间的进度关系。

进度控制的措施包括技术、合同、经济、组织等方面措施：

（1）技术措施。如改变施工方法、方案，增减设备、人力等调整施工进度。

（2）合同措施。如采用分别发包、提前施工、合同工期与进度计划保持协调等。

（3）经济措施。如保证资金供应、增加进度控制奖励等。

（4）组织措施。如落实分管进度人员的分工及职能；进行项目分解，建立编码体系；确定进度、协调工作制度；协调会议时间、参加人员等；对影响进度目标实现的组织干扰、风险因素等进行分析。

在计划编制上较为有效的方法是采用分级、分阶段、分项目网络计划系统实施控制：

（1）设计准备阶段。向建设单位提供有关工期的信息，协助建设单位确定工期总目标；编制项目总进度计划；编制准备阶段详细工作计划并控制该计划的执行；施工现场条件调研、分析等。

（2）设计阶段。编制设计阶段工作进度计划并控制其执行；编制详细的出图（设计文件)计划并控制其执行等。

(3)施工阶段。编制施工总进度计划并控制其执行;编制施工年、季、月实施计划并控制其执行等。

监理工程师不仅要审核设计单位、施工单位提供的进度计划,更要编制计划、调整计划、采取控制措施,确保进度目标的实现。

四、质量控制的方法

1. 质量控制的含义

质量控制是指在项目实施过程中随时掌握工程项目质量动态,对影响质量的因素及时采取各种措施,确保合同商定的质量目标顺利实现。质量监督站与监理质量控制的目标应是一致的,都是为了保证建设项目的质量。

2. 质量控制的方法及措施

从方法上来说要贯彻全面质量管理的思想,全方位、全过程地对项目实施监控。要求建设单位、设计单位、施工单位、材料制品生产供应单位等都有各自的质量保证体系及实施办法,本着"事先指导,跟踪监理,认真把关,热情服务"的精神搞好质量监控。

(1)设计准备阶段。确定设计质量要求和标准;确定设计方案比较(竞赛)中有关质量问题的评选原则,审核各设计方案是否符合质量要求。

(2)设计阶段。审核业主对设计质量的要求与投资计划、进度计划是否有矛盾;在设计各阶段的进程中审核设计是否符合质量要求,并根据需要提出修改意见;进行设计质量的定性、定量分析。

(3)施工招标阶段。审核施工招标文件中的施工质量要求;审核设备招标文件中的质量要求;审核投标书中质量方面的措施;审核施工承包合同中的质量条款。

(4)施工阶段。严格检查施工图、施工技术力量,检查材料、构件、设备等的质量;建立质量动态分析档案;进行图纸会审,保证图纸质量;加强施工现场的质量监督,健全现场质量记录制度、施工人员上岗资格考核制度;督促和帮助承包单位健全和完善内部质量体系建设;做好施工过程中的中间验收和竣工验收。

(5)保修阶段。做好回访和保修调查,分析用户反映的质量问题。

【要点回顾】

1. 建设项目监理的方法、业务和规划。

2. 建设项目监理的重要性和必要性。

【练习题】

一、单选题

1. 20 世纪(　　)年代初期,我国利用世界银行贷款的电站引水隧洞工程按照贷款要求,设立了实施建设项目监理的"工程师单位"。

A. 50   B. 60   C. 70

D. 80   E. 90

二、多选题

1. 按照基本建设程序各阶段来划分,监理的主要业务内容在(　　)。

A. 建设前期阶段   B. 设计阶段   C. 施工招标阶段

D. 施工阶段   E. 保修阶段

三、判断题

1. 建设项目监理的执行机构包括建设项目监理的政府管理和建设项目监理的社会监理机构。

2. 建设项目监理机构进行控制的主要任务是进度控制、质量控制、投资控制。

四、简答题

1. 为什么要建立建设项目监理制度?

2. 建设项目监理单位与项目法人、工程承包单位的关系是什么?

3. 建设项目监理的主要业务内容是什么?

第十九章 城市房地产经济

【预期目标】

通过对本章的学习,你可以获得以下知识和能力:

1. 了解房地产的概念、房地产在国民经济中的作用和关系等;

2. 认识房地产经济中土地的各种权利的作用与其使用条件;

3. 掌握房地产开发的方法、程序和估价。

【学习提示】

本章的重点知识有:

1. 房地产在国民经济中的作用和关系;

2. 土地的各种权利的作用与其使用条件;

3. 房地产开发的方法、程序和估价。

学习本章的方法及注意事项:

1. 结合自身实际感受房地产对我们生活的影响。

房地产是房屋和土地财产的统称,又称不动产。在物质形态上房产总是与地产不可分隔,房依地建,地为房载。地产业是专门从事房地产生产经营服务的部门经济行业。按照《国民经济行业分类与代码》划分,房地产业包括房地产开发与经营、房地产管理、房地产经纪与代理三个门类,业务内容包括土地的开发,土地使用权的出让、转让、出租与抵押,房屋的建设、维修、管理,房屋所有权的买卖、租赁、抵押,以及由此形成的房地产市场等。房地产在我国属于第三产业。房地产经济学即研究房地产开发、经营、管理和服务这一系列运转过程中内在经济规律的科学,以便为房地产经济发展的方针、政策、法规提供理论依据,为我国城市经济发展、人民生活改善作出贡献。

第一节 城市房地产的基本概念

一、城市土地及分类

土地一般指地球表面构成陆地的土壤层,通常称之为地皮或地表。城市土地是指城镇建制范围内的土地。

按照国家颁布的《城市用地分类与规划建设用地标准》(GBJ 137—2011),城市建设用地划分为 9 类:

(1) 居住用地,包括住宅、庭院用地等。

(2) 公共设施用地,包括金融、保险、邮电、文教科技卫生、商业用地等。

(3) 工业用地,包括企业生产用地以及附属动力设施、仓库、厂内交通、行政办公用地等。

(4) 仓储用地。

(5) 对外交通用地,包括机场用地等。

(6) 道路广场用地。

(7) 市政公用设施用地,包括港口用地等。

(8) 绿地,包括公园、植物园、绿化带、自然保护区、风景游览区等。

(9) 特殊用地,包括军事用地、监狱、垃圾堆放处理场、公墓、火葬场等。

通过对城市土地合理分类及统计,可以反映出城市建设规划、开发水平和土地利用结构是否合理,从而为城市总体规划合理布局、城市房地产的开发提供依据。

二、城市土地的属性

城市土地的属性是指土地本身所具有的自然属性(物质属性)和社会属性(非物质属性)。

1. 城市土地的自然属性

(1) 土地使用价值的广泛性。土地为人类生存、栖息、繁衍、发展提供了必不可少的空间,人类一切活动都必须依附于土地。

(2) 土地使用价值的耐久性、永续性。土地的使用价值一般不会折减和丧失,可以永续利用。

(3) 土地资源的有限性、稀缺性、非再生性。人类生存的地球土地面积是有限的,随着人类社会的发展,对土地的需求不断增加,更显示出土地资源的重要,使土地具有稀缺性。土地也不像其他物品一样可以从工厂里制造出来,因而具有非再生性。

(4) 土地资源的不可移动性。土地是真正的不动产,它只能固定在原来的位置上。

(5) 土地资源的不可替代性。人类应当十分注意保护并节约利用土地资源。

2. 城市土地的社会属性

土地的社会属性是指在一定的历史发展阶段,人类社会对土地加以利用、改造所赋予土地的新属性。

(1) 土地所有权的垄断性。土地是一种有限的稀缺资源,在一定的历史发展阶段,人类可以将其当作社会财富加以垄断,形成一定历史发展阶段上的土地所有权,即地产权。土地一旦与人的劳动相结合,就是创造财富的源泉。有人称劳动是财富之父,土地是财富之母,垄断了土地就垄断了创造财富的重要源泉。

(2) 土地的可改良性、可塑性。人类可以通过对土地投入一定的物化劳动和活劳动改变土地的物理性质、化学结构、地形外貌。例如,软弱地基经过物理或化学手段处理可以提高承载能力;一般土地要经过平整、修通道路、接通水电等才能开发成为建筑场地。

(3) 对土地追加投资的效益具有永续性、积累性。对土地开发、改良的投资效益也具有永续性,一般不会一次使用就失去效力,可以延续使用,具有积累性。如对土地进行平整,使之成为建筑场地,只要不改变使用性质,这块土地便是永久的建筑场地。继续投资开发,如采取加固措施、为提高使用价值修建相关的城市基础设施等,这些投资的效益具有累加性,在土地交易的价值中得以体现。

三、房地产的特征与类型

1. 房地产的特征

房地产包括土地和建筑物,其中土地是大自然的产物,是永存的;建筑物为人工建造的,它定着在土地上。因此,房地产的特性主要取决于土地的特性,是以土地的特性为基础的。从把握房地产价值的角度来看,房地产的特性有不可移动性、独一无二性、寿命长久性、数量有限性、用途多样性、相互影响性、易受限制性、价值高大性、难以变现性、保值增值性。

2. 房地产的类型

对于房地产估价来说,有意义的房地产类型主要有四种:

(1) 按用途划分的类型。房地产按其用途划分,主要分为下列十类:① 居住房地产;② 商业房地产;③ 办公房地产;④ 旅馆房地产;⑤ 餐饮房地产;⑥ 娱乐房地产;⑦ 工业和仓储房地产;⑧ 农业房地产;⑨ 特殊用途房地产;⑩ 综合房地产(具有两种或两种以上用途的房地产)。

(2) 按开发程度划分的类型。房地产按开发程度划分,主要分为下列五类:① 生地,是指不具有城市基础设施的土地,如荒地、农地;② 毛地,是指具有一定城市基础设施,但地上有待拆迁房屋的土地;③ 熟地,是指具有完善的城市基础设施、土地平整,能直接在其上进行房屋建设的土地;④ 在建工程,是指地上建筑物已开始建设但尚未建成,不具备使用条件的房地产;⑤ 现房(含土地),是指地上建筑物已建成,可直接使用的房地产。

(3) 按是否产生收益划分的类型。房地产按其是否产生收益划分,主要分为下列两类:① 收益性房地产,是指能直接产生租赁或其他经济收益的房地产;② 非收益性房地产,是指不能直接产生经济收益的房地产,如私人宅邸、未开发的土地、政府办公楼、教堂、寺庙等。

(4) 按经营使用方式划分的类型。房地产按其经营使用方式划分,主要分为下列四类:① 出售型房地产;② 出租型房地产;③ 营业型房地产;④ 自用型房地产。

四、房地产业在国民经济中的地位和作用

房地产业是国民经济的一个重要产业,房地产业的发展与国民经济的发展紧密相关,充分认识它的地位与作用对研究房地产业经济运行的规律性和促进房地产在新世纪更好地发展具有重要意义。

1. 房地产业是国民经济的基础性产业

房地产是国民经济的基本承载体,主要是说房地产业在工业化、城市化和现代化的发展过程中已经成为社会经济系统中一个重要的有机组成部分。房地产业成为国民经济的基础性产业主要体现在以下五个方面:

(1) 社会一切部门不可缺少的物质条件。

(2) 社会劳动力生产要素提高的先决条件。

(3) 经济建设与发展的重要物质基础。

(4) 城市环境革命、更新改造的重要动力。

(5) 国民经济积累资金的重要来源。

房地产行业的发展使地方政府每年收获上万亿的土地出让金,使中央政府每年收获数千亿税收,当然也使中国收获了蔚为壮观的开发商富豪榜单。

2. 房地产业是国民经济的先导性产业

所谓先导性,是指本行业的发展能带动相关产业的发展。

房地产业是产业链长、关联度大的产业,能够直接或间接地引导和影响相关产业的发展。下面对房地产业与其他较大的几个产业的具体关系进行简要分析:

(1) 房地产业对建筑业的带动作用。房地产业的发展直接为建筑业开拓市场、筹集资金,促进其资金的周转。

(2) 房地产业对建材、冶金、化工、电子等产业发展的促进作用。房地产的快速发展为建材、冶金、化工、电子等产业的发展带来生机。房地产开发面积的增多、开发项目的增加、建筑标准的不断提高,扩大了对这些产业的社会需求,直接或间接地促进了这些产业的发展。

(3) 房地产业对金融业的推动作用。房地产业的投资额度大、资金周转期长,其发展仅依靠开发商的自有资金是难以实现的,必须依靠金融业的大力支持。与此同时,房地产业预期投资收益率高、居民住房抵押贷款风险小等特点也是吸引金融业投资的重要原因。

3. 房地产业成为我国国民经济的支柱性产业

所谓支柱性产业,是指在国民经济发展中起着骨干性、支撑性作用的行业。

国家宏观经济部门经过综合分析认为,房地产业将成为我国又一支柱产业。原

因就在于房地产业可通过回顾效应、旁侧效应与前瞻效应对经济、社会的多方面带来影响。

（1）房地产业的回顾效应表现为由房地产业通过对其投入要素的需求来刺激投入品的发展，如通过对建筑业的需求刺激建筑材料、技术的发展。房地产业作为高资本密集经营的产业，往往运用杠杆作用形成对资金的巨大需求，从而客观上带动房地产金融业、保险业的发展，在制度方面体现其回顾效应。

（2）房地产业的旁侧效应表现为房地产的发展带动一批高技术的劳动力队伍的形成，包括房地产金融、房地产法务、房地产评估、房地产经纪等方面的专业队伍，从而对人口素质的提高作出贡献。

（3）房地产业的前瞻效应指房地产业对新工业、新技术、新原料等出现的诱导作用，表现为对城市环境的改良、城市交通系统的发展、服务业的兴起等方面的促进作用。

五、发展房地产业的重要意义

房地产是国民经济发展的一个基本的生产要素，任何行业的发展都离不开房地产业，都是房地产业经济活动的参与者。归纳起来房地产业的重要作用表现为：

（1）改善人民生活水平，为国民经济的发展提供了重要的物质条件和改善了人民居住、生活的重要条件。

（2）改善投资环境，可以有效地改善投资环境，有利于吸引外资，加速我国经济建设的发展。

（3）加速城市改造，为城市建设综合开发开辟重要的资金渠道，加快城市开发的速度。

（4）带动相关产业，如建筑、建材、化工、电器等的发展。

（5）调整产业结构。

（6）调整消费结构，有利于深化制度改革，调整我国人民的消费结构。

（7）带动就业。

六、房地产业与国民经济的关系

1. 国民经济发展水平对房地产业的影响

国民经济的发展水平和速度是带动房地产业发展的主要因素，二者呈现出正相关关系。国民经济增长速度衡量的主要指标是国内生产总值的增长率，它对房地产业发展的影响反映在房地产增加值的增长速度上。一般来说，国内生产总值的增长速度快，意味着投资和消费的增长率高，带动房地产业增加值增长速度也比较快；反之，则相反。

2. 房地产业的发展对国民经济的影响

由于房地产业的关联效应强,其市场需求的扩大可以推动其他相关产业的发展。一般而论,房地产业的高利润率刺激投资量增加、供给水平提高,在市场畅销的条件下,会促进社会总供给增加,国民经济总量上升。可见对房地产供需水平状况的分析,不仅对房地产业自身,而且对整个国民经济都有重要意义。因为,房地产供需的平衡从房地产业自身看是一个总量概念,但从国民经济整体的角度看,它作为相对独立的产业部门又参与国民经济总量平衡的过程,从而对国民经济总体状况产生影响。

七、我国房地产业发展的历史

1. 第一阶段

从 19 世纪中期到新中国成立前夕,是旧中国房地产业的资本主义经营方式时期。

旧中国房地产业经营的特点是资本主义经营方式。1840 年后,西方列强用武力打开中国的大门,强迫清政府签订了一系列不平等条约,攫取各种特权。西方列强先后在上海、广州、天津等重要口岸的商埠设置租界。租界的开辟、大规模的人口流入使租界乃至这些地区整个城市的住房空前紧张。殖民主义者和冒险家们一方面抬高价格出租土地;另一方面在空地上用最快的速度建造新房,高价出租或出售,牟取暴利。与此同时,中国的一些民族资本家也独资、合资兴建和经营房地产。

2. 第二阶段

从中华人民共和国成立到十一届三中全会前夕,是新中国房地产业缓慢发展直至消失的时期。

新中国成立后,城市土地实行国有化政策,将国民党政府所有的房产及其党政军要人的房产均转为社会主义国家公有房产,继而依法将一些不法分子的房地产一律收归国有。与此同时,对属于国外的地产一律收归国有,对其房屋则区别不同情况按照有关政策,以接管、征用、抵债、收购等不同的方式转为社会主义国家公有房屋。当时的格局是:公有房产均由房地产管理部门实行统一管理,并且允许少量私有房产合法经营。

3. 第三阶段

从十一届三中全会以后至 1991 年年底,是中国房地产业恢复和重新成为独立行业的时期。

1978 年 12 月,中国共产党十一届三中全会召开,中国实行经济改革,房地产业也随之慢慢复苏和发展,实施土地使用制度改革和住宅体制改革。20 世纪 80 年代初开始实施国有土地使用制度改革,迫切要求改变城市土地无偿划拨制度。1982 年,深圳经济特区率先变无偿为有偿使用土地,按不同等级向土地使用者收取不同标准的土地使用费。1984 年起,抚顺、广州等城市也相继仿行。与此同时,城市住宅建设也有很大的变化,主要表现在城市住宅投资主体多元化,即由先前单一的国家预算投资(包括基本建设和更新改造投资)转化为国家、企业、个人三位一体的投资体系。1980年以后,国家投资部分所占比重呈现下降趋势,企业和个人投资部分呈逐步上升趋势,尤其是个人投资增加迅速,以年均50%的速度增长。1979—1991年间,住房投资在国民生产总值和社会固定资产投资中所占份额几乎每年都超过7%,甚至高达24%。世界银行认为,中国住宅建设的成就以国际标准而论也是创纪录的,并认为中国20世纪80年代的成就超过一般发展中国家所能达到的水平,接近人均国民生产总值7 500美元国家的水平。

4. 第四阶段

新世纪之初的十年是我国房地产发展史上的"黄金十年"。

在新世纪之初的十年中,随着产业规模的扩大,我国房地产业逐步成长为国民经济的重要支柱产业,房地产业的发展有效拉动了我国的经济增长,对国民经济作出重大贡献。2007年房地产业增加值占GDP的比重达4.8%。2008年,产业增加值达1.27万亿元,是2000年的3.07倍,年均增长15.1%。根据相关测算,"十一五"期间我国城镇住房投资对经济增长贡献率平均为17%。另外,房地产的发展也显著改善了居民的居住条件,有力地促进了民生发展。2000—2008年间,我国累计竣工商品住宅32.9亿 m²,城镇人均住房建筑面积由2000年的20.3 m² 增加到2008年的28.1 m²,年均增长0.98 m²,居民居住条件明显改善。与此同时,城镇居民住房成套率由2000年的72.7%提高到了2008年的81%,年均提高1.04个百分点,居住房屋质量、品质都有了明显提高。

第二节　城市土地使用权的出让、转让、出租与抵押

一、城市土地的所有权和使用权

1. 城市土地所有权

土地所有权是指土地所有者对土地实行占有、使用、收益和作出处分的权利。

(1) 土地占有权。土地占有权指依法对土地进行实际交易支配、控制的权利。土地占有权由土地所有者行使,土地所有权与占有权既可以结合,又可以分离。

(2) 土地使用权。土地所有者可以将土地使用权通过一定的法律手续和签订契约等形式交非所有者行使。

(3) 土地收益权。土地使用者按规定向国家缴纳土地使用税、耕地使用税,这些收益都属于法定利益的性质。土地使用者种树收果、种稻收谷,这些收益属于天然利益的性质。

(4) 土地处分权。土地处分权指依法处置土地的权利,集中地体现了所有权的

性质。

土地的占有权、使用权、收益权、处分权四项权能构成土地所有权完整的权能结构。

2. 城市土地使用权

土地使用权是指使用者根据法律、合同的规定,对国家所有的土地享有使用的权利。

土地使用权同样具有占有、使用、收益、处分四项权能。

二、开发商获取土地使用权的方式

目前,我国土地使用制度仍处在从无偿、无限期到有偿、有期限的过渡阶段,尤其在内陆城市,存在着土地配置的双轨制,即政府行政划拨和市场机制并存。在运用市场机制配置土地时,又有协议、招标和拍卖几种方式。对于原先已划拨的土地,开发商还可以通过零地价的方式获取土地使用权。根据开发项目的特点,开发商既可以通过政府行政划拨,也可以通过有偿出让获取土地使用权。

三、城市土地使用权的出让

城市土地使用权出让是指国家将一定年限内的国有土地使用权出让给土地使用者,由土地使用者向政府支付土地使用权出让金的行为。通过出让方式获得土地使用权是建立在有偿、有限期的基础上的。该土地使用权可以在法律规定的范围内转让、出租或抵押,其合法权益受法律保护。

1. 城市土地使用权出让的基本原则和做法

在国家和各地目前的立法与实践中,对土地使用权的出让明确了以下几点基本原则和做法:

(1)国家将土地使用权出让给使用者,国家作为土地所有者的地位不变。

(2)在土地使用过程中,国家和土地使用者之间表现为平等、自愿、有偿、有期限的民事权利义务关系。

(3)土地使用权出让的具体工作由土地管理部门会同计划、城市规划、城建、房产、物价、财政等部门,提出出让的具体方案,报政府批准后由土地管理部门负责落实。

(4)土地使用权出让市场由政府垄断经营,任何部门、单位和个人不得擅自经营。

(5)出让土地的范围可以是国家所有的土地和为出让而依法征用的集体土地,但不包括地下资源、埋藏物和市政公用设施。对于向外商出让大面积成片开发经营的土地,国务院规定仅限于经济特区、开放城市和经济开放区之内。

(6)土地使用权的受让方范围。国内的公司、企业、其他组织和个人都可以成为土地使用权的受让方。关于国外的企业、经济组织和个人是否可以成为土地使用权的受让方,一般规定为:与中华人民共和国没有建立外交关系或者没有在我国设立商务代表处的国家和地区的企业、经济组织和个人不得成为土地使用权的受让方。对于我国台湾的投资者,国务院 1988 年 7 月发布的《关于鼓励台湾同胞投资的规定》中明确宣布可以在大陆依法取得土地使用权并开发经营。

土地使用权的出让关系以土地出让合同的形式加以确定,双方当事人的权利义务均在合同中规定。

2. 城市土地使用年限

土地使用年限是指土地使用权受让人在受让地块享有土地使用权的总年限。按国家法律规定,各类用地的最高出让年限为:一般居住用地 70 年;工业用地 50 年;教育、科技、文化、卫生、体育用地 50 年;商业、旅游、娱乐用地 40 年;综合或其他用地 50 年。

3. 城市土地使用权出让金

土地使用权出让金是土地使用权受让人为获得土地使用权而支付给政府的金额。

4. 毛地价

毛地价是政府在出让未经拆迁安置补偿的旧城区土地(俗称"毛地"),或未进行征地补偿的新区土地(俗称"生地")时所收取的金额。毛地价通常包括土地使用权出让金和城市建设配套费。

5. 熟地价

熟地价是当政府出让已经具备"七通一平"、"五通一平"或"三通一平"建设条件的土地(俗称"熟地")时所收取的金额,或土地使用权人将已经具备建设条件的熟地转让时所收取的金额。熟地价包括土地使用权出让金、城市建设配套费和土地开发费。

6. 城市土地使用费

土地使用费是土地使用者因使用国有土地而需按规定每年支付给政府的费用。

7. 城市土地使用权出让方式

(1)出让计划的拟订和批准权限。土地使用权的出让必须符合土地利用总体规划、城市规划和年度建设用地计划,根据省、市人民政府下达的控制指标,拟订年度出让国有土地总面积方案,并且有计划、有步骤地进行。出让的地块、用途、年限和其他条件由市、县人民政府土地管理部门会同城市规划、建设、房产管理部门共同拟订方案,按照国务院的规定,报经有批准权的人民政府批准后,由市、县人民政府土地管理部门实施。

(2)出让的方式。国有土地使用权出让可以采取拍卖、招标或者双方协议的方式。商业、旅游、娱乐和豪华住宅用地,有条件的必须采取拍卖、招标方式;没有条件的,可采用双方协议的方式,但协议方式出让的土地价格不得低于国家规定的最低价。

四、城市土地使用权的转让

1. 城市土地使用权转让的内容

(1)出售。土地使用权的出售指从国家取得土地使用权的受让者将经过一定程度开发的土地或者具有土地使用权的地上建筑物及设施,出卖给第三者而由此发生土地使用权转移的行为。土地使用权的出售只转移使用权,所有权仍属国家。这种出售是在有限期的土地使用权出让前提下发生的,一旦原土地使用权出让合同所确立的土地使用期限到期,买方将失去土地使用权和地上建筑物及设施的所有权。

(2)交换。土地使用权的交换是指交换各自具有使用权的土地,是一种权利客体的交换。

(3)赠与。土地使用权的赠与指赠与人一方自愿将自己的土地使用权无偿地交给受让人一方,同时受赠人也表示同意接受的行为。受赠人成为土地使用权的新的受让人。

(4)继承。土地使用权的继承是一种使用权的依法转移行为,在原土地使用人死亡时,继承转让即当发生。若原土地使用人不是自然人而是法人(或公司),则该法人分立时,或者被其他企业法人(或公司)所兼并、收购时,分立或者兼并后的新企业法人(或公司),以及收购人应当享受和承担原土地使用者的全部权利和义务。

2. 城市土地使用权转让应坚持的原则

(1)土地使用权转让时,不能改变国家与原受让人签订的土地出让合同中所确立的权利与义务关系。如需改变原出让合同规定的土地用途,应与国家土地管理部门重新签订出让合同。

(2)土地使用权转让时,其地上建筑物及其他附着物所有权随之转移,反之亦然。

(3)土地使用权转让时,新的受让人使用土地的期限为土地使用权出让合同规定的使用期限减去已使用年限后的剩余年限。

(4)土地使用权转让时,不得损害土地及地上建筑物的经济效益。

(5)土地使用权转让时,转让价格如果明显低于市场价格,则国有土地的代表有优先购买权;而当转让价格暴涨时,国有土地的代表可以采取必要的措施,如通过抛售(出让)新的土地使用权来平抑价格。

为防止在地产经营中过分赚取高额利润,一般都通过税收手段对转让行为加以调节。

五、城市土地使用权的出租

土地使用权的出租是指土地使用者作为出租人将土地使用权随同地上建筑物、其他附着物租赁给承租人使用,由承租人向出租人支付租金的行为。

土地使用权的出租是出租人在保持自己对土地使用权的前提下,在出租期间转移使用权,一旦租期满后就可收回土地使用权。它不同于土地使用权转让,转让行为一旦生效,原土地使用者对该土地的使用权永久丧失。另外,出租行为还表现为在整个出租期间,出租人仍然承担着作为受让人与国家订立的土地使用权出让合同中所规定的权利与义务,这种同国家的权利和义务关系并没有随着土地使用权出租而转移到承租人一方。

六、城市土地使用权的抵押

土地使用权抵押是指土地使用权受让人以土地使用权作为履行债务的担保,当土地使用权受让人不能按期履行债务时,债权人享有从变卖土地使用权的价款中优先受偿权利的一种债的担保形式。

七、城市土地使用权的终止和续期

土地使用权的终止是指国有土地使用权出让合同规定期限届满而由国家收回土地使用权,或者在土地使用权期满前国家因社会公众利益的需要而提前收回土地的使用权,或者因土地的灭失而导致使用人实际不再享有土地使用权。

土地使用权期满后的续期是指土地使用权合同规定的使用期届满后,土地使用权受让人继续与土地所有者订立合同,继续使用这块土地。

第三节　房地产估价

一、房地产估价的概念

房地产估价是指专业估价人员根据估价目的,遵循估价原则,按照估价程序,选用适宜的估价方法,并在综合分析影响房地产价格因素的基础上,对房地产在估价时点的客观合理价格或价值进行估算和判定的活动。

1. 专业估价人员

专业估价人员是指经房地产估价人员资格考试合格,由有关主管部门审定注册,专门从事房地产估价的人员。房地产估价人员应遵守的职业道德主要有以下六个方面:

（1）不得做任何虚伪的估价，应做到公正、客观、诚实。

（2）应保持估价的独立性，必须回避自己、近亲属或其他有利害关系人的估价业务。

（3）如果感到自己的专业能力有限而难以对某房地产进行估价时，不应接受该项估价委托。

（4）应妥善保管委托人的文件资料，未经委托人的书面许可，不得将委托人的文件资料擅自公开或泄露给他人。

（5）应执行政府规定的估价收费标准，不得以不正当理由或名目收取额外的费用，也不得降低收费标准，进行不正当的竞争。

（6）不得将资格证书提供给他人使用或允许他人使用自己的名义，不得以估价者的身份在非自己估价的估价报告上签名、盖章。

2. 估价目的

估价目的是指一个具体估价项目估价结果的期望用途，或者说完成后的估价报告拿去做什么用，是为了满足何种涉及房地产的经济活动或者政府、民事行为的需要。

3. 估价原则

估价原则是指人们在房地产估价的反复实践和理论探索中，在对房地产价格形成和运动的客观规律认识的基础上，总结出一些简明扼要的、在估价活动中应当遵循的法则或标准。房地产估价原则主要有合法原则、最高最佳使用原则、替代原则、估价时点原则、公平原则。

4. 估价方法

房地产估价有三大基本方法，即比较法、成本法、收益法。除此之外，还有一些其他估价方法，如假设开发法、长期趋势法、路线价法、基准地价修正区法等。

5. 影响房地产价格的因素

影响房地产价格的因素多而复杂，从大的方面来说有环境、人口、经济、社会、行政、心理、国际等因素。在不同地区、不同时期，各种因素影响房地产价格变动的方向和幅度是不尽相同的。

6. 估价时点

估价时点是指估价结果（评估价值）对应的日期，即在该日期上估价对象有该价值，通常用公历年、月、日表示。由于同一宗房地产在不同的时间价值会有所不同，所以估价通常仅是对估价对象在某个特定日期的价值作出估计。

二、房地产估价的必要性

1. 理论上房地产估价的必要性

一种资产只有具备了下列两个条件才真正需要专业估价：独一无二性和价值量

较大。

具体就房地产来讲,其具有不可移动性、独一无二性和价值高大性,房地产市场是典型的"不完全市场"。房地产估价的重要性在于建立合理的房地产交易秩序,是促进房地产公平交易的基本保障,有助于将房地产价格导向正常化。

2.现实中对房地产估价的需要

(1)房地产交易的需要。

(2)房地产抵押的需要。

(3)房地产典当的需要。

(4)房地产保险和损害赔偿的需要。

(5)房地产税收的需要。

(6)房地产征用拆迁补偿的需要。

(7)处理房地产纠纷和有关法律案件的需要。

(8)企业管理的需要。

(9)房地产管理的需要。

三、房地产估价的原则

对房地产估价总的要求是独立、客观、公正,这应作为房地产估价的最高原则。同时在具体估价作业中应当遵循的原则主要有以下五项:

1.合法原则

合法权益包括合法产权、合法使用、合法处分等方面。遵循合法原则具体应当做到下列几点:

(1)在合法产权方面,应以房地产权属证书和有关证件为依据。

(2)在合法使用方面,应以城市规划、土地用途管制等为依据。

(3)在合法处分方面,应以法律、行政法规或合同(如土地使用权出让合同)等允许的处分方式为依据。处分方式包括买卖、租赁、抵押、赠与等。

(4)在其他方面,评估出的价格必须符合国家的价格政策。

2.最高最佳使用原则

最高最佳使用是指法律上许可、技术上可能、经济上可行,经过充分合理的论证,能使估价对象的价值达到最大的一种最可能的使用。最高最佳使用具体包括三个方面,即最佳用途、最佳规模、最佳集约度。

寻找最高最佳使用的方法,先是尽可能地设想出各种潜在的使用方式,然后根据下列四个方面依序筛选:

(1)法律上的许可性。

(2)技术上的可能性。

(3)经济上的可行性。

（4）价值是否最大。

3．替代原则

替代原则对于具体的房地产估价指明了下列两点：

（1）如果附近有若干相近效用的房地产存在着价格，则可以依据替代原则，由这些相近效用的房地产的价格推算出估价对象的价格。

（2）不能孤立地思考估价对象的价格，既不能"情人眼里出西施"，也不能"下里巴人"，而要考虑相近效用的房地产的价格牵制。

4．估价时点原则

5．公平原则

四、土地的价值及地租

构成商品的价值必须同时具备三个要素：① 必须具有使用价值；② 必须是劳动产品，凝结了人类的劳动；③ 必须是用来交换的劳动产品。

土地具有使用价值已为公认，但土地是否有价值，目前看法尚有不同。一种观点认为，土地就其作为自然物质的一方面，没有凝结人的劳动是没有价值的。而经过开发的土地因投入了人类的劳动就表现为具有商品的价值。持这种观点的人认为开发了的城市土地就是商品，因而土地是投入劳动的商品资料，地租是投入劳动的利息，是土地价值的转换形式。

另一种观点认为，土地是自然物，是大自然的恩赐，对土地开发所形成的价值应该是凝结在开发物上的。例如，对土地进行土地平整以便建房，投入劳动形成的价值已转移到房屋自身的造价中去了。又如，在城市基础设施（道路、水、电、通信等）上的投资，这些投入劳动形成的价值凝结在基础设施上，而不是土地上，应通过基础设施的有偿使用来回收。所以，收取地租不是回收城市基础设施投资，地租就是凭土地所有权收取，凭使用价值收取。城市基础设施越完善，土地使用价值就越高，则地租也就越高。持这种观点的人认为土地不是商品，而是把土地使用权商品化。土地的价格不是土地价值的货币化，而是地租的商品化。

地租作为土地所有权在经济上实现的形式又由三部分共同构成：

1．绝对地租

只要有土地所有权存在，租用任何一块土地，包括最劣等的土地，都必须绝对地交纳地租。因此，绝对地租是指土地使用者为取得土地使用权而支付给土地所有者的租金。

2．级差地租

由于土地本身所处的地理位置、工程性质、开发程度等条件的不同，土地使用权取得者从事生产、经营所获得的超额利润也不同，为此所应支付的地租也应有差异，这就是级差地租。

3．垄断地租

由土地的垄断价格带来的超额利润转化成的地租即为垄断地租。垄断价格是由购买者的购买欲和支付能力决定的。例如，土地拍卖中可能因购买者的特殊购买欲望而使叫价高得出乎意料，这样产生的超额利润可视为土地所有者对价格垄断所形成的垄断地租。

五、城市土地价格的估算

土地价格的管理是地产市场管理的核心，合理确定土地价格对促进土地的优化配置和合理使用，对国民经济管理和企业管理都有着重要的意义。

（一）土地价格分类

从不同的分类角度可划分出不同种类的土地价格。

1．土地所有权价格、使用权价格

土地所有权价格是指出让土地所有权的价格；土地使用权价格是指出让土地使用权的价格。目前我国城镇土地是国家所有制，因此出让土地的价格都是土地使用权价格。在土地私有制国家，则一般是指购买土地所有权的价格。

2．总地价、单位地价、楼面地价

总地价是指所交易的一块土地的全部价格；单位地价是指单位面积土地的价格。两者的关系为：

$$单位地价＝总地价/土地面积$$

楼面地价又称单位建筑面积地价，是平均到每单位建筑面积上的土地价格，与总地价的关系为：

$$楼面地价＝总地价/建筑总面积$$

（二）影响城市土地价格的因素

城市土地有别于乡村广大土地的最大特性就是土地利用方面的高度集约性。这是由城市人口的高度集聚性、第二和第三产业构成的城市产业主体的高度集约化生产对土地高利用程度所决定的。城市土地的价格高居于广袤的乡村土地之上，土地利用集约程度不同的城市之间地价也相差极大，同一城市的不同地段的地价也因此而相差较大。影响土地利用集约程度的因素多样、复杂而又共存于一个系统之中，这就使得对于土地的估价必须运用系统分析的方法才能奏效。影响城市土地价格的主要因素可归纳为以下几个方面：

1．社会、经济因素

社会因素包括人口状态、政局变化、社会治安、人文水平等。人口集中、土地需求大，价格水平就会上升；政局不稳或战争在即，人们对土地这一"不动产"的投资就没有兴趣，甚至大量抛出"不动产"，地价必然猛跌；社会治安不好，犯罪严重，意味着人们生命财产没有保障,土地价格也上不去。

经济因素包括地区的财政金融状况、储蓄及投资水平、国际贸易输入及输出水平等。若地区财政金融状况不佳,经济形势恶化,银根紧缩,对房地产的需求就会减退,房地产的供给量也会急剧下降;储蓄及投资水平增长往往是与经济增长同步的,会刺激土地需求增长,抬高地价,沿海地区、开发区、特区外商投资的涌入极大地刺激了地价的增长;国际贸易输入及输出水平等对经济的增长也有重大的影响,进而影响对土地的需求。

2. 行政、计划因素

在我国社会主义市场经济体制下,国家对土地价格的控制是通过各种法规、政策、土地利用计划等来实现的。国家从全社会的利益和宏观经济角度出发,或推动土地用途的转移,或限制某类土地的使用,从而达到提高土地总体利用率的目的。资本主义国家也是如此,如日本为了抑制土地的投机,对某些地区的土地交易量和交易价格实行国家管制。荷兰、瑞士、英国等也规定对未开发的土地,政府有优先的购买权。这些措施促使土地价格呈平稳状态。此外,政府可以加强对城市规划的编制来发挥规划对土地市场的指导和规划作用,指导土地的开发和供应。根据城市规划所确定的住宅用地、商业用地、工业用地,其价格也大不相同。

3. 区位因素

区位因素是指土地在城市中所处的自然地理位置及与该地区社会、经济、行政等因素相互影响、共存一体所产生的地区特性,这一特性是决定土地价格的最重要和最直接的因素。

不同用途的土地所重视的区位因素有所不同。例如,工业用地所重视的区位因素有:

(1) 与产品市场及原材料采购市场的位置关系。

(2) 道路、港口、铁路等运输设施的建设状况。

(3) 动力资源及排水、供水状况。

(4) 地区劳动力市场供求状况。

(5) 与相关产业的位置关系。

(6) 水质污染、空气污染等公害发生的危险。

(7) 行政干预及管制程度。

商业用地所重视的区位因素是:

(1) 营业辐射范围大小及顾客层次和数量。

(2) 顾客的交通手段及交通状况。

(3) 营业类别及竞争状况。

(4) 该地区经营者的创造力及资信状况。

(5) 繁荣的程度与盛衰状况。

（6）土地利用的管制程度。

第四节 城市住房改革

城市房产主要是指住宅、办公、生产、公用设施房屋等,目前城市房地产市场上流通的主要是住宅。改善人民的居住条件和居住环境是各国普遍面临的问题,因此都把住宅问题作为重要的社会、经济问题进行研究。

一、城市住宅的经济属性

住宅是建筑业的劳动产品,也是人类生存必需的生活资料,具有价值和使用价值,因而也是商品,具有商品的经济属性,可以进入流通市场,也受供求关系价值规律的支配。当前,我国城市住宅具有商品属性和福利属性,这两种属性统一于住宅体之中不可分割。而以前我们的住宅具有较多的福利因素的属性,受社会制度影响,具有超越价值的成分,以低租、低价为职工、居民提供住宅,具体表现在:

（1）大大低于成本的租金制度,以至于连维修费都不够,靠单位和国家补贴。

（2）部分商品房虽计入小区公用设施配套、大市政设施费,但土地费未计入。

（3）各单位出售给职工的住房采用了补贴、分期付款等方法。

在上述情况下,我国实行的是社会福利和收取房租相结合的计划分配制度。建造居民住宅由国家预算拨款,国家从社会福利基金中拿出一部分给居民作为住房补贴,分给居民的福利房只象征性地征收房租,但住房的产权不归居民所有。这在后来也导致了许多的问题,如住房短缺、房屋资源浪费以及分配上的不合理等。

20世纪90年代后期至今,我国政府明确了城市住宅的商品和福利二重属性,商品属性成为住宅的主要属性,福利属性成为必要的补充。到2004年除保留一定数量的公房供最低收入家庭廉价租赁外,基本上可出售的公房都已经出售。

随着公房时代的结束,我国确立了以经济适用房和廉租房为核心的住房保障体系。1999年我国出台了《城镇廉租房管理办法》,向具有城镇常住居民户口的最低收入家庭提供租金相对低廉的普通住房。廉租房制度是市场经济条件下的一种福利住房制度。到20世纪90年代后期,国家为配合住房制度的改革,开始允许商业银行开办个人住房贷款,购房只需交纳首付金就可以得到住宅的使用权,大部分的余款可分月偿还。这极大地满足了人们的购房需求并对人们的购房模式产生了深远的影响。

21世纪初,随着社会经济的发展,房价逐年攀升,城市居民购房难问题随之出现。城市住宅商品属性的地位不断巩固,而福利属性在一段时期内似乎在日益弱化,之后出现的住房问题使得住房的保障制度不断完善,住房的福利属性也处于非常必要的补充地位。2002年、2003年、2004年和2007年国家相继出台了经济适用房和廉租房的管理办法。2007年同时出台的《经济适用住房管理办法》和《廉租住房保障办法》更能体现对中低收入人群住房的保障。经济适用房保障的人群更加明确,取消了原来覆盖人群中"政府确定的供应对象"这一项,户型面积受到严格的控制,有效防范了经济适用房变成"公务员小区"现象的发生,保障了低收入人群、无房人群和住房面积低于标准人群的利益。廉租房政策为低收入的困难家庭提供了比较合理的保障措施,不仅为他们提供了住房,而且在原来的基础上增加了住房补贴。保障的人群也有所增加,新建廉租房户型严格控制在50平方米以下。我国的住房保障制度在不断出现的问题中朝着更加完善的方向发展。

二、城市住房制度改革与住宅建设

住房改革的根本目的是:通过改革束缚生产力发展的旧的住房制度,促进住房建设的发展,不断地增强综合国力、不断地提高广大人民的居住水平。但是住房制度的改革涉及诸多方面的因素,是一项复杂的工程,主要表现在以下三个方面:

(1)住房制度改革不可能单兵独进,必须同其他许多方面的体制改革配套进行。如与住房有关的计划体制、建设体制、财政体制、工商税收体制、金融体制、工资体制、物价体制、保险体制协调配套等。

(2)住房制度改革本身是一项综合性的任务,必须服从社会主义市场规律要求。要推行住宅商品化和社会化,同时还要合理调整公有住房租金,出售公有住房,实行新房新制度,推行国家、集体、个人共同负担,多方筹集住房资金,建立住房基金和公积金;培育和管理好房地产市场,加强售后或出租房的维修管理等。

(3)住房制度改革在与国情结合的过程中还有一些有待于深入研究的政策性问题。如廉租住房、公共租赁住房、经济适用房、限价商品房、商品房等的价格及比例应良好配合,确实保证住房基金和公积金不贬值。

综上所述,通过住房制度改革,要建立一套充满生机、住房建设资金投入和产出良性循环、居者有其屋的新住房制度,需要政府和人民共同不懈的努力。

对于住房消费水平,国外常用恩格尔(法国著名统计学家,1821—1896)系数来计算,恩格尔系数即家庭食品消费占总支出的比例。联合国粮农组织曾经规定,一个国家平均家庭恩格尔系数在59%以上为贫困,50%~59%为温饱,40%~50%为小康,30%~40%为富裕,30%以下为最富裕。

三、住宅租金的确定

根据我国住宅租金的规定,合理的租金应包括房屋折旧费、维修费、管理费、利息、保险费、利润、地租、税金八项费用(又称"八项计租")。

1. 折旧费
通常按直线折旧法计算。

$$年折旧费＝(房屋造价－残值)÷使用年限$$

2. 维修费

维修费指保证出租房正常使用而进行的日常保养维修和大修费。通常维修费不应超过折旧费的 80％。

3. 管理费

管理费指房产业务管理人员的工资、办公费、业务费等。国务院房改办规定,管理费按折旧费、维修费、管理费三项之和的 10％计算。

$$年管理费＝(折旧费＋维修费)×10％÷(1－10％)$$

4. 利息

利息指房产经营单位为建房投资的利息,年利率应不小于银行多年平均存款利率。

5. 保险费

保险费是为补偿发生意外灾害造成的财产损失投保支付的费用,由产权人负担,因此应摊入房租中。费率一般按房屋价值的 1.5‰～3.0‰计算。

6. 利润

利润指房产经营部门所获得的利润。

7. 地租

地租是指建房占地每年应缴纳的土地使用费或租金。由于前面计算折旧费的房屋建造价中未包含土地出让或征用费等,因而此项除计算按国家规定缴纳的土地使用税外,还应计入土地费用租金。年地租可按地价计算,公式如下:

$$年地租＝地价×年投资利息率$$

8. 税金

税金指房产税。《中华人民共和国房产税暂行条例》规定,房产税由房产所有人缴纳。房产税的税率,依照房产余值计算缴纳的,税率为 1.2％;依照房产租金收入计算缴纳的,税率为 12％。

第五节　房地产综合开发程序

房地产综合开发的生产环节一般要经过计划、征地、动迁、三通一平(或七通一平)、施工、验收、销售、售后服务等。

一、立项阶段

(1) 开发项目首先要列入国家或地方年度计划中。

(2) 有了计划后,可实施勘察选点工作。

（3）进行项目可行性研究，掌握有利条件和不利条件、可采取的补救措施等。

（4）正式提出申请项目报告。

（5）初步的规划方案。

这一阶段主要做好现场调查，收集历年来的有关资料及信息，根据可行性研究做好技术经济评估，最后经过讨论送审。

二、前期工作阶段

（1）征地。即从现有的土地使用者手中取得土地的使用权。

（2）普查。普查地上原有的建筑物、住户及各行各业所占的比例、人口组成、结构形式等，编制花名册。

（3）地质勘察。对土地地形、地貌、地质进行勘察和分析。

（4）项目的设计招标。依据规划部门的要求，提出设计委托任务书，进行设计招标。

（5）优选规划设计方案。

（6）根据优选的规划方案进行建筑设计。

（7）同步进行拆迁工作，发布拆迁令。

（8）办理施工执照，取得开工的许可证。

（9）编制综合开发组织设计。

（10）做好工程预算的经济分析。

三、施工准备阶段

（1）依据规划部门和建设单位的要求审查施工图，做好详细的准备工作。

（2）做好三通一平（或七通一平）、对地上和地下物的处理，有些要请有关部门到现场共同商议处理。

（3）根据设计要求预定材料和设备。

（4）办理开工报告，领取开工证。

（5）选择施工队伍，采取招标、议标方式。

（6）正式签订施工合同。

（7）根据开发的组织设计，组织施工单位进驻现场。

（8）向施工单位进行施工图设计交底。

（9）审查施工单位组织设计。

四、工程建设管理、验收阶段

（1）施工放线（由专门的管理部门操作）。

（2）由规划部门派人现场验线。

（3）组织设计部门验槽。

（4）桩基验收。

（5）结构工程中隐藏工程部分的验收。

（6）竣工工程预验收。

（7）组织工程竣工验收。

（8）整理竣工项目资料归档工作。

（9）工程总决算。

五、销售和过户阶段

（1）商品房预售期。

（2）商品房的价格拟定和报批。

（3）申报工程竣工报告，开始办理交接手续。

（4）商品房登记入账入库。

（5）办理商品房销售业务。

（6）开具进驻通知单，办理房产证等有关法律手续。

（7）项目的综合成本分析，财务决算与核算。

六、售后管理服务阶段

商品房使用多久，售后服务工作就有多久。

（1）建立健全的管理服务机构。

（2）建立商品房的档案工作。

（3）拟定相关的服务制度和规范。

（4）广泛收集住户关于服务工作意见的改进，增添服务项目的建议。

（5）及时解决因住房而发生的具体困难和矛盾，协调调配和安置。

（6）其他物业工作。

上述综合开发程序中，前三个阶段为前期立项、准备、策划阶段，工程建设管理、验收阶段为生产阶段，后两个阶段为销售流通和服务阶段。

第六节　房地产综合开发方法

一、征地

由于目前基本建设用地仍然是行政征用的占主要成分，而且随着经济的发展，建设征用土地在逐年增多，其中不少是耕地，因此必须加强建设用地的管理。

（一）国家建设征用土地的程序

根据《中华人民共和国土地管理法》有关条款的规定，国家建设征用土地的程序

应按以下几个阶段进行:

1. 申请选址

用地单位必须持有经过批准的建设项目计划任务书或上级主管部门确认项目的证明文件,向拟征地所在的县、市人民政府土地管理部门提出申请。经县、市人民政府同意定点后,由土地管理部门会同有关部门,根据项目的性质、规划,结合当地规划要求进行选址。估算占地面积,有条件时,在地形图上用红笔标出建设用地的边界线,即通常所说的"红线"。

2. 拟订征地费用包干方案

在初步设计的总平面布置图完成后,建设单位即可通过土地管理部门和被征地单位及有关部门共同拟订征地费用包干方案。土地管理部门通过对土地的综合评价、分等定级,提出符合当地实际情况的补偿、补助及其他各项费用,计算出总的包干费用及拆迁地面附着物所需补偿的"三材"数量等。

3. 核定用地面积

建设项目的初步设计正式批准之后,用地单位持初设批准文件、总平面布置图以及原来所画的"红线"图等,向县、市土地管理部门申请建设用地面积,土地管理部门审核、签署意见后,报当地人民政府批准。

4. 划拨土地

用地申请和征地协议批准后,土地管理部门向用地单位核发用地许可证,作为办理征地拨款、施工报建手续和申报缴纳耕地占用税的凭证。由土地管理部门根据计划进度一次或分期划拨土地。

5. 颁发土地使用证

工程项目建成后,用地单位应立即向土地管理部门申报验证,在该建设用地性质和占地面积符合初步设计批准文件的前提下,同时经环境保护部门签署该建设项目符合我国环境保护有关规定的意见后,由土地管理部门发给建设单位正式土地使用证书,作为用地的法律凭证。

(二)建设征地的补偿办法和标准

1. 征用集体土地

按照《中华人民共和国土地管理法》的规定,征收土地的,按照被征收土地的原用途给予补偿。

征收耕地的补偿费用包括土地补偿费、安置补助费以及地上附着物和青苗的补偿费。征收耕地的土地补偿费,为该耕地被征收前三年平均年产值的六至十倍。征收耕地的安置补助费,按照需要安置的农业人口数计算。需要安置的农业人口数,按照被征收的耕地数量除以征地前被征收单位平均每人占有耕地的数量计算。每一个需要安置的农业人口的安置补助费标准,为该耕地被征收前三年平均年产值的四至六倍。但是,每公顷被征收耕地的安置补助费,最高不得超过被征收前三年平均年产值的十五倍。

征收其他土地的土地补偿费和安置补助费标准,由省、自治区、直辖市参照征收耕地的土地补偿费和安置补助费的标准规定。

被征收土地上的附着物和青苗的补偿标准,由省、自治区、直辖市规定。

征收城市郊区的菜地,用地单位应当按照国家有关规定缴纳新菜地开发建设基金。

依照上述规定支付土地补偿费和安置补助费,尚不能使需要安置的农民保持原有生活水平的,经省、自治区、直辖市人民政府批准,可以增加安置补助费。但是,土地补偿费和安置补助费的总和不得超过土地被征收前三年平均年产值的三十倍。

2. 房屋拆除补偿

因建设用地需要拆除旧有房屋,一般要对原产权单位或产权人补回与原房建筑面积和质量大体等同的房屋,亦可补偿产价。新补回的房屋,其产权参照原房主权和投资来源确定。对住户的安置,原则上拆除多少房屋面积,安置回多少面积。但原住户居住水平达不到人均水平的,应按人均水平安置。住户搬出或回迁时,建设单位应按当地政府规定付给搬迁费,并对搬迁期间住房费用酌情给予补贴。

二、土地价格估算

土地作为可流通的生产要素,如果没有一个衡量的尺度,交易双方就无价可循。定价过低,使国家土地收益流失;定价过高,将阻碍土地的合理流动和优化配置。土地估价的方法很多,目前全国各地尚无统一的估价方法,下面介绍几种方法以供参考。

1. 收益还原法(理论地价法)

收益还原法即以土地将来逐年所能产生的纯收益折算现值总和作为地价,用公式表示为:

$$P = \frac{A_1}{(1+r_1)} + \frac{A_2}{(1+r_1)(1+r_2)} + \frac{A_3}{(1+r_1)(1+r_2)(1+r_3)} + \cdots$$
$$+ \frac{A_n}{(1+r_1)(1+r_2)\cdots(1+r_n)}$$

式中,P 为地价;n 为土地出让年数;A_1,A_2,A_3,$\cdots$,A_n 分别为未来各年的纯收益;r_1,r_2,r_3,$\cdots$,r_n 分别为未来各年的利率。

当各年的纯收益、利率不变时,上式可简化为:

$$P = A \frac{(1+r)^n - 1}{r(1+r)^n} = A(P/A, r, n)$$

此法在应用中由于每年的纯收益测算难度较大,需要大量的资料、数据。另外,我国目前银行的利率受行政干扰较大,没有真正反映社会平均利润率,所以用本方法还原地价有失准确,因此又称理论地价法。

2. 剩余法

剩余法是我国香港土地估价实务中较为重要的一种方法。它采用倒算的办法,即用楼房销售的市场价减去建筑安装成本、各种有关费用、贷款利息、利润、税金等，剩下的部分被看作土地权属带来的超额利润，以此作为地价。具体表示为：

地价＝楼价－（建筑安装成本＋各种有关费用＋贷款利息＋利润＋税金）

例如，××市房地产管理部门 1992 年制定了地价计算标准（草案），使用的就是"剩余法"。商品房销售价构成包括地价（征地拆迁费、三通一平费、市政大配套费、设计勘测费、地租）、建筑安装工程费、小区配套设施费、房地产开发企业管理费、不可预见费、银行贷款利息、房地产开发企业利润、上缴税金等，因此：

楼价＝[（地价＋建筑安装工程费＋小区配套设施费）×（1＋不可预见费率）×

（1＋管理费率）×（1＋利率）＋应缴税费]×（1＋利润率）

$$地价＝\frac{楼价/(1＋利润率)－应缴税费}{(1＋不可预见费率)×(1＋管理费率)×(1＋利率)}－\left(\begin{array}{c}小区配套\\设\ 施\ 费\end{array}＋\begin{array}{c}建筑安装\\工\ 程\ 费\end{array}\right)$$

剩余法需要预先测算成本等费用或费用率，计算工作量及资料收集量还是比较大的。

【例 19-1】 某块出让土地面积 3 000 m²，建造商品住宅楼 14 层，建筑密度 45％，容积率 6.3。计划售楼价 15 000 元/m²，建筑安装工程费 5 600 元/m²。建成时应交小区配套设施费折合约 800 元/m²，税金 400 元/m²。工程中不可预见费率为 5％，计划开发利润率为 15％，开发单位管理费率为 6％，银行贷款年利率为 10％，建设工期为 2 年。建筑安装工程资金投入计划为：建设初期为 40％，第一年年底为 30％，第二年年底为 30％。预计住宅售出量，建成时约为 70％，其余 30％要到下一年才能售出。试用剩余法估算地价。

解：总建筑面积＝3 000×6.3＝18 900（m²）

住宅楼建成时：

楼价$＝\frac{15\ 000×18\ 900×70\%}{(1＋10\%)^0}＋\frac{15\ 000×18\ 900×30\%}{(1＋10\%)^1}＝27\ 576.8（万元）$

建筑安装工程费＝（5 600×18 900×40％）×（1＋10％）²＋（5 600×18 900×30％）×（1＋10％）¹＋（5 600×18 900×30％）×（1＋10％）⁰＝11 791.3（万元）

小区配套设施费＝800×18 900＝1 512（万元）

税金＝400×18 900＝756（万元）

则：

地价$＝\frac{27\ 576.8/(1＋15\%)－756}{(1＋5\%)(1＋6\%)(1＋10\%)}－(1\ 512＋11\ 791.3)＝5\ 665.7（万元）$

贴现到建设初期售地时：

地价$＝\frac{5\ 665.7}{(1＋10\%)^2}＝4\ 682.42（万元）$

单方地价$＝\frac{4\ 682.42×10^4}{3\ 000}＝15\ 608（元）$

3. 开发成本法

开发成本法是根据开发利用土地的货币投入量来估算地价,即以开发成本作为地价。

新开发土地价格＝① 土地征用费＋② 拆迁安置补偿费＋③ 规划、设计勘测费＋④ 场地平整费＋⑤ 城市市政配套工程费＋⑥ 区域基础设施受益承担费＋⑦ 小区市政配套和公益设施配套费＋⑧ 投资贷款利息＋⑨ 上缴税金＋⑩ 开发企业利润

开发成本法一般用于新开发土地估价,如广东惠州市进行江北沿江居住区综合开发时即用此法估算地价。开发成本法计算简便,但不足之处是未能很好地反映市场供求和地权垄断的土地增值。

4. 市场比较法

市场比较法是以条件类似的土地买卖实例与待估土地加以对照比较,以求取待估土地价格的一种方法。

待估土地价格＝买卖实例土地价格×土地属性调整系数×价格时差系数×土地区域价格差异系数

式中,土地属性调整系数是指土地的地形、地质、水文、土地使用性质(类别)、容积率等差异引起的价格差异调整;价格时差系数是指买卖实例土地成交时与现时市场土地价格变化的情况调整系数;土地区域价格差异系数是指买卖实例土地与待估土地所处区域的情况差异引起的价差系数,如区域的交通、水电等基础设施差异,繁荣程度差异等。

以上介绍的方法,其目的都是要估算出买卖双方都能接受的、合理的土地出让价格。城市人民政府作为国有土地所有者的代表,通过土地资本的投入和有偿出让,要收回土地开发建设投资成本及其合理利润,还要收回土地级差因素创造的超额利润,使土地作为生产要素进入流通领域,使城市建设资金得以良性循环。而对于开发企业来说,合理的地价应该是房地产出售价减去各种成本后,所剩余额不低于社会平均利润水平。

三、城市住宅流通的特点

城市住宅的商品属性使得它具有与其他商品流通的一些共性,但住宅作为固定在土地上的体积宏大的、使用期长的特殊商品又具有其独特之处:

(1) 住宅是"不动产",其流通只有"货币投资资金—住宅成品—货币回收资金"的形态变化,不发生物体的空间移动,因此其流通是"商流"(所有权转移),而不是"物流"(位置移动)。

(2) 住宅流通的形式可以是出售,也可以是出租。出售是一次性出卖住宅所有权,出租是零星出卖使用权,目前主要形式是出租。住宅的寿命长,使用权可以分期出租转让。由于住宅的投资大、价格高,出售价一般用户难以支付,因此出租和出售

这两种方式还会长期并存。

（3）住宅采用出租形式时，要伴以维修服务，以维持住宅使用价值。住宅维修是住宅得以继续流通（租赁）的一个必要条件，因此租金要能维持住房的维修及管理费用，即"以租养房"。

在房产经营活动的生产、流通、消费过程中要充分考虑住宅流通特点来制定有关政策，如商品住宅的价格、住房的租金如何确定。

四、商品住宅的价格

价格是商品经济运行时调节的中枢，是市场机制的核心。商品合理的价格是其本身价值的货币化，并受市场供求关系的支配。但住宅这样一种关系国计民生的特殊商品，特别是对于我国这样一个拥有 13 亿多人口的大国来说，对住宅价格的商品性及福利性应有一个适合我国既往历史和现实国情的合理调控尺度。

房价与职工平均工资的比价是确定房价首先应考虑的因素。以标准两居室建筑面积 55 m² 的套房为例，若不考虑土地征用费、市政大配套费等，以单一的房屋建造价 6 000 元/m²，职工月平均工资 4 000 元计算，则年平均工资：标准套房价＝（12×4 000）：（55×6 000）＝1：6.9。若房价考虑地价、市政大配套费等，即综合开发房价以 15 000 元/m² 计算，则年平均工资：标准套房价＝（12×4 000）：（55×15 000）＝1：17.2。很显然，年工资与房价比过低，一般职工是无力购房的。在国际上，许多国家都是将年工资与房价比控制在 1：5 左右，而且其套房面积大大高于 55 m²。

房屋的租金与售价的比例也是商品住宅定价中应考虑的因素。目前职工住宅房屋租金若以 8 元/m² 计，则年租金为 96 元/m²，而房屋建造价目前约 6 000 元/m²，年租金与售价比为 1：60 以上，即目前的购买价可供 60 年的租金。显然，当前我国职工住宅的房屋年租金与房屋造价比有着明显的不合理性。

为了充分利用住宅价格机制促进我国房地产业持续、稳定、协调地发展，必须建立合理的价格体系，要通过建筑技术进步、科学管理来降低住房造价。既要提高职工的工资收入，也要改变居民消费结构，调整租售比，促进我国房地产业的持续、健康发展。

当前住宅房屋综合开发价是我国房地产开发中普遍存在的一种价格形式，至于它由哪些因素构成、如何计算，目前国内还没有统一的规定和标准。从大多数城市的情况来看，主要是由建房成本、计划利润、税金等组成，如图 19-1 和图 19-2 所示。

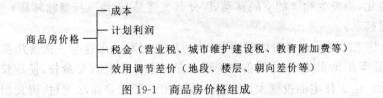

图 19-1　商品房价格组成

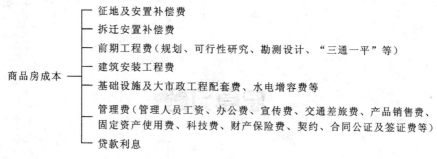

图 19-2　商品房成本组成

【要点回顾】

1. 房地产的重要性。

2. 土地权利的使用。

3. 房地产的估价。

【练习题】

一、单选题

1. 按照国家颁布的《城市用地分类与规划建设用地标准》(GBJ 137—2011),城市建设用地划分为(　　)类。

A. 5　　　　　　　B. 6　　　　　　　C. 7　　　　　　　D. 8　　　　　　　E. 9

二、多选题

1. 以下选项属于城市建设用地的有(　　)。

A. 居住用地　　　　　　　　B. 工业用地

C. 仓储用地　　　　　　　　D. 道路广场用地

E. 绿地

2. 土地所有权是土地所有者依法对土地实行的权利,包括(　　)。

A. 占有权　　　B. 使用权　　　C. 收益权　　　D. 处分权

三、判断题

1. 仓储用地不属于城市建设用地。

2. 土地所有权是土地所有者依法对土地实行占有、使用、收益和作出处分的权利。

四、简答题

1. 简述城市土地属性的二重性。

2. 发展城市房地产业的重要意义何在?

3. 影响城市土地价格的因素有哪些?

总复习题

一、单选题

1. 建筑业是一个独立的、重要的物质生产部门,其生产对象是(   )。

A. 建筑材料　　　　B. 设计与施工　　　　C. 建筑工程　　　　D. 建筑产品

2. 从我国基本建设投资构成来看,建筑安装工程费用约占(   )。

A. 30%　　　　B. 60%　　　　C. 40%　　　　D. 70%

3. 对(   )基本建设而言,基本建设程序就是顺利地完成基本建设全过程,满足人民物质生活和文化生活的需要,获得最大的社会经济效益的工程建设的科学方法。

A. 生产性　　　　B. 非生产性　　　　C. 必须性　　　　D. 非必须性

4. 如果今年存 1 000 元到银行,年复利率为 3.6%,则 5 年后本金利息和总共是(   )元。

A. 1 183.4　　　　B. 1 190.2　　　　C. 1 193.4　　　　D. 1 024.3

5. 王老板想要在 5 年以后获得本息和 200 万元,年利率为 5%,则每年应该投入(   )万元。

A. 36.20　　　　B. 26.36　　　　C. 30.37　　　　D. 40.10

6. 经济评价是可行性研究的核心,而(   )是经济评价工作的基础。

A. 投资估算　　　　B. 建设项目　　　　C. 技术方案　　　　D. 利润

7. 成本项目基本上可分为材料、(   )、费用三大类。

A. 动力　　　　B. 管理费　　　　C. 人工　　　　D. 附加费

8. 在(   ),从企业能否盈利的角度分析投资的经济效益叫做财务评价。

A. 宏观条件　　　　B. 宏观方面　　　　C. 微观条件　　　　D. 微观方面

9. 某油田投资总额为 10 亿元,形成年产油能力 300 万 t,则单位生产能力投资额为(   )元/t。

A. 400　　　　B. 333　　　　C. 320　　　　D. 400

10. 2 673 元的投资在 3 年使用期中每年收益 1 000 元,这笔投资的收益率是(   )。

A. 6%　　　　B. 3%　　　　C. 5%　　　　D. 7%

11. （　　）是管理过程的核心，是执行各种管理职能的基础。

A. 决策　　　　　B. 预测　　　　　C. 技术　　　　　D. 管理

12. （　　）是以近期资料为依据，并考虑事物发展趋势的一种预测方法。

A. 算术平均法　　B. 回归法　　　　C. 移动平均法　　D. 表格法

13. 如果居住面积密度为 10 000 m²/hm²，每人居住面积定额为 8 m²，则平均每人居住建筑用地为（　　）。

A. 8 m²　　　　　B. 5 m²　　　　　C. 6 m²　　　　　D. 3 m²

14. 价值系数（　　）1，说明功能与成本的差距大。

A. <　　　　　　B. =　　　　　　C. >　　　　　　D. ≠

15. （　　）是价值分析方法的核心。

A. 应用分析　　　B. 构件分析　　　C. 功能分析　　　D. 细部分析

16. 定额制定的基本方法中，根据现场测定的资料制定的方法是（　　）。

A. 经验估计法　　B. 统计计算法　　C. 技术测试法　　D. 应用估计法

17. 在承包经营责任制中，承包期限一般不得少于（　　）年。

A. 1　　　　　　B. 3　　　　　　C. 4　　　　　　D. 2

18. 招标单位可以从大量的投标书中选择理想的承包单位，但是审核工作量大、耗费高、投标人中标的机会较小的招标方法是（　　）。

A. 邀请招标　　　B. 公开招标　　　C. 协商招标　　　D. 一次性招标

19. 下面除了（　　）企业外，都可以总包。

A. 四级　　　　　B. 三级　　　　　C. 二级　　　　　D. 一级

20. 企业在计划和统计中，反映生产经营活动某方面功能质或量水平的标志是（　　）。

A. 计划指标　　　B. 经济指标　　　C. 费用指标　　　D. 生产率指标

21. （　　）主要反映完成工程任务必要的劳动消耗，由一系列价值指标、实物指标及劳动量指标组成。

A. 技术性指标　　B. 效果指标　　　C. 经济性指标　　D. 成本指标

22. 某商店年需要某种饮料 10 000 件，每次订购费为 1 000 元，仓库保管费率为 8%，饮料单价为 10 元，则经济订购批量为（　　）件。

A. 5 000　　　　B. 1 000　　　　C. 3 000　　　　D. 4 000

23. PDCA 循环基本内容中 P 指（　　）。

A. 实施阶段　　　B. 计划阶段　　　C. 检查阶段　　　D. 处理阶段

24. 某机械设备原值是 100 万元，使用期 N 为 10 年，使用期末的残值 V 为 10 万元，则第一年的折旧费是（　　）万元。

A. 20　　　　　　B. 30　　　　　　C. 16　　　　　　D. 40

25. 按照国家颁布的《城市用地分类与规划建设用地标准》（GBJ 137—2011），城市建设用地划分为（　　　）类。

A. 2　　　　　　B. 6　　　　　　C. 7　　　　　　D. 9

二、多选题

1. 社会总产值在实物形态上可分为（　　　）和（　　　）两大部分。

A. 生产资料　　　B. 建筑材料　　　C. 生产工具　　　D. 消费资料

2. 建筑业的地位和作用包括（　　　）。

A. 在国民收入中占有重要的地位，能为社会创造新价值，提供积累

B. 为社会和国民经济各部门提供生产用和生活用的固定资产

C. 是重工业和其他行业的重要市场

D. 是社会劳动就业的重要部门

E. 可以参加国际建筑市场的竞争，进行综合性的输出

F. 是先导行业，对国民经济的发展能起到一定的调节作用

3. 基本建设的作用有（　　　）。

A. 提供生产能力和效益　　　　　　　B. 调整产业结构

C. 合理配置生产力　　　　　　　　　D. 用先进技术改造国民经济

E. 直接为人民生活服务

4. 基本建设程序的内容包括（　　　）。

A. 编制项目建议书、进行可行性研究、编制设计任务书

B. 选择建设地点、编制建设文件、做好建设准备

C. 列入年度计划、组织施工、生产准备

D. 竣工验收、交付生产

5. 违反建设程序将造成的损失有（　　　）。

A. 拖长基本建设工期

B. 前期工作未做好会使工程无法完成

C. 降低工程质量，增加事故发生的可能性

D. 加大工程造价，工程不能投产或经济上不合理、长期亏损

6. 计算资金时间因素的方法有（　　　）。

A. 复利法　　　　　B. 本金法　　　　　C. 单利法　　　　　D. 利息法

7. 等差变额利息公式包括（　　　）。

A. 等差变额未来值公式：$S = \dfrac{G}{i}\left[\dfrac{(1+i)^n - 1}{i} - n\right]$

B. 等差变额现值公式：$P = G\left[\dfrac{(P/R, i, n) - n(P/S, i, n)}{i}\right]$

C. 等差变额年值公式：$R = G\left[\dfrac{1}{i} - \dfrac{n}{(1+i)^n - 1}\right]$

D. 一次支付未来值公式 $: S = P(1+i)^n$

8. 一个工业建设项目的可行性研究包括哪几个部分? ( )

A. 总论、市场需求情况和拟建规模、资源原料及主要协作条件

B. 建厂条件和厂址方案、项目设计方案、环境保护

C. 生产组织、劳动定员和人员培训、项目实施计划和进度要求

D. 财务和国民经济评价

9. 流动资金估算方法有( )。

A. 扩大指标估算法   B. 生产能力指数估算法

C. 分项详细估算法   D. 分工程项目按比例估算法

10. 建设项目技术经济分析方法包括( )。

A. 现值分析法   B. 年现金流程分析法

C. 终值分析法   D. 收益率分析法及盈亏分析法

11. 盈亏分析法包含( )和( )。

A. 线性盈亏平衡分析   B. 直线盈亏平衡分析

C. 非线性盈亏平衡分析   D. 非直线盈亏平衡分析

12. 数字模型种类包括( )。

A. 时间关系模型   B. 因果关系模型

C. 结构关系模型   D. 空间关系模型

13. 简单平均法分为( )。

A. 统计平均法   B. 算术平均法

C. 加权平均法   D. 几何平均法

14. 建筑技术经济评价对象和对比标准必须符合下列哪些对比条件? ( )

A. 满足需要的可比性   B. 消耗费用的可比性

C. 性能的可比性   D. 价格的可比性

15. 在工业建筑项目中,评价用的主要经济效果指标有( )。

A. 基建投资效果系数、单位生产能力、投资额

B. 建设成本、建设工期、建设质量

C. 劳动生产率、单位产品成本

D. 生产年限、投资回收期

16. 功能分析的内容包括( )。

A. 功能定义   B. 功能分类   C. 功能整理   D. 功能评价

17. 定额制定的基本方法有( )。

A. 经验估计法   B. 统计计算法

C. 技术测定法   D. 概率预测法

18. 概预算编制项目划分为( )。

A. 建设项目   B. 多项工程   C. 单项工程   D. 单位工程

19. 承包经营责任制的主要内容是(　　)。

A. 包上交国家利润   B. 包完成技术改造任务

C. 实行工资总额与经济效益挂钩   D. 实行一把手制度

20. 企业素质的内容包括(　　)。

A. 内在因素的集合力   B. 领导层素质

C. 外在表现能力   D. 生存能力

21. 我国当前采用的评标方法有(　　)。

A. 评议制   B. 评分制   C. 授标制   D. 中标制

22. 计划管理的特点是(　　)。

A. 经营性   B. 被动性   C. 多变性   D. 协作性

23. 编制计划的原则包括(　　)。

A. 统一性和灵活性相结合   B. 预见性与现实性相结合

C. 分解性与相关性结合   D. 科学性与群众性相结合

24. 项目管理的组织形式包括(　　)。

A. 直线制   B. 职能制   C. 直线职能制   D. 矩阵制

25. 机械设备的经济评价方法包括(　　)。

A. 投资回收期法   B. 年成本法

C. 机械设备的综合评价法   D. 对比分析法

26. 全面质量管理中常用统计分析方法包括(　　)。

A. 排列图法   B. 分层法

C. 因果分析图法   D. 频数分布直方图法

27. 常用的折旧方法有(　　)。

A. 直线法   B. 余额递减法

C. 年数和法   D. 偿债基金法

E. 单位产量法

28. 质量控制方法的各个阶段是(　　)。

A. 设计准备阶段   B. 设计阶段

C. 施工招标阶段   D. 施工阶段

E. 保修阶段

29. 构成商品的价值,必须同时具备的三个要素是(　　)。

A. 必须是实际物品

B. 必须有使用价值

C. 必须是劳动产品,凝结了人类的劳动

D. 必须是用来交换的劳动产品

30. 房地产是( )和( )的统称。

A. 房屋财产 B. 土地财产 C. 人身财产 D. 知识财产

三、填空题

1. 建筑产品的特点包括_____、_____和_____。

2. 一个建设项目,从计划建设到建成投产阶段一般要经过_____、_____、_____和_____等阶段。

3. 把资金投入生产建设产生的资金增值,称为_____或_____。

4. 现在年利率为 5.3%,10 年后希望账户内含有 10 万元以上,现在要投资_____元。

5. 成本项目基本上可分为_____、_____、_____三大类。

6. 产品成本按其与产量的关系分为_____、_____和_____。

7. 回归法包括_____、_____和_____回归法。

8. 民用建筑一般包括_____和_____两大类。

9. 价值分析对象的选择方法有_____、_____、_____、_____。

10. _____或_____阶段要编制设计概算。

11. 企业的责权利是由_____和_____所决定的。

12. 合同就是_____(或多方)为实现某个目的进行合作而签订的协议。

13. 管理过程中的_____、_____、_____与_____等四个环节是相辅相成、互相影响、相互渗透的有机结合。

14. _____是以分部(分项)工程、主要工种工程以及劳务队(班、组)作业任务为对象编制的作业进度计划。

15. _____是指用以反映方案的技术特征或适用条件的指标。

16. PDCA 循环关键是在_____,它是标准化的基础,是指导下一循环的关键。

17. _____是反映建筑企业经营成果的综合指标。

18. _____的基本方法就是对建设项目的实施过程进行有效的控制。

19. 土地使用权的转让包括_____、_____、_____、_____等内容。

附录 课后练习题及总复习题答案

第一章

一、单选题

1. C 2. A 3. A

二、多选题

1. ABD 2. ABCDE 3. ABCDE

三、判断题

1. √ 2. ×

四、简答题

1. 答:(1) 建筑业在国民收入中占有重要的地位,能为社会创造新价值、提供积累。

(2) 建筑业为社会和国民经济各部门提供生产用和生活用的固定资产。

(3) 建筑业是重工业和其他行业的重要市场。

(4) 建筑业是社会劳动就业的重要部门。

(5) 建筑业可以参加国际建筑市场的竞争,进行综合性的输出。

(6) 建筑业是先导行业,对国民经济的发展能起到一定的调节作用。

2. 答:(1) 建筑产品具有空间上的固定性。

(2) 建筑产品具有多样性。

(3) 建筑产品的体积庞大。

3. 答:(1) 建筑生产的单件性。

(2) 建筑生产的流动性。

(3) 建筑生产的综合性。

(4) 建筑生产受气候条件影响很大。

(5) 建筑生产的不可间断性。

(6) 建筑生产的周期长。

4. 答:(1) 提供生产能力和效益。

（2）调整产业结构。

（3）合理配置生产力。

（4）用先进技术改造国民经济。

（5）直接为人民生活服务。

第二章

一、单选题

1. A

二、多选题

1. ABCDE　2. ABCD

三、判断题

1. ×　2. √　3. ×

四、简答题

1. 答：基本建设程序，也就是现行基本建设工作程序，是指基本建设从决策、设计、施工到竣工验收整个工作过程中的各个阶段及其先后次序。

2. 答：(1) 基本建设程序是建设过程客观规律性的反映：

① 基本建设程序是由建筑生产技术经济特点决定的。

② 基本建设工程具有固定性。

③ 基本建设工程具有特殊性。

④ 基本建设工程具有连续性和不可间断性。

⑤ 在基本建设领域中经济规律时刻都在发挥作用。

（2）违反基本建设程序将造成巨大损失：

① 拖长基本建设工期。

② 前期工作未做好，会使工程无法完成。

③ 降低工程质量，增加事故发生的可能性。

④ 加大工程造价。

⑤ 工程不能投产或经济上不合理，长期亏损。

第三章

一、单选题

1. A　2. A　3. D　4. B

二、多选题

1. AC　2. BC

三、判断题

1. √ 2. × 3. ×

四、简答题

1. 答:货币如果作为贮藏手段保存起来,不论经过多长时间,仍为同数量货币,金额不变;如果作为社会生产资金(或资本)参与再生产过程,就会带来利润,即得到增值。货币的这种增值现象一般称为货币的时间价值或资金的时间价值。

资金具有时间价值并不意味着资金本身能够增值,而是因为资金代表着一定量的物化劳动,并在生产和流通领域中与劳动力相结合,从而产生增值。重视资金的时间价值可以促使建设资金的合理利用,使有限的资金发挥更大的作用。

2. 答:在实际应用中,计息周期并不一定以一年为一周期,可以半年一次、每季一次、每月一次或以日计息。同样的年利率,由于计息期数不同,其利息也不同,因而产生名义利率和实际利率两种利率。所谓名义利率,或称虚利率,是非实效的利率,而实际利率是有效的利率。

由于计息的周期长短不同,同一笔资金在占用的总时间相等的情况下,所付的利息会有明显的差别。结算次数愈多,给定利率所产生的利息就愈高。

3. 答:投资项目累计现金流量图见附图1,论述略。

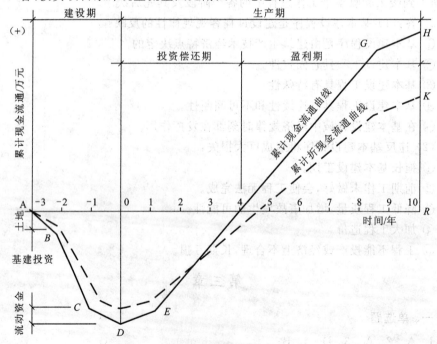

附图 1 投资项目累计现金流量图

4. 答:(1) 单利法:$S = P(1+ni) = 10\ 000 \times (1+4 \times 6\%) = 12\ 400(元)$

(2) 复利法：$S=P(1+i)^n=10\ 000\times(1+6\%)^4=12\ 620(元)$

$S=P(S/P,i,n)=10\ 000\times(S/P,4,6\%)=12\ 620(元)$

5. 答：$S=R(S/R,i,n)=100\times(S/R,6\%,5)=563.7(元)$

6. 答：$R=P(R/P,i,n)=100\times(R/P,6\%,8)=16.104(元)$

7. 答：$P=R(P/R,i,n)=154.7\times(P/R,5\%,8)=999.826\ 1(元)$

第四章

一、单选题

1. A

二、多选题

1. ABCDE　2. ABCD

三、判断题

1. √　2. √

四、简答题

1. 答：项目的可行性研究是指对某工程项目在作出是否投资的决策之前，先对与该项目相关的技术、经济、社会、环境等所有方面进行调查研究，对项目各种可能的拟建方案认真进行技术经济分析论证，研究项目在技术上的先进适用性、在经济上的合理有利性和建设上的可能性，对项目建成后的经济效益、社会效益、环境效益等进行科学的预测和评价。

可行性研究的目的一般要求回答五个方面的问题，即生产什么、用什么生产、在什么地方生产、要什么条件生产、用什么方式生产。

经过研究，一般要考虑本项目在技术上是否可行，经济效益是否显著，财务上是否盈利，需要多少人力、物力和资源，需要多长时间建设，需要多少投资，能否筹集到资金等。

2. 答：投资估算的原则：

(1) 资源最优配置和效益达到最高的经济运作机制。

(2) 深入开展研究，掌握第一手资料。

(3) 实事求是地反映投资情况，不弄虚作假。

(4) 充分利用原有的建筑物和物资，尽量节约投资。

(5) 选择最优化的投资方案。

投资估算的依据：

(1) 项目建议书。

(2) 建设规模、产品方案。

(3) 工程项目一览表。

(4) 设计方案、图纸及主要设备材料表。

（5）国家设备价格运行费率、当地材料预算价格。

（6）同类型建设项目投资资料。

（7）有关规定，如资金来源等。

投资估算的方法：

（1）生产能力指数估算法。

（2）比例估算法。

（3）分工程项目按比例估算法。

（4）单系数法。

（5）多系数法。

投资总额的构成：

（1）工程费。

（2）其他费用。

（3）不可预见费。

工程项目投资构成如附图2所示。

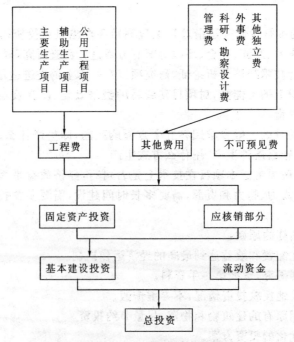

附图2　工程项目投资构成图

3．答：成本项目基本上可分为材料、人工、费用三大类。国内可行性研究常用的产品成本组成内容如附图3所示。成本的估算方法有按生产费用计算和按成本项目计算两种。

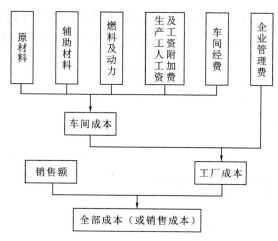

附图3　产品成本项目构成图

第五章

一、单选题

1. C　2. B　3. E

二、多选题

1. AB

三、判断题

1. √　2. ×

第六章

一、单选题

1. C

二、多选题

1. ABE　2. BCD

三、判断题

1. ×　2. √

四、简答题

1. 答:预测就是对事物的未来进行科学的预测,探索事物未来的发展趋势,使人们产生有目的的行为。其数学模型大致有时间关系模型、因果关系模型和结构关系模型三类。

2. 答:决策是对未来的行为确定目标,并从两个以上的行动方案中选择一个合理方案的分析判断过程。决策是管理过程的核心,是执行各种管理职能的基础。

第七章

一、单选题

1. D　2. C

二、多选题

1. ABC　2. ABCDE　3. ABCDE

三、判断题

1. √　2. √

四、简答题

1. 答:影响设计方案经济性的因素是多方面的,考虑有关因素的作用,相应地制定修正系数,用以修正方案评比指标值,使之可比。对层数不同的建筑设计方案,可增减层数,考虑相关影响(如层数不同对基础的影响),提高可比性;户室比不同的方案,可通过单元组合和户室比,使每户平均面积相近,并考虑相关影响;局部设计标准不同的方案,可替换为相同标准等以提高可比性。

总体来说是两个方面的因素,即建筑造价构成比、平面布置和空间组合的经济问题。建筑造价构成比反映不同工程部位的造价占总造价的比值,分析建筑造价的构成比可找出降低造价的主攻方向。造成多层住宅墙体比重大、造价高的原因是多方面的。就"住宅"又是"多层"这个特点来说,墙体面积系数(墙体面积/建筑面积)大是一个主要原因。因此,如何减少墙体面积系数是提高墙体部位经济效果的重要方面。减少墙体面积系数与开间、进深、层高、单元组合等有关,有时也与层数有关。

2. 答:一个工业建筑项目设计方案的优劣常常不是一个或几个经济指标就可以评价得了的,有时不仅要有几个经济指标而且还要一些技术指标做参考。

对于一个工业建筑项目而言,评价用的主要经济效果指标有基建投资效果系数、单位生产能力、投资额、建设成本、建设工期、建设质量、劳动生产率、单位产品成本、生产年限、投资回收期等。

影响工厂设计的经济因素主要有建筑造价构成比、柱网的经济问题、分建车间与合并车间的经济问题、正确选择厂房高度和层高、正确决定厂房层数。

第八章

一、单选题

1. A　2. B　3. B

二、多选题

1．ABCD　2．ABCDE

三、判断题

1．×　2．√

四、简答题

1．答：在进行产品设计时要很好地了解用户需要，设法以最低的成本提供用户所需要的产品。评价一种产品，要看它的功能和成本之间的比值，这个比值称为价值或价值系数。这三者的关系是 $V=F/C$。价值与功能成正比，即性能越好，成本越低，产品价值越大，收到的经济效益越高。

提高产品价值的途径有：① 功能不变，降低成本；② 成本不变，提高功能；③ 功能提高，成本降低；④ 成本略有提高，带来功能的更大提高；⑤ 功能稍有降低，但带来成本的大幅度下降。

价值分析的应用范围：价值分析开始用于材料的采购和代用品研究，继而扩展到产品的研制和设计、零部件的生产、工具和装备的改进等方面，后来又发展到改进工作方法、作业程序、管理体系等领域。总之，凡是有功能要求和付出代价的地方都可以应用。应用价值分析的重点是在开发和设计阶段。因为产品的性能和成本主要取决于生产前的各个环节。一旦设计固定下来，在生产阶段再推行价值分析，牵涉的因素就多了，如生产工艺、工具、装备等改变起来所花代价就要大大增加，经济效果必将受到影响。

2．答：价值分析对象的选择原则是：

(1) 选择量大面广的产品和构配件。

(2) 选择成本高的产品和构配件。

(3) 选择结构复杂的产品和构配件。

(4) 选择体积与质量大的产品和构配件。

(5) 选择关键构配件。

(6) 选择维修费高、耗能大的产品和构配件。

(7) 选择畅销产品。

选择方法有 ABC 分析法、百分比法、用户评分法、最合适区域法。

第九章

一、单选题

1．A

二、多选题

1．ABC　2．ABC

三、判断题

1. × 2. √

四、简答题

1. 答:定额是规定在产品生产中人力、物力或资金消耗的标准额度,它反映一定社会生产力水平条件下的产品生产和生产消费之间的数量关系。

基本建设定额的种类很多,从活劳动和物化劳动消耗的角度来看,可分为劳动消耗定额、机械台班定额和材料消耗定额三种。

2. 答:预算定额是规定消耗在工程基本构造要素(分项工程)上的劳动力(工日)、材料和机械台班数量标准。

预算定额的主要作用是编制施工图预算,以确定工程造价。预算定额是基本建设中的一项重要的技术经济规范。它不仅是编制施工图预算的基本依据,也是编制施工组织设计,确定劳动力、建筑材料、成品、半成品和建筑机械需要量的依据,同时还是企业进行经济活动分析的依据。

第十章

一、单选题

1. C 2. D

二、多选题

1. ABCDE 2. ABCD

三、判断题

1. √ 2. × 3. √

四、简答题

1. 答:建筑企业的组织形式有直线制、职能制、直线职能制、矩阵制、事业部制和立体多维结构等。

2. 答:科学管理先驱者法约尔首先提出计划、组织、指挥、协调、控制五职能说,以后又有三职能、四职能、七职能等提法,相互之间有共同之处。从四个方面对具体职能进行分类,可分为计划与决策、组织与指挥、监督与控制、教育与激励。

第十一章

一、单选题

1. A 2. D 3. C

二、多选题

1. ABCDE 2. ABC

三、判断题

1. √ 2. × 3. √

四、简答题

1. 答:招标投标是一种商品交易行为,招标人与投标人之间存在一种商品经济关系。为体现招标投标双方的经济权利、经济责任,推动招标投标人员负起经济责任,必须建立一套管理制度来维护、巩固这一系列权利、责任和利益,这就是招标投标制。在工程建设中就是招标承包制,亦是承包发包制。

这种制度的优越性表现在:

(1) 有利于确保和提高工程质量。

(2) 有利于缩短施工工期。

(3) 有利于降低工程造价。

(4) 有利于提高投资效益。

(5) 有利于提高企业素质。

(6) 有利于简化结算手续。

(7) 有利于调动各方面的积极性。

2. 答:工程投标必须具备的条件:

(1) 企业必须持有营业执照,取得法人资格。

(2) 施工企业的类型和级别要符合有关规定。

(3) 具有承包建筑安装施工的能力。

(4) 代理必须符合规定。

(5) 必要的担保证明文件。

3. 答:我国建筑工程招标的方式有:

(1) 公开招标。

(2) 邀请招标。

(3) 协商议标。

各招标方式所适用的情况略,请根据书中内容自行总结。

4. 答:中标单位并不一定是报价最低的单位。因为定标的原则是选择"合理低标",工程质量和工期符合招标书的要求,有严格的网络计划控制,施工方案措施有力等。

第十二章

一、单选题

1. E 2. A

二、多选题

1. ABCD 2. ABCD

三、判断题

1. √ 2. √ 3. ×

四、简答题

1. 答：必要性：

（1）在企业管理中居于首位。

（2）现代大生产的客观需要。

（3）发展国民经济的需要。

（4）最大限度地提高经济效益。

特点：

（1）经营性。

（2）被动性。

（3）多变性。

（4）协作性。

2. 答：工程施工组织计划是企业推行全面计划管理的重要内容和任务，其标志性成果是施工组织设计，作用如下：

（1）施工组织设计是施工企业多快好省地完成施工任务的有效工具。

（2）施工组织设计是组织工程建设的实施方案。

（3）施工组织设计是实现企业中长期、年、季度经营生产计划的有效措施。

3. 答：控制一般可分三种类型：反馈控制、过程控制和预先控制。反馈控制也称成果控制，是针对生产经营活动的结果进行控制；过程控制是针对企业生产经营活动本身进行控制；预先控制是针对企业生产经营活动的前提条件进行控制。

从控制效果来分析，预先控制最佳，它是将问题消灭在设计和施工计划之中；过程控制次之；反馈控制是问题出现之后的控制，或多或少给企业带来肯定的损失。此三种方法的共同问题是缺乏对人的自我控制或称人的主动控制。在现代管理中，强调人的自我控制，它是在一定条件下的更有效的控制方法。自我控制的方法是上述三类控制方法的综合应用。

第十三章

一、单选题

1. C

二、多选题

1. ABCD 2. ACE

三、判断题

1. √ 2. ×

四、简答题

1. 答:见附图4。

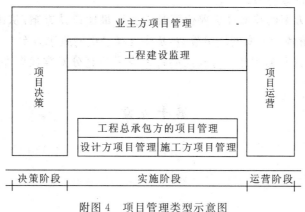

附图4 项目管理类型示意图

第十四章

一、单选题

1. A 2. C

二、判断题

1. × 2. √

三、简答题

1. 答:技术管理的含义:技术管理是建筑企业经营管理的重要组成部分,是建筑企业在生产经营活动中对各项技术活动与其技术要素的科学管理。

技术管理的任务:

(1)正确贯彻国家的技术政策和上级对技术工作的指示与决定。

(2)按照"现场第一,强化服务"的原则,建立和健全组织机构,形成技术保障体系,按照技术规律科学地组织各项技术工作,充分发挥技术的作用。

(3)建立技术责任制,严格遵守各项技术程序,组织现场文明施工,确保工程质量、安全施工、降低消耗,提高建设投资和生产施工设备投资效益。

(4)促进企业的科学研究、技术开发、技术教育、技术改造、技术更新和技术进步,不断提高技术水平。

(5)努力提高技术工作的技术经济效果,做到技术与经济的统一。

(6)提高技术成果的商品化程度。

技术管理的内容：

（1）技术基础工作的管理。

（2）施工中的技术管理。

（3）技术开发与更新的管理。

（4）技术经济分析与评价。

2.答：施工方案的技术经济评价就是为实现最优设计方案，从诸多施工方案中比较、分析和评价各个方案的经济效益，从中选择最优的施工方案。

只有最优设计和最优施工方案的结合才有可能充分发挥投资经济效果，取得更好的经济效益。

第十五章

一、单选题

1. B 2. A

二、多选题

1. ABCDE 2. ABC

三、判断题

1. √

四、简答题

1.答：建筑企业劳动管理的主要任务就是充分发掘劳动资源，提高职工队伍思想技术文化水平，合理配备和使用劳动力，不断调整劳动组织和生产中的分工协作关系，以降低劳动消耗，提高劳动生产率，正确贯彻社会主义物质利益原则和按劳分配原则。

2.答：提高劳动生产率的方法有：

（1）做好政治思想工作。人是生产中最积极、最活跃的因素，应促使职工树立共产主义劳动态度，全心全意为人民服务。

（2）正确处理生产过程中的相互关系。生产关系与生产力基本上是相适应的，但有阻碍生产力发展的因素，必须正确处理生产关系中的那些同生产力发展不相适应的方面。

（3）积极开展科学研究，采取先进的科学技术。科学技术是第一生产力，社会生产力要发展到一个更高的水平，必须重视科学研究，改革工具设备，提高施工机械化和自动化水平，大力采用新材料，推广先进的施工工艺和方法，促进生产率的迅速提高。

（4）加强劳动定额、定员管理，合理组织劳动。采用先进合理的劳动定额，加强定员管理，增强第一线生产人员，减少非生产人员。

（5）不断改善劳动组织和生产组织。现代建筑企业是大规模的集体劳动,生产的发展需要合理的组织,要正确处理人与劳动工具和劳动对象的关系,发展劳动的积极性。

（6）提高职工的文化技术水平。举办各种文化、技术学习班,开展业余教育活动,学习国内外的先进科学技术,以提高职工素质。

（7）加强劳动纪律,健全职工的考勤制度,明确职工守则,教育职工自觉遵守各项规章制度,提高出勤率和工时利用率,减少各种事故。

（8）广泛开展社会主义劳动竞赛。在社会主义企业里,职工群众蕴藏着巨大的积极性和创造性,通过开展深入、持久、广泛的劳动竞赛,可以互相学习、互相帮助、取长补短、共同提高。

（9）做好劳动保护和职工福利工作。

3. 答:建筑企业的材料管理就是用科学方法,对企业生产过程中所需劳动对象的供应、管理和使用进行合理的组织、调配与控制,以最低的费用,适时、适量、按质地供应所需材料,保证企业生产任务的顺利完成。

第十六章

一、单选题

1. A　2. D　3. A

二、多选题

1. ABCD　2. ABCDE

三、判断题

1. ×　2. √

四、简答题

1. 全面质量管理的特点是突出一个"全"字,主要表现在以下几个方面:

（1）对象的全面性。就是要从广义质量的概念出发看待产品（工程）质量。除了产品（工程）本身的质量特性外,还包括作为工程或产品质量的基础和保证的工序质量、工作质量。

（2）贯穿于产品生产全过程。建筑工程产品的形成包括规划、设计、施工、检验、销售服务等过程,要保证工程或产品质量,就必须对全过程实行质量管理,不能仅限于抓传统的施工过程中的质量管理。

（3）参加人员是企业全体人员。工序质量、工作质量是产品（工程）质量的基础和保证,要组织全企业所有行政管理、生产技术人员等共同对产品（工程）质量作出保证,带动企业的全体职工,通过每个人的工作质量来保证整个产品（工程）的质量。

（4）综合性质量管理。全面质量管理是采用多种管理方法和技术手段的综合性质量管理。由于影响产品质量的因素错综复杂,如人、物、技术、管理、环境、社会因素等,综合运用不同的管理方法和措施才能有效地确保质量。

2. 建筑企业是国民经济中的一个重要物质资料生产部门,基本建设巨大投资的60%都要通过建筑安装工作来完成。简言之,加强建筑企业全面质量管理有下述意义:

(1) 质量高可以提高产品或工程的使用价值,更多地满足社会和人民的物质和文化生活需要。

(2) 全面质量管理带动了整个企业的各项管理工作,可以降低工程费用,增加企业的盈利和上缴国家的税金,提高企业生产经营的综合效果。

(3) 工程质量提高可以减少流通和返工、维修等费用,扩大企业信誉和销售能力,加强竞争地位,从而为社会创造更大的价值。

(4) 可以提高全体工作人员的工作质量,提高企业素质,培养出一支既有高尚的职业道德又有过硬的业务技术水平的职工队伍。

3. 答:质量体系运转的基本方式分为四个阶段,即计划阶段(PLAN)、执行阶段(DO)、检查阶段(CHECK)和处理阶段(ACTION)。在处理阶段,将本次循环合理的、行之有效的质管措施制成标准,以备再次推行;将不合理的或尚需进一步解决的问题放到下一个循环过程中,重复以上四个阶段来加以解决。这种方法通常称为PDCA循环工作法,如附图5所示。

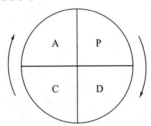

附图5　PDCA循环示意图

PDCA循环的特点:

(1) 四个阶段缺一不可,先后次序不能颠倒。就像一只转动的车轮,在解决质量问题中滚动前进,逐步使产品质量提高。

(2) 企业的内部PDCA循环各级都有,整个企业是一个大循环,企业各部门又各有自己的循环,如附图6(a)所示。大循环是小循环的依据,小循环又是大循环的具体和逐级贯彻落实的体现。

(3) PDCA循环不是在原地转动,而是在转动中前进。每个循环结束,质量提高一步,如附图6(b)所示。

(4) 循环的关键是在A阶段,它是标准化的基础,是指导下一循环的关键。

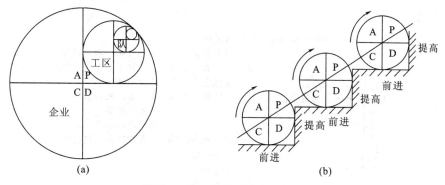

附图 6 PDCA 循环特点示意图

第十七章

一、单选题

1. A

二、多选题

1. ABCDE   2. BCDE

三、判断题

1. √   2. ×   3. ×

四、简答题

1. 答:见附图 7。

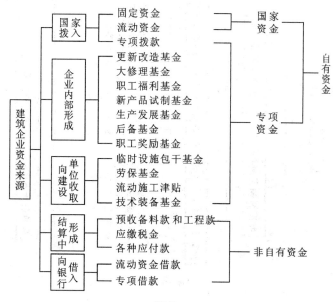

附图 7

2. 答：见附图 8。

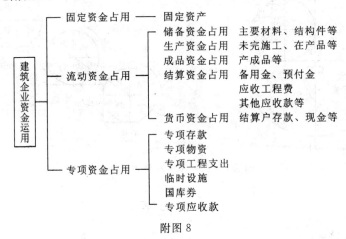

附图 8

3. 答：固定资金是指以货币形式表现的可以长期地在生产过程中发挥作用的劳动资料（厂房、机器设备、运输工具等）的价值。固定资金的实物形态是固定资产。

流动资金是指企业购置劳动对象和支付职工劳动报酬及其他生产周转费用所垫支的资金。流动资金的实物形态是流动资产。

4. 答：决定固定资产折旧率的主要因素是固定资产的原始价值、残值、清理费、使用期限。

5. 答：见附图 9。

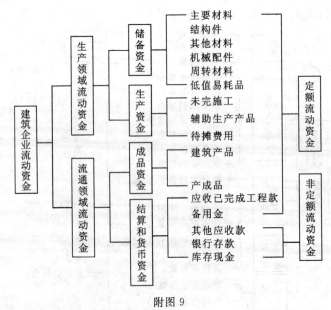

附图 9

第十八章

一、单选题

1. D

二、多选题

1. ABCDE

三、判断题

1. √　2. √

四、简答题

1. 答:(1)是提高工程建设的投资效益和社会效益,确立建设领域社会主义商品经济新秩序的需要。

(2)是加强建设领域国际交流合作,发展我国对外承包工程和劳务合作的需要。

(3)是改变项目法人自行组织建设项目管理模式的需要。

2. 答:建设项目监理单位与项目法人之间是受合同制约的经济委托关系,是平等的关系。监理委托合同一经确定,项目法人不得随意变化,监理单位负责对监理目标实行控制。

建设项目监理单位与工程承包单位之间是监理与被监理的关系。

3. 答:按照基本建设程序各阶段来划分,建设项目监理的主要业务内容如下:

1)建设前期阶段

(1)项目建议书的拟定。

(2)建设项目的可行性研究。

(3)参与设计任务书的编制。

2)设计阶段

(1)提出设计要求,组织评选设计方案。

(2)协助业主选择勘察、设计单位,商签勘察结果,设计合同并组织实施。

(3)审查设计和概预算。

3)施工招标阶段

(1)准备与发送招标文件,协助评审投标书,提出决算意见。

(2)协助建设单位与承建单位签订承包合同。

4)施工阶段

(1)协助建设单位与承建单位编写开工报告。

(2)确认承建单位选择的分包单位。

(3)审查承建单位提出的施工组织设计、施工技术方案和施工进度。

(4)审查承建单位提出的材料和设备清单及其所列的规格和质量。

（5）督促、检查承建单位严格执行工程承包合同和工程技术标准。

（6）调解建设单位与承建单位之间的争议。

（7）检查工程使用的材料、构件和设备的质量，检查安全防护设施。

（8）检查工程进度和施工质量，验收分部分项工程，签署工程付款凭证。

（9）督促整理合同文件和技术档案资料。

（10）组织设计单位和施工单位进行工程竣工验收，审核竣工验收报告。

（11）审查工程结算。

5）保修阶段

负责检查工程状况，鉴定质量问题责任，督促保修。

第十九章

一、单选题

1．E

二、多选题

1．ABCDE　2．ABCD

三、判断题

1．×　2．√

四、简答题

1．答：城市土地属性的二重性包括土地的自然属性（物质属性）和土地的社会属性（非物质属性）。

城市土地的自然属性有：

（1）土地使用价值的广泛性。

（2）土地使用价值的耐久性、永续性。

（3）土地资源的有限性、稀缺性、非再生性。

（4）土地资源的不可移动性。

（5）土地资源的不可替代性。

城市土地的社会属性有：

（1）土地所有权的垄断性。

（2）土地的可改良性、可塑性。

（3）对土地追加投资的效益具有永续性、积累性。

2．答：（1）改善人民生活水平。

（2）改善投资环境。

（3）加速城市改造。

（4）带动相关产业。

(5) 调整产业结构。

(6) 调整消费结构。

(7) 带动就业。

3. 答:(1) 行政、计划因素。

(2) 区位因素。

(3) 交通、通信因素。

(4) 基础设施方面因素。

(5) 人口和经济集聚方面因素。

(6) 社会文化方面因素。

(7) 社会、经济因素。

总复习题

一、单选题

1. D　2. B　3. B　4. C　5. A　6. A　7. C　8. D　9. B　10. A　
11. A　12. C　13. A　14. C　15. C　16. C　17. B　18. B　19. A　20. A　
21. C　22. A　23. B　24. A　25. D

二、多选题

1. AD　2. ABCDEF　3. ABCDE　4. ABCD　5. ABCD　6. AC　7. ABC　
8. ABCD　9. AC　10. ABCD　11. BD　12. ABC　13. BCD　14. ABD　
15. ABCD　16. ABCD　17. ABC　18. ACD　19. ABC　20. AC　21. AB　
22. ABCD　23. ABCD　24. ABCD　25. ABC　26. ABCD　27. ABCDE　
28. ABCDE　29. BCD　30. AB

三、填空题

1. 空间的固定性　多样性　体积庞大

2. 决策　设计　施工　竣工验收

3. 盈利　净收益

4. 6 万

5. 材料　人工　费用

6. 可变成本　固定成本　半可变(或半固定)成本

7. 一元线性　多元线性　非线性

8. 居住建筑　公用建筑

9. ABC 分析法　百分比法　用户评分法　田中法

10. 初步设计　扩大初步设计

11. 企业的性质　国家对企业的经济管理体制

12. 双方

13. 计划　组织　指挥　控制

14. 三级计划

15. 技术性指标

16. A 阶段

17. 利润

18. 建设监理

19. 出售　赠与　交换　继承

参考文献

[1] 何亚伯.建筑工程经济与企业管理.武汉:武汉大学出版社,2009.

[2] 黄如宝.建筑经济学.第三版.上海:同济大学出版社,2004.

[3] 丁红岩.工程经济与管理.天津:天津大学出版社,2003.

[4] 黄仕诚.建筑工程经济与企业管理.北京:中国建筑工业出版社,2004.

[5] 徐蓉.建筑工程经济与企业管理.北京:化学工业出版社,2012.

[6] 庞永师.建筑经济与管理.北京:中国建筑工业出版社,2009.

[7] 宋国防,贾湖.工程经济学.天津:天津大学出版社,2000.

[8] 黄有亮,徐向阳.工程经济学.南京:东南大学出版社,2002.

[9] 刘津明.建筑技术经济.修订本.天津:天津大学出版社,2002.

[10] 武献华,宋维佳,屈哲.工程经济学.大连:东北财经大学出版社,2002.

[11] 张春河.新编工业企业管理学.北京:企业管理出版社,2000.

[12] 杨华峰.投资项目经济评价.北京:中国经济出版社,1997.

[13] 刘伊生.建筑企业管理.北京:北方交通大学出版社,2003.

[14] 杜葵.工程经济学.重庆:重庆大学出版社,2001.

[15] 李慧民.建筑工程经济与项目管理.北京:冶金工业出版社,2002.

[16] 赵世强.房地产开发风险管理.北京:中国建材工业出版社,2003.

[17] 李丽华,周慧兴.现代企业管理学.重庆:重庆大学出版社,2001.

[18] 唐健人,陈茂明.建筑企业经营管理.北京:机械工业出版社,2004.

[19] 刘伟.工程质量管理与系统控制.武汉:武汉大学出版社,2004.

[20] 冯文权.经济预测与决策技术.第四版.武汉:武汉大学出版社,2002.

[21] 陶燕瑜,张宜松.工程技术经济学.重庆:重庆大学出版社,2002.

[22] 王勇,方志达.项目可行性研究与评估.北京:中国建筑工业出版社,2004.

[23] 葛素洁,杨洁.现代企业管理学.北京:经济管理出版社,2001.

[24] 张鹏翥.企业转产风险管理理论与实践.北京:高等教育出版社,2002.

[25] 邓卫.建筑工程经济.北京:清华大学出版社,2000.

[26] 赵国杰.工程经济与项目评价.天津:天津大学出版社,2001.

[27] 庞永师.建筑工程经济与管理.广州:广东科技出版社,2003.

[28] 华伟.房地产经济学.上海:复旦大学出版社,2004.

[29] 中国房地产估价师学会.房地产基本制度与政策.北京:中国物价出版社,

2002.

[30] 中国房地产估价师学会.房地产开发经营与管理.北京:中国物价出版社,
2002.

[31] 中国房地产估价师学会.房地产估价理论与方法.北京:中国物价出版社,
2002.

[32] 王维才.投资项目可行性分析与项目管理.北京:冶金工业出版社,2000.

[33] 戎贤.土木工程概预算.北京:中国建材工业出版社,2001.